o gênio dos clientes

```
F538g    Fisk, Peter
            O gênio dos clientes / Peter Fisk ; tradução Felix José
         Nonnenmacher ; revisão técnica Cassio Sclovsky Grinberg. –
         Porto Alegre : Bookman, 2010.
            392 p. ; 20 cm.

            ISBN 978-85-7780-635-5

            1. Administração. 2. Marketing – Cliente. I. Título.

                                                CDU 658.8-057.187
```

Catalogação na publicação: Renata de Souza Borges CRB-10/1922

peter fisk

o gênio dos clientes

Tradução:

Félix José Nonnenmacher

Revisão técnica:

Cassio Sclovsky Grinberg
Mestre em Marketing pelo Programa de Pós-Graduação da UFRGS
Professor da Faculdade de Comunicação Social da PUC-RS

2010

Obra originalmente publicada sob o título
Customer Genius: Becoming a Customer-Centric Business

ISBN 978-1-841-12788-0

Copyright © 2009 by Peter Fisk

Capa: *Gustavo Demarchi*, arte sobre capa original

Leitura final: *Mirella Nascimento*

Preparação do original: *Mariana Belloli*

Editora Sênior: *Arysinha Jacques Affonso*

Editora Júnior: *Elisa Viali*

Projeto e editoração: *Techbooks*

Os nomes utilizados por empresas para designar seus produtos são frequentemente marcas registradas. Todos os nomes de marca e de produtos utilizados neste livro são nomes de marca ou marcas registradas de seus respectivos proprietários. A editora não tem qualquer vínculo com os produtos ou representantes destes.

Reservados todos os direitos de publicação, em língua portuguesa, à
ARTMED® EDITORA S.A.
(BOOKMAN® COMPANHIA EDITORA é uma divisão da ARTMED® EDITORA S. A.)
Av. Jerônimo de Ornelas, 670 – Santana
90040-340 – Porto Alegre – RS
Fone: (51) 3027-7000   Fax: (51) 3027-7070

É proibida a duplicação ou reprodução deste volume, no todo ou em parte, sob quaisquer formas ou por quaisquer meios (eletrônico, mecânico, gravação, fotocópia, distribuição na Web e outros), sem permissão expressa da Editora.

Unidade São Paulo
Av. Embaixador Macedo de Soares, 10735 – Galpão 5 – Vila Anastacio
05035-000 – São Paulo – SP
Fone: (11) 3665-1100   Fax: (11) 3667-1333

SAC 0800 703-3444

IMPRESSO NO BRASIL
PRINTED IN BRAZIL

O autor

Peter Fisk é autor de livros de sucesso, conferencista inspirador, consultor atuante em grandes empresas e líder experiente.

Fisk cresceu em uma comunidade afastada, no condado de Northumberland, norte da Inglaterra. Depois de explorar o mundo da física nuclear, juntou-se à British Airways, na época em que a empresa estava prestes a se tornar "a companhia aérea favorita em todo o mundo" por meio de um alinhamento cultural em torno do cliente.

Ele seguiu sua carreira, trabalhando para muitas das maiores empresas mundiais, ajudando-as a crescer com rentabilidade superior fundamentadas em estruturas, operações e liderança focadas no cliente. Ele trabalha em diversos setores, encorajando os líderes empresariais a adotar a perspectiva de seus clientes e a aprender com diferentes tipos de experiências. Seus clientes incluem a American Express e a Coca-Cola, a Lastminute.com e a Marks & Spencer, a Microsoft e a O2, a Orange e a Red Bull, a Shell e a Virgin, a Vodafone e a Volkswagen.

Peter Fisk trabalhou também como o CEO da transformação do Chartered Institute of Marketing, a maior organização de marketing do mundo. Na PA Consulting Group, liderou a equipe de consultoria de marketing estratégico, onde desenvolveu uma abordagem de consultoria integrada chamada *Customer Breakthrough*. Fisk atuou como diretor administrativo da empresa especializada em indicadores e negócio Brand Finance e como parceiro da The Foundation.

Hoje, Fisk comanda a Genius Works, uma empresa voltada ao desenvolvimento de inovações estratégicas que trabalha com a meta de fazer com que gerentes seniores "vejam as coisas de modo diferente", desenvolvendo e implementando estratégias mais inspiradoras para os clientes, para a inovação e o marketing. O *Genius Lab* é um processo de inovação facilitada voltado ao desenvolvimento de novos negócios e estratégias para clientes com base em profundos *insights* do cliente e no pensamento criativo. *Zoom Ventures* reúne investidores e empreendedores sociais, e *The Fast Track* consiste em um programa de treinamento e desenvolvimento pessoal que combina conhecimento de ponta e soluções práticas de fácil implementação.

A revista *Business Strategy Review* recentemente descreveu Fisk como "um dos maiores pensadores do novo mundo dos negócios". A consultoria especializada e as palavras cheias de energia de Fisk são solicitadas no mundo inteiro.

Em *O Gênio do Marketing*, seu maior sucesso de vendas e que foi traduzido em mais de 25 idiomas, Fisk explora os papéis dos hemisférios esquerdo e direito de nossos cérebros e, com base nestes, desenvolve estratégias para o sucesso competitivo de uma empresa. *O Gênio dos Negócios* descreve os desafios diante dos líderes de empresas no sentido de sustentar a rentabilidade e garantir o crescimento dos negócios em tempos difíceis. Após este livro, serão publicados *Creative Genius*, que apresentará uma nova abordagem à inovação, e *The Good Growth Guide*, que explica como assegurar o crescimento de uma empresa com foco ético, social e ambiental.

Descubra mais. Acesse www.theGeniusWorks.com

Para entrar em contato com o autor, envie um email para peterfisk@peterfisk.com.

Sumário

Parte I   O mundo do cliente   13

     Faixa 1   Olá!   15

     Faixa 2   Meu mundo... pessoas e suas paixões   19
         2.1   Pessoas maravilhosas   20
             Insight 1: Facebook   23
         2.2   A aldeia global   26
             Insight 2: Air Asia   28
         2.3   As tribos de clientes   29
             Insight 3: Banyan Tree   35

     Faixa 3   Meus planos... o mais importante para mim   39
         3.1   O mundo das emoções   40
             Insight 4: Baidu   43
         3.2   Os caleidoscópios dos clientes   44
             Insight 5: Stenders Soap Factory   50
         3.3   A pauta do cliente   53
             Insight 6: Sapatos Camper   58

     Faixa 4   Meus termos... poder para as pessoas   63
         4.1   O poder do cliente   64
             Insight 7: Livestrong   67
         4.2   Puxe, não empurre   68
             Insight 8: Progressive Insurance   71
         4.3   De fora para dentro, de dentro para fora   74
             Insight 9: Zipcars   78

Faixa 5		Meu negócio... o negócio do cliente	81
	5.1	O negócio do cliente	82
		Insight 10: Amazon	84
	5.2	Valor do cliente, valor do negócio	89
		Insight 11: Best Buy	91
	5.3	As 10 dimensões do negócio centrado no cliente	95

Parte II — O negócio do cliente — 101

Dimensão 1		A visão do cliente	103
	1.1	A proposta para o cliente	104
		Insight 12: Lego	108
	1.2	A marca do cliente	110
		Insight 13: Aveda	113
	1.3	O alinhamento com o cliente	115
		Insight 14: Cemex	117
Dimensão 2		A estratégia do cliente	121
	2.1	A lucratividade do cliente	122
		Insight 15: Nike Women	127
	2.2	A segmentação dos clientes	129
		Insight 16: Club Med	132
	2.3	A gestão do cliente	133
		Insight 17: Tata	139
Dimensão 3		Os insights do cliente	143
	3.1	A inteligência do cliente	144
		Insight 18: Dove	152
	3.2	A imersão no mundo do cliente	154
		Insight 19: H&M	156
	3.3	Os insights do cliente	158
		Insight 20: Harrah's Casinos	163

Dimensão 4		As proposições para o cliente	167
	4.1	O contexto do cliente	168
		Insight 21: Whole Foods Market	172
	4.2	As proposições para o cliente	174
		Insight 22: Oxfam Unwrapped	180
	4.3	O bate-papo com os clientes	182
		Insight 23: Jimmy Choo	185
Dimensão 5		As soluções do cliente	189
	5.1	A colaboração com o cliente	190
		Insight 24: Heinz Tomato Ketchup	193
	5.2	A inovação do cliente	194
		Insight 25: Smart USA	198
	5.3	As soluções do cliente	200
Dimensão 6		As conexões com o cliente	205
	6.1	A comunicação com o cliente	206
		Insight 27: Wumart, China	211
	6.2	As redes de clientes	213
		Insight 28: Zopa	217
	6.3	Os portais para o cliente	218
		Insight 29: Quintessentially	221
Dimensão 7		As experiências do cliente	225
	7.1	A jornada do cliente	226
		Insight 30: Nintendo Wii	231
	7.2	A dramatização para o cliente	232
		Insight 31: Vom Fass	237
	7.3	Experiências extraordinárias	238
		Insight 32: Build a Bear Workshop	241

Sumário

Dimensão 8		O serviço ao cliente	245
	8.1	A execução do serviço para o cliente	246
		Insight 33: Disneylândia	250
	8.2	O serviço individualizado	252
		Insight 34: Singapore Airlines	255
	8.3	A recuperação do serviço	257
		Insight 35: Ritz-Carlton	261
Dimensão 9		Os relacionamentos com o cliente	265
	9.1	As parcerias com o cliente	266
		Insight 36: Harley-Davidson	270
	9.2	As comunidades de clientes	272
		Insight 37: Co-operative Group	277
	9.3	O cliente como divulgador	280
		Insight 38: New Balance	284
Dimensão 10		O desempenho do cliente	287
	10.1	Os condutores de valor	288
		Insight 39: Enterprise Car Rental	290
	10.2	As métricas do cliente	291
		Insight 40: First Direct	295
	10.3	O impacto no negócio	297
		Insight 41: GE	303
Parte III		Os defensores do cliente	307
	Faixa 6	Liderança ... liderando uma revolução do cliente	309
	6.1	Como inspirar pessoas	310
		Insight 42: Eczacibasi	315
	6.2	Os novos líderes dos negócios	317
		Insight 43: Procter & Gamble	319
	6.3	Os defensores do cliente	323
		Insight 44: Mac Cosmetics	325

Faixa 7		A cultura... gerando paixão nas pessoas	329
	7.1	Como envolver seus funcionários	330
		Insight 45: Pret A Manger	332
	7.2	Como alinhar funcionários e clientes	334
		Insight 46: Innocent	337
	7.3	Estruturas, símbolos e histórias	339
		Insight 47: Toyota	343
Faixa 8		A transformação... a jornada para se tornar uma empresa centrada no cliente	347
	8.1	Como criar uma revolução do cliente	348
		Insight 48: Avon	352
	8.2	Como fazer a mudança acontecer	354
		Insight 49: Skoda	359
	8.3	A inspiração da Virgin	361
Apêndice		O laboratório do gênio	365
		O mapa para a empresa centrada no cliente	366
		O gênio completo	377
		O gênio ao vivo	377
		O gênio no trabalho	378
		O gênio e seus livros	379
Créditos			381
Índice			385

O mundo do cliente

PARTE I
▶ O mundo do cliente

Em "O mundo do cliente", analisamos o que significa ser uma empresa focada no cliente e por que essa é a melhor maneira de fazer negócios. Exploramos o modo como os clientes estão mudando, seus desejos e como realizá-los. Descrevemos de que maneira uma empresa pode abraçar essas novas expectativas, trabalhar por caminhos novos e emocionantes e avaliar o impacto que isso terá em seu mercado e desempenho financeiro.

Faixa 1

Olá!

"Eu sou sua cliente.

Sim, sou uma pessoa de verdade, um ser humano.

Tenho minhas necessidades e desejos, quero ver as coisas darem certo e cumprir com minhas obrigações. Mas também tenho expectativas, sonhos e ambições.

Por muito tempo, você me tratou como se eu fosse um nome ou um número.
Você me agrupou naquilo que chamou de segmento ou simplesmente de mercado de massa.

Mas não vou mais tolerar isso.

Eu sou eu. Não me trate como se eu fosse outra pessoa.

Às vezes, sou bastante parecida com outras pessoas, mas posso também ser diferente e perspicaz.

Sei que, no passado, eu não tinha muitas escolhas.
Eu precisava de você mais do que você de mim.

Mas as coisas mudaram.

Hoje eu tenho o poder. Estou no controle.
Você precisa de mim mais do que eu de você.

É chegada a hora de você fazer negócios nos meus termos.

Aliás, por que você está nesse ramo?
Só para ganhar todo o dinheiro que pode de todas as maneiras possíveis?

Ou para fazer a diferença, para melhorar minha vida?

Por que você não aprende um pouco mais a meu respeito?
Aproxime-se e preste atenção naquilo que desejo de verdade.

Eu adoraria contar o que realmente busco.

Não apenas se estou interessada ou não em sua última sacada, artimanha ou engenhoca.
Por que não nos unimos para encontrar uma forma de resolver de uma vez o meu problema?
Eu até pagaria mais se você realmente pudesse me ajudar a encontrar a solução certa.

Comece a pensar no mundo em que vivo.

Não me venda passagens aéreas, ajude-me a explorar o mundo.
Não me venda um par de tênis, ajude-me a superar meus limites.
Não me venda plantas em vasos, ajude-me a criar um jardim mágico.

Pare de me dizer o que você quer vender.

Eu tenho vida própria, sabia? Vou comprar coisas, mas a meu modo e no meu tempo.

O pior de tudo são todas aquelas malas-diretas e telefonemas não solicitados.
Eles me interrompem e incomodam.
E acabam me fazendo odiar você.

Quando quero algo, espero que seja fácil de obter.

Venha até mim ou a lugares convenientes para mim.
E em momentos adequados para mim.
O que espero é que aquilo que vejo online esteja disponível em suas lojas ou por telefone. E poder devolver o que comprei em qualquer loja sua se não gostar do produto.

Mas quero que você seja sincero e honesto sobre o negócio que quer fazer.
Nada de cláusulas ocultas ou despesas adicionais.

Se posso comprar um livro ou um CD e recebê-los em 24 horas, por que não poderia esperar o mesmo de um carro, de uma máquina de lavar ou de uma casa nova?

E se você me oferece seu melhor serviço quando sou uma pessoa influente no trabalho, não espero ser destratada quando me apresento como indivíduo.

Trate-me bem como pessoa e contarei a todos os meus amigos como você é bom.
Posso até contratar seus serviços como cliente corporativo.

Sei que você é recompensado por me satisfazer. Mas, francamente, espero muito mais do que isso. Exijo 100% de satisfação e 100% de encantamento também.

Toda vez em que converso com seu pessoal, toda experiência que tenho relacionada a você precisa ser correta, excelente e perfeita.

Contudo, não quero a mesma coisa sempre. A vida é curta e um pouco maçante. Para falar a verdade, às vezes gostaria de ser surpreendida!

E é neste ponto que preciso falar de fidelidade.

Se tenho vontade de voltar. E o faço. E compro mais. E conto aos outros. E aí você me dá um cartão de plástico. Com um desconto de 1%.

Hmmm. Para ser franca, acho que fidelidade é algo que deve ser recíproco. Se você confia em mim, então se importe comigo e faça mais. Eu talvez faça o mesmo.

Eu não quero um relacionamento com uma grande empresa anônima. Prefiro conhecer outras pessoas que têm as mesmas paixões que as minhas.

Por viagem. Ou corrida. Ou jardinagem. Pessoas reais como eu.

O melhor que você pode fazer é me ajudar a construir relacionamentos com outras pessoas em meu mundo. Ajude-nos a compartilhar nossas ideias e interesses e a fazer o que mais gostamos.

Assim, ficarei feliz em comprar seus produtos. E encantada por participar de sua comunidade. E talvez você até perceba que as coisas que digo e compartilho são valiosas para você também.

Sei que você é uma pessoa em carne e osso, como eu.

Mas quando vai para o trabalho, você veste suas viseiras. Você se restringe a um setor artificialmente definido. Eu, por minha vez, vejo um mundo maior, mais empolgante e conectado.

Você segue convenções e preconceitos que você mesmo gerou. Para mim, ao contrário, tudo é possível.

Na verdade, isso é bastante simples.

Você só precisa conhecer meu mundo. Fazer negócios de fora para dentro. Não de dentro para fora.

Comece por mim, e o resto seguirá o fluxo.

Juntos poderemos ser pessoas reais, felizes, apoiando um ao outro. E com muito mais oportunidades.

E mais divertimento.

Juntos poderemos fazer coisas extraordinárias."

Faixa 2

Meu mundo... pessoas e suas paixões

> "Você vê o mundo como eu vejo?
>
> Quando vou a um bar, é para me divertir na companhia de amigos, comemorar um aniversário ou talvez conhecer alguém. Por mais que você goste da ideia, não vou com o objetivo de encontrar uma determinada bebida ou de passar um tempo tentando encontrar a sua marca. A bebida é um facilitador, uma consequência, um detalhe do motivo por eu estar lá.
>
> Para você, o consumo é o principal. Você provavelmente gasta milhões em pesquisas sobre os elementos motivadores profundos que direcionam minhas preferências por marcas. A verdade é que elas são importantes, mas não tanto assim. Se você puder me ajudar a atingir o que desejo de verdade, minha gratidão será muito maior.
>
> Assim como eu, você provavelmente também vai a bares. Mas quando chega ao trabalho, parece que coloca aquelas viseiras dos negócios. De repente, seu universo se limita ao mundo em que se encontra – o setor de bebidas, em que você pensa em seus concorrentes como outras empresas de bebidas, e não como outras maneiras com que gasto meu dinheiro. Você trabalha de acordo com um calendário próprio, ainda que eu queira as coisas agora.
>
> Esse não é o meu mundo. O meu mundo tem muito mais oportunidades para você. Meu mundo é genuinamente empolgante. E eu teria uma paixão sincera por tudo o que você oferecesse para melhorá-lo."

2.1 PESSOAS MARAVILHOSAS

Imagine as coisas pouco mais de um século atrás – um mundo sem automóveis, aviões, telefones ou TV via satélite –, quando as pessoas passavam a vida inteira nas mesmas comunidades de origem, trancadas em suas ilhas do Pacífico, distantes em seus vilarejos no topo dos Andes, isoladas em tribos da floresta amazônica. A vida era sempre igual, tradições eram fortes, valores eram conservados, estilos eram imutáveis, futuros eram previsíveis, ambições eram limitadas e as pessoas eram muito mais parecidas umas com as outras.

É claro que existiam comunidades itinerantes também: os nômades viajavam pelos desertos, tribos guerreiras tentavam conquistar novos reinos, exploradores buscavam terras novas. Eles traziam consigo comidas e culturas exóticas e introduziam novas ideias e crenças. A vida passou a ser influenciada por um mundo muito maior e diversificado, conectado a diferentes culturas, religiões, tendências e modismos, o que abriu suas mentes para maiores oportunidades.

Hoje, as pessoas vivem vidas ecléticas e transitórias. Embora muitos tenham suas raízes, famílias e amigos em um local, viajam o mundo por lazer e a trabalho e podem viver em diferentes países durante a vida. Eles estão em contato com o mundo por meio da TV via satélite 24 horas do dia.

A tecnologia, em particular, conectou o nosso mundo. As pessoas se comunicam independentemente de tempo e espaço: elas fazem negócios na praia com seus BlackBerries, telefonam para suas mães enquanto escalam o Monte Everest, encomendam seus pratos favoritos de um continente diferente, conversam por horas com seus melhores amigos (que talvez nunca tenham conhecido pessoalmente) pelo Skype sem qualquer custo.

A vida hoje é uma fusão de tudo o que queremos. Nossas influências são ilimitadas, nossas fronteiras, indefinidas. Pensamos mais. Sonhamos mais.

- Somos mais diferentes.

- Temos mais expectativas.

- Desejamos mais.

FAIXA 2   Meu mundo... pessoas e suas paixões   21

Não podemos mais ser enquadrados em médias por pesquisas de mercado. Não somos previsíveis por análise de dados. Não somos estimulados pelas mesmas mensagens e incentivos que a pessoa ao lado. Não percebemos o mesmo valor em proposições que os outros. Não estamos preparados para aceitar produtos e serviços padronizados.

Em 2050, a Índia será o país mais populoso do planeta.

As cidades mais ricas do mundo são Nova York, Londres, Moscou, Pequim e Istambul.

87% dos italianos dizem que dormir é seu maior prazer.

25% das start-ups do Vale do Silício são fundadas por empresários indianos ou chineses.

Na última década, a velocidade média do caminhar subiu 10% nas grandes cidades.

73% das pessoas dizem que um sorriso é o prazer mais simples.

A probabilidade de um norte-americano de 25 anos se divorciar é de 52%.

40 milhões de chineses provavelmente não encontrarão uma esposa. Nunca.

1 bilhão de pessoas estão acima do peso e 800 mil não têm o bastante para comer.

A população do mundo é 6,5 bilhões de pessoas e chegará a 9 bilhões em 2050.

Se o Facebook fosse um país, ele teria a 11ª maior população do planeta.

Os clientes tomam suas decisões de compra em 2,6 segundos em média.

Os jovens conseguem fazer 5,3 coisas ao mesmo tempo. Adultos conseguem apenas 1,7 (os homens, menos ainda).

83% das crianças norte-americanas entre 8 e 18 anos têm um videogame.

17% dos usuários de PlayStation têm mais de 50 anos.

Um lar norte-americano padrão tem mais TVs (2,73) do que pessoas (2,55).

70% das crianças norte-americanas têm TV em seus quartos. 20% das famílias fazem suas refeições assistindo a TV.

51% dos lares norte-americanos consomem produtos orgânicos.

44% das pessoas no Reino Unido ainda vivem na área em que nasceram. Enquanto 52% prefeririam viver em outro local.

79% dos poloneses dizem que doces são sua compra favorita.

44 milhões de pessoas visitam uma cafeteria da Starbucks por semana.

68% dos norte-americanos, 35% dos ingleses e 12% dos franceses confiam na Starbucks.

PESSOAS MARAVILHOSAS: OS CLIENTES AO REDOR DO MUNDO

As empresas precisam tratar as pessoas de modo mais personalizado.

- É melhor conhecer bem poucos clientes do que conhecer muitos superficialmente.
- É melhor ter alguns *insights* profundos do que uma pilha de médias numéricas.
- É melhor satisfazer desejos reais do que muitas necessidades racionais.

Isso cria um dilema fundamental para as empresas. A menos que você seja uma empresa com um cliente só, terá de administrar o dilema de ter porte e escala suficientes para obter lucros sem perder a intimidade com as pessoas. Você precisa encontrar o ponto de equilíbrio entre customização e padronização, buscando novos clientes e atendendo melhor aos já existentes.

Nosso desafio é redefinir a proposta, o escopo, as atividades e o impacto do negócio pelos olhos do cliente. O ponto de vista do cliente é mais amplo e rico e, via de regra, exige uma gama maior de produtos e serviços ao longo do tempo, possibilitando a venda cruzada e a construção de relacionamentos e, mais importante, exigindo mais atenção, mais soluções cuidadosas e mais suporte humano.

Richard Reed nunca fala em clientes. Richard é o jovem visionário cofundador da Innocent, a pequena grande empresa fabricante das bebidas mais naturais e saborosas do mundo. Ele fala, com grande paixão, sobre "essas pessoas maravilhosas que compram e consomem nossos *smoothies*."

Quando você chamou seu cliente de "pessoa maravilhosa" pela última vez?

De fato, toda essa noção de como nomear as pessoas que você deseja atrair, atender etc. é muito confusa.

Se você chamá-las de "clientes", todas as empresas de bens de consumo pensarão que você está falando dos atacadistas e varejistas delas, não das pessoas que adquirem seus produtos, a quem chamam "consumidores". Muitas dessas empresas ainda sofrem de uma obsessão estreita e limitada por esses intermediários (que estocam seus produtos e as pagam), deixando de lado as pessoas que tentam atingir e envolver (que utilizam seus produtos e que, com o passar do tempo, talvez passem a amá-las).

Por outro lado, se você chamá-las de "consumidores", todas as empresas *business-to-business* parecerão alienantes, estabelecendo que consumidores são uma espécie diferente de ser humano daquela que chamam de "clientes" corporativos. Claro que envolver um pequeno número de clientes com um volume expressivo de transações deve ser diferente de operar no mercado de massa, mas esse pode ser um caminho melhor. A verdade é que, de um jeito ou de outro, falamos de pessoas reais, dotadas de cérebro e coração.

Para os fins deste livro, chamaremos de "clientes" aquelas pessoas maravilhosas que adquirem produtos e serviços, não importando o setor de atuação de sua empresa.

Insight 1: FACEBOOK

Você pode cutucar seus amigos, jogar Scrabble, contar tudo sobre você ao mundo e compartilhar seus momentos mais íntimos.

O Facebook.com foi fundado em 2004 por Mark Zuckerberg, então com 20 anos e estudante psicologia da Universidade de Harvard. Mas esse não fora seu primeiro empreendimento; ele já havia desenvolvido o Synapse, um software que gerava listas de reprodução de músicas com base no comportamento dos usuários e para o qual a Microsoft fez uma gorda oferta de compra no valor de US$2 milhões. Em Harvard, Zuckerberg criou um site chamado facemash.com, que permitia aos alunos votar em seus colegas no quesito atratividade e que foi fechado rapidamente pela administração da universidade.

Ele então voltou suas atenções para fazer uma versão do "Facebook" físico, o anuário da faculdade que todo calouro considerava um guia essencial para conhecer pessoas ao entrar na universidade. Os alunos passavam horas aperfeiçoando seus perfis para o anuário – informações pessoais, experiências que tiveram e escolas que frequentaram, hobbies e interesses, bandas e filmes favoritos e as muito importantes fotos deles mesmos. Surpreendentemente, ninguém havia criado uma versão online do catálogo nem conectado faculdades e universidades.

Em fevereiro de 2004, Zuckerberg apresentou o thefacebook.com, que mais tarde se tornou o facebook.com. Em três semanas, ele já contava 10 mil usuários registrados, e duas semanas mais tarde precisou abrir o site para os alunos de Yale e Stanford. Em junho, o Facebook já havia se espalhado por 30 universidades e tinha 150 mil estudantes usuários obcecados conferindo as páginas uns dos outros e se conectando. Tudo isso por apenas US$85 ao mês, o custo de hospedagem em um servidor. Não tão surpreendentemente, Zuckerberg largou seus estudos de psicologia, já que tinha caminhos mais lucrativos a seguir.

O negócio cresceu rápido, ultrapassando sua proposta original. Um ano após seu lançamento, ele atingiu 5 milhões de usuários ativos com a liberação do acesso para outras universidades e instituições de ensino médio, primeiro dos Estados Unidos, depois do mundo inteiro. Em 2006, outras pessoas além dos estudantes mergulharam de cabeça na rede social. Embora 75% de seus usuários registrados estejam na faixa etária entre 25 e 34 anos, números expressivos de pessoas mais velhas começam a se juntar ao site. Passado mais outro ano, ele já tinha 10 milhões de usuários e disputava com o MySpace o lugar de maior site de relacionamentos do mundo.

As comunidades de usuários registrados cresceram rapidamente – usuários que se reuniam com colegas de trabalho para formar grupos de funcionários, que compartilhavam de interesses sociais ou localidades físicas, ou ainda que apoiavam uma causa em comum. Os grupos podem ser abertos a todos ou fechados, e principalmente esses últimos motivaram as pessoas a fazer mais conexões, a acessar o site com maior frequência para ver o que os outros estão fazendo e a expressar seus pontos de vista para os mundos que escolheram.

Em 24 de maio de 2007, Zuckerberg surpreendeu o mundo da tecnologia ao anunciar que abriria o Facebook a desenvolvedores externos, dando a eles acesso instantâneo à sua imensa e tão cobiçada comunidade de jovens. A mídia chamou a operação de "nascimento da economia Facebook". Para os usuários, isso significava um grande número de opções de conteúdos interativos ricos, uma vez que os desenvolvedores competiriam para ganhar presença.

Essa abertura transformou o Facebook de um popular ponto de encontro online a uma plataforma tecnológica em que qualquer pessoa poderia fazer negócios instantaneamente. Nove meses depois dessa "abertura", mais de 14 mil aplicativos gerados por desenvolvedores externos estavam ativos no site – da versão online do Scrabble, que poderia ser jogado em todo o planeta por 15 milhões de pessoas, às novas economias virtuais, em que as pessoas compravam e vendiam nomes e relacionamentos. Esses aplicativos não estão voltados apenas ao usuário individual – são meios criativos projetados para promover e estimular conexões.

Robert Metcalfe, fundador da 3Com, uma vez estimou que o poder de uma rede é proporcional ao quadrado do número de seus usuários. Assim, à medida que crescia o número de usuários, esse efeito aumentava muito mais rapidamente. Gravadoras formavam grupos de fãs e faziam o pré-lançamento de novos discos a essa comunidade de grande influência; pesquisadores de mercado se empenhavam em listar públicos-alvo e a aprender mais sobre eles; e a concorrência fitava perplexa seu crescimento exponencial.

Em meados de 2008, com quase 135 milhões de usuários ativos (um aumento de mais de 160% em relação ao ano anterior), o Facebook contava cerca de um bilhão de buscas e mais de 50 bilhões de visitas a suas páginas todo mês. Ele se tornara o quinto site mais popular do mundo e, em alguns países (como a Turquia), sua popularidade ultrapassava a do Google. As pessoas atualizaram seus celulares e BlackBerries, pois não suportavam ficar longe do Facebook por algumas horas.

Muitos pensavam que o Facebook seria engolido por um dos líderes do setor de tecnologia que passou a reconhecer o impacto das redes sociais depois de ter ignorado o potencial dos mecanismos de busca. A Microsoft investiu US$240 milhões em uma pequena quota de ações, mas Zuckerberg disse que não estava vendendo tudo, estava apenas investindo para transformar seu site embrionário em algo ainda melhor.

Peter Fader, professor de marketing da Wharton School, descreve o Facebook como "semelhante ao teclado qwerty – não há nada de especial nele, mas ele chegou na hora e no local certos. Chega um ponto em que um padrão é aceito universalmente."

Entretanto, os sites de relacionamentos existentes até então eram inerentemente efêmeros. Há cinco anos, todos falavam do Friendster; depois o MySpace se tornou o queridinho da vez. Quando o Facebook virou moda, todos migraram para ele. Ele oferece conexões e conteúdos muito melhores, é mais simples e seguro de usar, mas ainda está vivendo sua infância.

Talvez o Facebook venha a definir os padrões para a economia das redes quando tiver 10 anos de existência. O modo como uma rede social coexistirá com empresas comerciais ainda é incerto, assim como o são as possibilidades de as redes se tornarem uma plataforma para essa convivência.

Zuckerberg continua inovando. O ex-calouro de Harvard de 20 e poucos anos já abriu um negócio avaliado em US$15 bilhões – nada mau para quem largou a faculdade.

2.2 A ALDEIA GLOBAL

Quando a chama olímpica se ergueu no estádio Ninho de Pássaro, em Pequim, no verão de 2008, o mundo despertou para as grandes, emocionantes e intensas oportunidades oferecidas pelo Oriente. Há muito, as economias da região vinham sendo chamadas de "emergentes" – os mercados do futuro. Contudo, muitas pessoas viam esses povos como pobres e oprimidos, desconectados do vibrante mundo da alta tecnologia.

Claro que essa noção está totalmente equivocada. Essas economias cresceram com rapidez e, em breve, brilharão mais do que as potências tradicionais da América do Norte e da Europa Ocidental. China e Índia estarão à frente dos mercados do futuro, com bilhões de consumidores que já exigem as marcas mais legais e as tecnologias mais avançadas. Em muitos aspectos, essas economias sempre foram líderes, sobretudo na adoção de tecnologias e de novas modalidades de trabalho.

C. K. Pralahad as descreve como os ricos na "base da pirâmide". Isso, obviamente, depende das dimensões da sua pirâmide. Se ela estiver baseada na riqueza, sofisticação ou poder, então está se invertendo rapidamente. Sua base vem se tornando a força motriz das economias globais, e seus clientes têm muita importância.

Mas não se trata apenas da Índia e da China, embora essas duas nações sozinhas, sem dúvida, mudarão o mundo. Há também outros países, como os do sudoeste asiático e as nações da América do Sul. Na Europa Oriental, a cultura do consumo é maior do que na Europa Ocidental: russos, tchecos e romenos desejam televisores de plasma e automóveis velozes, enquanto britânicos, franceses e suecos aspiram a estilos de vida mais tranquilos e naturais. Existem oportunidades também na África, que espera saltar sobre toda uma geração de abordagens e mentalidades para que seus mercados e povos possam fazer negócios a seu próprio modo, em uma nova ordem mundial.

Imagine uma "aldeia global" em que 100 pessoas representem a população do mundo: 57 são asiáticos, 21 europeus, 14 americanos, 8 africanos; 52 são mulheres e 48 são homens; 89 são heterossexuais e 11 são homossexuais; 30 são caucasianos e 70 são não caucasianos; 30 são cristãos e 70 não cristãos; 6 pessoas deteriam 59% da riqueza total (todas dos EUA), 80 viveriam abaixo da linha da pobreza; 70 seriam analfabetas, 50 passariam fome; 1 teria um computador, 1 teria um diploma universitário; 1 estaria morrendo e 1 estaria nascendo.

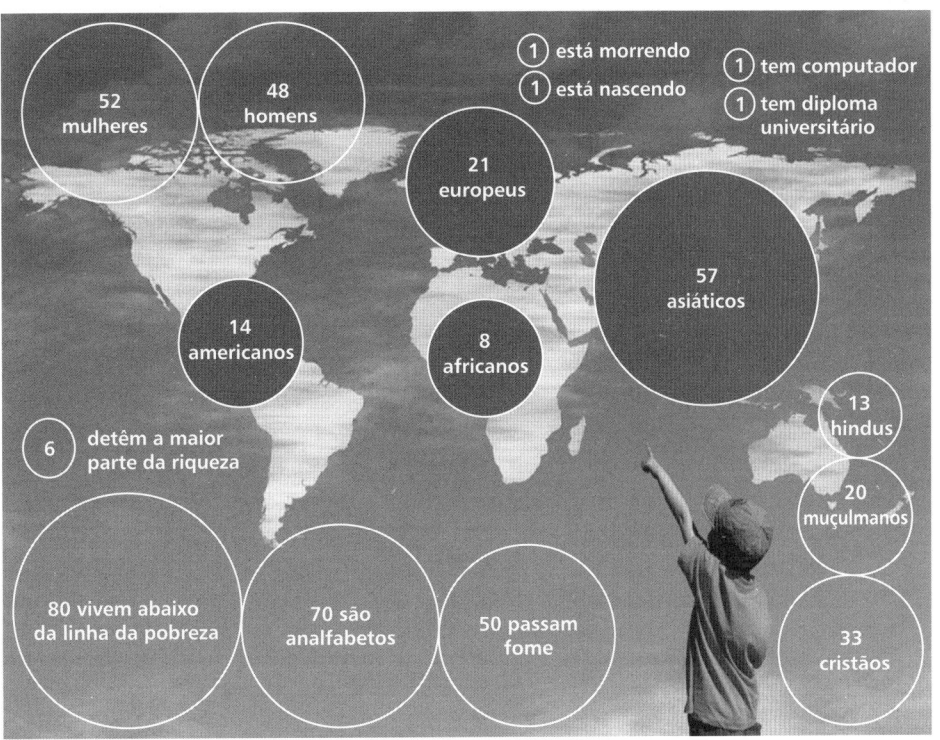

A ALDEIA GLOBAL: IMAGINE O MUNDO COMO UMA ALDEIA DE 100 PESSOAS

As pessoas são diferentes umas das outras e suas motivações e ambições são muito distintas. Contudo, é fácil perder a perspectiva do nosso mundo, da composição e do poder coletivo dos clientes que vivem nele. Embora a maior parte das empresas tenha se concentrado na minoria dessas pessoas, hoje estão acordando para as necessidades, ambições e oportunidades de negócio da maioria.

Insight 2: AIR ASIA

"Uma nova garota está na cidade. Ela oferece diversão em dobro pela metade do preço."

O anúncio publicado nos jornais provocava a Singapore Airlines e sua famosa tripulação feminina, a Singapore Girl, mas tratava, na verdade, do lançamento da mais nova rota da Air Asia, entre Bangcoc e Cingapura – outra investida de relações públicas de Tony Fernandes, que pagou um *ringgit* (cerca de 25 centavos de dólar) pela companhia aérea.

O ex-executivo do setor musical sacou suas opções de ações da AOL Time Warner e comprou a companhia baseada em Kuala Lumpur, com suas duas aeronaves velhas e uma dívida de US$12 milhões, em 2001, quando ela estava à beira do colapso financeiro. Em um ano, ele organizou uma virada e lançou novas rotas com novos aviões.

Hoje, a Air Asia é uma das empresas de maior crescimento e rentabilidade no mundo. Com alguns dos custos operacionais mais baixos do setor e tarifas que chegam a apenas US$3, ela opera um "serviço de transporte coletivo voador" entre as populosas capitais dos países do sudoeste asiático, que crescem sem parar. Embora suas tarifas sejam projetadas para equilibrar receitas e custos, os lucros vêm de fontes adicionais de receita, como refeições e bebidas, compras e jogos oferecidos a bordo e locação de veículos e reservas de hotéis terceirizados.

De fato, a companhia aérea obtém seu sucesso do atendimento aos mercados mais populosos do planeta, mas ela também possui um dos modelos de negócios mais inovadores. A Air Asia é, na verdade, um conjunto de marcas compartilhadas de diversas companhias aéreas, o que possibilita estabelecer *hubs*, ou centros de transporte de passageiros, na Tailândia, na Indonésia e na Malásia. Ela também acrescentou uma rede de hotéis, a Tune Hotels, a seu crescente portfólio de negócios.

Em 2008, a Air Asia fez o que outras companhias aéreas de baixo custo como a Easyjet e a Southwest não ousaram fazer: operar rotas de longa distância. A empresa passou a oferecer voos para a Austrália, com planos de fazer o mesmo nos mercados da China e da Índia. A estratégia de baixo custo possibilita que milhões de pessoas voem pela primeira vez, e a empresa se consolida rapidamente como uma companhia aérea popular.

Richard Branson, que abriu companhias aéreas de baixo custo com a marca Virgin em todo o mundo, ficou tão impressionado que adquiriu 20% das ações da Air Asia X, a divisão de voos de longa distância da empresa. Ao descrever o que acrescentaria à visão de negócios de Fernandes, Branson prometeu "o melhor sistema de entretenimento do mundo com as menores tarifas, para o maior mercado do planeta".

Enquanto Fernandes permanece focado na melhoria de sua proposta – a constante busca por caminhos inovadores para reduzir custos, oferecer os melhores preços, executar os melhores serviços e aumentar recursos para expansões – aos milhões, e potenciais bilhões, de clientes, a Air Asia se torna o símbolo das novas oportunidades de empreendimento no sudeste asiático, e pretende ir além.

2.3 AS TRIBOS DE CLIENTES

Ainda que as pessoas sejam mais diferentes do que parecidas, elas ainda querem se conectar. Elas estão sempre se unindo de novas maneiras.

Em lugar de se reunirem por força das circunstâncias – com atributos físicos semelhantes em termos de localização, ocupação, família, saúde –, as pessoas hoje formam vínculos por escolha própria: atitudes, crenças, estilos de vida e aspirações parecidas. É mais provável que você construa amizades com pessoas que conhece em seu destino de férias do que com seus vizinhos.

Essas são as novas tribos, motivadas por valores, influências mais amplas e sonhos maiores.

As novas tribos podem ser definidas por uma paixão em comum: pessoas que gostam de jardinagem, que apoiam as mesmas ideias políticas, que compartilham uma mesma fé religiosa, que gostam do mesmo tipo de música, que torcem pelo mesmo time de futebol. Essas tribos não são limitadas por fatores geográficos, história de vida ou riqueza, e formam comunidades virtuais e físicas para dividirem suas paixões. Elas estabelecem fidelidades com as estruturas que as reúnem.

As tribos são as novas comunidades a que desejamos pertencer e em que queremos participar: nichos de mercado que as empresas precisam compreender e decidir com quais se alinhar – para refletir em suas marcas, atrair como clientes e atender ao longo do tempo.

O negócio que tentar agradar a todos não conseguirá ser especial a ninguém.

As empresas obcecadas em maximizar suas fatias de mercado em um setor ou local geográfico achariam muito mais fácil e lucrativo se alinharem aos modos como as pessoas desejam se reunir – atingindo uma fatia menor de um mundo maior.

Há muitas tribos a que seu negócio pode escolher atender. Quanto mais específica for sua seleção, mais relevante você poderá ser às pessoas e mais intimamente você poderá se conectar a elas.

Na maioria das vezes, tribos pequenas estão interligadas por meio de interesses ou crenças mais específicos – um esporte especializado como a corrida em ambiente montanhoso, por exemplo, ou uma ideia política específica, como a defesa dos direitos humanos. As tribos se formam quando há um foco em uma paixão e um meio para que seus integrantes se conectem. Uma vez que o número de interesses é infindável e que as conexões são facilitadas, não há limite para o número de tribos hoje em dia.

FAIXA 2   Meu mundo… pessoas e suas paixões   31

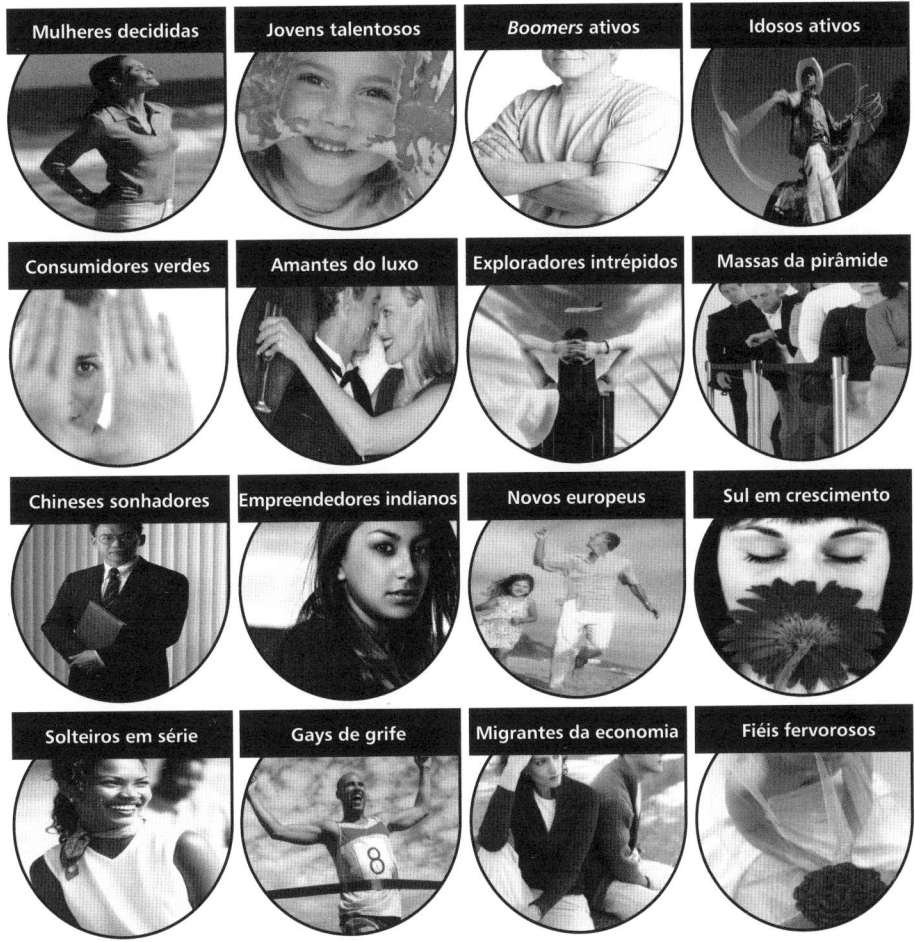

AS TRIBOS DE CLIENTES: AS NOVAS MANEIRAS COM QUE AS PESSOAS SE UNEM

As pessoas estão mais conectadas e influenciam mais umas às outras – não necessariamente por meio de associações formais, mas pela comunicação boca a boca ou por amizades e redes informais. Elas têm muita confiança e lealdade em si e querem compartilhar ideias e informações. Suas necessidades e desejos são mais definidos, mas com frequência não são bem atendidos. Entretanto, elas vão adorar marcas que as entendam, marcas projetadas para elas e que desejam apoiá-las.

De Pequim a Buenos Aires, dos conscientes (quanto a questões ambientais, sociais e éticas) aos que adoram ostentação (o mercado de massa que deseja adquirir marcas de luxo), as pessoas se reúnem para redefinir mercados locais e globais.

O termo "global" deixou de ser relativo à importação e à exportação, sendo o ponto de partida natural para se fazer negócios. Do mesmo modo, "local" não mais se refere à distância, mas às tribos emocionalmente mais próximas a você.

Algumas das tribos que mais crescem estão representadas na "aldeia global":

- **Boomers *ativos*:** Os *baby boomers* – pessoas nascidas nas décadas de 1950 e 1960 que hoje estão no auge de suas vidas e em vias de encerrar sua primeira carreira. Eles são ricos e saudáveis e estão prontos para explorar o mundo. A aposentadoria é um novo começo, e eles querem aproveitar a vida ao máximo.

- ***Mulheres decididas*:** Como principais tomadores de decisão em 92% das compras de alimentos e em 84% das de automóveis, as mulheres hoje comandam o plano de compras e também, cada vez mais, o plano de negócios. Elas são mais decididas e têm senso estético mais apurado, sentem-se felizes em executar diversas tarefas e não aceitam abrir mão de suas escolhas.

- ***Chineses sonhadores*:** O maior e mais diversificado mercado mundial está faminto por sucesso. Os Jogos Olímpicos de Pequim, em 2008, simbolizaram o novo despertar do dragão da economia, com 1,3 bilhão de pessoas saindo de anos de clausura econômica.

- **Fiéis fervorosos**: Das crenças fundamentalistas à elevação espiritual, a fé ganhou importância para as pessoas em geral e reconfigura a política e a segurança mundiais. As pessoas procuram cada vez mais por um porto seguro, por valores que direcionem suas vidas.

- **Gays de grife**: Uma vez resolvidas as questões morais, as empresas hoje reconhecem o "dólar cor-de-rosa" como mercado crucial e definível a ser almejado – em sua maioria mais perspicazes e com maior senso estético, gays e lésbicas estão mostrando seu poder de consumo.

- **Migrantes da economia**: Atraídas pela ideia de uma vida melhor, pessoas levam novas habilidades e suas próprias necessidades culturais a muitas cidades que hoje representam novos mosaicos étnicos. Em Londres, por exemplo, há muitas lojas polonesas em muitas ruas principais, e muitos anunciantes desenvolvem anúncios em polonês.

- **Consumidores verdes**: Eles querem fazer a coisa certa para si e para o mundo – querem consumir, mas em consonância com as questões "verdes": de alimentos orgânicos ao aquecimento global, das comunidades locais aos direitos humanos.

- **Sul em crescimento**: Com a maioria da população mundial, da Austrália ao Brasil, de Bornéu à África do Sul, o hemisfério sul é o azarão do crescimento futuro. A África avança na tecnologia, a Ásia meridional é a nova Meca das grifes e a América do Sul cresce a passos largos.

- **Empreendedores indianos**: Outro mercado gigantesco e diversificado que se prepara para ultrapassar a China como nação mais populosa do mundo em 2050, com 1,75 bilhão de habitantes, a Índia é mais prática e técnica por natureza, tem bons indicadores educacionais e forte empreendedorismo. Os indianos trabalham duro, estudam com afinco e hoje são a espinha dorsal de organizações acadêmicas e de pesquisa em todo o mundo.

- **Exploradores intrépidos**: O mundo é a concha de muitas pessoas, jovens e idosas, que o exploram em pacotes de viagens rápidas ou se mudando de continente em continente por toda vida. As pessoas estão mais transientes e cultas, fundindo muitas tradições e práticas que transportam consigo para outros mercados.

- ***Idosos ativos***: A população mundial com mais de 60 anos de idade triplicará nos próximos 20 anos. Eles estão cada vez mais ricos e saudáveis, vivem vidas mais longas e confortáveis, dispondo de sabedoria e tempo para contribuir mais e desfrutar a vida plenamente. Contudo, eles também precisam de mais cuidado e apoio, um setor de negócios que crescerá em larga escala.

- ***Amantes do luxo***: Bolsas Gucci, automóveis Porsche 911 e sobretudos Burberry eram ícones exclusivos dos ricos e glamorosos. Mas agora, apesar dos preços, todo o mundo quer um desses, e está preparado para sacrificar itens essenciais em favor dos símbolos *premium* do progresso.

- ***Novos europeus***: Uma nova geração de pessoas da Europa Central e Oriental conhece pouco do mundo antes dividido e funda os negócios mais ambiciosos, empreendedores, disciplinados e exigentes em todo o mundo. Eles desejam uma vida melhor e estão concretizando isso com rapidez.

- ***Massas da pirâmide***: C. K. Pralahad descreveu esse grupo como a fortuna na base da pirâmide social. Empresas como a Baidu e a Tata perceberam a oportunidade; enquanto algumas almejam cegamente os poucos clientes mais abastados e esquecem que uma proposição diferente poderia ser ainda mais rentável nos imensos mercados de massa das economias em desenvolvimento e com estruturas de salários baixos.

- ***Solteiros em série***: Em sua maioria, os lares de hoje são administrados por pessoas solteiras, sejam jovens, idosos ou mesmo em faixa etária intermediária. Por opção ou pelas circunstâncias, o número de adultos solteiros nunca foi tão grande, o que desafia as convenções da unidade familiar. Essas pessoas são relativamente mais ricas, têm menor número de dependentes e gastam mais.

- ***Jovens talentosos***: Os jovens que cresceram com Bart Simpson, Google, MTV e PlayStations. Eles vivem e pensam em conexão com o mundo, em que um volume infinito de conhecimentos está online e a cultura é transmitida via satélite. Eles têm grandes expectativas e querem ter experiências ricas – velocidade, emoções e acesso instantâneo.

Insight 3: BANYAN TREE

Imagine que você saiu para jantar. Você começa com uma fusão de pratos locais, passa para uma sopa de legumes levemente apimentada e depois para uma cioba pescada naquela manhã e para a especialidade do chef. Você celebra com champanhe. A brisa fresca abranda o calor de um dia passado em estonteantes areias brancas. A impressão é que você sucumbiu aos encantos dessa ilha tropical.

O jantar termina com um maravilhoso musse de chocolate amargo que derrete na boca e é lavado com o que restou do champanhe. A garçonete espera que seu jantar tenha sido perfeito e deseja boa noite com um sorriso gracioso. É hora de dormir um sono tranquilo.

Durante o jantar, seu quarto passou por uma transformação.

Você atravessa a pequena ponte que leva ao seu bangalô privativo com paredes de vidro. O perfume das bouganvilles e dos hibiscos é acentuado por uma centena de velas que iluminam o seu caminho. Cortinas de seda agora cobrem as paredes de vidro e a cama, no centro do quarto, foi arrumada com lençóis de seda, travesseiros ricamente bordados e pétalas de flores. Na sacada, uma banheira borbulha, e há mais champanhe e óleos essenciais ao lado dela. É uma experiência suprema de intimidade e conforto.

No Banyan Tree, tudo isso faz parte da experiência do hóspede. O hotel é um palco, um local para momentos inesquecíveis. Os funcionários preparam o palco, a seu pedido ou de surpresa, deixando para você criar sua própria história.

O Banyan Tree Hotels and Resorts não é para qualquer um. Seu alvo é uma elite abastada que viaja pelo mundo. Liderado por seu carismático fundador, Ho Kwon Ping, o grupo abriu seu primeiro hotel em Phuket, em 1994, e desde então vem colecionando prêmios por suas práticas de negócios, serviços e práticas ambientais. A declaração de missão do Banyan diz:

"Nosso desejo é construir uma marca reconhecida em todo o mundo que, ao inspirar experiências excepcionais entre nossos clientes, despertar o orgulho e a integridade de nossos funcionários e envolver os ambientes físico e humano em que operamos, gere retornos atraentes para nossos acionistas".

Na religião hindu, a *banyan tree* é considerada uma árvore sagrada que representa a vida eterna, pois seus galhos nunca param de crescer. O grupo Banyan Tree possui, desenvolve e administra 23 resorts e hotéis na região Ásia-Pacífico e ainda se expande para galerias de lojas, 65 spas e dois campos de golfe. Os resorts normalmente são pequenos, com entre 50 e 100 quartos, e cobram as diárias mais altas.

Esses resorts não são apenas opulentos e belos. A atitude e a atenção dos funcionários geram uma experiência diferente para o hóspede. O pessoal é encorajado a ser "criativo dentro de uma estrutura de referência", tratando o hóspede pelo seu primeiro nome, facilitando a realização de tudo o que ele queira durante a estada e combinando o estilo e a hospitalidade asiáticos com as expectativas multiculturais dele.

As equipes são estimuladas a ver suas funções da perspectiva do cliente – para fazer parte delas, com orgulho e paixão. Além disso, há dois gerentes de marca. Um apresenta a promessa por meio do marketing e o outro se certifica de que essa promessa seja cumprida do ponto de vista operacional. Antes da abertura de um novo resort, todos se reúnem para uma festa de pré-inauguração. Programas de intercâmbio são adotados para que os funcionários conheçam diferentes resorts espalhados pelo mundo.

FAIXA 2   Meu mundo... pessoas e suas paixões   37

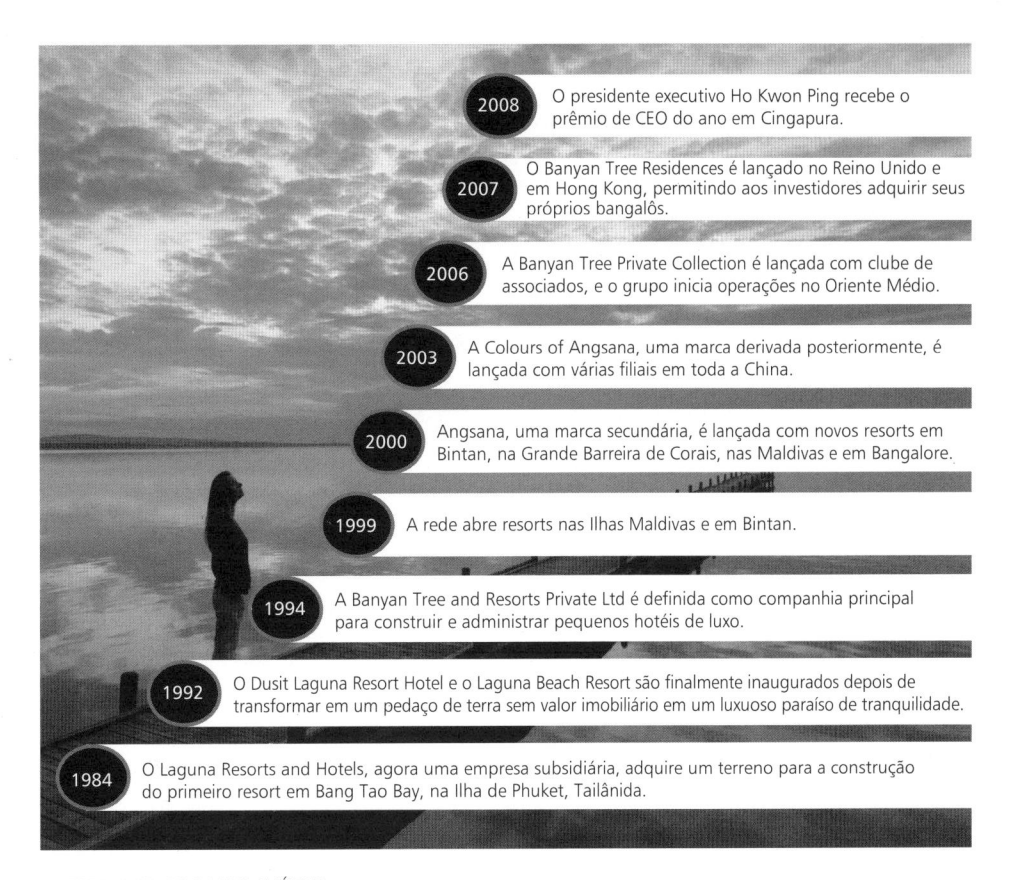

2008	O presidente executivo Ho Kwon Ping recebe o prêmio de CEO do ano em Cingapura.
2007	O Banyan Tree Residences é lançado no Reino Unido e em Hong Kong, permitindo aos investidores adquirir seus próprios bangalôs.
2006	A Banyan Tree Private Collection é lançada com clube de associados, e o grupo inicia operações no Oriente Médio.
2003	A Colours of Angsana, uma marca derivada posteriormente, é lançada com várias filiais em toda a China.
2000	Angsana, uma marca secundária, é lançada com novos resorts em Bintan, na Grande Barreira de Corais, nas Maldivas e em Bangalore.
1999	A rede abre resorts nas Ilhas Maldivas e em Bintan.
1994	A Banyan Tree and Resorts Private Ltd é definida como companhia principal para construir e administrar pequenos hotéis de luxo.
1992	O Dusit Laguna Resort Hotel e o Laguna Beach Resort são finalmente inaugurados depois de transformar em um pedaço de terra sem valor imobiliário em um luxuoso paraíso de tranquilidade.
1984	O Laguna Resorts and Hotels, agora uma empresa subsidiária, adquire um terreno para a construção do primeiro resort em Bang Tao Bay, na Ilha de Phuket, Tailânida.

BANYAN TREE: VIVENCIE O LUXO EXÓTICO

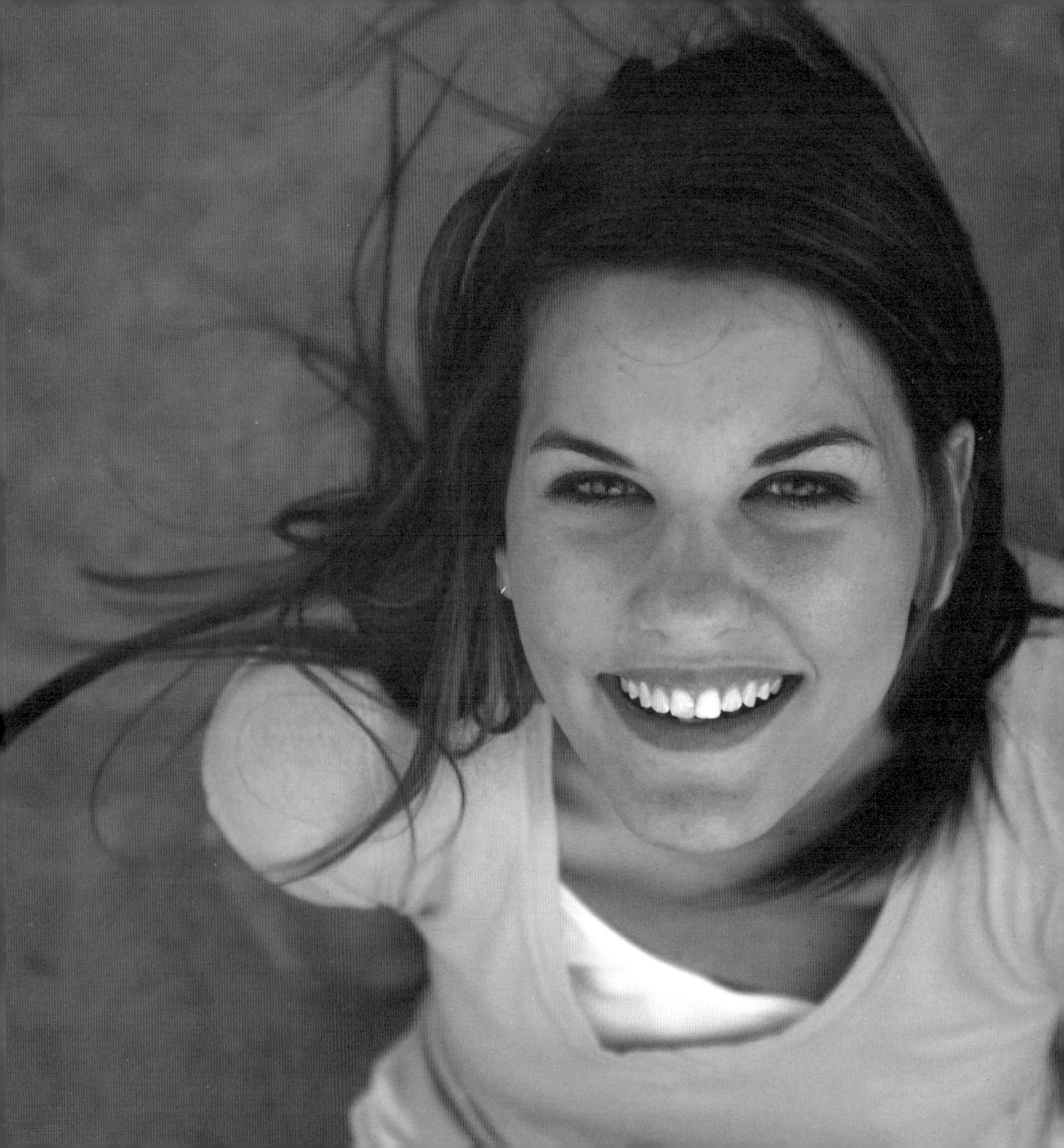

FAIXA 3

Meus planos... o mais importante para mim

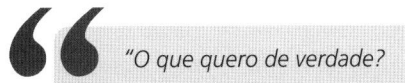

> *"O que quero de verdade?*
>
> *Claro que muitas coisas são importantes para mim e que minhas prioridades mudam regularmente – a vida é um malabarismo, cheia de opções e escolhas a todo momento. Mas a vida também tem a ver com princípios, crenças, ambições e sonhos. Por favor, não me prejulgue – não me coloque em uma caixa ao lado de centenas de outras pessoas. Somos todos diferentes, e é difícil expressar o que de fato queremos, por isso não suponha que suas palavras estabelecidas bastam para descrever o que desejo. Minhas prioridades mudam em casa e no trabalho e dependem do que estou pensando sobre mim e sobre os outros e de se estamos falando de realidade ou de aspirações. Talvez você possa me ajudar a conectar essas duas coisas?*
>
> *Claro que as coisas de sempre são importantes – qualidade, serviço, conveniência, valor –, mas elas são minhas expectativas básicas. Hoje em dia, todos oferecem isso, não? Minha expectativa é de 100% de satisfação com essas coisas.*
>
> *Mas eu quero mais. As pequenas coisas importam e podem fazer uma grande diferença para mim, mesmo que pareçam triviais a você. E claro que eu adoro quando você se lembra de mim, faz um esforço maior por mim. Acho ótimo quando você excede minhas expectativas. Isso mostra o quanto você consegue ser bom. Mas eu também me preocupo com aquilo que seus produtos podem fazer por mim e por minha família, com o impacto que sua empresa tem sobre o mundo à minha volta e com como podemos melhorar esse mundo juntos."*

3.1 O MUNDO DAS EMOÇÕES

A emoção estimula a mente 3 mil vezes mais rápido do que o pensamento racional.

Muitas pessoas dizem que você vive em um mundo racional, mas nada poderia estar mais distante da realidade. Embora pensamentos racionais motivem o conhecimento e as habilidades, as emoções motivam nossas atitudes e comportamentos. Os pensamentos racionais despertam o interesse dos clientes, mas são as emoções que vendem.

Uma pesquisa feita por Anthony Damasio, autor do livro *The Feeling of What Happens: Body and Emotion in the Making of Consciousness*, mostra que, embora 83% das informações sejam de caráter visual, existem muitas outras maneiras de envolver as pessoas. Damasio descobriu que a melhoria no estado de espírito das pessoas dependia da exposição a diferentes estímulos sensoriais:

- Aromas agradáveis melhoram seu estado de espírito em 75%.

- Sons agradáveis melhoram seu estado de espírito em 65%.

- Imagens agradáveis melhoram seu estado de espírito em 46%.

- Toques agradáveis melhoram seu estado de espírito em 29%.

- Sabores agradáveis melhoram seu estado de espírito em 23%.

Ele explica que somos capazes de elaborar sentimentos sobre o futuro com base em experiências passadas. Quando essas emoções secundárias, ou "marcadores somáticos", são relacionadas a resultados futuros, eles podem atuar como poderosos incentivos a agir de certos modos – por exemplo, na condução da preferência por uma marca e nas decisões de compra.

- A Lynx descobriu que o desodorante antitranspirante com perfume de chocolate era o mais popular entre os homens – não por ser importante para eles, mas porque atraía as garotas que tentavam conquistar.

- A Mercedes desenvolveu um envelope em couro, personalizado em baixo relevo, para a sua mala-direta, refletindo o luxo dos novos interiores de seu modelo CL.

- A Nokia construiu suas lojas com paredes em telas de cristal líquido, de modo que todo o interior passe de verde a rosa ou de uma paisagem urbana a uma ilha tropical em segundos.

Damasio compara os 40 bilhões de neurônios do cérebro a um milharal. Se você caminhar por ele uma vez, as plantas voltarão para os seus lugares, deixando poucos rastros no caminho para os outros seguirem. Mas se você passar pelo milharal várias vezes, sempre pelo mesmo caminho, as plantas permanecerão deitadas. Quanto maior a frequência de ativação das conexões entre neurônios no cérebro, mais forte é a lembrança formada. Quando mais sentidos são usados para fazer diferentes conexões no cérebro (o equivalente a mais caminhos no milharal), as impressões são mais fortes e duradouras.

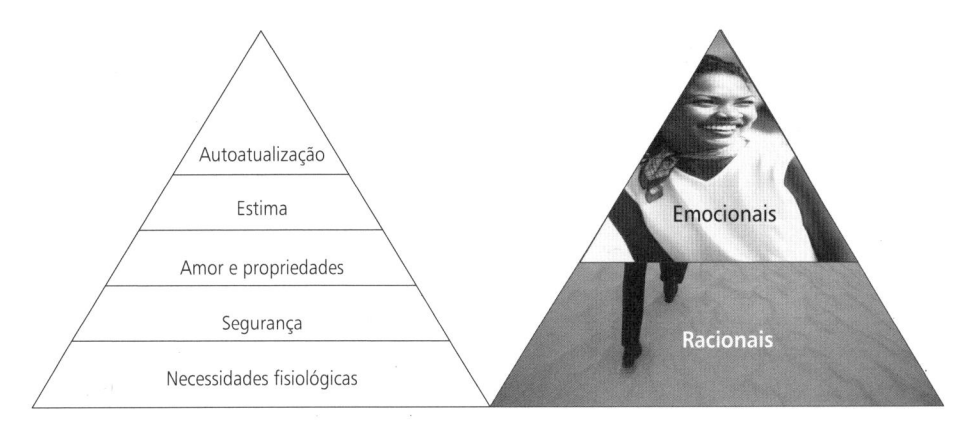

O PODER DAS EMOÇÕES: A HIERARQUIA DAS NECESSIDADES DE MASLOW

Se queremos comprar um carro novo, podemos verificar as especificações, fazer o *test drive* e visitar sites para comparar preços, mas acabamos escolhendo pagar um pouco mais pelo carro de nossos sonhos. Procuramos casas perfeitas, considerando o espaço interno, os dormitórios, impostos e proximidade a escolas, mas terminamos apaixonados por uma cabana à beira-mar. Os clientes pensam com as emoções, mas as empresas continuam a tentar entendê-los e envolvê-los de modo racional e monocromático.

Racional	Emocional
Necessidades	Desejos
Objetivos	Ambições
Produtos	Soluções
Características	Benefícios
Consistência	Personalização
Transações	Experiências
Recompensas	Relacionamentos
Informação	Educação
Automação	Humanização
Manutenção	Habilitação
Satisfação	Surpresa
Finalização	Concretização

Clientes são seres emocionais, não racionais. Eles se envolvem com pessoas e ideias mais do que com processos e lógicas.

Insight 4: BAIDU

O nome "baidu" é inspirado em um poema da dinastia Song, escrito há 800 anos por Xin Qiji, que compara a busca por uma beleza oculta em meio a um glamour caótico com a busca por um sonho e o enfrentamento dos muitos obstáculos que a vida impõe.

> "... Centenas e milhares de vezes, em busca dela vaguei em meio ao caos, mas de súbito voltei-me por acaso ao ponto em que as luzes se apagavam, e lá estava ela."

"Baidu" significa "centenas de vezes" e representa a busca persistente por um ideal.

A China é hoje a maior sociedade online do mundo, com mais de 210 milhões de usuários entre seus 1,3 bilhão de habitantes e cerca de 6 milhões de pessoas que se conectam pela primeira vez na vida todo mês. O rápido crescimento da Internet na China mobilizou um nacionalismo online que não se vê em nenhum outro país, juntando como nunca pessoas que querem compartilhar conteúdos e se comunicar em seu próprio idioma e cultura. Na China, o site Alibaba é maior que o eBay, e o Google (palavra que significa o número 1 acompanhado por um milhão de zeros) é nada perto do Baidu.

No verão de 1998, em um piquenique no Vale do Silício, Eric Xu, um bioquímico de 34 anos, apresentou seu tímido e reservado amigo Robin Li a John Wu, então chefe da equipe responsável pelo site de busca Yahoo. Com 30 anos, Li era um engenheiro frustrado que trabalhava na Infoseek. Wu lembra que o que mais o impressionou foi que, apesar do pessimismo em torno dos mecanismos de busca em seu próprio negócio, Li tinha paixão pela coisa.

"As pessoas no Yahoo não davam muita importância à busca, nem eu", diz Wu, que hoje é o supervisor de tecnologia da Alibaba, empresa chinesa de serviços *business-to-business* online. "Mas Robin parecia bastante determinado em pôr a ideia em prática."

Um ano após o piquenique, Li fundou seu próprio negócio de busca na China e o chamou de Baidu. Em troca de permitir que os censores supervisionassem seu site, a Baidu selou seu domínio com o apoio do governo chinês (que regularmente bloqueia o Google e impõe regras rígidas e censura a empresas estrangeiras que atuam na Internet).

Com uma fatia de cerca de 60% das buscas online, a Baidu está mais customizada ao seu público em termos de língua, algoritmos de busca e publicidade. Ela é o site mais popular da China e o terceiro maior mecanismo de busca no mundo, com uma fatia de 6%.

A Baidu abriu seu capital em agosto de 2005, com um valor de US$27 por ação. Ao final do pregão naquele primeiro dia, suas ações fecharam em US$122, o que representou um aumento de 354% – o maior valor de abertura na Nasdaq desde o estouro da bolha pontocom em 2000. De repente, a Baidu era uma empresa de US$4 bilhões, e a parte de ações de Li valia mais de US$900 milhões. Mas muitos analistas disseram que as ações da Baidu estavam sendo ridiculamente supervalorizadas – e seu valor chegou a cair para US$44 antes de começar a subir outra vez.

Rin Li, cofundador da empresa, está convencido de que a Baidu em breve se tornará "maior do que o Google". Recentemente, a empresa lançou um mecanismo de busca em japonês, um mecanismo de busca para celulares em chinês e um serviço de distribuição de música mantido pelos anunciantes. A companhia também tem o Post Bar, um fórum de perguntas e respostas, e o Baidu Knows, que dá pontos pelas melhores respostas.

Hoje, a empresa tem um valor de mercado de mais de US$3 bilhões e opera o quarto site mais popular no mundo. Com o rápido crescimento do mercado chinês, ao lado da contínua inovação de Li, a Baidu parece ganhar cada vez mais força no mundo virtual.

Ou, como certa vez disse um filósofo chinês, "uma beleza oculta em meio a um glamour caótico."

3.2 OS CALEIDOSCÓPIOS DOS CLIENTES

Coolhunters estão sentados em cafés nas ruas de Tribeca, bairro de Manhattan, os *La Ramblas* estão em Barcelona e os *Kappabashi Dori* em Tóquio, câmera digital em uma mão, café com leite desnatado e canela duplo na outra. Eles tentam capturar o que é tendência, o que está acontecendo e o que está por acontecer.

Observar uma tendência equivale a contemplar uma rocha e tentar ver os trilhões de átomos que a formam, todos se movendo a velocidades estonteantes. É impossível ver as tendências. Elas são movimentos direcionais invisíveis aos nossos olhos. Elas acontecem ao longo do tempo. Com frequência, vemos modismos temporários e sem qualquer direção e modas mais duradouras e com direção mais coerente.

Tendências emergem com o tempo. Contudo, há muito mais ciência do que adivinhação em sua observação. Magnus Lindkvist, futurista sueco, descreve a identificação de tendências como "padrão de reconhecimento" – encontra sentido nos modismos multidirecionais e nas modas direcionais, e compreende os propulsores e influências ocultas e o modo como elas moldam atitudes e aspirações futuras.

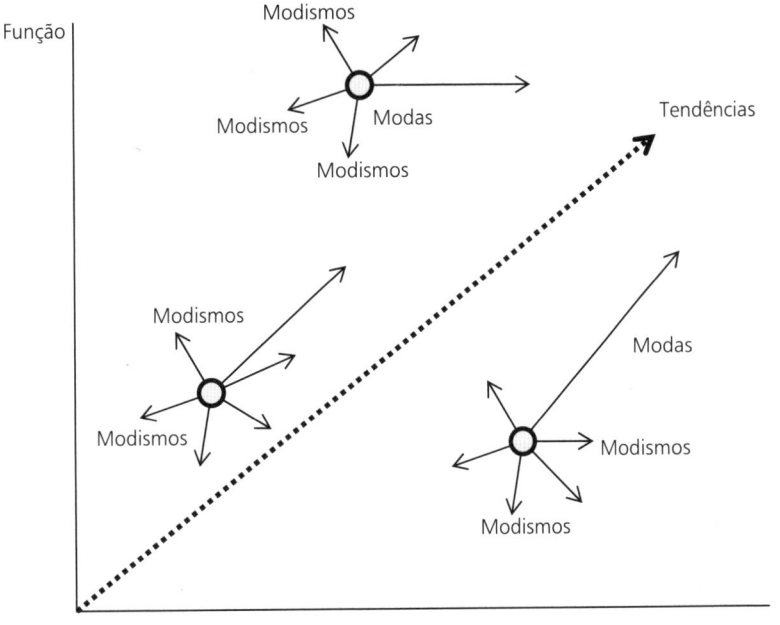

TENDÊNCIAS DIRECIONAIS: MODISMOS, MODAS E A MUDANÇA INVISÍVEL

O holandês Reiner Evers também faz parte desse grupo de futuristas. Ele tem uma rede de 8 mil observadores de tendências espalhados em todo o mundo e agrega suas observações e previsões no site trendwatching.com. Reiner define a tendência como "uma manifestação de algo que revela ou atende de um jeito novo a uma necessidade, um desejo, uma carência ou um valor existente (e essencialmente constante) de um cliente."

Essa definição pressupõe que os seres humanos, e portanto os clientes, não mudam muito. Suas necessidades mais básicas permanecem as mesmas, ainda que possam ser reveladas ou atendidas de novas maneiras. Um leque de fatores pode estar por trás disso, como mudanças nas normas e valores da sociedade, inovações tecnológicas ou períodos de maior prosperidade.

Abraham Maslow descreveu os diferentes níveis das necessidades humanas básicas – das essenciais, como alimento, água, sono e sexo, às ativadoras, como criatividade, moralidade, confiança e sucesso. Por exemplo, uma necessidade humana básica consiste em estar no controle ou, pelo menos, ter a ilusão de estar no controle. Não é à toa que o mundo online é tão viciante – afinal, ele coloca o indivíduo no controle da situação.

Assim, quais são os condutores do mundo do cliente?

A tecnologia é o condutor mais fundamental da mudança, pois altera o que é possível e eleva expectativas acerca do que os clientes esperam:

- **_Digitalização_** – a capacidade de armazenar, acessar, compartilhar e moldar grandes quantidades de informação, como com iPods, DVDs, TV via satélite e Blackberry.

- **_Redes_** – conectam pessoas e comunidades, cadeias de suprimento e mercados físicos, cruzando fronteiras e compartilhando conhecimentos.

- **_Convergência_** – a união de tecnologias fixas e sem fio, da comunicação e do entretenimento, do lar e do local de trabalho.

- **_Robótica_** – à medida que a automação domina cada vez mais a produção e os serviços, a sofisticação da inteligência artificial possibilita a intuição e a consistência.

- **Velocidade** – estruturas que mudam rapidamente, ciclos de vida de produto curtos, imitações imediatas, interações aceleradas e decisões instantâneas.

Em resposta, as estruturas de mercado passaram por metamorfoses para se tornarem mais globais e fragmentadas, refletindo a maior individualidade e interdependência dos clientes:

- **Globalização** – mais conexões, menos fronteiras, maior interdependência. Nunca antes uma borboleta bateu suas asas e provocou um furacão tão forte em algum outro ponto do planeta.

- **Fragmentação** – igual mas diferente, com pessoas capazes de afirmar sua individualidade e diferenças, aumentando a complexidade e diversidade dos mercados.

- **Competição** – não há limites para os concorrentes. Eles vêm de outros continentes e setores e estão acessíveis por uma simples busca ou clique do mouse.

- **Regulamentação** – enquanto as entidades públicas se tornam propriedade privada, novas regulamentações lutam para acompanhar a natureza dispersa e rápida das novas tecnologias.

- **Corporações** – as grandes empresas são verdadeiramente globais: GE, Microsoft, Samsung e Toyota marcam maior presença e desfrutam de mais poder do que a maioria dos países do mundo.

Os negócios, pequenos ou grandes, lutam para reagir, sobreviver e explorar essa nova ordem mundial. Eles também influenciam percepções e comportamentos dos clientes:

- **Consolidação** – a união de forças para alcançar maior influência e eficiência e soluções mais poderosas e abrangentes, a redução de escolhas ou simplesmente a tentativa de sobreviver.

- **Transparência** – todos são capazes de descobrir algo sobre sua empresa, o que motiva maior abertura e acesso à informação, assim como comportamentos responsáveis e éticos.

- **Intangíveis** – o valor do negócio deixou de estar nas coisas concretas e agora está nas coisas impalpáveis – marcas, ideias e capacidades.

- **Investimento** – a transferência da posse de proprietários e investidores de longa data para empresas de participação de curto prazo e de fundos especulativos (*hedge*) que buscam lucros rápidos.

- ***Recursos*** – a garantia de obtenção dos recursos mais importantes, de energia e minérios, parceiros e pessoas e, claro, dos melhores clientes.

Cada um desses fatores molda o mundo do cliente direta ou indiretamente – como ele vive e trabalha, do que precisa e deseja, como interage e faz suas compras, o que o influencia e o motiva.

Porém, a Internet está acima de todos os outros fatores envolvidos na transformação do mundo do cliente.

Em 15 anos, a rede mundial de computadores mudou a sociedade tão profundamente que os historiadores comparam a Idade da Internet à Renascença e à Revolução Industrial. Hoje, ela conecta mais de um bilhão de pessoas e é espinha dorsal da economia global e, cada vez mais, do nosso cotidiano.

Tim Berners-Lee, que fundou a World Wide Web como uma ferramenta simples e intuitiva de navegação na Internet usada nos meios militar e de alta tecnologia, sentiu-se um tanto decepcionado com o modo como ela foi inicialmente utilizada, no final da década de 1990 – não muito mais do que varejo online. Ele sonhava com um mundo muito mais poderoso, que hoje se torna realidade. A segunda onda da Internet, muitas vezes chamada de Internet 2.0, gira em torno do relacionamento e da colaboração, do compartilhamento de conhecimentos e das comunidades globais.

O ponto pacífico era que grupos geravam menos resultados positivos do que indivíduos especializados. Todos sabiam que um camelo era um cavalo projetado por um comitê especial. As redes sociais mudaram tudo isso. Ainda que o foco inicial estivesse nos aspectos da sociabilidade, as oportunidades reais vieram na esfera do trabalho. Nascia um novo modo de aprender, produzir, distribuir, comunicar e se relacionar.

Se você pode elaborar a maior e mais atualizada enciclopédia do mundo, a Wikipédia, por meio de uma rede social e de colaboração, o que mais você consegue fazer?

- A Boeing criou o 787 Dreamliner com a ajuda de milhares de parceiros, clientes e fornecedores em todo o mundo, todos contribuindo com ideias e habilidades.

FAIXA 3   Meus planos... o mais importante para mim

- O Current TV é um canal de televisão digital lucrativo, em que todo o conteúdo, horários e mesmo os anúncios são gerados pelos usuários.

- A Zopa é uma rede *peer-to-peer* de empréstimo, em que você empresta e toma emprestado dinheiro junto aos participantes, com taxas mais atraentes do que as praticadas por qualquer banco comercial.

Os negócios estão mudando do trabalho físico de produção para a criação inteligente de ambientes em que pessoas podem colaborar entre si. Encontre uma razão para a interação entre as pessoas, crie uma plataforma em que elas possam se reunir, relaxe e veja seus clientes fazerem o trabalho, com disposição e aos milhões – e, provavelmente, ganhar dinheiro para você também.

A Sabedoria das Multidões, inteligente best-seller de James Surowiecki, propõe que as multidões possuem uma inteligência que excede a dos especialistas tradicionais ilustrando como um submarino há muito tempo desaparecido foi localizado no fundo do Atlântico Norte com a contribuição massiva de milhares de amadores. Individualmente, eles tinham muito menos conhecimentos do que os especialistas do exército, mas mesmo assim conseguiram resolver o problema antes deles.

Pela mesma razão, em *O Mundo é Plano*, Thomas Friedman descreve uma nova ordem mundial de multidões inteligentes espalhadas pelo mundo e integradas digitalmente que "estão fortemente conectadas e são capazes de feitos maravilhosos".

Na mais recente European Marketing Conference, em Istambul, Don Tapscott – coautor de *Wikinomics: Como a Colaboração em Massa Pode Mudar o Seu Negócio* – descreveu-me como "a Internet, a colaboração em massa e as tecnologias de fonte aberta são capazes de transformar as bases da competição. Os vencedores são aqueles que adotam modelos de negócios tão diversos como o eBay e a Wikipédia, o MySpace e o Linux, para reunir pessoas sob um contexto específico".

Nas profundas palavras de Barry Libert e Jon Specter, autores do inspirador *Nós Somos Mais Inteligentes Que Eu*, "o poder do *nós* coletivo é quase incomensurável."

Insight 5: STENDERS SOAP FACTORY

"Existe uma terra que, desde os tempos antigos, é o lar de homens fortes e mulheres lindas. Eles eram conhecidos por colher plantas medicinais, flores e brotos e por preparar unguentos e bálsamos medicinais usados para ajudar a pele a recobrar o viço e a juventude.

O mais conhecido dos sábios era um homem que atendia pelo nome de Stenders. Em seus preparados, as ervas medicinais e flores ganhavam nova vida com toda a força e encantamento da natureza que possuíam. A sabedoria desse homem foi preservada ao longo de gerações e hoje é fonte de incríveis produtos para banho e corpo, que conferem brilho à pele e recuperam a alegria da alma.

Dizem que um dos preparados de Stenders contém o segredo da juventude eterna..."

Stenders era o sonho de dois jovens letões, Zane Berzina e Janis Berzins, que em 2001 começaram a fabricar sabonetes com base em receitas tradicionais no modesto fogão de sua cozinha. Seu sonho era abrir uma loja em que as pessoas pudessem mergulhar em uma experiência multissensorial de ervas frescas, sabonetes naturais e óleos essenciais. Sua primeira loja, aberta em Riga, foi um sucesso e o negócio cresceu rapidamente.

Zane descreve a Stenders Soap Factory como uma experiência "que envolve emoções – sentimentos de beleza, harmonia, paixão, amor... são as emoções inseridas em todos os produtos criados por nossos mestres." Ela descreve seus clientes-alvo como "mulheres que desejam comprar presentes para si mesmas ou para seus familiares e amigos. Elas são confiantes, têm estilos de vida saudáveis, vez por outra desejam um pouco de romance e, sem dúvida, demonstram um gosto por design."

Os produtos tradicionais da empresa são vistos como antídotos para o mundo atual.

Faixa 3   Meus planos... o mais importante para mim   51

HERANÇA BÁLTICA: A TENDÊNCIA DA AUTENTICIDADE (REPRODUZIDO COM PERMISSÃO DA STENDERS)

> "Nossa missão é dar às pessoas a oportunidade de conhecerem a si mesmas e buscarem valores que as complementem de modo único, e de buscar paz e beleza em seus relacionamentos. Nós estimulamos as pessoas a sempre manterem seus olhos e ouvidos bem abertos, a aprenderem sobre sua cultura e sobre tradições cultivadas em outros lugares. Enfatizamos o calor das relações humanas para reviver a velha tradição de desfrutar da companhia dos outros e o valor de um estilo de vida harmonioso em uma era caracterizada pela pressa e pela superficialidade."

Em muitos aspectos, essa missão reflete o paradoxo vivido por aquela pequena nação báltica – seu renascimento como país independente, a redescoberta de suas próprias tradições e culturas enquanto adota, com entusiasmo, marcas e tecnologias. A Letônia se tornou um dos países que mais cresce na União Europeia.

Entretanto, a Stenders não reflete apenas sua própria herança em sua linha de cuidados para a pele e o corpo:

> "A noção de leste invoca fragrâncias misteriosas, antigas... O sul é ardente e passional como uma dança com topless, e exala aromas de especiarias, sol e aventuras... O redemoinho das luzes da cidade, os sapatos de salto caracterizam o oeste... Uma tenaz força vital que refresca uma mente preocupada, sentimentos fortes ocultos e profundos, e uma beleza indomada marcam as terras do norte."

A Stenders concretiza sua missão criando um ambiente que traz de volta memórias de dias passados, "quando a beleza prevalecia sobre a funcionalidade", em que as pessoas refletiam e conversavam, e de locais em que "os detalhes são importantes e as coisas são feitas para nutrir a alma". A empresa fabrica produtos naturais com ingredientes vegetais e velhas receitas reunidas de tradições locais e de todo o mundo. Ela também cria uma cultura de um serviço distinto, que "enfatiza a importância das relações entre as pessoas e ajuda os clientes a descobrirem as coisas mais apropriadas de que simplesmente não podem abrir mão.

Em 2007, o negócio cresceu mais de 40%, com receitas que chegaram a 3,35 milhões de lats, sobretudo por meio da expansão internacional. O alicerce desse crescimento é um modelo de franquia que se constrói em suas tradições bálticas de maneira relevante para clientes locais em todo o mundo: "descobrimos que o pessoal local percebe seus mercados com mais eficiência e oferece muito mais aos clientes locais, seguindo nossas orientações básicas. Essa abordagem também nos permite manter o toque pessoal em todas as nossas 160 lojas no mundo."

Janis e Zane têm o cuidado de não esquecer seus clientes originais:

> "Nossa marca é interessante para novos mercados, em que é relativamente fácil conquistar novos clientes. Contudo, nossa prioridade é o cliente fiel em mercados existentes, buscando constantemente oferecer mais a ele, recompensando sua fidelidade e relacionamento que mantém com a empresa. Nós nos preocupamos com todos os clientes como se fossem o único que temos. Vivemos com nossos produtos, respiramos nossos produtos e sonhamos com eles.

3.3 A PAUTA DO CLIENTE

O impacto desse mundo em transformação sobre os clientes é imenso.

Em um nível, os clientes estão mais individualizados e, de certo modo, mais egoístas do que nunca – sua primeira preocupação é consigo e com suas famílias. Eles se interessam por saúde (ou bem-estar, em uma visão mais positiva), educação e dinheiro, além de fatores mais emocionais, como felicidade, diversão e amizades.

Em outro nível, os clientes estão mais voltados para o coletivo e são mais altruístas. Eles se preocupam com suas comunidades locais, com o tecido social em si (e não apenas com as pessoas de quem mais gostam nesses grupos), também com questões nacionais e globais de maior envergadura – como meio ambiente, pobreza, igualdade e justiça social.

Essas motivações podem ser agrupadas em três mundos interconectados: o "eu", o "meu mundo" e "o mundo". As tendências do "eu" estão relacionadas aos indivíduos, com preocupações mais voltadas para si. O "meu mundo" implica o envolvimento com famílias, amigos e comunidades. "O mundo" está relacionado ao papel que desempenhamos no mundo mais amplo e seus problemas mais expressivos.

Inúmeras tendências são identificadas dentro desses grupos. Embora todos tenhamos alguma relação com cada um deles, nos alinhamos mais a um.

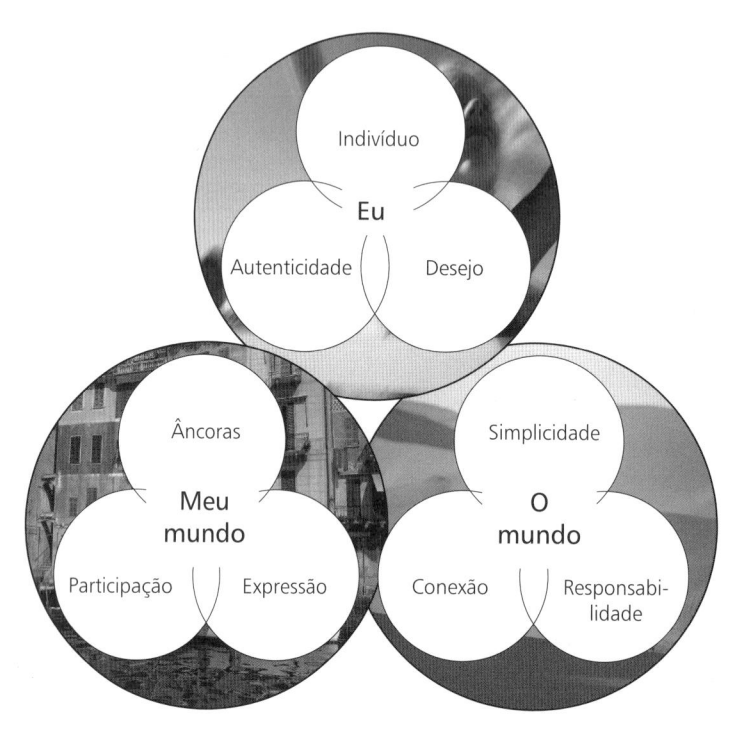

OS MUNDOS DO CLIENTE: EU, MEU MUNDO, O MUNDO

As tendências **"eu"** envolvem a individualidade, o que as pessoas confiam e procuram concretizar. São fortes motivadores, particularmente para clientes jovens e em mercados emergentes.

- *Tendência 1: Indivíduo*

    - Concretização: Quero fazer mais em minha vida pessoal e profissional.

    - Controle: Quero fazer negócios nos meus termos – quando, onde e como desejo.

- Identidade: Quero ser exclusivo – diferente, pessoal e especial.

- Privacidade: Quero meu próprio espaço, fazer o que desejo sem interrupções ou receios.

- Bem-estar: Quero ser saudável e feliz – ingerir os alimentos corretos, manter a forma física, desfrutar a vida.

• **Tendência 2: Autenticidade**

- Genuíno: Quero o produto real, original – nada de imitações baratas de origem questionável.

- Estilo de vida: Quero melhorar minha qualidade de vida e minha renda e tudo o que ela propicia.

- Espiritualidade: Quero encontrar mais motivos e significados, sejam eles religiosos ou de outra natureza.

- Vida natural: Quero alimentos orgânicos frescos e locais, nada artificial ou com aditivos.

- Confiança: Quero confiar em você, acreditar que você vai cumprir sua promessa e que está do meu lado.

• **Tendência 3: Desejo**

- Aspirações: Quero realizar meus sonhos, coisas que nunca pensei serem possíveis.

- Ruptura de limites: Quero ir mais longe – eduque-me, oriente-me, divirta-me.

- Possibilidades: Quero sua ajuda – não se limite a vender seu produto, ajude-me a usá-lo e a concretizar meus objetivos.

- Luxo: Quero marcas *premium*, os símbolos de status social que revelam o que desejo ser.

- Surpresa: Quero que você me surpreenda – faça o inesperado, faça-me rir e sorrir.

As tendências **"meu mundo"** dizem respeito ao envolvimento com outras pessoas, à participação em uma comunidade. Pais de família jovens e clientes mais antigos apresentam uma forte afinidade com esses fatores.

- *Tendência 4: Âncoras*

    - Local de origem: Quero pertencer a um local – para me sentir querido e em casa.

    - Comunidade: Quero fazer parte de uma comunidade local em que as pessoas gostem de mim e estejam próximas.

    - Famílias: Quero estar junto de quem gosto, estar próximo e fazer mais por eles.

    - Previsibilidade: Quero conhecer você e quero que você me conheça – de modo familiar e amigável.

    - Segurança e proteção: Quero sentir que estou protegido, saber que ninguém pode me fazer mal.

- *Tendência 5: Participação*

    - Ativismo: Quero ser ativo, não passivo, e fazer a diferença para definir meu mundo.

    - Colaboração: Quero trabalhar com você e com outras pessoas, criar e trabalhar em equipe.

    - Envolvimento: Quero ser ouvido e consultado, expressar minhas opiniões e até mesmo meu voto.

    - Representação: Quero que você reflita meus valores e aspirações, que você seja meu tipo de marca.

    - Tribal: Quero fazer coisas na companhia de outras pessoas – jogar em equipes e atuar com elas.

- *Tendência 6: Expressão*

    - Confirmação: Quero que você reflita minha personalidade – o tipo de pessoa que sou ou desejo ser.

- Moda: Quero estar na moda, ser elegante, contemporâneo e surpreender as pessoas.

- Identidade: Quero ser reconhecido, conhecido, firmar-me como indivíduo no mundo.

- Opinião: Quero expressar minha opinião sobre problemas atuais, debater e convencer outras pessoas.

- Compartilhamento: Quero dizer ao mundo tudo sobre mim – o que penso e faço.

As tendências **"mundo"** estão associadas à participação e à responsabilidade com o mundo no sentido mais amplo. Elas podem ser mais relevantes aos clientes que viajam mais e que estão mais conscientes sobre questões globais.

- *Tendência 7: Simplicidade*

    - Clareza: Quero que tudo fique claro e que seja intuitivo, para editar as minhas escolhas e falar a minha língua.

    - Facilidade: Quero que as coisas sejam mais fáceis de encontrar, comparar, comprar, instalar ou utilizar.

    - Possibilidades: Quero que você simplifique meu mundo, pois assim estarei no controle, conectado e informado.

    - Rapidez: Quero o que quero agora – cotações de preço e customização instantâneas, operações e entregas rápidas.

    - Apoio: Quero que você esteja do meu lado, oferecendo seu apoio e defendendo minhas causas.

- *Tendência 8: Conexão*

    - Acessibilidade: Quero me conectar em qualquer local, a qualquer hora, por qualquer meio – com qualquer pessoa no mundo.

    - Interação: Quero interagir com qualquer pessoa no mundo – conversar, aprender, compartilhar, projetar, fazer.

- Descoberta: Quero encontrar as pessoas, descobrir conhecimentos e atividades que sejam especiais para mim.

- Busca: Quero explorar o mundo e encontrar tudo o que desejo, não importa onde.

- Tempo e espaço: Quero me conectar no momento certo, quando e onde for preciso.

- *Tendência 9: Responsabilidade*

    - Zelo: Quero fazer a diferença para o mundo em que vivo, minha comunidade e as pessoas que amo.

    - Meio ambiente: Quero reduzir meu impacto no ambiente natural, sobretudo no clima.

    - Ética: Quero trabalhar com pessoas que fazem a coisa certa e são honestas e confiáveis.

    - Igualdade: Quero garantia de igualdade em meu mundo e para as pessoas do mundo todo.

    - Legado: Quero deixar um lugar melhor para meus filhos e gerações futuras.

Cada cliente se envolverá de modo diferente com os fatores da pauta. Os negócios devem entender o que é mais importante para seus segmentos de clientes. Eles não estão relacionados a produtos ou setores específicos, pois dizem respeito a pessoas – clientes de todo tipo de empresa, pequena ou grande, atuante no mercado de bens de consumo ou de negócios. Individual ou coletivamente, os fatores adequados oferecem aos negócios uma gama diversificada de oportunidades de inovar, diferenciar-se e envolver-se mais profundamente com seus clientes.

Insight 6: SAPATOS CAMPER

No idioma catalão, "camper" significa "camponês".

Você encontra a história e os valores da empresa em cada um dos coloridos, peculiares e inconfundíveis pares de sapato Camper. A empresa de calçados da bela ilha espanhola de Maiorca gosta de fazer tudo diferente. Em alguns modelos, os pés esquerdo e direito são intencionalmente diferentes; em outros, as solas têm citações e frases de efeito.

FAIXA 3   Meus planos... o mais importante para mim

Quais os condutores da mudança no mundo do cliente?	A pauta do cliente	Quais as implicações para a empresa centrada no cliente?
As pessoas são mais diferentes em suas necessidades, atitudes e ambições.	Indivíduo	Envolva cada cliente de maneiras mais individualizadas e intuitivas
As interações são remotas, automatizadas e impessoais, com poucos elementos de envolvimento das pessoas.	Autenticidade	Encontre uma finalidade social e humana mais convincente para sua empresa.
As pessoas esperam mais de você e desejam concretizar mais por conta própria.	Desejo	Faça mais pelas pessoas, abordando suas questões e ambições mais amplas.
Segurança e proteção, comunidades em processo de fragmentação e famílias dispersas.	Âncoras	Reúna pessoas com ideias semelhantes, criando um local em que se sintam em casa.
Segurança e proteção, desaparecimento de velhas instituições e ordens, pouca confiança em marcas.	Participação	Construa uma reputação de ser aberto, justo e de estar ao lado do cliente
As pessoas desejam ser ouvidas, estabelecer suas próprias identidades e expressar suas próprias opiniões.	Expressão	Capacite as pessoas a afirmarem suas identidades, a colaborarem na criação de soluções personalizadas.
A tecnologia e as empresas são complexas, em mudança contínua, e intimidadoras.	Simplicidade	Torne simples o que é complexo, seja um guia e educador para o cliente.
Tecnologias convergentes significam que os clientes esperam tudo instantaneamente.	Conexão	Trabalhe em rede e com parceiros para estar acessível em qualquer lugar, a qualquer hora.
Crise ambiental, pobreza, justiça, direitos humanos e ética hoje são mais importantes para as pessoas.	Responsabilidade	Seja mais responsável, priorize o meio ambiente e questões éticas e sociais.

A PAUTA DO CLIENTE: CONDUTORES, TENDÊNCIAS E IMPLICAÇÕES

Os sapatos são rústicos e autênticos, mas não podem ser considerados da moda. Eles são inspirados na cultura e na tradição da pequena ilha mediterrânea, onde são desenhados e, muitos dos modelos, fabricados. A maior parte dos habitantes da ilha trabalhava na terra e, por isso, queria calçados resistentes e duráveis, capazes de suportar variações climáticas.

"A imaginação tem pés", diz o slogan da Camper.

A história contada por esses sapatos diz que a empresa foi fundada em 1877 por um sapateiro chamado Antonio Fluxa. A marca Camper foi lançada por seu neto Lorenzo, 98 anos mais tarde. Em uma entrevista para a revista *Fast Company*, Lorenzo disse que "quando as pessoas nos chamam de uma marca de moda, sinto-me ofendido. Não gostamos nem um pouquinho desse mundo da moda. Tentamos não nos levar muito a sério."

Talvez nem de moda, nem séria – mas popular, sem dúvida. As vendas da Camper foram de quase €100 milhões em 2007, o que a tornou líder de mercado na Espanha. A empresa continua a crescer com rapidez, contando com mais de 250 lojas em todo o mundo.

A marca é mais do que simplesmente calçados; ela se tornou um estilo de vida que desafia convenções. As lojas "Camper Together" são projetadas em parceria com artistas e arquitetos locais para oferecer aos clientes muito mais do que uma loja de calçados. Em Barcelona, por exemplo, a loja foi inspirada no trabalho de Jaime Hayon, um dos artistas gráficos mais polêmicos da Espanha, que desenha mobília e brinquedos. O conceito da loja, atraente e audacioso, faz com que ela pareça mais uma galeria de arte peculiar do que com um local para comprar sapatos confortáveis. A filial de Paris parece estar na espera por um designer, e encoraja os visitantes a desenhar nas paredes e expressar nelas seus sentimentos e criatividade.

A organização também possui hotéis e restaurantes. O hotel Casa Camper oferece 25 quartos simples, mas com estilo, no centro de Barcelona, todos equipados com rede Wi-Fi gratuita e aparelhos de DVD. Ele tem uma galeria para a pessoa fazer seu próprio lanche que fica aberta nas 24 horas do dia, um jardim vertical, um centro de reciclagem e bicicletas disponíveis aos hóspedes para que explorem a cidade. Descendo a rua, você pode comer no FoodBall, o restaurante vegetariano da Camper, especializado em bolinhos macrobióticos preparados com arroz e inúmeros ingredientes naturais e surpreendentes. Você pode se sentar nas almofadas espalhadas pelo chão, ao som de música indiana, e beber a cerveja orgânica preparada no local.

O site da empresa permite fazer tudo isso em um mundo virtual. O link "Take a walk" permite fazer o *"test-walk"* dos calçados Camper em um mundo virtual. Enquanto caminha pelas ruas de Barcelona, você pode passar em uma das lojas da Camper Together, entrar no FoodBall para experimentar algumas receitas e ir para o Casa Camper, onde pode reservar acomodações reais e também pagar seus sapatos novos.

Marcas como as de gadgets eletrônicos são concebidas para dar apoio e encorajar o ritmo frenético de nossas vidas. Ainda assim, a experiência e a expressão são cada vez mais valorizadas, acima do dinheiro e do materialismo. A Camper é uma marca em paz consigo mesma, cuja proposta é desfrutar a vida, e não coisas etiquetadas com cifras. Sebastian de Grazia capturou a atitude dos sapateiros catalães em seu livro *Of Time, Work, and Leisure* ao dizer: "talvez seja possível avaliar a saúde interior de um país pela capacidade de seus habitantes de fazer nada – de ficar na cama pensando na vida, de perambular sem rumo certo, de sentar em algum lugar para tomar um café. Aqueles que conseguem fazer coisa alguma dão asas a seus pensamentos."

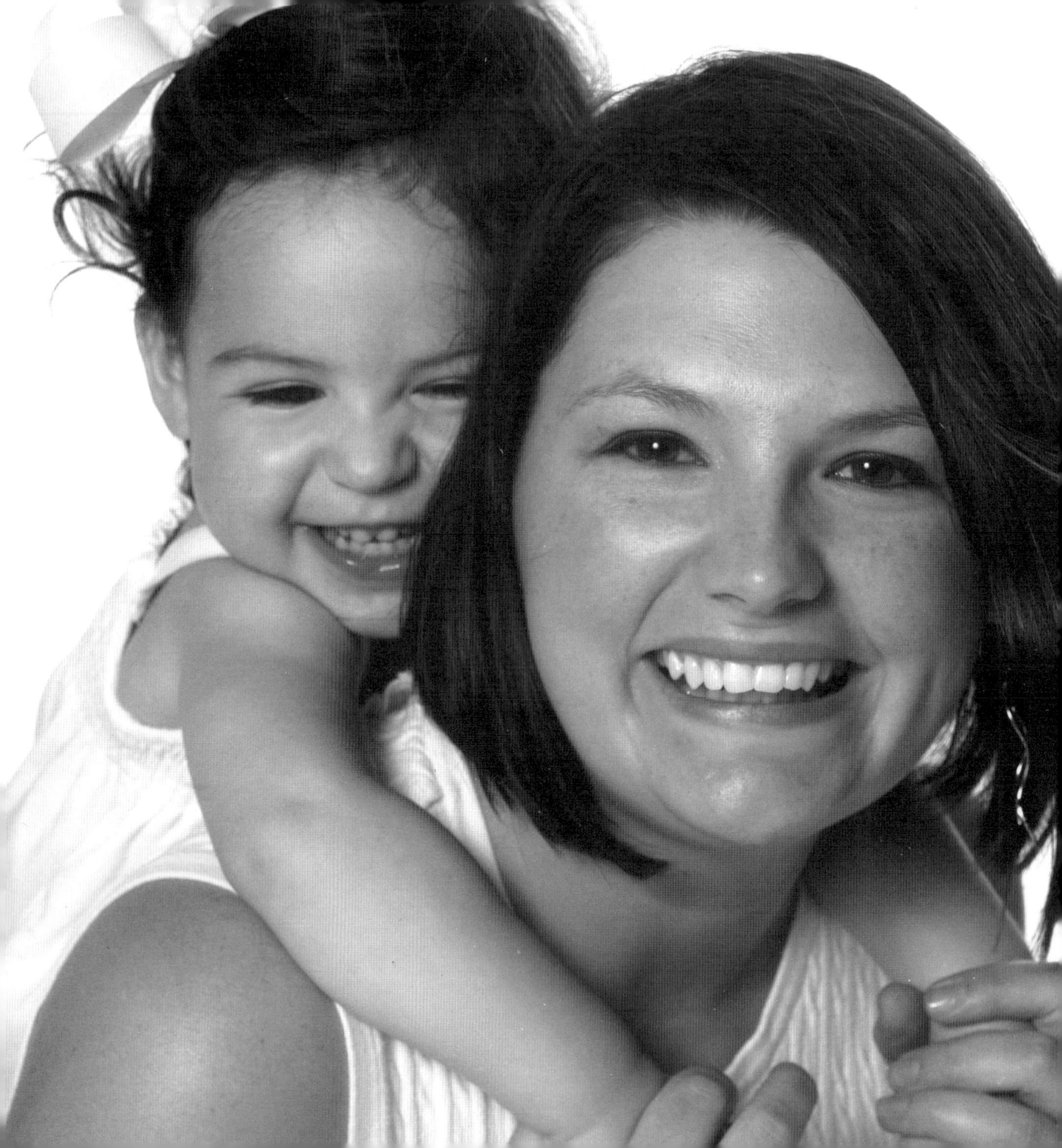

Faixa 4

Meus termos... poder para as pessoas

> *"Agora estou no controle...*
>
> *Eu costumava viajar quilômetros até chegar à sua loja. Costumava tirar um tempo livre do trabalho para isso. Costumava estar preparada para enfrentar filas, tolerar suas entregas lentas, agradecer por qualquer opção oferecida. Eu me sentia feliz em fornecer todos os meus dados pessoais e pagar mais por um serviço personalizado. Eu até me divertia assistindo a seus comerciais na televisão e esperando por cupons de desconto.*
>
> *Mas eu não preciso mais jogar de acordo com as suas regras – ir aos locais mais convenientes para você nas horas em que sua loja está aberta, ser mandada de departamento a departamento, repetir informações a todo instante. Além disso, para ser sincera, eu provavelmente sei mais sobre o que estou tentando comprar do que você. Verifiquei tudo online – conheço as opções e por quanto seus concorrentes as vendem. Sei o quanto estou preparada para pagar, e, se você não fizer um acordo comigo, tenho muitas outras escolhas à disposição. Eu sou a cliente. Estou no controle, e não se esqueça disso."*

4.1 O PODER DO CLIENTE

O poder passou das mãos das empresas para as dos clientes. Entretanto, as empresas ainda tentam operar com suas próprias regras – arrogantes, empurram produtos aos clientes e esperam que eles comprem, ouçam e façam o que interessa aos objetivos corporativos.

Somos indivíduos únicos, diferentes e exigentes.

Os clientes exigem, esperam e sabem muito mais. Uma experiência condiciona nossas expectativas para experiências futuras – uma vez que tenha se hospedado em um dos resorts da rede Banyan Tree, você passa a esperar muito mais de sua piscina pública local; se a Amazon consegue entregar um livro ou uma lavadora de roupas em um dia, porque uma concessionária de automóveis leva três meses para entregar um carro novo ou uma loja de móveis demora oito semanas para trazer o produto que você comprou?

Hoje, as emoções direcionam as atitudes e o comportamento dos clientes como nunca. Ao mesmo tempo em que maiores opções e experiências mais amplas geram expectativas maiores, a queda na confiança nas empresas gera um declínio na fidelidade do cliente. A transparência nos negócios e o foco que a mídia dá a seus aspectos negativos precipitaram essa queda na confiança em marcas, enquanto a abundância de opções e a velocidade da inovação aceleram a promiscuidade dos clientes.

Em termos gerais, a satisfação do cliente não aumentou. De fato, nesse mundo hiperativo e emocional, são os extremos da emoção que instigam os clientes. Como gosta de dizer Jonas Ridderstrale, autor de *Funky Business – Talento Movimenta Capitais*, hoje os clientes esperam 100% de satisfação, 100% de encantamento... Em um mundo marcado pela mesmice, por processos hipereficientes e experiências padronizadas, é a surpresa que os clientes querem.

Agora, é o cliente quem dá as cartas.

A oferta de informações, o alcance ilimitado da Internet e a força das recomendações passadas entre amigos são indicativo de que os clientes estão mais esclarecidos e capacitados do que jamais estiveram.

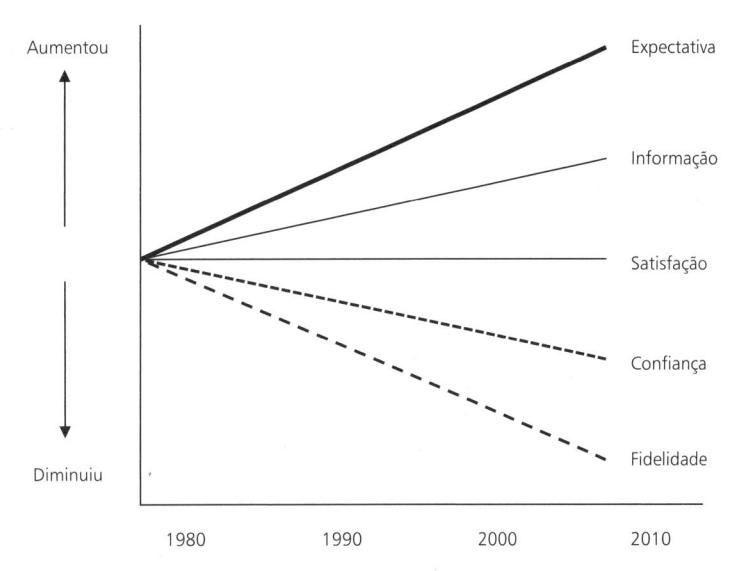

AS ATITUDES DO CLIENTE: EXPECTATIVAS QUE CRESCEM, CONFIANÇA QUE CAI

Eles provavelmente sabem muito mais sobre o produto que procuram do que o vendedor poderia saber a respeito de cada item oferecido em suas lojas.

No passado, havia uma demanda excedente – hoje, há oferta excedente. À medida que caem as fronteiras e se intensifica a concorrência, opção é o que não falta ao cliente – e, portanto, ele tem a melhor mão. As empresas precisam dos clientes mais do que os clientes precisam delas.

O poder do cliente pode ser sutil ou exercido abertamente. Do eBay ao Priceline, os clientes estão se habituando a definir preços em termos do valor percebido. E, uma vez que uma empresa define um padrão de entrega grátis em 24 horas e a possibilidade de customizar um pedido ou solicitar serviços adicionais, os clientes passam a esperar – e exigir – os mesmos níveis de serviço de outras empresas.

O poder do cliente também se manifesta de maneiras menos diretas: de modo mais simples, transferindo suas preferências para um de seus concorrentes; de modo mais perigoso, expressando sua opinião a outras pessoas. No passado, acreditava-se que um cliente particularmente insatisfeito espalhava sua insatisfação para 10 ou 12 pessoas (pense em como as pessoas adoram contar histórias de infortúnios ou contratempos durante uma refeição); hoje, elas se conectam à Internet e fazem uma crítica negativa, escrevem algo em seus blogs ou acrescentam um comentário no site de alguém, com centenas ou milhares de pessoas instantaneamente compartilhando essa insatisfação.

A "lacuna da promessa" avalia a diferença entre a promessa da marca e a realidade – entre a expectativa da qualidade e do serviço formada na mente do cliente e a experiência que ele tem.

Marca	Imagem	Experiência
Google	7,62	8,46
Jaguar	7,21	8,23
Honda	7,20	7,86
Kentucky Fried Chicken	5,27	5,08
Fiat	5,15	4,74
McDonalds	4,78	4,55

Fonte: UK Promise Index 2007, classificação elaborada por nível de experiência.

Se por um lado há encantamento e até mesmo surpresa quando a experiência ultrapassa as expectativas do cliente, por outro as implicações de se ficar aquém da sua promessa são muito maiores. A velocidade e o impacto da publicidade negativa são imensos – a reputação de uma marca pode ser destruída em questão de horas, não anos –, e, quanto mais alto você projetar sua imagem, suas propostas de qualidade e a ideia de que está do lado do cliente, maior poderá ser a queda.

Um produto defeituoso entre 100 mil fabricados ou uma experiência de serviço ruim entre 10 mil talvez sejam cifras razoáveis. Mas imagine se o cliente que vivenciou esses problemas decide divulgar sua insatisfação em um vídeo no YouTube, que será assistido por milhares de outras pessoas, ou escrever algum comentário no site da Amazon, que será lido por quase todo cliente em potencial de sua empresa.

Insight 7: LIVESTRONG

Aos 25 anos, Lance Armstrong era um dos melhores ciclistas do mundo. Ele provou isso ao vencer o Campeonato Mundial de Ciclismo e várias etapas do Tour de France. Armstrong parecia invencível e seu futuro se prometia ser brilhante.

Então, ele soube que estava com câncer.

A dedicação exclusiva de Armstrong ao esporte fez com que ignorasse os sinais de alerta e não imaginasse que sua condição poderia ser grave. Mas as implicações do câncer de testículo foram explicadas a ele. O tumor se espalharia e ele morreria.

Foi aí que sua dedicação à excelência, seu condicionamento físico e seu instinto de sobrevivência venceram. Armostrong se declarou um sobrevivente, não uma vítima. Ele aprendeu tudo sobre seu câncer, submeteu-se a um tratamento agressivo e, como seu próprio destino estava na balança, passou a falar sobre como outras pessoas poderiam sobreviver também.

Ele criou a Fundação Lance Armstrong, dedicada à educação sobre o problema e ao apoio àqueles que vivem com câncer. Com o tempo, ele venceu a doença e passou a dedicar sua vida a ajudar outras pessoas. Ele tornou famosa a frase "Unidade é força, conhecimento é poder, atitude é tudo".

Contudo, sua carreira de atleta não havia terminado. Ele voltou a treinar, tornando-se um dos melhores ciclistas que o mundo já teve: suas seis vitórias consecutivas do Tour de France, de 1999 a 2005, impressionaram até mesmo os atletas mais saudáveis. A imagem de Armstrong, vestindo seu traje amarelo, entrando rápido na avenida Champs Elysées ano após ano como vencedor de um dos maiores desafios do esporte foi fenomenal.

Para marcar sua última participação na competição, Armstrong uniu forças com seus patrocinadores de longa data, a Nike e a agência de publicidade Wieden and Kennedy, para criar um símbolo de seu verdadeiro desafio: liderar a luta contra o câncer, apoiar os que sofrem da doença assim como ele sofreu e garantir que vítimas se transformem em sobreviventes – para viverem fortes.

Em maio de 2004, eles lançaram a pulseira "livestrong", feita de silicone amarelo, para arrecadar fundos para a Fundação Lance Armstrong no apoio à pesquisa do câncer e conscientizar e encorajar as pessoas a viver a vida em toda sua plenitude. Essas eram vendidas individualmente a US$1 nas lojas da Nike em todo o mundo, e em pacotes de 10 a 1.000 unidades. A intenção era arrecadar US$25 milhões, marca atingida nos seis primeiros meses da campanha. Hoje, quase 100 milhões de pulseiras já foram vendidas.

A pulseira amarela ganhou imensa popularidade mundo afora. De estrelas de cinema a candidatos à presidência, de apresentadores de telejornais a membros da realeza, todos a usavam. Uma versão temporária, feita em papel e fita adesiva, apareceu em um episódio da série de TV *The Office*, quando um dos personagens pressentiu que poderia estar com câncer de pele.

A pulseira virou um símbolo de atitude fashion no mundo todo, mostrando como uma tendência e uma causa podem se espalhar e cativar pessoas de todas as idades, crenças e países rapidamente. Outras pulseiras apareceram, todas por uma causa nobre, enquanto eventos – como a campanha Red, de apoio a vítimas do HIV e da AIDS, e a maratona de concertos Live 8, contra a pobreza no mundo – mudaram atitudes e motivaram ações com a ajuda de sofisticadas técnicas de marketing.

Ícones, patrocínios e simbolismos são forças incrivelmente poderosas para mobilizar pessoas.

4.2 PUXE, NÃO EMPURRE

Fazer negócio nos termos do cliente requer uma inversão fundamental no modo como você conduz os negócios. Os pontos de partida mudam, a dinâmica é invertida e os papéis das pessoas são transformados. A empresa muda de caçadora para colecionadora, da agressão para a insistência, de fazer as coisas quando e como quer para quando e como o cliente deseja.

No passado, os negócios eram "empurrados".

As empresas tinham o poder. Elas costumavam empurrar seus produtos e serviços aos clientes, persuadindo-os a adquiri-los, despertando seu interesse com publicidade e ofertas especiais, forçando-os a se deslocarem a um ponto de venda de sua escolha para então tentar vender o maior número possível de coisas. E não parava por aí. As empresas tentavam oferecer produtos *premium* a preços mais altos ou fazer uma venda cruzada com serviços e produtos adicionais.

Os clientes aceitavam isso porque tinham poucas escolhas, o acesso a outras fontes de produtos era limitado e os preços reduzidos duravam muito pouco. Ressentidos, os clientes aceitavam a realidade: era assim que as empresas funcionavam.

Mas as empresas ficaram ainda mais agressivas, aumentando o número de anúncios nos intervalos dos seus programas de TV favoritos e no cinema, ou comprando listas de clientes-alvo, a quem enviavam uma torrente de malas-diretas na esperança de atrair a atenção. Outras adquiriam essas listas e telefonavam para esses clientes a todo momento – na hora das refeições, quando a probabilidade de estarem em casa era maior, ou mesmo para seus telefones celulares. O mesmo começou a ocorrer com emails e mensagens de texto no celular.

Os clientes se ressentiam com essas intromissões.

Eles não estavam mais preparados para aceitar essas formas de marketing "de interrupção". Eles criaram campanhas contra essas práticas de intimidação. Nos EUA, a maioria dos lares começou a registrar seus números telefônicos e dados pessoais no site donotcall.gov. Isso fez com que as empresas mais responsáveis se comprometessem a não telefonar às pessoas que tivessem confirmado que não desejavam receber telefonemas não solicitados. Em resposta ao lobby formado pelos clientes, os governos introduziram leis mais rígidas de proteção aos dados pessoais, restringindo os contatos não solicitados pelo cliente.

Isso também mostrou o quanto muitas empresas e seus profissionais de marketing tinham se tornado indolentes e preguiçosos. Por incrível que pareça, as instituições de caridade são as que mais infringem o direito à privacidade – verifique a quantidade de correspondências que recebe e você verá que a maior parte vem de organizações filantrópicas. Elas não apenas bombardeiam você com pedidos de doações como dão presentes grátis na tentativa de fazer com que você se sinta obrigado a responder, ou enviam cartões de Natal pedindo que você pague por eles.

Os clientes começaram a perceber que havia mais opções – eles não precisavam dar apoio a essas organizações, porque havia outras melhores com métodos de trabalho melhores. Foi o mundo online, em particular, que abriu os olhos dos clientes. Empresas mais esclarecidas entenderam que precisavam mudar por completo o modo como faziam seus negócios.

Agora, o negócio é "puxar".

Os clientes não mais aceitam ser empurrados para lá e para cá. Eles querem trabalhar com você, e com outros, mas nos seus próprios termos. Eles têm a consciência e a inteligência para saber o que querem e para explorar as fontes de onde obter o que querem. Eles têm os meios para pesquisar e avaliar suas opções em termos de comparação de especificações ou de encontrar o melhor preço.

É mais provável que eles cativem a sua empresa (em vez de você cativá-los) se você for capaz de operar nos termos deles: oferecer acesso fácil como e onde eles desejam, ter uma reação ágil e positiva sempre que o contatarem, ser capaz de atender a suas necessidades e aspirações. Eles esperam que você seja fiel a eles, e não o contrário.

Claro que você ainda precisa estar visível, ter presença e uma marca conhecida e respeitada. A melhor maneira de construir uma reputação é pela propaganda boca a boca. E a imagem pode ser obtida por meio de eventos patrocinados de que o público-alvo deseja participar e que recebam o apoio de especialistas ou celebridades que inspirem confiança e sirvam como modelo. Paralelamente, a reação contrária ao marketing direto acabou promovendo o conceito de marketing de permissão, em que a empresa ganha a autorização antecipada dos clientes para contatá-los.

Empurrar	Puxar
Venda	Compra
Produtos	Soluções
Características	Benefícios
Difusão	Diálogo
Interrupção	Permissão
Preço	Valor percebido
Transação	Relacionamento
Nos termos da empresa	Nos termos do cliente

Entretanto, esse não é um desafio apenas do marketing. Ele afeta toda e qualquer parte da experiência do cliente e inclui vendas, serviço ao cliente, operações e suporte. Nesse sentido, ele também afeta a estratégia, a tomada de decisão, os fornecedores, os distribuidores e os recursos humanos.

Insight 8: PROGRESSIVE INSURANCE

"Tem a ver com você. Tem a ver com o tempo", diz a Progressive, reconhecendo a necessidade de se repensar os serviços financeiros, sobretudo o mundo emocionalmente complexo dos seguros, do ponto de vista do cliente.

A Progressive é a terceira maior seguradora de automóveis dos EUA, fundada em 1937 por Jack Green e com sede em Mayfield Village, Ohio. Ela se tornou o bastião do foco no cliente no mundo dos serviços financeiros, notoriamente centrado no produto.

A proposta da Progressive está totalmente voltada para o cliente e para "reduzir o trauma humano e os custos econômicos associados a acidentes automobilísticos, com o objetivo de ajudar a reorganizar as vidas das vítimas o mais rápido possível".

Qualquer pessoa que tenha sofrido um acidente reconhece a sensação de impotência, a dor e o incômodo que isso causa. Em um mercado em que 98% dos clientes se limitam a buscar o melhor preço – vendo o seguro como uma commodity, um mal necessário que lhes permite dirigir seus carros –, a Progressive oferece uma razão forte e emocionalmente envolvente para que o cliente olhe além do preço e faça uma escolha positiva.

A Progressive atua com base em cinco valores centrais:

- ***Integridade***: "Nós reverenciamos a honestidade. Adotamos os padrões éticos mais elevados, oferecemos relatórios financeiros completos e precisos no momento oportuno, não escondemos as más notícias e discutimos abertamente as controvérsias".

- ***Regra de ouro***: "Nós respeitamos todas as pessoas, valorizamos as diferenças entre elas e as tratamos como gostaríamos de ser tratados. Isso exige que conheçamos a nós mesmos e tentemos entender os outros".

- ***Objetivos***: "Nós nos esforçamos para comunicar claramente os ambiciosos objetivos da Progressive e nossas metas pessoais e de equipe. Avaliamos nosso desempenho em comparação com essas metas".

- ***Excelência***: "Nós fazemos esforços constantes para atender e exceder as mais altas expectativas de nossos clientes, acionistas e funcionários. Ensinamos e encorajamos nossos funcionários a melhorar desempenhos e a reduzir os custos de suas atividades com os clientes. Suas recompensas são baseadas em resultados e suas promoções em habilidade".

- ***Lucro***: "A oportunidade de gerar lucro é o modo como o sistema de livre iniciativa motiva o investimento na melhoria da saúde e da felicidade humanas. A expansão do lucro reflete a visão cada vez mais positiva que clientes e beneficiários têm da Progressive".

A empresa, que hoje vale US$14,7 bilhões e emprega 27 mil pessoas, foi eleita pela revista *Fortune* uma das 20 melhores para trabalhar nos Estados Unidos e é uma favorita do icônico investidor Warren Buffett. A Progressive tem uma história de inovação pioneira no setor de seguro automotivo:

1937   Primeira seguradora com escritório drive-in para solicitação de reembolso.

1956   Primeira seguradora a oferecer um plano de direção segura.

1990   Primeira seguradora a atender clientes no local do acidente.

1994   Primeira seguradora a oferecer atendimento ao cliente por telefone 24 horas por dia, sete dias por semana.

1995   Primeira seguradora a lançar um Web site.

1997   Primeira seguradora a oferecer compra online em tempo real.

2003   Primeira seguradora a lançar um serviço de atendente individual na solicitação de reembolso.

2004   Primeira seguradora a lançar uma apólice de seguro com base na solicitação de reembolso.

Entre todas essas inovações, a mais incrível foi a capacidade de chegar ao local de um acidente, fazer a mediação entre as partes envolvidas e resolver a questão do reembolso de imediato. A Progressive promete que seus Veículos de Resposta Imediata estarão no local do acidente em 10 minutos.

Em 2008, a Progressive foi além do seu foco no seguro, buscando fazer a diferença maior na vida de seus segurados. Ela lançou o Progressive Automotive X Prize, um programa que convida equipes de todo o mundo a desenvolver veículos viáveis e mais eficientes em termos de consumo de combustível que "ofereçam às pessoas mais opções de automóveis e façam a diferença em suas vidas".

4.3 DE FORA PARA DENTRO, DE DENTRO PARA FORA

A empresa centrada no cliente opera "de fora para dentro", e não "de dentro para fora". Ela pensa como um cliente, não como um vendedor. Ela ajuda o cliente a comprar, em vez de apenas tentar vender. Ela funciona nos termos do cliente e encontra uma maneira de ter sucesso competitivo e comercial. Ela puxa mais que empurra.

Imagine se todos os aspectos de um negócio começassem de fora para dentro, não de dentro para fora. Imagine se as decisões comerciais fossem tomadas nesta ordem:

- "O que nossos clientes-alvo realmente desejam?"

- "Como oferecer isso a nossos clientes melhor do que nossos concorrentes?"

- "Como oferecer isso de modo a também maximizar nosso próprio lucro?"

Imagine se tudo começasse com os clientes e, de modo mais abrangente, com o mercado e o ambiente em que você faz seus negócios – o lado de fora.

Essa configuração estaria em forte contraste com a maioria dos negócios hoje em dia. Eles começam com o que fazem e procuram tirar mais disso. Começam com o que têm e tentam vendê-lo mais rápido. Começam com seu desempenho atual e procuram melhorar um pouquinho mais a cada ano.

Isso, porém, pressupõe que o mundo nunca muda – que suas capacidades e produtos serão sempre procurados. Entende também que os mercados estão em um estado estacionário, que competição e preços não mudam muito, que a maior parte das necessidades e desejos do cliente já está definida, que a inovação é incremental e que o único meio de conquistar clientes é tirá-los de algum concorrente.

Fazer negócios de fora para dentro é diferente.

Essa abordagem pressupõe o oposto. Ela reconhece que os mercados estão em constante mudança, que a competição evolui sem parar, que as necessidades e aspirações dos clientes mudam e crescem o tempo todo. Assim, ela sabe que o passado não é um bom guia para o futuro – que o sucesso acontece quando a empresa acompanha os mercados com as melhores taxas de crescimento, não quando se agarra a capacidades ultrapassadas. Ela reconhece que inovações mais radicais são plenamente possíveis, e que os resultados se manifestam em saltos igualmente radicais.

Claro que existe um ponto de equilíbrio – entre fazer tudo pelo cliente e ser diferenciada e rentável, entre reagir a mudanças externas e conduzir mudanças internas, entre fazer negócios de fora para dentro e de dentro para fora. Mas esse equilíbrio mudou e continua a se deslocar em direção aos negócios "de fora para dentro".

Faça a você mesmo estas perguntas:

- Minha marca define seus clientes-alvo e respectivas ambições ou se limita a falar sobre seus negócios ou produtos que oferece?

- Minhas pesquisas continuam centradas em médias estatísticas e em preconceitos existentes ou escutam e exploram em maior profundidade as reais necessidades e desejos das pessoas?

- Continuo a sujeitar todos os clientes a campanhas publicitárias vazias na tentativa de vender o que, quando e onde eu, e não eles, decidir?

- Meus canais de distribuição são escolhidos para a minha conveniência e eficiência ou dos clientes?

- Meu modelo de precificação opera nas margens de meus concorrentes diretos ou se baseia no valor percebido relativo à visão do cliente sobre as alternativas disponíveis?

- Continuo tentando persuadir os clientes a ter um "relacionamento" com minha empresa quando, na verdade, eles ficariam muito mais gratos se eu os conectasse a outras pessoas semelhantes a eles?

O "Customer Power Profiler" (perfil do poder do cliente) permite elaborar o perfil interno e externo de seu negócio com relação ao seu ponto de equilíbrio atual e ao ponto em que você quer estar no futuro. Você faz mais negócios de fora para dentro ou de dentro para fora?

Você envolve seus clientes de dentro para fora?	Customer Power Profiler™ externo	Você envolve seus clientes de fora para dentro?
Atrai todos os clientes e considera todos como bons e de igual importância.	○○○○○	Atrai os melhores clientes com base na fidelidade potencial e no valor de longo prazo.
As marcas definem a função do negócio ou dos produtos e serviços.	○○○○○	As marcas articulam as aspirações dos clientes de modos distintos.
As proposições são produtos individuais, oferecidos a todos.	○○○○○	As proposições capturam os benefícios a cada segmento de clientes-alvo.
A comunicação gera conscientização com campanhas baseadas no modelo "empurrado".	○○○○○	A comunicação atrai os clientes com um diálogo baseado na estratégia "puxada".
Produtos e serviços padronizados são vendidos e entregues em separado.	○○○○○	Produtos e serviços são unidos para resolver os problemas do cliente.
Os canais de distribuição são projetados e escolhidos para a eficiência do negócio.	○○○○○	Os clientes compram de parceiros de confiança – onde, quando e como desejam.
Os preços são padronizados e definidos com base nos custos de fabricação e na competição.	○○○○○	Os preços são definidos pelo valor percebido por cada cliente quanto aos benefícios.
A execução do serviço é consistente e padronizada para todos os clientes.	○○○○○	O serviço é personalizado, flexível a cada cliente.
O foco da transação está mais na compra do que na experiência de uso.	○○○○○	Experiências totais que educam, entretêm e capacitam as pessoas a fazer mais.
Busca construir relacionamentos entre os clientes e a marca.	○○○○○	Os clientes são agrupados em relacionamentos com outros clientes de perfil semelhante.

CUSTOMER POWER PROFILER: O QUE CONDUZ SUAS ATIVIDADES EXTERNAS?

Faixa 4   Meus termos... poder para as pessoas   **77**

Você administra o seu negócio **de dentro para fora?**	**Customer Power Profiler™** interno	Você administra o seu negócio **de fora para dentro?**
A estratégia é dirigida pela otimização do valor de capacitações existentes.	○ ○ ○ ○ ○	A estratégia é dirigida pelas melhores oportunidades de mercado para a geração de valor.
Patentes, processos e propriedade são os ativos mais importantes do negócio.	○ ○ ○ ○ ○	Clientes, marcas e ideias são os ativos mais importantes da empresa.
A perspectiva financeira é o primeiro fator na tomada de decisão, a do cliente é o segundo.	○ ○ ○ ○ ○	A perspectiva do cliente é o primeiro fator na tomada de decisão, a financeira é o segundo.
O crescimento é administrado por portfólios de negócios e de produtos.	○ ○ ○ ○ ○	O crescimento é administrado por portfólios de mercados e de clientes.
O foco da inovação está nos produtos, aprimorando-os do ponto de vista científico.	○ ○ ○ ○ ○	A inovação ocorre em todo o negócio, em colaboração com o cliente.
O principal critério de seleção de funcionários é a especialização.	○ ○ ○ ○ ○	Os funcionários são recrutados por sua atitude; as habilidades são desenvolvidas mais tarde.
A cultura é séria e convencional, hierárquica e funcional.	○ ○ ○ ○ ○	A cultura é dinâmica e inovadora, flexível e colaborativa.
A estrutura está alinhada aos produtos; os lucros são mensurados por categoria.	○ ○ ○ ○ ○	A estrutura está alinhada ao cliente; os lucros são mensurados por segmento.
A liderança dirige, controla e administra a execução de processos.	○ ○ ○ ○ ○	A liderança inspira, conecta e delega poder de decisão às pessoas.
Os principais resultados são o volume e fatia de mercado e as receitas de curto prazo.	○ ○ ○ ○ ○	Os principais resultados são a satisfação, a defesa de causas e a rentabilidade de longo prazo.

CUSTOMER POWER PROFILER: O QUE CONDUZ SUAS ATIVIDADES INTERNAS?

Insight 9: ZIPCARS

Robin Chase e Antje Danielson conversavam ao final de 1999 em um café de Berlim empolgados com o conceito de *car-sharing* praticado na cidade, em que as pessoas alugam automóveis por curtos períodos de tempo. Por toda Berlim, havia espaços de estacionamento reservados para essa prática, o que facilitava a condução dos veículos pelos participantes do esquema.

Chase e Danielson acharam a ideia bastante prática, sobretudo para as congestionadas cidades dos Estados Unidos. Eles voltaram para casa e deram uma injeção de inovação na ideia usando tecnologias sem fio para rastrear e abrir os automóveis, e lançaram o seu próprio serviço no ano seguinte.

Com uma frota inicial de 12 Volkswagen Beetles, a empresa hoje tem mais de 3 mil automóveis disponíveis nas ruas das principais cidades dos EUA, do Reino Unido e do Canadá. Os veículos da empresa são identificados por um vistoso "Z" verde aplicado na lateral.

A filosofia do negócio é legítima. Possuir um automóvel em uma cidade custa caro, sem falar no dano ambiental. Claro que, muitas vezes, um carro é a melhor solução, pois ele dá liberdade de ir e vir para onde e quando você precisa, permite transportar bagagem e família ou simplesmente que você desfrute o prazer de andar por uma estrada – mas, para a maioria de nós, sobretudo os que vivem em cidades, esse tipo de prazer é pouco frequente.

Imagine se você pudesse ter o carro que quisesse – talvez melhor e mais novo do que o que poderia comprar – esperando por você em qualquer esquina, disponível sempre que necessário. E imagine que em todos os outros momentos você não precisasse se preocupar nem arcar com as despesas do veículo – "rodas quando você precisa delas", como diz o lema da Zipcars, empresa focada em um público jovem, criterioso e atualizado.

A companhia tinha como principal público-alvo estudantes universitários e formou parcerias com universidades para garantir as melhores vagas nos estacionamentos dos campi na tentativa de atrair os alunos antes de entrarem no ciclo do carro próprio. O principal desafio cultural foi vencer a aspiração dos jovens de possuir um veículo como sinal de maturidade e realização pessoal. Uma mudança nesse sentido foi um passo importante para o futuro. Entre os novos usuários do serviço da Zipcars, 40% venderam seus veículos ou decidiram não comprar um depois de experimentar o *car-sharing*.

Essa estratégia de marketing parece ter sido inspirada na tática da Apple, pois almeja segmentos de clientes de nicho, porém influentes, que passam a influenciar segmentos mais amplos de mercado.

A Zipcars promove uma imagem jovem em tudo, do design de seu Web site às promoções de marca, aos pontos de venda e a sua precificação. Outra característica importante é a construção de comunidades de pessoas com interesses em comum, em que há troca de notícias e conselhos sobre locais para sair e atividades de fim de semana.

Tornar-se um "Zipster" é fácil. Grandes empresas de locação de veículos, como a Avis e a Hertz, demoraram a reconhecer a inovação, mas já começam a imitar esse novo modelo de negócios. Recentemente, a Zipcar e a sua rival Flexcar se fundiram para formar o maior player do mercado. A empresa hoje conta com quase 200 mil associados, que pagam uma taxa média de US$50 ao ano, o que gerou uma receita de cerca de US$100 milhões em 2008.

As ambições do CEO da Zipcars, Scott Griffith, são muito maiores: ele pretende conquistar 2 milhões de adeptos e US$1 bilhão de receita e depois abrir o capital da empresa. Ele está de olho em outras cidades populosas do mundo, pensando no mercado de transporte intermunicipal, e vê a Zipcars como uma marca de estilo de vida. Griffith considera os altos preços do petróleo e as preocupações com o meio ambiente fatores que ajudarão seu negócio a continuar crescendo, embora ele pretenda conservar o foco na flexibilidade e na liberdade como principais vantagens para seu público-alvo.

A Zipcars pensa e atua de fora para dentro, com um modelo inovador para a utilização do carro em um mundo em que crescem as preocupações com congestionamentos e emissões de poluentes e em que a liberdade e o prestígio de um automóvel ainda são importantes.

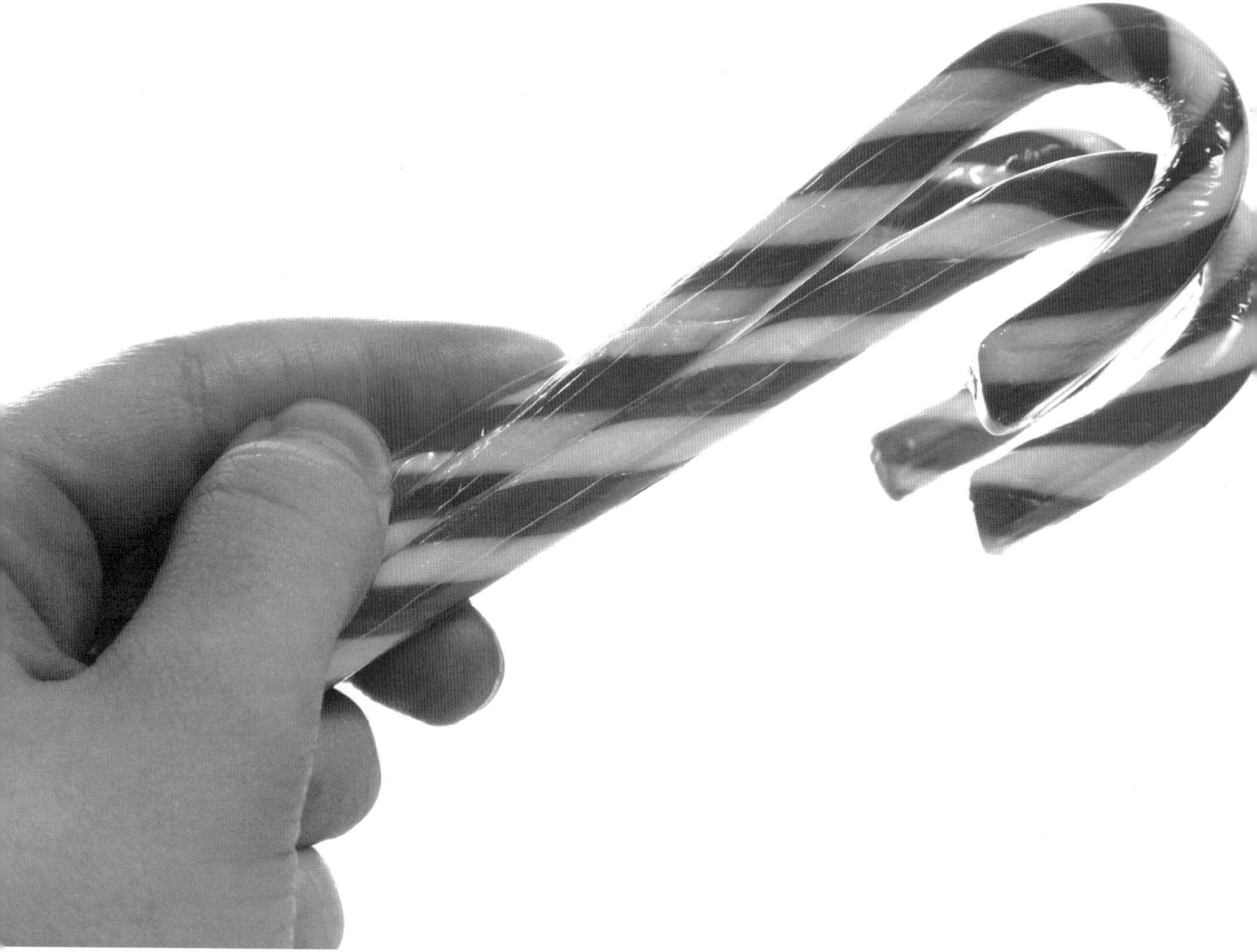

Faixa 5
Meu negócio... o negócio do cliente

> "Eu quero trabalhar com uma empresa que me entenda de verdade, uma empresa com ambições idênticas às minhas e que reflita meus valores. Quero fazer negócios com uma empresa que esteja pronta para mim e que se alegre em trabalhar nos meus termos.
>
> Acima de tudo, preciso de alguém que possa de fato resolver meus problemas, encontrar as melhores soluções e me ajudar a fazer as coisas que não conseguiria fazer sozinho. Não quero saber de empresas que só queiram vender coisas para mim. Não quero saber de empresas obcecadas consigo mesmas.
>
> Claro que quero que a empresa tenha sucesso – é com isso que ela poderá investir em melhores soluções para mim. Nós sabemos muito bem como as coisas funcionam, por isso não seja condescendente nem tente me subornar para que eu seja o que você chama de fiel. Vamos trabalhar juntos – trate-me como igual que eu farei o mesmo."

5.1 O NEGÓCIO DO CLIENTE

Fazer negócios nos termos do cliente é uma necessidade óbvia.

Peter Drucker foi um dos primeiros a sugerir que a única finalidade de uma empresa é criar e reter clientes. Ele pensava que como é o cliente que paga pelo produto ou serviço, ele é a entidade mais importante no negócio. De fato, nos últimos anos, as empresas vêm tentando se alinhar ao cliente: da gestão da qualidade total nos anos 1980 à obsessão com a gestão do relacionamento com o cliente na década de 1990.

Contudo, alguns argumentam que uma obsessão cega pelo cliente tem um impacto destrutivo na vantagem competitiva: o foco na concorrência fica para trás e as empresas passam a tentar atender às mesmas necessidades dos mesmos clientes. Isso causa a queda na satisfação dos clientes, uma vez que eles têm diante de si um grande número de produtos e serviços importantes, mas comoditizados. Também faz com que a empresa perca o estímulo para inovar, a chance de atender às necessidades não expressas pelo cliente e as melhores oportunidades de resolver seus problemas.

As empresas tiveram êxito com ambas as estratégias – o hotel Courtyard, da rede Marriott, por exemplo, tinha um conceito de hotel para viajantes totalmente projetado por pesquisa baseada na análise do cliente e com foco nas principais necessidades de seu público-alvo. Empresas como a Chrysler, por outro lado, obtiveram sucesso por meio da inovação – por exemplo, a minivan que a companhia lançou definiu e moldou todo um mercado, embora as pesquisas com o cliente mostrassem que esse tipo de veículo não era desejado.

A verdade é que um negócio de sucesso faz as duas coisas – qualidade total e gestão de relacionamentos não são abordagens conflitantes. Uma orientação para o cliente não implica em obediência cega às suas necessidades e desejos, mas em trabalhar ao lado dele de modo que os dois lados compreendam essas necessidades e desejos, sejam elas expostas ou não. Pela mesma razão, uma orientação para a inovação não tem a ver com uma obsessão com o produto – cada vez mais os clientes se tornam parceiros no processo de inovação, e toda inovação conta com a aprovação do cliente.

As empresas entendem que precisam atender às necessidades, existentes e latentes, de seus clientes sem deixar de lado a inovação e a diferenciação. Está claro que elas percebem que a orientação para o cliente não é simplesmente se curvar diante de suas necessidades declaradas, mas selecionar com quais clientes trabalhar e então adotar uma atitude colaborativa para compreender suas reais necessidades e aspirações. Elas também sabem que a vantagem competitiva nasce dos melhores insights e clientes, o que promove inovação e crescimento.

Talvez essa situação se caracterize por palavras e significados – as primeiras abordagens com "foco no cliente" eram excessivamente culturais e superficiais, e eram realizadas mesmo sendo orientadas por produtos e prioridades internas.

"Foco no cliente", "intimidade com o cliente" ou "conduzido pelo cliente" – essas iniciativas tendiam a focar em atitudes e comportamentos, sobretudo aqueles na "interface do cliente" (termo que implicava que o restante da empresa não estava conectado ao cliente). Elas se baseavam principalmente em palavras agradáveis e em um foco flexível, mas, na hora da verdade, continuavam na dinâmica de negócios em primeiro lugar, cliente em segundo – primeiro como gerar e aumentar lucros, segundo como satisfazer e reter clientes.

O que foi que mudou, então?

Um "negócio do cliente" começa com o próprio cliente. Esse negócio trabalha de fora para dentro, e equilibra isso de dentro para fora. Começar de fora para dentro inverte o sentido do negócio – suas prioridades são diferentes, e seu desempenho, melhor.

As empresas já não conseguem detectar as melhores oportunidades, atrair os melhores clientes ou competir com maior eficiência apenas olhando de dentro para fora. Produtos e processos, estratégias e sistemas, recompensas e relacionamentos precisam começar e orbitar em torno do cliente.

"Centrada no cliente" é provavelmente a melhor locução, se você precisa de uma.

Insight 10: AMAZON

A Amazon procura ser a "empresa mais centrada no cliente em todo o mundo". O objetivo da maior livraria do planeta, e varejista de muitos outros produtos, é ambicioso, mas está fundamentado em uma lógica convincente.

A Amazon acredita que, em um mundo em constante mudança, as estratégias mais eficientes são aquelas centradas no cliente, não na concorrência. As necessidades dos clientes mudam mais lentamente do que as ações da concorrência; portanto, os investimentos têm mais tempo (e chances) de causar impacto. É fácil seguir a concorrência, imitando seu sucesso e evitando seus erros. Mas, se sua intenção é ser líder de mercado, a concorrência o manterá na retaguarda – ou, uma vez na dianteira, você ficará complacente. Tratar das prioridades dos clientes é um desafio sem fim e também a fonte de suas receitas.

A Amazon queria ser a líder no setor para redefinir o mercado como nenhuma empresa fizera antes, então escolheu o cliente como guia. Entretanto, as coisas começaram de modo muito mais analítico. Jeff Bezos, o fundador da Amazon, é exemplo de como um estrategista e analista que trabalha com o hemisfério esquerdo do cérebro só atinge o sucesso com insights e imaginação do hemisfério direito.

No começo dos anos 1990, Bezos era um analista de investimentos em uma empresa de fundos de *hedge* de Nova York empolgadíssimo com o potencial da Internet, não apenas para seus clientes, mas também como uma oportunidade pessoal. Ele examinou setores da indústria em busca do que pressentia ser um ponto a ser explorado. Observou as primeiras empresas do mercado pontocom e seu relativo sucesso. E então deparou com o conceito de uma livraria online, um tipo de negócio que realmente poderia ter uma vantagem online.

Em 1994, Bezos batizou sua recém-nascida livraria online de cadabra.com, como em abracadabra, e percebeu o potencial do negócio com sua primeira venda: o livro *Fluid Concepts and Creative Analogies: Computer Models of the Fundamental Mechanics of Thought* (em tradução livre, Conceitos fluidos e analogias criativas: os modelos computacionais da mecânica básica do pensamento), de Douglas Hofstadter. Quantas lojas físicas ou mesmo empresas de pedidos por correspondência se dariam o trabalho de ter esse livro em estoque? A diversidade de clientes e de livros estava no cerne de seu plano de negócios.

FAIXA 5   Meu negócio... o negócio do cliente   **85**

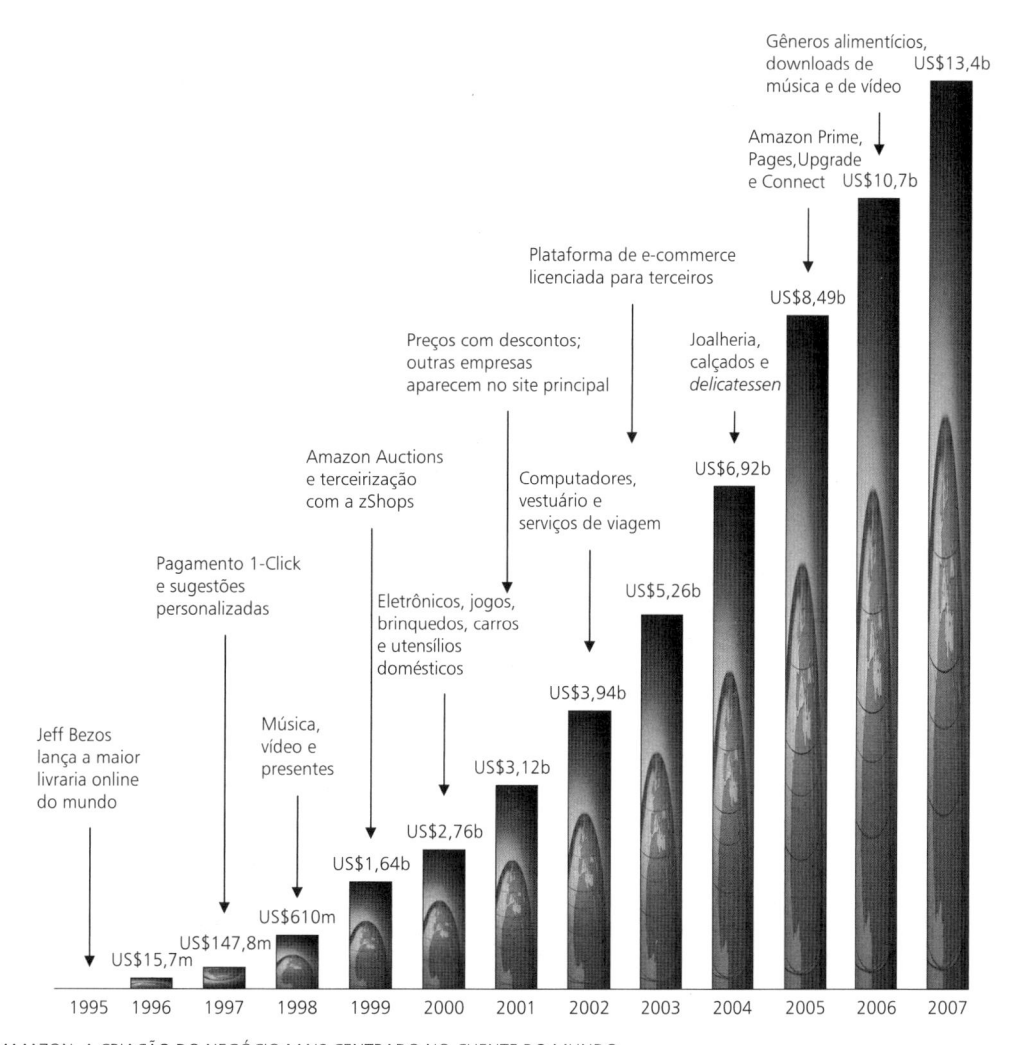

- 1995 — Jeff Bezos lança a maior livraria online do mundo
- 1996 — US$15,7m
- 1997 — US$147,8m; Pagamento 1-Click e sugestões personalizadas
- 1998 — US$610m; Música, vídeo e presentes
- 1999 — US$1,64b; Amazon Auctions e terceirização com a zShops
- 2000 — US$2,76b; Eletrônicos, jogos, brinquedos, carros e utensílios domésticos
- 2001 — US$3,12b; Preços com descontos; outras empresas aparecem no site principal
- 2002 — US$3,94b; Computadores, vestuário e serviços de viagem
- 2003 — US$5,26b; Plataforma de e-commerce licenciada para terceiros
- 2004 — US$6,92b; Joalheria, calçados e *delicatessen*
- 2005 — US$8,49b; Amazon Prime, Pages, Upgrade e Connect
- 2006 — US$10,7b
- 2007 — US$13,4b; Gêneros alimentícios, downloads de música e de vídeo

AMAZON: A CRIAÇÃO DO NEGÓCIO MAIS CENTRADO NO CLIENTE DO MUNDO

Um ano depois, a amazon.com foi lançada. O novo nome refletia a envergadura e a complexidade do mercado e da cadeia de fornecimento que Bezos pretendia conectar com um clique do mouse. Suas primeiras estimativas financeiras eram incomuns, pois não previam lucros por no mínimo quatro ou cinco anos, diferentemente das projeções para outras empresas do setor pontocom feitas na época.

Como esperado, a empresa teve crescimento estável, para a frustração de alguns dos acionistas. Quando a bolha pontocom estourou em 2000, Bezos perseverou e finalmente conseguiu lucros em 2002 – o pequeno mas importante dígito de US$5 milhões em receitas da época que hoje passa de US$1 bilhão.

Desde então, a Amazon continua mostrando habilidade em detectar as melhores oportunidades antes da concorrência e a confiança em se apoderar delas:

- A gama de produtos foi diversificada e hoje inclui música e vídeo, equipamentos eletrônicos e de informática, vestuário, utensílios domésticos, downloads e gêneros alimentícios.

- O alcance global foi conquistado com parcerias online com outros sites e varejistas, além de centros regionais de distribuição em todo o mundo – inicialmente abertos na Europa e no Japão, e mais tarde na China, com a aquisição da joyo.com.

- A experiência do cliente hoje é mais rica e inclui notas dos usuários; sugestões personalizadas; "*look inside*", consulta prévia a páginas do livro; compras diretas pelo "1-Click"; listas de desejos; rastreamento da entrega; livros customizados e publicação dos próprios autores.

Talvez, a decisão mais controversa (e corajosa) da Amazon tenha sido a abertura do site a outros varejistas. Para muitos, essa ação pareceu suicida, pois permitiria que seus concorrentes mais fortes fincassem bandeiras no território da empresa, possivelmente oferecendo preços menores.

Seus conceitos iniciais, a Auction e as zShops, foram infrutíferos. Somente quando os preços dos varejistas externos passaram a ser listados ao lado dos preços da Amazon é que eles encontraram um modelo bem-sucedido.

Embora possa parecer loucura para algumas pessoas, a Amazon refletiu bastante, e com muito critério, sobre os prós e contras dessa parceria comercial. Ela por fim decidiu que, ao dar mais opções de escolha aos clientes, aumentaria as chances de eles optarem pela Amazon. Ao ser mais transparente sobre as alternativas competitivas, ela despertaria maior confiança. Bezos explica que algumas decisões são muito difíceis do ponto de vista analítico e que, nesses momentos, ele se volta para os clientes e pergunta o que é melhor para eles.

Em uma entrevista à *Harvard Business Review*, Bezos surpreendeu muitas pessoas com sua descrição honesta sobre o que orienta suas ideias e decisões de negócios: "O melhor é basear sua estratégia em coisas que não mudarão. As pessoas me perguntam sobre o que vai mudar nos próximos cinco ou 10 anos, mas raramente perguntam sobre o que não vai mudar." Ele argumenta que o investimento nesses fatores traz os retornos de mais longo prazo, ainda que, por vezes, eles demorem a fazer diferença.

Bezos acredita que os insights do cliente revelam os aspectos que menos se alteram. "Nossos clientes querem seleção, preços baixos e entrega rápida. Não consigo imaginar que, em 10 anos, os clientes dirão que gostariam que nossa entrega fosse mais lenta ou que nossos preços fossem um pouco mais altos. Se continuarmos a colocar energia nesses volantes, daqui a 10 anos estaremos girando mais e mais rápido."

Outra crença fundamental diz respeito à transparência – hoje, há mais informações disponíveis do que nunca, e os clientes são mais inteligentes e bem informados. Assim, faz sentido se aliar ao cliente, em lugar de fazer oposição a ele. "No passado, você devotava 30% de sua atenção à geração de serviços excelentes e 70% ao alarde sobre esse seu esforço. Hoje, essas proporções estão invertidas." Se você gerar uma ótima experiência para o cliente, ele contará aos outros – sobretudo online.

De acordo com Bezos, a base de um serviço excelente é a cultura. Os comportamentos centrados no cliente adotados pela Amazon estão enraizados em ações práticas – por exemplo, todos os funcionários tem de passar um dado número de dias por ano nos centros de atendimento ou nas linhas telefônicas. Bezos dá o exemplo, descrevendo esses dias como a parte mais divertida de seu trabalho e sua maior fonte de aprendizado.

Uma cultura nasce desses princípios e práticas, e, sem dúvida, é definida por aqueles que fundaram a empresa. As culturas se tornam surpreendentemente estáveis, argumenta Bezos, descrevendo o quanto vários funcionários novos enfatizam a obsessão da Amazon com o cliente mais do que com qualquer outro aspecto. Eles também se tornam naturalmente mais seletivos, atraindo pessoas de mentalidade semelhante à sua e afastando aquelas que nutrem crenças diferentes. Uma cultura distinta leva a experiências do cliente igualmente distintas e se transforma em uma vantagem competitiva difícil de imitar. Ela também se torna o alicerce sobre o qual a estratégia se ergue e com que deve se alinhar.

Na execução de um excelente serviço ao cliente, Bezos não perdeu o gosto do hemisfério esquerdo do cérebro pela análise. Ele se concentra no processo tanto quanto nos fatores menos tangíveis. A "Redução de Defeitos" é uma paixão persistente da empresa, que busca minimizar a ocorrência de erros no sistema, adota técnicas como o Seis Sigma e a produção enxuta e foca na qualidade essencial e em métricas de consistência.

Bezos descobriu que o mais importante consiste em conhecer as áreas que requerem padronização – os processos repetitivos – e as que requerem flexibilidade, como na forma de personalização e na capacidade de resposta. A Amazon se parece com uma imensa máquina que, contudo, tem um coração humano, pessoas que editam escolhas, respondem a clientes, fazem melhorias e dão forma ao futuro.

> "A Amazon é a melhor – simples assim. Ela acompanha o que eu compro para que eu não acabe com duas coisas iguais. Eu encontro montes de livros usados que estão fora de catálogo e com preços abaixo do valor no varejo. Se não é o primeiro lugar que procuro, a Amazon é o último, pois já pesquisei preços em outras lojas e percebi que posso comprar o que quero por menos aqui. Eu participo do programa Vine, que permite testar produtos e publicar comentários sobre eles, mas já escrevi alguns comentários antes por pura diversão. Verifico minhas sugestões várias vezes por semana para ver o que há de novo e atualizar a lista de produtos que desejo. Eu uso as listas de presentes para planejar minhas compras de fim de ano. Estou economizando para um comprar um Kindle."

Essa opinião de um dos fãs da Amazon talvez sirva como exemplo do motivo de as receitas da empresa terem triplicado desde 2002, chegando a US$13 bilhões.

5.2 VALOR DO CLIENTE, VALOR DO NEGÓCIO

Tornar-se um negócio centrado no cliente não é apenas uma questão de paixão – faz sentido comercialmente.

As empresas focadas nos clientes têm crescimento mais rentável, são mais sustentáveis com o passar do tempo e geram melhores retornos aos acionistas. Também podem ser mais eficientes, flexíveis e mais agradáveis como local de trabalho.

No âmbito estratégico, os clientes são os recursos mais escassos de uma empresa.

É fácil garantir recursos físicos junto a fornecedores do mundo inteiro, exceto no caso do petróleo, que sabemos estar acabando. É relativamente fácil garantir capital a partir de investidores convencionais ou, mais recentemente, com fontes privadas e, principalmente, com fontes motivadas por valores éticos. Já não é tão fácil assim obter os melhores talentos, uma vez que conhecimento e ideias se tornaram importantes. Mas o mais difícil ainda de se obter, sendo também a fonte mais valiosa de recursos, são os melhores clientes. Eles são as galinhas dos ovos de ouro dos negócios de hoje.

No âmbito comercial, os clientes são os ativos mais preciosos de uma empresa.

Consideremos a capitalização de mercado de uma empresa – o valor coletivo de todas as ações e que reflete o preço que alguém estaria disposto a pagar por ela. Esse valor representa o potencial de lucro futuro da organização e, portanto, os ativos que compõem esse valor são os mais importantes na geração dos lucros futuros. Hoje, 86% do valor de empresas de capital aberto é composto por intangíveis (de acordo com a consultoria *Brand Finance*). Nesse leque de intangíveis, marcas, relacionamentos e ideias são os fatores mais importantes. Dois, ou às vezes três, desses ativos são conduzidos pelo cliente.

No âmbito operacional, os melhores clientes custam menos e gastam mais.

As pesquisas, que veremos em mais detalhes mais adiante, descrevem o melhor cliente como aquele que está preparado para aceitar um relacionamento de longo prazo e lucrativo. Elas mostram como ele permanece mais tempo, custa menos, compra mais, paga mais e conta para os outros. Os custos de aquisição desse cliente são menores, chegando a zero quando ele retorna por conta própria. Seus custos operacionais são também menores, pois ele faz mais coisas sem ajuda da empresa. Seu valor percebido é mais alto e, portanto, ele talvez pague mais ou aceite descontos menores. E, melhor de tudo, esse cliente é um grande divulgador de sua empresa: ele a recomenda a amigos, pessoas com quem tem afinidades e assim ajuda a construir sua reputação e a atrair mais clientes.

As empresas têm valores diferentes para demonstrar a importância dos clientes. Os números e proporções escolhidos talvez difiram por tipo de negócio e de mercado. Mas os números apresentados abaixo estão entre os que mais aparecem em estatísticas, médias e generalizações que ajudam a definir planos de ação.

- 20% dos clientes geram 80% da receita.
- 10% dos clientes geram 90% dos lucros.
- Um cliente muito satisfeito contará isso a três pessoas.
- Um cliente insatisfeito contará a 12 pessoas.
- Um cliente muito insatisfeito contará a 20 pessoas.
- 98% dos clientes insatisfeitos não reclamam, simplesmente vão embora.
- 65% dos clientes são perdidos por conta de experiências negativas.
- 75% das experiências negativas não estão relacionadas com o produto.
- O maior motivo pelo qual um cliente vai embora é que ele não se sente compreendido.
- Adquirir um cliente custa três vezes mais do que mantê-lo.

- Reconquistar um cliente insatisfeito custa 12 vezes mais.

- Ao longo de cinco anos, uma empresa típica retém 20% de seus clientes.

- Um aumento de 5% na retenção de clientes aumenta os lucros em 25% a 55%.

(Fonte: TARP, Bani & Co., ECSW)

A maioria das empresas é rápida em prometer maior valor aos acionistas, crescimento rentável, redução de riscos, melhoria dos dividendos e aumento da cotação de suas ações. Claro que elas podem fazer isso no curto prazo adotando abordagens drásticas de redução de custos e estratégias de venda agressivas. Mas isso não dura. A única via sustentável para a geração de valor, crescimento rentável e dividendos lucrativos no longo prazo está na geração de valor superior para os clientes.

- ***A geração de valor superior para os clientes*** por meio de insights mais profundos, de proposições mais relevantes e de soluções personalizadas é a base para um "negócio centrado no cliente" bem-sucedido.

- ***A geração de valor superior para os acionistas*** por meio de crescimento sustentável, de melhores margens e de custos reduzidos é o resultado de um "negócio centrado no cliente" bem-sucedido.

Assim, o ponto de partida é o "valor para o cliente" – não o valor financeiro que ele tem para nós, que é absoluto, mas o valor que geramos para ele, uma percepção que varia de cliente para cliente. O que importa é o valor percebido, a filosofia e a abordagem.

Insight 11: BEST BUY

A Best Buy nasceu no coração de Minneapolis no anos 1960 como uma pequena loja *cult* chamada Sound of Music.

Com a evolução da música e da tecnologia, a loja cresceu e se diversificou, adquirindo várias pequenas lojas rivais – até 1981, quando um tornado atingiu a cidade e a loja adotou uma liquidação "tornado", com os menores preços na região, que se tornou um evento anual. A ideia de preços baixos pegou e a empresa foi rebatizada de Best Buy. Ela cresceu rapidamente e, em uma década, já tinha atingido US$1 bilhão em receitas anuais. As aquisições continuaram, primeiro com a Magnolia Hi-Fi, loja de eletrônicos *premium* especializados, e a Future Shop, uma rede canadense de lojas de eletrônicos. A Best Buy lançou também sua própria gravadora de música e vídeo.

Quando Brad Anderson assumiu como CEO da Best Buy no verão de 2002, herdou uma empresa que voava alto, com quatro trimestres de crescimento na casa dos dois dígitos. Assim, talvez não surpreenda que, quando Anderson propôs gastar US$50 milhões em uma nova estratégia para a organização, alguns cenhos tenham se franzido. Sua estratégia "centrada no cliente" envolvia todo o negócio e cada uma de suas 650 lojas.

Anderson percebeu que a maioria dos varejistas faz pouco caso dos clientes, exibindo uma vasta gama de produtos sem ligar muito para quem entra em suas lojas. Um negócio centrado no cliente implicava uma abordagem diferente, em que lojas, serviços e seleções de produtos fossem projetados em torno das necessidades de clientes específicos.

Com base na segmentação detalhada do cliente, ele percebeu que nem todos os clientes eram bons, chegando a descrever alguns como "anjos" e outros como "demônios". Ele também identificou alguns segmentos fortes e rentáveis aos quais proposições poderiam ser alinhadas, como "Barry", o fanático por diversão caseira, e "Jill", a atarefada mãe dos subúrbios norte-americanos.

As lojas foram redecoradas e um novo programa de treinamento foi desenvolvido para focar em segmentos específicos – por exemplo, com atendimento personalizado para o perfil Jill e conhecimentos específicos para o perfil Barry –, além de diferentes layouts internos, sinalizações, mobília, iluminação e até mesmo uniformes para cada segmento. As lojas Barry se especializaram em tecnologia e alto teor de especificação, e incluíam pontos para ouvir e assistir a amostras de música e vídeo. As lojas Jill incluíam cafeterias e playground para crianças.

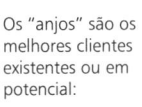

Os "anjos" são os melhores clientes existentes ou em potencial:
- Maiores gastos
- Menores custos
- Afinidade com a marca
- Potencial de fidelidade
- Defensores

A Best Buy visa aos clientes "anjos"... ...mas não os clientes "demônios"

Os "demônios" são os piores clientes existentes ou em potencial:
- Menores gastos
- Maiores custos
- Relevância limitada
- Maior promiscuidade
- Têm influência negativa

BEST BUY: ALGUNS CLIENTES SÃO ANJOS, OUTROS DEMÔNIOS

"Lojas-laboratório" foram utilizadas para avaliar os tipos de público em diferentes locais, testar temas, elaborar um perfil da provável base de clientes e customizar o mix das lojas para as necessidades locais. A conversão de cada loja representaria um investimento de pelo menos US$1 milhão. A Best Buy continuou a adquirir empresas para melhorar sua oferta em termos de localização e de serviços.

O mais incrível aconteceu em 2002, quando a Best Buy adquiriu uma start-up rebelde chamada Geek Squad. Fundada por Robert Stephens, a empresa de suporte 24 horas a computadores estava agitando as comunidades mais carentes – sobretudo as pessoas que trabalhavam em casa e que viviam desesperadas por esse tipo de ajuda. Nesses casos, Robert se apressava e batia na porta vestindo seu uniforme de *geek* (óculos escuros, camisa branca de mangas curtas, gravata presa com um grampo, meias brancas) e um crachá de "agente especial". Isso tudo era puro teatro, mas o serviço era, de fato, excelente. E uma marca que se espalhou como fogo junto às pessoas que trabalhavam em casa e precisavam de assistência.

A Geek Squad montou "recintos" nas lojas da Best Buy (e também em parceria com a Kinko's, para oferecer maior cobertura), onde as pessoas poderiam levar seus laptops e periféricos e serem atendidas por funcionários "da contrainteligência". Os clientes adquiriam soluções mais completas – diversos produtos em um só e a margens mais altas.

A diretoria ficou impressionada com os resultados. As taxas de crescimento das lojas centradas no cliente eram duas vezes mais altas do que as das outras lojas. Em 2006, a empresa já havia aberto ou convertido 233 lojas a um formato multissegmento e 300 ao formato de segmento único.

Estava claro que a abordagem centrada no cliente funcionava, então a Best Buy decidiu ser realmente contundente para aumentar seu crescimento. Ela testou novos conceitos, como zonas para fazer tricô e livros de colagens, demonstrações e aulas noturnas nas lojas, tudo isso para as Jills apaixonadas por artesanato. A empresa também reconheceu que esse foco no cliente dependia dos funcionários – e Anderson descreveu essa mudança interna como sendo "alimentada pelo talento" e fundamentada na mudança "da gestão do produto para gestão de pessoas". Os gerentes eram encorajados a experimentar novas ideias e recebiam ótimas recompensas por esse empreendedorismo. De fato, todos os funcionários podem fazer parte do programa de participação acionária e de bônus, que transformou muitos gerentes de loja em milionários.

Durante uma recente conferência sobre varejo em Londres, quando perguntei a Anderson sobre como ele toma decisões sobre quais negócios adquirir, em que mercados entrar ou que serviços lançar, ele defendeu a abordagem centrada no cliente:

> "Qualquer pessoa consegue conceber uma estratégia empresarial convincente com base em suposições sobre lucros futuros e taxas de desconto – mas passar tempo com o cliente, entender o que ele quer e como você pode melhorar as coisas para ele são um guia muito melhor para a tomada de decisão e para você encontrar as verdadeiras prioridades de sua empresa."

Hoje, a Best Buy pretende estender seu modelo centrado no cliente ao mundo todo. Ela abriu pontos de varejo e sourcing na China e adquiriu a rede Five Star Appliance, que conta com 151 lojas em cidades como Pequim e Xangai. No Canadá, a empresa tem 128 lojas com a marca Future Shop e 51 com a marca Best Buy. Na Europa, formou um empreendimento conjunto com a Carphone Warehouse, do Reino Unido, para desenvolver o conceito Best Buy Mobile, com serviços de GSM e banda larga, além de passar a utilizar a rede e a experiência da empresa britânica para operar no setor de telefonia móvel, com foco voltado para o cliente em toda a Europa.

5.3 AS 10 DIMENSÕES DO NEGÓCIO CENTRADO NO CLIENTE

A definição de "negócio do cliente" pode parecer simples e óbvia. Ela soa como a coisa certa a fazer. Talvez seja por isso que tantas organizações, e sobretudo seus líderes, tenham fracassado em entender as diferenças mais básicas envolvidas. Eles aplicaram a filosofia, mas não as disciplinas que transformam a obsessão pelo produto em obsessão pelo cliente, a paixão em lucro.

Hoje, compreendemos que se trata de geração de valor – primeiro para o cliente, depois para a empresa. Estamos prontos para abraçar a estratégia puxada em nossos mercados, em lugar da empurrada, e para adotá-la de modo mais holístico em nossa abordagem "de fora para dentro" aos negócios. Podemos também fazer uma estratégia de negócios forte para ela com base nos impactos sobre a rentabilidade e a geração de valor.

Porém, quais são as diferenças mais práticas? Como elas afetam a estratégia do negócio, as métricas de desempenho e nossos critérios de tomada de decisão? Quais suas consequências para o modo como recrutamos e gerenciamos pessoal, para nossos principais processos e sistemas operacionais, para a estrutura organizacional? O que essas diferenças revelam sobre o que precisamos parar de fazer e o que precisamos começar a fazer?

CENTRADO NO CLIENTE: COLOCANDO A EMPRESA NA HORIZONTAL

Essa mudança de um negócio centrado no produto para um centrado no cliente equivale a colocar a organização na posição horizontal. Trata-se do alinhamento da organização à experiência do cliente, em vez de à gestão de produto. Da gestão do seu portfólio de clientes, em vez do de produtos. De soluções em vez de produtos e de relacionamentos em vez de transações. Da mensuração da rentabilidade – com relatórios de lucros e prejuízos, alocações de recursos, recompensas por desempenho – por clientes e segmentos, em vez de por produtos e unidades de negócios.

As diferenças específicas entre um negócio centrado no produto e um centrado cliente são mostradas no próximo quadro. Algumas são óbvias; outras precisam de explicações detalhadas, que serão apresentadas mais adiante. Algumas desafiam os princípios ou filosofias mais arraigados dos negócios, como mudar de um amplo catálogo de produtos para a capacidade de reunir as soluções certas para o seu cliente, ou substituir a "fatia de mercado" pela "fatia de melhores clientes".

Como você faz essa transformação acontecer? Quais são os aspectos mais importantes? Por onde você deve começar?

Está claro que as empresas são diferentes umas das outras e que algumas já terão implementado alguns aspectos do negócio centrado no cliente. Nesse sentido, fundamental é a direção estratégica que contemple as métricas de desempenho adequadas e disponibilize as ferramentas para as pessoas atuarem cada uma à sua maneira. Entretanto, a empresa que combinar os diferentes fatores que veremos é que será capaz de perceber as verdadeiras vantagens comerciais.

As "10 dimensões do negócio centrado no cliente" precisam ser abordadas individual e coletivamente para criar uma bem-sucedida empresa centrada no cliente. Essas dimensões são baseadas na análise e nas experiências de mais de 100 empresas e em modelos semelhantes, porém menos abrangentes, como o Modelo de Excelência da EFQM – Fundação Europeia para a Gestão da Qualidade. É interessante observar que a lista conecta aspectos como estratégia e insights do cliente a proposições e comunicações, serviços e experiências e relacionamentos e desempenho.

Juntas, essas dimensões formam o "mapa do cliente", que serve de estrutura para a Parte 2 deste livro, que apresenta ferramentas e abordagens específicas definidas para tornar cada uma dessas dimensões uma realidade, além de um diagnóstico para avaliação e aprimoramento apresentado no Laboratório do Gênio, no final da seção.

O negócio centrado no produto	O negócio centrado no cliente
Melhor produto	Melhores relacionamentos
Agrega valor por meio de atributos	Agrega valor por meio de serviço
Obsessão competitiva	Obsessão pelo cliente
Tratamento igual aos clientes	Tratamento diferenciado ao cliente
Ampla gama de produtos	Soluções personalizadas
Venda e entrega	Colaboração e capacitação
Transações de curto prazo	Relacionamentos de longo prazo
Receita e volume	Lucro e valor
% de fatia de mercado	% de melhores clientes
% de novos produtos	% da fatia da carteira
% de satisfação	% de divulgadores do produto
Clientes novos, produtos existentes	Clientes existentes, produtos novos
Orientado por vendas, "empurrado"	Orientado ao comprador, "puxado"
Os clientes vêm a nós	Nós vamos até o cliente
Conexão com intermediários	Conexão com o usuário final
Campanhas de divulgação	Conversas pessoais
Mídia de massa	Experiência
Consciência e atração	Envolvimento e retenção
Foco interno	Foco externo
Gestão de produto	Gestão de relacionamentos
Inovação tecnológica	Inovação de mercado
Centros de lucro com produtos	Centros de lucro com clientes
Planejamento e consistência	Agilidade e capacidade de resposta
Hemisfério esquerdo do cérebro, pessoas de tipo X	Hemisfério direito do cérebro, pessoas de tipo Y

CENTRADO NO CLIENTE: COLOCANDO A EMPRESA NA HORIZONTAL

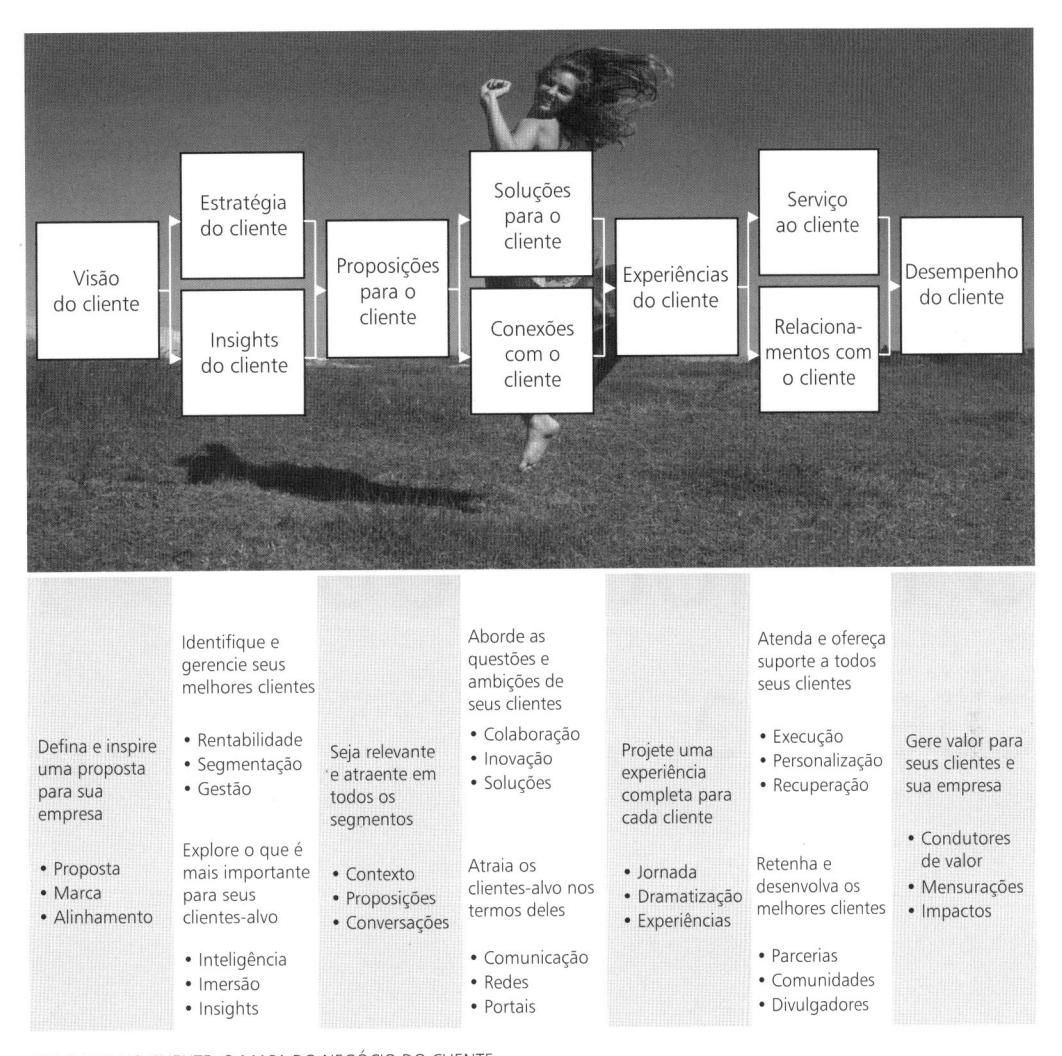

FAIXA 5   Meu negócio... o negócio do cliente   99

Diagrama de fluxo

Visão do cliente → Estratégia do cliente / Insights do cliente → Proposições para o cliente → Soluções para o cliente / Conexões com o cliente → Experiências do cliente → Serviço ao cliente / Relacionamentos com o cliente → Desempenho do cliente

Visão do cliente	Estratégia / Insights do cliente	Proposições para o cliente	Soluções / Conexões com o cliente	Experiências do cliente	Serviço / Relacionamentos com o cliente	Desempenho do cliente
Defina e inspire uma proposta para sua empresa	Identifique e gerencie seus melhores clientes	Seja relevante e atraente em todos os segmentos	Aborde as questões e ambições de seus clientes	Projete uma experiência completa para cada cliente	Atenda e ofereça suporte a todos seus clientes	Gere valor para seus clientes e sua empresa
• Proposta • Marca • Alinhamento	• Rentabilidade • Segmentação • Gestão Explore o que é mais importante para seus clientes-alvo • Inteligência • Imersão • Insights	• Contexto • Proposições • Conversações	• Colaboração • Inovação • Soluções Atraia os clientes-alvo nos termos deles • Comunicação • Redes • Portais	• Jornada • Dramatização • Experiências	• Execução • Personalização • Recuperação Retenha e desenvolva os melhores clientes • Parcerias • Comunidades • Divulgadores	• Condutores de valor • Mensurações • Impactos

CENTRADO NO CLIENTE: O MAPA DO NEGÓCIO DO CLIENTE

O negócio do cliente

Parte II

O negócio do cliente

O "negócio do cliente" possui 10 dimensões. Agora que entendemos por que um "negócio do cliente" é essencial e melhor, consideraremos os caminhos para torná-lo uma realidade. Cada uma dessas dimensões traz uma abordagem "de fora para dentro" aos negócios, equilibrando objetivos comerciais e do cliente. As prioridades para sua implementação diferem de empresa para empresa, embora o impacto real aconteça com a implementação integrada e adequada das 10 dimensões.

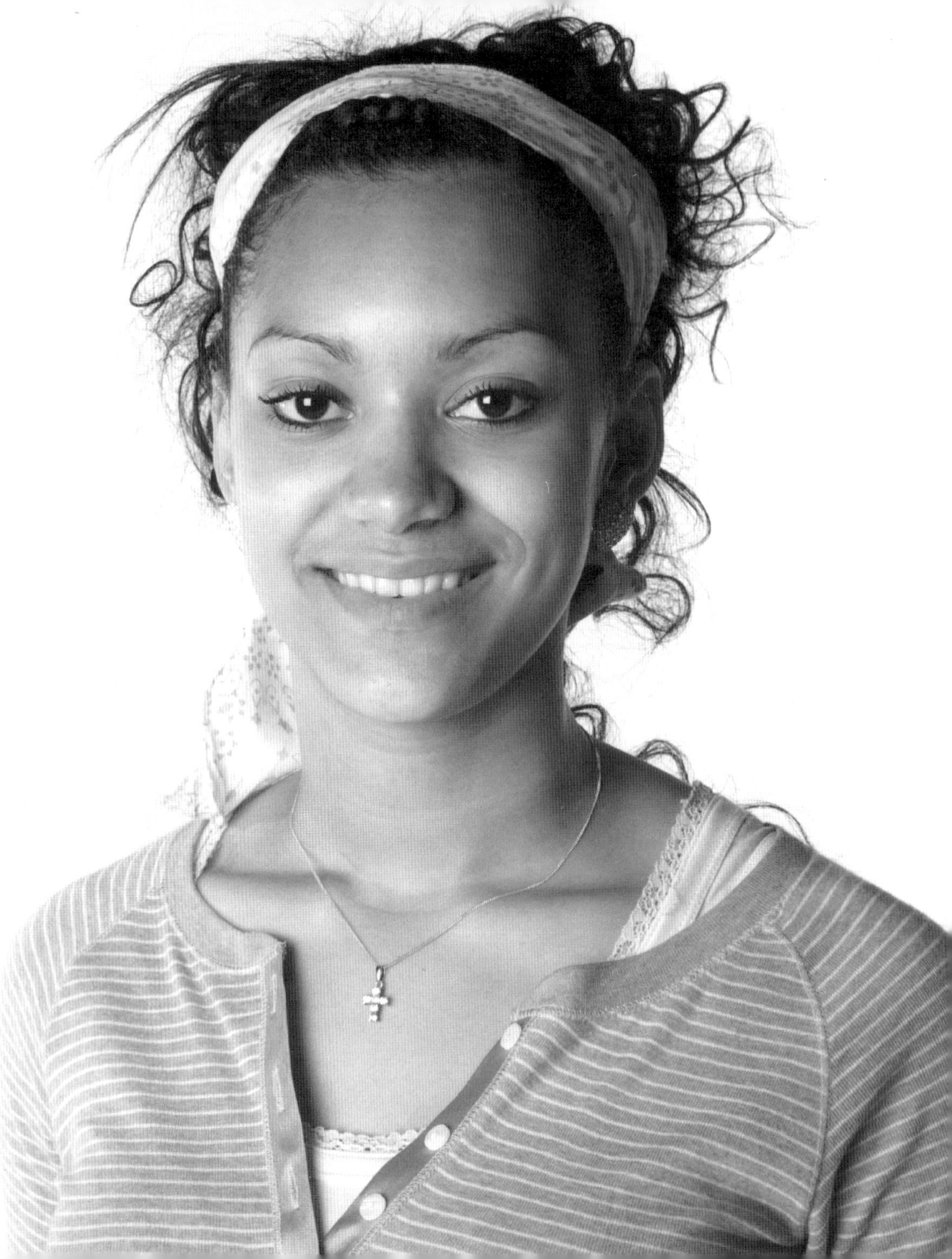

Dimensão 1

A visão do cliente

> *A maioria das empresas parece obcecada com dinheiro, parece mais interessada em vendas e em lucros do que em mim, a cliente.*
>
> *De onde elas pensam que vêm os lucros? Muitos líderes empresariais parecem estar mais preocupados consigo mesmos e com suas empresas – para aumentar o porte, ganhar fama e alcançar o sucesso. Eles só falam em suas próprias metas. Eu me pergunto se eles têm tempo de pensar em seus clientes...*
>
> *Imagine uma empresa que exista para me atender, projetada para melhorar a vida de seus clientes. Isso não significa que ela tenha de ser uma instituição de caridade – alegro-me em vê-la obtendo sucesso, desde que eu também receba o que desejo. Em vez de tentar ser a maior ou a melhor empresa do mundo, ela tenta fazer a coisa certa por mim.*
>
> *Imagine uma empresa cuja proposta e marca me ajudem a fazer coisas que nunca pensei serem possíveis.*

1.1 A PROPOSTA PARA O CLIENTE

Definir a proposta do seu negócio "de fora para dentro" implica reconsiderar o que de fato sua empresa oferece a seus clientes, como agrega valor à sociedade de modo mais amplo e o que faria falta se ela não existisse.

O egoísmo arrogante da maioria das "declarações de missão" não faz muito pelos clientes que perderam a fé nas grandes empresas e sua busca por riqueza.

Negócios obcecados por finanças – que perseguem maiores lucros, melhores bônus e estilos de vida de executivo – costumavam oferecer uma imagem social positiva: pilar da sociedade, sinal de progresso e sucesso. Nos Estados Unidos, isso foi chamado de Sonho Americano.

Nas economias emergentes, as pessoas viam as marcas como símbolos de uma vida melhor, do fim da pobreza e da repressão. Nós exaltávamos essas empresas e queríamos apoiá-las sem jamais nos ressentirmos por elas terem dinheiro, nem por um segundo.

Eis que então a coisa ficou feia. Negócio virou sinônimo de ganância.

Empresas, marcas e às vezes até organizações sem fins lucrativos passaram a ser vistas como egoístas, sempre prontas para usar o cliente como um meio para seus fins. Elas defendiam a adoção de preços mais altos, menor qualidade, agressividade nas vendas, taxas altíssimas, práticas antiéticas, terceirização de trabalho, bônus inacreditáveis, destruição ambiental e corrupção moral.

A confiança entrou em queda, a fidelidade se tornou rara, as suspeitas aumentaram.

A maior parte das empresas acha que lucros são sua meta final. Elas buscam, incansavelmente, por mais, preocupando-se menos com o que e como fazem, pensando mais sobre quanto dinheiro podem ganhar. Contudo, se todas as empresas perseguissem a maximização de seus lucros cegamente, muito provavelmente cairiam na mesmice, e seus lucros despencariam. Uma situação dessas pareceria um círculo vicioso, em que clientes não passariam de um meio para a concretização de metas.

Por essa mesma razão, a maioria das declarações de missão tem como base o desejo de "tornar-se líder de mercado" e "maximizar retornos para seus acionistas". Essas ambições podem parecer razoáveis em termos de estratégia corporativa, mas elas realmente são a finalidade maior da empresa? Foi por essa razão que seus donos a fundaram? Essa declaração de missão a diferencia de todas as outras empresas com propostas semelhantes? Essa é a única razão pela qual essa empresa existe?

Os clientes se envolvem muito mais com empresas voltadas para eles. Da mesma forma, funcionários e acionistas também se envolvem mais em um negócio voltado para as pessoas.

Uma "visão do cliente" descreve um mundo melhor para as pessoas, onde elas podem concretizar seus objetivos de um jeito ou de outro, e como a empresa pode, de modo individualizado, ajudá-las nessa intenção. Quando a operadora de telefonia móvel Orange iniciou suas atividades, a visão que projetava era de "um futuro sem fio", em que as pessoas poderiam trabalhar e se divertir, instantaneamente e conectadas, a qualquer hora e em qualquer lugar.

Era uma proposta que ia além do lucro, que melhorava a vida das pessoas.

Contudo, essa visão não deve vir de uma agência de publicidade. Ela precisa ser a visão das pessoas que compõem a empresa. Um dos principais papéis da liderança é o de pintar um quadro que mostre para onde a empresa está indo e encontrar as palavras e símbolos que deem vida a essa imagem. Sem dúvida, desenvolver uma visão como essa é um excelente modo de reunir uma equipe de líderes e fazê-la olhar para cima, em direção às suas oportunidades coletivas, e não para baixo, enxergando apenas os desafios individuais.

Um "workshop de visão" pode incluir:

- Líderes que se reúnam e reservem tempo para descrever suas próprias visões de uma grande empresa, o que adorariam concretizar, o que querem deixar para os que vêm depois, o que lhes traz reconhecimento. Essa reunião não é uma reunião estratégica comum; ela envolve a consideração do que a empresa faz, do como e do porquê faz.

- O trabalho com clientes em uma sessão de "conversa séria", para saber como as pessoas da vida real acham que uma grande empresa deve ser. Também para escutar sua raiva e frustração sobre o tipo de negócios de sua empresa e sua esperança e sonhos para si e para você.

- O aprendizado com outras empresas de sucesso do mundo inteiro, sobre suas visões e sobre como obtêm êxito em seus setores. Depois, a consideração de como essas empresas se sairiam no setor da sua empresa, como elas desafiariam convenções e conduziriam inovações.

- A preparação de um quebra-cabeça de imagens e ideias, de características e atributos. Isso pode ser feito por um artista ou cartunista que dê vida às imagens enquanto você fala. Depois, dê um passo para trás para considerar como as ideias se combinam com mais força e detectar os centros de gravidade.

- A compreensão dos sacrifícios que essa visão pode impor, como mudar de foco estratégico de sua empresa, deixar de cobrar pelo serviço de apoio ao cliente ou sair de um escritório luxuoso. Definir o que você precisa deixar de lado é tão importante quanto especificar as inovações que deseja implementar.

- A reunião de ideias específicas sobre inovação, produtos, serviços, promessas ou políticas que tornem essa visão tangível. Embora não se trate de um workshop de inovação, esses conceitos ajudam a tornar essa visão uma realidade possível e exigem uma avaliação posterior em separado.

- O mapeamento de como essa visão pode se desdobrar em uma série de novos horizontes, tornando-a mais concretizável e voltada para o futuro – com alguns aspectos materializados mais rapidamente e outros ao longo de um tempo maior, em um processo evolutivo compreendido por meio de símbolos de progresso que se revelam no caminho.

Essa visão pode ser capturada em uma "declaração de proposta" que explique como uma empresa agrega valor à vida das pessoas. Qual o papel do seu negócio na sociedade? Quais seus desafios, crenças, cruzadas ou paixões? Como eles capacitam pessoas a fazer as coisas que, sem sua ajuda, não conseguiriam concretizar? Se sua empresa deixasse de existir, o mundo seria um lugar pior?

Algumas organizações continuam a designar a proposta que têm para seus clientes como "missão" ou "visão". Outras escolheram o termo "promessa". Essas propostas variam e podem se basear no sonho de seu fundador, como o de Bill Gates de ver "um computador em todas as escrivaninhas, em todas as casas" (o que pareceu bastante ambicioso para a época), ou em compromissos mais práticos. Essas propostas capturam uma atitude, às vezes um desafio, um conjunto de valores que atuam como base de trabalho:

- A Apple acredita que "o homem é o criador da mudança nesse mundo. Sendo assim, ele precisa se manter acima de sistemas e estruturas, não subordinado a eles".

DIMENSÃO 1   A visão do cliente

Por que as capacitamos para fazer melhor?

O que ajudamos as pessoas a fazer?

Como elas se sentem emocionalmente a respeito?

A PROPOSTA PARA O CLIENTE: O QUE VOCÊ AGREGA AO MUNDO?

- A Disney planeja criar "o lugar mais feliz do planeta" com seus personagens e filmes, sites e parques temáticos.

- A Pret A Manger promete "alimentos naturais, caseiros, sem produtos químicos nem aditivos ou conservantes, comuns em tantos alimentos 'preparados' e 'fast food' no mercado de hoje".

- A rede de hotéis de luxo Ritz-Carlton descreve a si mesma como um grupo de "damas e cavalheiros que atende a damas e cavalheiros".

- A rede de restaurantes TGI Friday's diz que procura "tratar todos nossos clientes como trataríamos um hóspede de honra em nossa casa".

- A Wal-Mart existe "para dar às pessoas comuns a chance de comprar os mesmos produtos que os ricos" e "consegue poupar o dinheiro das pessoas para que vivam melhor".

Uma vez definida a proposta para o cliente, ela passa a ser uma plataforma mais inspiradora, sobre a qual uma estratégia corporativa e um modelo de negócio mais sustentável pode ser desenvolvido. Ela é também uma base mais bem definida para a construção de uma marca, de uma cultura e da experiência do cliente.

Insight 12: LEGO

Você sabia que existem mais de 915.103.765 maneiras diferentes de combinar seis blocos de oito pinos e de mesma cor de Lego?

Lego é uma abreviação de "leg godt", que em dinamarquês significa "brincar bem" (por acaso, em latim a expressão significa "eu reúno"). Desde sua criação por Ole Kirk Kristiansen, em 1932, o Lego é um dos brinquedos mais populares do mundo. O caminho foi longo entre a pequena oficina de um carpinteiro e o título de "brinquedo do século", conferido em 2000 pela revista *Time*, e a posição de quinta maior fabricante de brinquedos do mundo.

No início, os blocos eram fabricados em madeira, e foi apenas em 1958 que passaram a ser feitos de plástico colorido – adquirindo seus exclusivos tubos de encaixe, que permitem construir coisas limitadas apenas por sua imaginação.

Hoje, Kjeld Kirk Kristiansen, neto do fundador, lidera o Lego Group, com sede em Billund, Noruega, e tem 4.500 funcionários. Sua proposta para o cliente é "inspirar as crianças a explorar e desafiar o próprio potencial criativo" ajudando-as a "aprender brincando" – desenvolvendo a solução de problemas, a curiosidade, a imaginação, as habilidades interpessoais e psicomotoras de modo criativo e estruturado.

Para a Lego, as crianças são a melhor fonte de novas ideias e de inspiração para o futuro, pois têm curiosidade, criatividade e imaginação ilimitadas. Como diz Kristiansen a seus funcionários, "precisamos estimular a criança dentro de cada um de nós!"

Apesar de ter passado por alguns anos de lucros reduzidos, principalmente devido à popularidade dos jogos eletrônicos e do sucesso de brinquedos baseados em personagens de filmes infantis, como os comercializados pela Disney e pela Mattel, a Lego recuperou sua capacidade lucrativa e atingiu a marca de US$280 milhões em lucros em 2007.

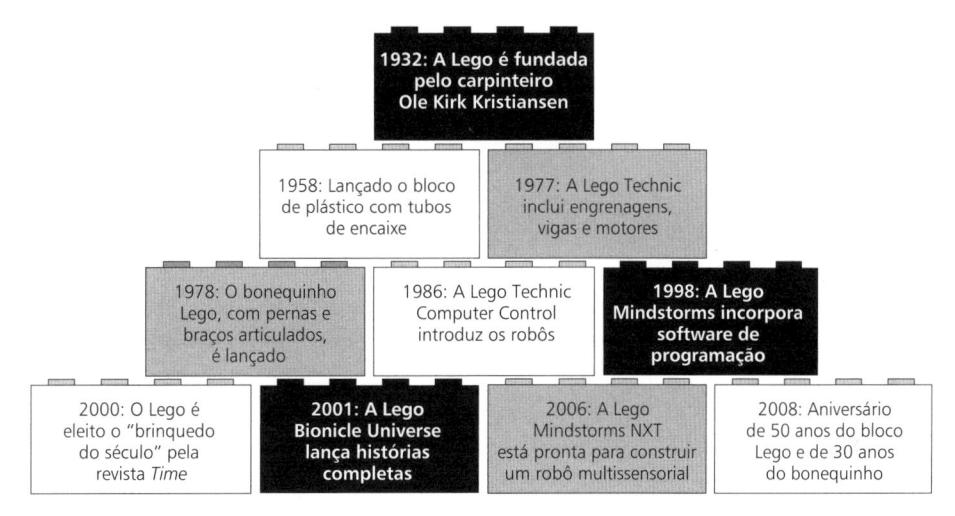

1932: A Lego é fundada pelo carpinteiro Ole Kirk Kristiansen

1958: Lançado o bloco de plástico com tubos de encaixe

1977: A Lego Technic inclui engrenagens, vigas e motores

1978: O bonequinho Lego, com pernas e braços articulados, é lançado

1986: A Lego Technic Computer Control introduz os robôs

1998: A Lego Mindstorms incorpora software de programação

2000: O Lego é eleito o "brinquedo do século" pela revista *Time*

2001: A Lego Bionicle Universe lança histórias completas

2006: A Lego Mindstorms NXT está pronta para construir um robô multissensorial

2008: Aniversário de 50 anos do bloco Lego e de 30 anos do bonequinho

LEGO: BLOCOS PARA BRINCADEIRAS CRIATIVAS

O Lego foi desenvolvido para todas as idades e tamanhos. A equipe principal de criação, com mais de 100 designers de 15 nacionalidades, foca na "construção de sistemas", não apenas de blocos. Diferentes submarcas representam os sistemas dirigidos às diferentes faixas etárias.

- **Lego Duplo:** Voltado para crianças em idade pré-escolar, as incentiva, por meio de brincadeiras criativas, a utilizar as mãos e melhorar as habilidades motoras.

- **Lego Creative Building Sets:** Contém os blocos tradicionais e peças específicas temáticas – delegacias de polícia, castelos medievais, circos, zoológicos etc.

- **Lego Bionicle:** Desenvolve histórias, fantasias e aventuras completas. Mais recentemente, incluiu as linhas de modelos Mistika e Vehicles.

- **Lego Technic:** Dá vida às construções com funções movidas a pilha – peças mecânicas controladas por computador.

- **Lego Mindstorms:** Linha baseada em controles de software avançados, o que possibilita criar um robô que vê, ouve, sente, fala e se movimenta.

O Lego é criado em parceria com seus usuários. O Lego Digital Designer cria blocos online para designs submetidos à competição premiada de construção com Lego. Além disso, 2,4 milhões de crianças já se juntaram ao Lego Club, que permite que seus membros enviem fotos de suas criações e visualizem as de outros membros do mundo inteiro.

Em 2008 a companhia celebrou o 50º aniversário do bloco Lego. Naquele ano, o número de blocos já produzidos pela empresa era de 62 para cada um dos 6,5 bilhões de habitantes da Terra.

A cada segundo, sete caixas de Lego são vendidas, e as crianças gastam 5 bilhões de horas ao ano brincando com os blocos. Em outras palavras, se você construir uma coluna com 40 bilhões de blocos Lego, o que representa 100 blocos para cada criança e cada adulto que brinca com eles em um ano, essa coluna chegaria à Lua.

Pense como uma criança – seja curioso, criativo e imaginativo.

1.2 A MARCA DO CLIENTE

Marcas não dizem respeito ao que você faz, mas ao que você possibilita que as pessoas façam. Marcas dizem respeito a pessoas, não a produtos. Marcas dizem respeito aos clientes, não a empresas.

Uma marca forte é aquela que você quer ter em sua vida. Você pode confiar nessa marca e depender dela quando tudo o mais ao seu redor está mudando. Ela representa o tipo de pessoa que você é ou deseja ser, e possibilita que você faça o que, em outras circunstâncias, não conseguiria.

As marcas eram originalmente desenvolvidas como rótulos de propriedade (a marcação do gado com um tição em brasa mostrava a que fazendeiro ele pertencia). Mas elas foram mais usadas para descrever uma organização, um produto ou um serviço.

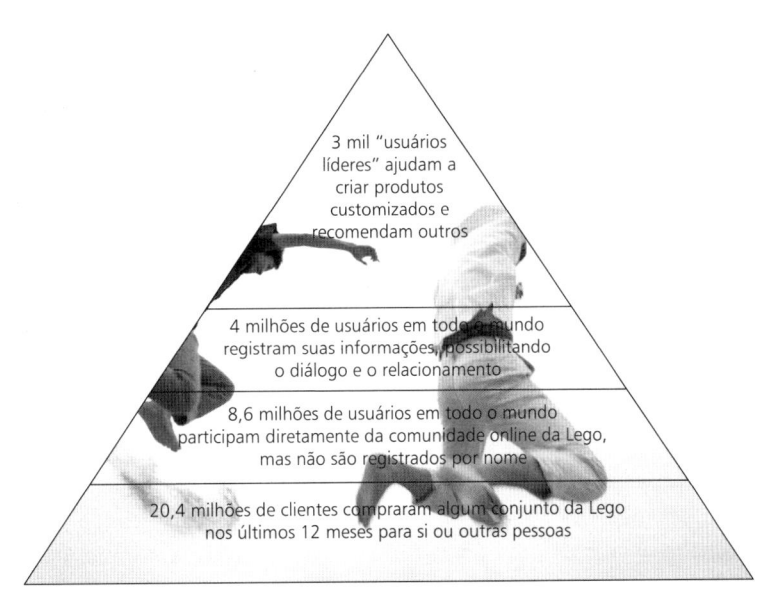

```
                    3 mil "usuários
                    líderes" ajudam a
                     criar produtos
                     customizados e
                    recomendam outros

              4 milhões de usuários em todo o mundo
              registram suas informações, possibilitando
                   o diálogo e o relacionamento

         8,6 milhões de usuários em todo o mundo
       participam diretamente da comunidade online da Lego,
              mas não são registrados por nome

      20,4 milhões de clientes compraram algum conjunto da Lego
          nos últimos 12 meses para si ou outras pessoas
```

CLIENTES LEGO: A PIRÂMIDE DOS DEFENSORES DA MARCA (FONTE: LEGO, NO SITE DA ECSW – WWW.ECUSTOMERSERVICEWORLD.COM)

Elas são factuais e introspectivas: "a melhor empresa de cosméticos do mundo", "as soluções tecnológicas mais inovadoras" ou "a fabricante do calçado feito à mão original". Marcas dependem de seus nomes e logotipos, expressos por lemas superficiais e executados por serviços genéricos.

Tal como as declarações de missão cuja motivação é interna, essa formulação de marca não ajuda a atrair clientes. Ela não chega até eles, não descreve seu mundo, não vence a interferência dos mercados apinhados e tampouco ganha a confiança dos clientes céticos. Ela também pode limitar o negócio, reduzindo a flexibilidade e a penetração em outros mercados e aplicações.

Os clientes julgam uma marca atraente quando ela diz respeito a eles, quando ela reflete o que eles são ou desejam ser. Ela define o que faz pelos clientes, e não apenas o que faz. Ela captura os sonhos e aspirações dos clientes, ou pelo menos as aplicações e benefícios que querem receber.

Uma marca se constrói sobre a proposta para o cliente, expressando-a e visualizando-a de modo claro e atraente para que se destaque entre as outras marcas e toque as pessoas mais profundamente.

Uma marca pode se tornar uma "âncora" em torno da qual os clientes decidem viver suas vidas. Ela representa algo familiar e importante quando todo o resto no mercado ou no mundo particular deles passa por mudanças. Uma marca também deve evoluir com mercados e clientes, ter flexibilidade para se deslocar com facilidade para novos mercados e força para interligar diferentes atividades.

Uma grande marca é projetada para um público específico. Ao representar essas pessoas, a marca pode construir afinidade e preferência, encorajar comportamentos de compra e sustentar preços mais altos. Ela tenta reter os melhores clientes, construir a fidelidade, introduzir novos serviços e encorajar a divulgação espontânea.

A identidade, a comunicação e a experiência da marca são concebidas para refletir o cliente-alvo. Veja a tipografia da logomarca da Build a Bear Workshop, o layout de suas lojas, a programação de atividades – tudo projetado para as crianças. Considere o design da Apple: seus líderes e mensagens, as camisetas pretas de seu pessoal e o design de seus produtos capturam a modernidade, a serenidade e a simplicidade.

Se uma marca busca refletir seu público-alvo, ela deve estar preparada para recusar outras pessoas.

Nas palavras de Scott Bedbury, o homem por trás do "Just do it" da Nike e do café Frappucino da Starbucks, "uma grande marca polariza pessoas – algumas vão amá-la e outras odiá-la". O time de futebol FC Barcelona não pode ser a equipe favorita de todos, mas para seus fãs ele representa tudo. O McDonald's é o paraíso para algumas pessoas, o inferno para outras. O Mini Cooper é adorado por algumas pessoas, enquanto outras acham o automóvel ridículo.

Há muitos modelos de marcas complexos; porém, em essência, uma marca não tem a ver com descrição, mas com capacitação – o que ela faz pelas pessoas, não o que ela é. Nesse sentido, uma marca é:

- *Racional*: O que a marca possibilita aos clientes fazer? Por exemplo, a Nike não diz respeito a calçados ou roupas, mas a pessoas que praticam esportes.

Por que as capacitamos para fazer melhor?

O que ajudamos as pessoas a fazer?

Qual é a grande ideia?

Como elas se sentem emocionalmente a respeito?

A MARCA DO CLIENTE: SOBRE O CLIENTE, NÃO SOBRE A EMPRESA

- ***Comparativa***: Por que a marca capacita o cliente a fazer as coisas de modo diferente ou melhor? A Nike não diz respeito apenas à corrida, mas a correr mais rápido ou longe do que você conseguiria sozinho.

- ***Emocional***: Como as pessoas se sentem a respeito da marca? A Nike é uma atitude de fazer mais e melhor e de vencer – como diz seu lema "Just do it", sem se importar com linhas de chegada.

A ligação desses diferentes componentes no coração da marca é a ideia principal, que deve ser muito semelhante à proposta central de uma marca corporativa, porém articulada de modo mais criativo e fácil de lembrar.

Insight 13: AVEDA

Horst Rechelsbacher cresceu nas montanhas da Áustria, onde sua mãe passava horas na cozinha preparando remédios naturais à base de plantas e ervas dos Alpes que cresciam nos arredores de sua casa.

Na adolescência, ele abandonou a escola e começou a estudar para ser cabeleireiro; acabou trabalhando em salões de Paris e Manhattan e tendo Brigitte Bardot entre sua clientela. Depois de ficar hospitalizado devido a um acidente de carro, quando já morava em Minneapolis, em 1965, ele abriu uma rede de salões chamada Horst of Austria na região. A iniciativa teve sucesso instantâneo.

Alguns anos mais tarde, Rechelsbacher conheceu um iogue que estava de passagem pela cidade e que o persuadiu a adotar a meditação. O cabeleireiro foi para a Índia em busca de um sentido para a vida. Inspirado, voltou sua atenção para os preparados medicinais de sua mãe e a energia da natureza. Ao lado de um herbanário indiano, ele criou uma linha de xampus, condicionadores e purificadores do sangue e dos intestinos que tinham uma aparência estranha, mas um perfume maravilhoso. Os clientes adoraram.

Em 1978, a empresa foi rebatizada como Aveda, termo derivado de "ayurveda", que em sânscrito significa "conhecimento completo". Os produtos naturais começaram a ser vendidos por varejistas e salões de beleza antes de, finalmente, a rede de lojas próprias da Aveda ser aberta, oferecendo ambientes naturais e tratamentos holísticos de beleza e bem-estar. Em 1997, a Estée Lauder ofereceu US$300 milhões pelo negócio, e Rechelsbacher se interessou pela ideia de ter acesso aos centros de pesquisa e à rede de distribuição da gigante dos cosméticos e entregar para ela o controle administrativo do negócio, de que não gostava.

A Aveda tem como proposta "a arte e a ciência das essências puras de flores e plantas", refletida no design e na experiência vivenciada em qualquer um de seus 8 mil estúdios, spas e centros de beleza e bem-estar. O escritório central da Aveda, na mesma rua em que Rechel Sbacher viveu em Minneapolis, tem um projeto arquitetônico impressionante – espaçoso e cheio de luz natural, construído sobre 65 acres de área pantanosa.

A filosofia da Aveda é simples e profunda: oferecer escolhas positivas para viver a vida em equilíbrio consigo mesmo, com os outros e com a Terra.

Seus produtos de maquiagem seguem uma paleta de cores inspirada na natureza. As fórmulas de cuidados com a pele são feitas com extratos vegetais para conferir brilho à pele, e a linha para cabelo recorre ao poder da natureza para desafiar os danos. Muitos dos ingredientes usados pela Aveda são orgânicos e obtidos de acordo com padrões éticos, e a empresa vem trabalhando para que todos sigam esse perfil.

A Aveda formou parcerias com comunidades que vivem nos cantos mais remotos do planeta para encontrar ingredientes autênticos que ofereçam tratamentos eficazes e causem um impacto social mais positivo.

Hoje, Rechelsbacher tem uma rede de empresas voltadas para a saúde chamada Intelligent Nutrients, com foco na comida orgânica. Ele continua praticando meditação e ioga e utilizando as receitas medicinais de sua mãe. Ele tem uma instituição de caridade e viaja por todo o mundo em busca de novas ervas. Roupas caras, carros velozes, boa comida e obras de arte são algumas de suas paixões. Tal como seus clientes, o cabeleireiro das estrelas que criou uma linha de cosméticos famosa não vê problemas em combinar princípios e prazer.

1.3 O ALINHAMENTO COM O CLIENTE

A organização – seus funcionários, parceiros, produtos e processos – precisa se alinhar às aspirações do cliente para garantir coerência e consistência de proposta.

Isso parece óbvio, mas a maioria das empresas trabalha em silos funcionais e seu pessoal trabalha apenas dentro dos limites das suas funções – e, à medida que você desce na estrutura da organização, as rachaduras e abismos se alargam, tanto em termos de proposta quanto de comportamento. O foco no cliente procura alinhar as pessoas a um propósito comum, para atender os clientes; porém, ele pode ficar conservador por conta da influência de estruturas internas ("foque em seus clientes internos" – e esqueça os clientes de verdade!).

Como alinhar todas as partes e funcionários para pensarem, respirarem e se deixarem inspirar pelo cliente? Como alinhar sua direção e tarefas em torno de um objetivo comum? Como garantir que eles entreguem uma experiência unificada e consistente a seus clientes?

Os negócios centrados no cliente bem-sucedidos garantem que a proposta apresentada a seus clientes seja relevante e ancorada em todas as suas atividades, internas e externas. Eles procuram dar vida a seus conceitos de marca em todas as suas ações e funcionários. Por meio da liderança, da colaboração, da troca de insights e de recompensas, a mesma paixão circula por toda a organização, e as estruturas apoiam, e não interferem.

A John Lewis é uma rede de varejo britânica de propriedade de seus funcionários – todos são parceiros no negócio, com direito a voto em questões importantes, representantes no conselho e divisão de dividendos quando os resultados financeiros são bons. Peça ajuda a um vendedor, ou melhor, a um parceiro sobre algum item que não pertença a seu departamento e ele atravessará toda a loja para ajudá-lo. Pergunte se ele pode alterar algum aspecto do processo de entrega – ele tem autoridade para responder "sim" ou "não".

Contudo, é importante entender que a orientação ao cliente não necessariamente significa que o serviço ao cliente é a prioridade da empresa. Michael Tracey e Fred Wiersema desenvolveram um método conhecido como "as disciplinas de valor das líderes de mercado".

Os autores introduzem três disciplinas essenciais para a liderança de mercado – a liderança em produto, a intimidade com o cliente e a excelência operacional. Eles argumentam que a empresa que busca a liderança no mercado precisa dominar as três disciplinas, mas escolher uma em que deverá se especializar.

- A Sony, por exemplo, investe recursos astronômicos em inovação e design. A meta é chegar ao sucesso por meio da liderança em produto e, acima de tudo, oferecer o melhor ao cliente.

- A Virgin investe recursos astronômicos em serviço e relacionamento. A meta é atingir o sucesso por meio da intimidade com o cliente e, sobretudo, oferecer a ele o melhor serviço e os melhores relacionamentos.

O ALINHAMENTO COM O CLIENTE: MUITAS PESSOAS, UMA SÓ VISÃO

- A Toyota investe recursos astronômicos em processos eficientes e de qualidade. A meta é alcançar o sucesso por meio da excelência operacional e, acima de tudo, oferecer ao cliente o menor preço.

A Toyota continua sendo altamente orientada ao cliente – sua "produção enxuta" alcança sua eficiência pela compreensão das principais necessidades de seus clientes e do foco no que é mais importante para eles, não em todos os aspectos do negócio. A Dell permanece altamente orientada ao cliente porque possibilita a customização dos seus computadores e, ainda assim, seu modelo de negócio gera tal eficiência que permite também a oferta de preços reduzidos.

A visão, o branding e o alinhamento com foco no cliente é mais do que um jeito de fazer negócios: é uma plataforma para qualquer tipo de negócio bem-sucedido, não importa seu setor ou posicionamento no mercado.

Insight 14: CEMEX

Os clientes da Cemex tradicionalmente compravam cimento por volume, dando pouca importância aos metros cúbicos oferecido por uma empresa ou outra – eles viam o produto como uma commodity e procuravam pelo preço mais baixo. Mas Lorenzo Zambrano pensava diferente.

Zambrano se tornou CEO da Cemex em 1985 e voltou suas atenções aos clientes para entendê-los melhor. Ele descobriu que muito mais importante do que ser um pouco mais barato que a concorrência era:

- A possibilidade de entregar o cimento exatamente quando é necessário – poucas horas de diferença acrescentavam milhões de dólares em bônus relativos à data de entrega de obras.

- O mix de produtos agregados – diferentes tipos de construções exigiam diferentes produtos.

- A possibilidade de entregar o cimento pronto para o uso – que poderia poupar custos com mão de obra.

- O ponto em que o cimento é entregue – bombear o produto direto do caminhão era muito mais eficiente do que estocá-lo.

Ele comparou os modelos de entrega em outros setores. Como a Domino Pizza sempre conseguia entregar em 60 minutos? Como a FedEx entregava encomendas em todo o mundo dentro de 24 horas? O que faziam os serviços de emergência para diminuir os tempos de resposta? Zambrano aprendeu muito com esses setores – disciplinas que ninguém tinha imaginado no setor de cimento.

Zambrano aprendeu a ordenar as respostas aos pedidos com base em sua complexidade e distância de entrega, ou a redirecionar pedidos adiados para outros clientes. Ele reorganizou os pontos de distribuição imitando as operações "*hub-and-spoke*" da FedEx e disponibilizou unidades de resposta avançada para atender a pedidos urgentes.

Com isso, a Cemex passou a entregar materiais de construção em poucas horas – e, às vezes, em questão de minutos. Os clientes podiam alterar seus pedidos a qualquer momento, sempre contando com a Cemex para atender a exigências incomuns com precisão. Essa flexibilidade ajudou os clientes a construir com mais eficiência, a diminuir o desperdício de material e a melhorar seus fluxos de caixa.

A companhia mexicana de cimento cresceu rapidamente, e hoje é uma líder mundial que atende a clientes com mais eficiência do que qualquer outra empresa do ramo. Ela adquiriu empresas em todo o mundo e as converteu a seu modelo de gestão. Passados cem anos de sua fundação, seu valor de mercado é da ordem de US$30 bilhões.

A declaração de missão da Cemex, redefinida para seu centenário, diz respeito aos seus clientes e ao que eles desejam, e não às operações e materiais necessários para a construção:

> "As pessoas são construtoras. Elas constroem para educar, curar, abrigar e confortar famílias, para se conectarem umas às outras e compartilhar sua arte e conhecimento para o benefício da humanidade. Tudo o que as pessoas constroem requer resistência para suportar as forças da natureza e do tempo. Assim, é necessário ter um alicerce sólido. Ao ajudarmos as pessoas a resolver seus desafios de construção em comunidades espalhadas pelo mundo, nos tornamos parte vital desse alicerce. Nossos produtos estão em toda parte, do menor vilarejo à maior das cidades, unindo comunidades, fornecendo abrigo e possibilitando o crescimento sustentável da sociedade. Como líder mundial no setor, a Cemex continuará a construir um mundo melhor nos próximos cem anos."

Em 2008, a revista *Wired* classificou a Cemex abaixo do Google e acima do eBay e da Microsoft em uma pesquisa sobre as empresas que estão redefinindo a economia global. As pessoas da América Latina sentem grande orgulho da marca que simboliza o progresso de suas nações e que tem seu nome envolvido em diversas edificações impressionantes de suas cidades. Uma pesquisa da consultoria Interbrand sobre as marcas favoritas em diferentes regiões do planeta revelou que, na América do Sul, a Cemex foi considerada uma das mais queridas – o que é incrível para uma empresa do *business-to-business*.

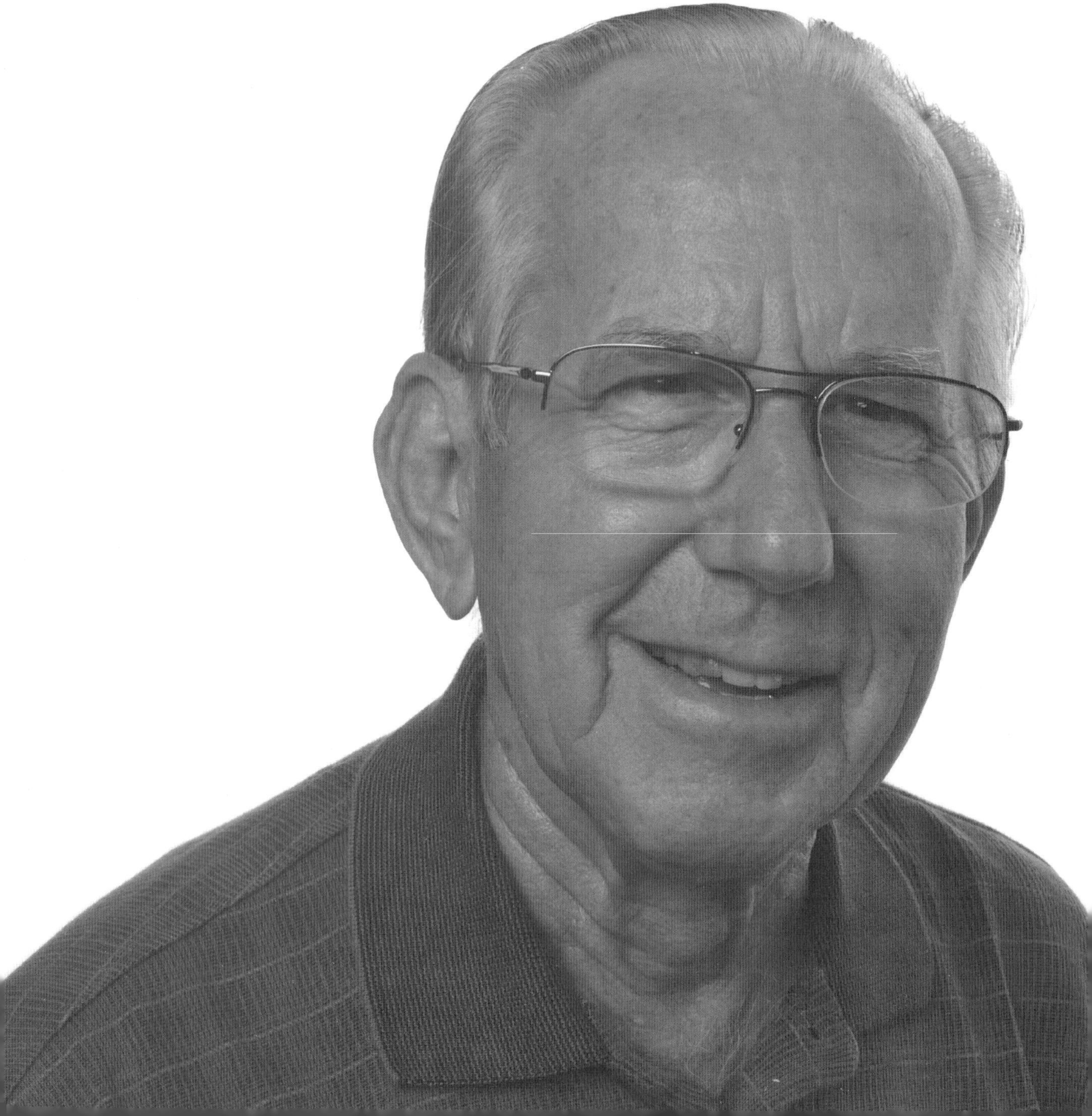

Dimensão 2
A estratégia do cliente

> *Quero que você me trate do modo adequado.*
>
> *Gasto muito dinheiro com você. Pretendo continuar a comprar de você e estou disposto a recomendar seus produtos e serviços a todos meus amigos. Mas quero que você trabalhe do meu lado, para que, se eu fizer mais por você, você faça mais por mim. Sei que às vezes é simplesmente impossível para você ou qualquer outro oferecer o que quero. Nesses casos, vamos concordar em não fazer negócios.*
>
> *Não fale comigo como se eu não conhecesse você ou você não me conhecesse.*
>
> *A essa altura, você deveria conhecer tudo, a mim, a minha família, a minha vida. Não tente me subornar com ofertas e artimanhas superficiais. Já passamos dessa fase. Não tente vender mais para mim só porque seu supervisor mandou. Acho que você já sabe que comprarei novamente de você, quando estiver pronto.*

2.1 A LUCRATIVIDADE DO CLIENTE

Os clientes não são todos iguais.

Há bons e maus clientes – ou, como definiu a Best Buy, "anjos" e "demônios". Muitas empresas poderiam ter muito mais sucesso com menos clientes – desde que o menos fosse *melhor*.

O cliente não é o "rei".

Ainda que uma abordagem "de fora para dentro" comece com os clientes, ela não significa que todos os clientes sejam iguais. Ela significa tomar decisões comerciais que começam com os clientes. Da mesma forma que uma boa estratégia de negócios começa com a escolha dos melhores mercados em que focar, uma estratégia do cliente começa com a escolha dos melhores clientes.

Pergunte às empresas se elas têm clientes que não sejam lucrativos e a maior parte responderá que não. Das que responderem que sim, a maioria estimará que 80% de seus lucros são gerados por 20% de seus clientes, embora provavelmente não saibam descrever quem são eles.

Na verdade, é provável que a situação seja mais extrema – que 80% das receitas sejam geradas por 20% dos clientes e 90% dos lucros venham de 10% deles. Muitos dos clientes fora desse grupo não geram lucro algum, levando a situações em que 200% a 300% dos lucros são obtidos com os melhores clientes, e o restante simplesmente dilui esses ganhos.

Mesmo as empresas mais lucrativas continuam a atrair, atender e reter clientes não lucrativos porque não diferenciam os bons dos maus clientes – elas não conseguem medir a rentabilidade de seu rol de clientes ou mesmo de clientes individuais.

Imagine um portfólio de produtos, de empresas ou de investimentos. Todos devem gerar receita, alguns podem ser lucrativos, outros não. Mas assim que você tenha considerado as perspectivas de crescimento no longo prazo e a necessidade de garantir um retorno aceitável sobre seu investimento inicial, o número de clientes capazes de gerar valor econômico nesse intervalo provavelmente será pequeno.

DIMENSÃO 2 A estratégia do cliente

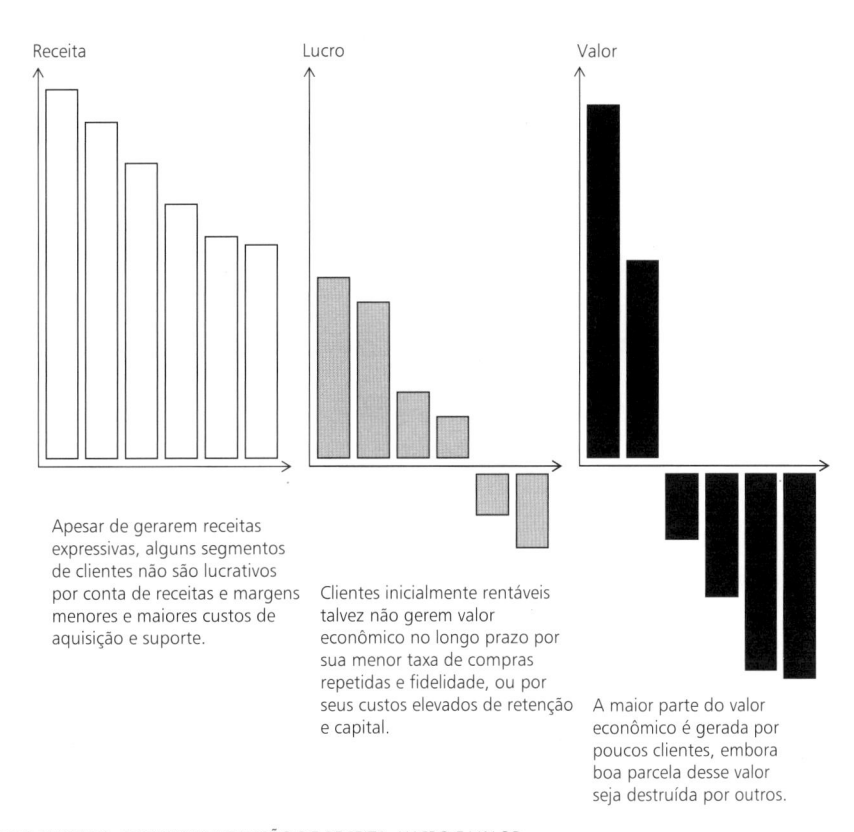

Receita

Apesar de gerarem receitas expressivas, alguns segmentos de clientes não são lucrativos por conta de receitas e margens menores e maiores custos de aquisição e suporte.

Lucro

Clientes inicialmente rentáveis talvez não gerem valor econômico no longo prazo por sua menor taxa de compras repetidas e fidelidade, ou por seus custos elevados de retenção e capital.

Valor

A maior parte do valor econômico é gerada por poucos clientes, embora boa parcela desse valor seja destruída por outros.

PORTFÓLIO DE CLIENTES: CLIENTES EM FUNÇÃO DE RECEITA, LUCRO E VALOR

Por que as empresas têm clientes que não trazem lucros?

- Porque têm uma crença válida, porém ingênua, de que todos os clientes têm de ser tratados com igualdade.

- Porque desejam fatias de mercado e crescimento em receitas a qualquer custo.

- Porque focam na aquisição de clientes, e não na retenção.

- Porque pressionam as vendas para fechar negócios, com grandes descontos.
- Porque desconhecem os custos de outros aspectos, como a ampliação de crédito.
- Porque oferecem níveis idênticos de serviço a todos os seus clientes.
- Porque não sabem quando ser flexíveis e personalizadas e quando não ser.
- Porque acreditam que todos os clientes podem, um dia, ser lucrativos.

A mensuração da rentabilidade do cliente não é simples – em parte porque, em um negócio que vende serviços, há muitos custos indiretos de difícil atribuição a clientes individuais. As experiências dos clientes são esforços coletivos internos, o que dificulta a distribuição entre os custos funcionais. E, ainda assim, são esses custos (altos custos de aquisição dos clientes mais promíscuos, altos custos de suporte aos que procuram descontos) que tendem a fazer com que alguns clientes sejam tão improfícuos.

Assim, a rentabilidade dos clientes pode ser calculada em diferentes níveis de precisão, dependendo das informações disponíveis, da dimensão da base de clientes e da variação dos gastos e da experiência por cliente individual. Em empresas *business-to-business*, esse cálculo raramente é problemático, mas, para empresas em mercados de consumo grandes e diversificados, ele pode ficar complexo. Nesses casos, pode envolver uma alocação simples de lucratividade bruta em relação ao gasto do cliente, ou a alocação total de custos com métodos semelhantes ao cálculo de custos baseado em atividades.

Uma solução prática consiste em definir todos os custos passíveis de serem associados a um cliente individual por meio de suas transações de compra ou do relacionamento existente com a empresa.

Rentabilidade do cliente = Receita gerada pelo cliente − Custos associados ao cliente

Os custos associados ao cliente incluem:

- Custos de produção (*sourcing*, materiais, fabricação, embalagem).
- Custos de venda (publicidade, promoções, comissões, descontos, canais).
- Custos com serviços (consultoria, processamento, transporte, instalação, suporte).
- Custos com relacionamentos (gestão de contas, CRM, hospitalidade, recompensas).
- Custos do negócio (administração, escritórios, mão de obra, pesquisa e desenvolvimento).

DIMENSÃO 2 A estratégia do cliente

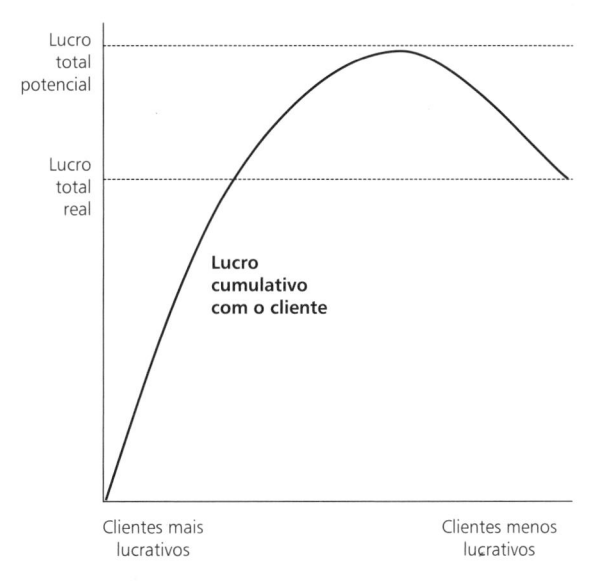

```
         Lucro
         total ·········································
         potencial
                           _____
                         /             \
                        /               \
                       /                 \
         Lucro        /                   \
         total ·····/······················\··
         real      /                        \
                  /      Lucro               \
                 /       cumulativo           \
                /        com o cliente         \
               /                                \
              /                                  \
             /                                    \
            /
           /
          /
         /
        /
       /
      /
     /
    /
   /
  /
 /
/_____

 Clientes mais                    Clientes menos
 lucrativos                       lucrativos
```

LUCRATIVIDADE DO CLIENTE: ALGUNS GERAM LUCRO, OUTROS O DESTROEM

Se ilustrássemos a lucratividade do cliente em um gráfico e começássemos com os mais lucrativos, veríamos a partir do pico da curva em que ponto nossos suados lucros começam a ser desgastados por insistirmos em atender a clientes que não geram lucros.

Na tentativa de gerenciar seus clientes, as empresas seguidamente desenvolvem mecanismos para compreender o valor de cada um. Essa abordagem é comum em companhias aéreas, por exemplo, em que o padrão de compras dos clientes é utilizado para prever seu valor futuro e, portanto, o modo como eles podem ser motivados e tratados.

O "valor do ciclo de vida do cliente" (CLV- *customer lifetime value*) se refere ao potencial de lucro futuro de um cliente.

É claro que as únicas situações em que pode haver certeza sobre a rentabilidade futura de um cliente são aquelas em que ocorre alguma forma de contrato – em mercados de negócios em que um acordo é válido por muitos anos, ou em mercados de bens de consumo em que os clientes pagam por inscrição, por exemplo. Em outras situações, trata-se de estimar os prováveis comportamentos futuros e os prováveis lucros associados a eles.

Do ponto de vista matemático, o CLV é a soma dos lucros prováveis gerados pelo cliente no futuro. Esse valor está sujeito a alterações grandes e constantes, por isso requer uma projeção das mudanças no comportamento de compra futuro, estimada sobre os anos em que o cliente provavelmente permanecerá com a empresa. Isso é calculado como um valor presente líquido, e é fatorado pela probabilidade de as mudanças acontecerem.

$$\begin{pmatrix} \text{O "valor do ciclo de vida"} \\ \text{de um cliente para a} \\ \text{empresa} \end{pmatrix} = \begin{pmatrix} \text{A contribuição futura do} \\ \text{cliente para os lucros} \\ \text{operacionais} \end{pmatrix} - \begin{pmatrix} \text{O custo de reter o} \\ \text{cliente em anos} \\ \text{futuros} \end{pmatrix}$$

$$CLV_i = \sum_{p=1}^{t_i} \frac{m_{i,p}}{(1+r)^{p/f}} - \sum_{a=1}^{n} \frac{\sum_s x_{i,s,a}\, y_{i,s,a}}{(1+r)^{i}}$$

CLV_i   Valor previsto para o ciclo de vida do cliente **i**

$m_{i,p}$ Contribuição estimada do cliente **i** para a margem operacional, na ocasião de compra **p** (em moeda corrente)

t_i   Número estimado de compras feitas pelo cliente **i** até o final do período futuro de cálculo

f   Frequência estimada de compra

$x_{i,s,a}$ Custos estimados de retenção do cliente **i** por meio de marketing de relacionamento, pelo canal/programa **s**, no ano **a**

$y_{i,s,a}$ Número estimado de contatos ou atividades com o cliente **i** pelo canal/programa **s**, no ano **a**

n   Número de anos a entrar na estimativa

r   Taxa de desconto sobre valor monetário

(Nota: Essa análise pode ser aperfeiçoada se considerarmos o potencial de um cliente indicar a sua empresa a outros clientes. Valores relativos a indicações podem ser ainda maiores do que o valor individual de um cliente. Isso se torna particularmente importante se a empresa está focada no cliente como divulgador e nos net promoter scores, ou nas taxas de divulgação.)

LUCRATIVIDADE DO CLIENTE: ALGUNS GERAM LUCRO, OUTROS O DESTROEM

Frequentemente, o CLV é entendido como o valor do cliente até a data presente, isto é, um reflexo de comportamentos passados. Essa noção pode ser útil para reconhecer e prever comportamentos futuros, mas a organização não pode concentrar seus esforços nela. O CLV deve tratar do futuro, não do passado. Ele também é muitas vezes mensurado em termos de receita – o que é melhor do que nada, mas, como já discutimos, não é raro vermos altas receitas gerarem lucros modestos ou nulos.

Em um mundo em que o valor total dos clientes (isto é, a soma dos valores dos ciclos de vida dos clientes) se aproxima do valor total de um negócio, a compreensão da rentabilidade do cliente tem impacto fundamental sobre o desempenho do negócio e a capitalização de mercado. Ser seletivo sobre com quem você deseja fazer negócios talvez não demonstre o desejo de manter proximidade com o cliente, mas orienta a economia de uma empresa centrada nele. O desafio é se concentrar nos clientes geradores de valor e descartar os destruidores de valor.

Insight 15: NIKE WOMEN

Nike. A deusa grega da vitória – uma mulher fabulosa, poderosa e bela. Contudo, ao longo de sua história, a Nike desenvolveu uma imagem de sucesso ruidosa, masculinizada e cheia de testosterona.

Phil Knight conheceu o treinador Bill Bowerman na Universidade de Oregon, quando tentava a carreira de corredor de meia distância. Após concluir seu MBA na Universidade de Stanford, Knight retornou com a ideia de importar tênis de corrida baratos, mas fabricados com alta tecnologia, do Japão. Juntos, eles investiram US$500 para abrir a Blue Ribbon Sports e passaram a importar os tênis fabricados pela Onitsuka Tiger, que mais tarde se chamaria Asics.

Os dois sabiam o que os corredores queriam, por isso Knight se concentrou na venda de tênis em competições de corrida locais, enquanto Bowerman trabalhava constantemente no aperfeiçoamento do produto. Em 1972, o espírito competitivo dos dois fez com que fundassem sua própria marca: nascia a Nike.

A empresa aproveitou a onda do jogging nos anos 1970 (e, de certa maneira, criou a moda) e gradualmente passou a oferecer produtos para outros esportes. Com sua paixão pelo sucesso e jeito para o marketing, Knight levou a Nike para o basquete, o futebol e o golfe. Com o apoio de celebridades como Michael Jordan e Tiger Woods, a Nike fez uma entrada retumbante no mundo dos esportes. Ao final de 2006, a companhia teve receitas de US$15 bilhões e contabilizou lucros de US$1,4 bilhão.

Mas os negócios precisavam mudar. As pessoas estavam mais sofisticadas e exigentes quanto a sua aparência, e queriam ter excelência técnica em seus calçados e roupas esportivas sem deixar de lado a moda e o estilo. A Adidas, rival de longa data, tinha adquirido a Reebok e, embora a Nike ainda fosse a preferida dos campeões, sua popularidade vinha caindo nas ruas. O novo CEO, Mike Parker, reconheceu que a empresa precisava se aproximar mais do cliente e reagir com mais eficiência às suas necessidades: "Não resta dúvida de que hoje os clientes é que estão no controle dos negócios", disse ele.

A estrutura existente da Nike – com unidades de negócio focadas separadamente em calçados, vestuário e equipamentos – não estava funcionando em uníssono. A integração entre as unidades era inconsistente, o insight do cliente era fragmentado e a inovação e o design eram muito técnicos e direcionados para o produto. A empresa demonstrava unidade apenas em momentos especiais, como em Olimpíadas ou Copas do Mundo.

Parker queria que a Nike se alinhasse aos clientes e suas diferentes necessidades. Ele identificou seis segmentos de mercado em que a empresa poderia esperar um crescimento futuro de 90% e focar seus recursos, inovação e marketing: a prática de corrida, a preparação física de homens, basquete, futebol, condicionamento físico de mulheres e moda esportiva. Categorias menores, como o golfe, o tênis e os artigos infantis, seriam incorporadas mais tarde. Entre os novos empreendimentos, a "Nike Women" foi a mais notável.

Para entender a abordagem da Nike, é interessante assistir ao filme *Do Que as Mulheres Gostam*. Nick (papel de Mel Gibson) é um publicitário famoso que pensa ser um presente de Deus para as mulheres. Depois de um acidente, ele descobre que é capaz de ouvir os pensamentos delas. Em princípio, ele fica bastante decepcionado ao descobrir que seu comportamento de machão o torna pouco desejável. Então, o cargo com que Nick sempre sonhou é dado a um novo membro da equipe – Darcy não apenas é mulher, como é uma devoradora de homens, além de profissional talentosa. Então, Nick decide sabotar sua nova chefe lendo seus pensamentos e apresentando as ideias dela como se fossem dele.

Do ponto de vista comercial, entender as mulheres e vender seus pensamentos fez sentido também para a Nike. A empresa descobriu que elas gastam em média 40% mais do que os homens em roupas esportivas e que estão dispostas a pagar mais por itens da moda. Elas compram mais, com maior frequência, e a combinação entre os itens também é importante. Ninguém quer ser visto com sapatos destoando da roupa ou com um tênis da coleção passada.

No campus da Nike em Beaverton, Heidi O'Neill passou anos tentando fazer com que departamentos separados trabalhassem em conjunto para oferecer uma abordagem mais coordenada ao público feminino. Sua equipe interdisciplinar obtivera sucesso, mas precisara competir contra o sistema, desafiando processos e lideranças, abrindo caminhos entre estruturas focadas no produto e baseadas em silos. Por fim, em janeiro de 2007, ela se tornou a chefe do negócio global de artigos femininos da Nike com uma equipe responsável por tudo, do desenvolvimento de produtos e operações ao marketing e à rentabilidade.

Usando a imagem de atletas de fama mundial, como Maria Sharapova, a Nike vem ajustando seu foco na moda esportiva feminina, com ênfase em artigos para corrida, caminhada, treinamento cardiorrespiratório, ioga e dança. A Nike Women tem lojas em todo o mundo, com decoração muito diferente das lojas da Niketown, cheias de ruído e adrenalina. A Nike Women's Marathon, maratona anual lançada em 2004 em São Francisco, Califórnia, hoje é uma das maiores maratonas femininas do mundo. Eventos de aeróbica, como o popular RockStar Workout, ao lado de vestuário e calçados inovadores, como os Zoom Dansante, aprofundaram as conexões com as mulheres e geraram expressivo crescimento.

Talvez não percebessem isso lá na década de 1970, mas Knight e Bowerman escolheram um excelente nome para o seu negócio.

2.2 A SEGMENTAÇÃO DOS CLIENTES

A segmentação pode ser utilizada para diferentes finalidades:

- Priorização estratégica, usando a segmentação para formular uma estratégia do cliente que entenda o valor dos diferentes tipos de compradores e as maneiras de abordá-los.

- Posicionamento competitivo, usando a macrossegmentação para garantir a relevância da marca e de seus valores para seus públicos-alvo.

- Envolvimento de clientes, usando a microssegmentação para identificar as motivações de compra específicas de diferentes clientes e, com isso, definir proposições de valor.

Os clientes podem ser agrupados por sua rentabilidade ou conforme outros critérios – características demográficas (local de moradia, idade), fatores socioeconômicos (poder aquisitivo, perfil de gastos), ou motivações mais amplas (atitudes gerais em relação à vida, necessidades específicas quanto a um produto ou serviço).

Você quer clientes que sejam rentáveis, que possam ser atendidos de maneiras relevantes e interessantes (e, talvez, de modos diferentes para grupos distintos), e que disponibilizem algum meio de acesso – não necessariamente um endereço, mas pelo menos uma ideia sobre o que fazem, observam ou a que pertencem.

Você pode segmentar seu mercado em cada uma dessas abordagens, mas elas devem ter pontos em comum – você não precisa saber como atingir todos os clientes, mas apenas aqueles que podem ser lucrativos. Você não precisa desenvolver proposições e soluções para todas as motivações, basta se concentrar nos fatores mais importantes a esses clientes.

A segmentação do cliente é amplamente utilizada nos setores público e privado. Essas organizações entendem as características demográficas e de estilo de vida dos públicos, seus valores e motivações e mesmo (no caso de classificações geodemográficas) os bairros e locais em que vivem. Isso pode ser usado no delineamento de perfis, na análise de comportamentos, na mensuração do tamanho desses grupos em regiões específicas e na criação de comunicações customizadas, fatores que permitem otimizar a resposta do marketing.

É comum vermos empresas tentando caracterizar seus segmentos-alvo com nomes que lhes deem vida, o que ajuda a identificá-los e compreendê-los. Um exemplo disso é o sistema de classificação do consumidor Mosaic, da Experian, que segmenta a população do Reino Unido em 61 tipos de estilo de vida agregados em 11 grupos.

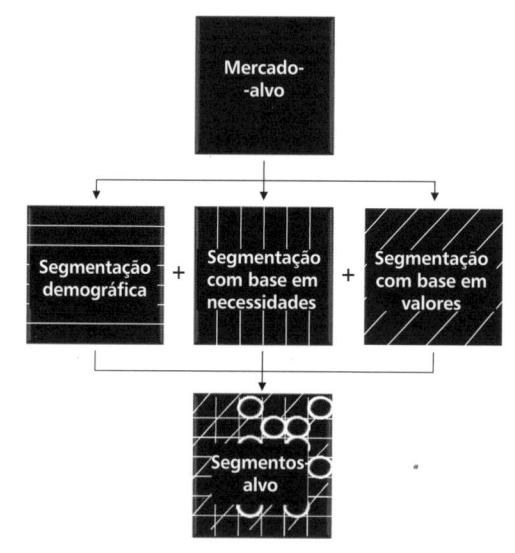

SEGMENTAÇÃO DOS CLIENTES: BUSCANDO OS MELHORES MERCADOS

DIMENSÃO 2   A estratégia do cliente   131

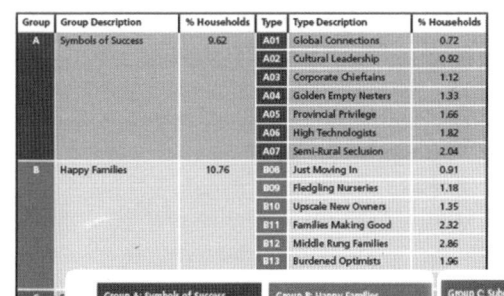

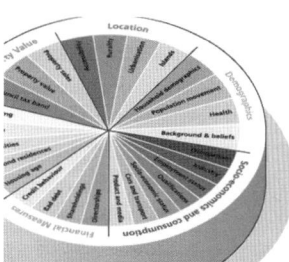

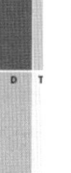

PERFIS DE CLIENTES: DESCREVENDO OS CLIENTES-ALVO
(FONTE: CLASSIFICAÇÃO DO CONSUMIDOR DO REINO UNIDO PELO MOSAIC, DA EXPERIAN, ©EXPERIAN, 2008)

Insight 16: CLUB MED

> Sonhar, rir, brincar, contemplar... o que aconteceria se para a sociedade contemporânea luxo fosse desfrutar livremente dessas pequenas e grandes alegrias que temperam nossas vidas?

Essas são as palavras de Henri Giscard D'Estaing, presidente e diretor-geral do Club Méditerranée, a empresa francesa mais conhecida como Club Med. O jovem líder com nome famoso está rapidamente transformando o negócio fundado em 1950 e que, por muito tempo, concentrou suas atividades em resorts de alta classe nos lugares mais exóticos do mundo.

"Procuramos continuamente reinventar o conceito de felicidade", diz D'Estaing. "Hoje em dia, essa felicidade é sinônimo de desfrutar de elegância e luxo, juntos. Venha para o Club Med seguindo os novos caminhos trilhados pelos seus sonhos e compartilhe uma experiência especial e encantadora."

A empresa cresceu de forma constante e hoje conta com 80 resorts em todo o mundo, divididas em seus conceitos ou "prazeres", como "descobrir", "vivenciar o excepcional" ou "viver a vida por completo". A maior parte dos resorts hospedam famílias, oferecendo atividades supervisionadas ao longo do dia para diferentes faixas etárias, mas poucas dedicadas exclusivamente a adultos.

Há 60 anos, quando fundaram o Club Med, Gérard Blitz e Gilbert Trigano declararam que a felicidade era o negócio de sua empresa. Por ter sido o pioneiro no conceito de "tudo incluído", o Club Med progrediu oferecendo o estilo francês de felicidade. Passados 50 anos, o mundo seguiu em frente: os padrões de luxo exclusivo, serviço, instalações e diversões personalizados havia sido ultrapassado pelas abordagens adotadas por resorts e cruzeiros marítimos, visando, principalmente, atender ao mercado norte-americano em expansão.

Em 2004, D'Estaing iniciou esforços para descobrir quais eram seus públicos-alvo, o que eles esperavam da hospedagem e como ele poderia fazer com que o Club Med fosse diferente e melhor em atender a esses desejos.

Ele descreveu sua abordagem no mais recente Brand Finance Forum, em Londres. A empresa entrevistou 165 mil clientes em potencial, que queriam mais conforto e serviços e mais sedes voltadas para o público infantil, sobretudo para bebês e adolescentes, e percebeu que o conceito de "tudo incluído" deveria incorporar esses desejos e também bares e lancherias.

A marca foi reposicionada do mercado médio para o mercado de luxo, e teve seu público-alvo redefinido de casais para famílias. Com base em suas premissas iniciais de "cordialidade, convivência, liberdade e multiculturalismo", hoje ela deseja ser "a especialista mundial em férias com serviços completos, de alto padrão, amigáveis e multiculturais especialmente voltadas para as famílias." A transformação não foi apenas na publicidade – ela envolveu um investimento de €1 bilhão na renovação de seus resorts e no lançamento de instalações e serviços mais luxuosos.

O Club Med hoje é o local "em que a sofisticação encontra a diversão", com ambientes que permitem aos hóspedes descobrirem sua própria felicidade, no seu próprio ritmo e sem exageros. As atividades em grupo foram reduzidas, os resorts foram redefinidos para serem multiculturais, luxuosos e individualizados.

Entre 2005 e 2007, os índices de percepção de marca melhoraram de forma significativa. A percepção do conforto aumentou 13 pontos, para 75%, a percepção de marca definidora de tendências e de inovações subiu 14 pontos, para 70%, e a noção de ser um destino turístico incomparável aumentou 12 pontos, indo para 51%. Em 2008, o Club Med lançou uma nova campanha publicitária de alcance mundial chamada "Club Med. Um mundo de felicidade."

2.3 A GESTÃO DO CLIENTE

Uma estratégia para o cliente envolve a atração, o atendimento, a retenção e o crescimento com os melhores clientes. Ela é uma consequência das diversas abordagens estratégicas de uma organização e se assemelha em termos à sua abordagem analítica e de tomada de decisão:

- A estratégia de negócios diz respeito à escolha dos tipos de negócios e a como criar valores mais altos em cada um deles.

- A estratégia de mercado diz respeito à escolha dos melhores mercados em que competir e a como se posicionar para ter vantagem competitiva.

- A estratégia para o cliente diz respeito à caracterização dos melhores clientes a visar e a como atrair, atender e reter esse grupo de modo lucrativo.

Uma estratégia para o cliente define o público-alvo, seu potencial para a empresa e a melhor maneira de cativá-lo no curto e no médio prazos a fim de oferecer a coisa certa para ele e maximizar o valor para o negócio.

- Qual o potencial para receitas de longo prazo para o negócio?
- Quais os custos de atração e retenção desses clientes?
- Eles desejam realmente trabalhar conosco no longo prazo?
- O que precisamos fazer para atrair, reter e crescer com eles?
- Essa estratégia se encaixa em nosso direcionamento estratégico?
- Existem outros clientes desse tipo que podem ser atraídos e acessados?
- Qual o valor potencial total desses clientes?

Para cada segmento-alvo, definido em termos de suas motivações e potencial de geração de valor, existe uma combinação das cinco atividades listadas a seguir, cada uma executada de modos diferentes e apropriados. Os tratamentos dados a esses segmentos dependem da rentabilidade que cada um promete oferecer.

- ***Identificar*** quem são eles e como acessá-los.
- ***Atrair*** com proposições relevantes.
- ***Atender*** de maneira personalizada.
- ***Reter***, se forem potencialmente lucrativos.
- ***Desenvolver*** o relacionamento com eles de maneiras lucrativas.

DIMENSÃO 2 A estratégia do cliente

Estratégia para o cliente

Quem são os melhores clientes em potencial?

O que eles realmente esperam de nós?

Como atraí-los de forma lucrativa?

- Construa um banco de dados com as informações dos clientes existentes

- Avalie a rentabilidade presente e futura dos clientes

- Identifique os principais clientes a focar

- Desenvolva estratégias alternativas para outros clientes

- Entenda os problemas e/ou ambições dos clientes

- Defina o contexto em que pode atendê-los

- Segmente os clientes-alvo por diferentes motivações

- Entenda suas principais necessidades e desejos

- Desenvolva proposições de valor para cada segmento-alvo

- Considere soluções apropriadas e relevantes para o cliente

- Atraia e atenda com experiências customizadas

- Retenha os clientes e cresça por meio de relacionamentos lucrativos

ESTRATÉGIA DO CLIENTE: COMO ATRAIR, ATENDER E RETER OS MELHORES CLIENTES

Juntas, essas atividades formam uma estratégia de negócios para cada segmento de clientes, que gera valor por meio de proposições atraentes e soluções apropriadas. Essas atividades são administradas em conjunto para garantir a criação de níveis ótimos de valor para a empresa. O equilíbrio e a integração dessas diversas atividades, sabendo onde focar e alocar recursos de forma razoável para clientes e empresa, formam o que chamamos de "gestão do cliente".

As estratégias para cada um desses tipos de cliente diferem em ênfase e nas maneiras como essas atividades são executadas:

- Uma estratégia de "defender e crescer de modo lucrativo" pode ser fundamentada em proposições mais específicas e atraentes para clientes individuais e em maior colaboração para entender as motivações e os agentes iniciadores, entregando uma experiência personalizada de serviço e recompensando a fidelidade do cliente.

- Uma estratégia de "reter, mas com maior eficiência" tenta conservar o cliente, ao mesmo tempo que o convida a migrar para modalidades mais lucrativas do negócio – talvez para canais com menores custos associados ou para um pacote de serviços diferente, que não deixem de atender às necessidades dele.

- Uma estratégia de "incentivar e mudar comportamentos" é implementada para ajudar o cliente em tudo o que ele busca fazer – comprar uma casa, conseguir um emprego melhor – e para melhorar a rentabilidade que ele gera. Tal instrução e suporte seriam acompanhados por incentivos vinculados a essas mudanças.

- Uma estratégia de "reduzir os custos ou eliminar" deve envolver a venda cruzada para opções mais eficientes e processos mais padronizados, o que reduz os custos de atendimento. Se não for possível tornar os clientes rentáveis, você então abandona as ofertas apropriadas e individualizadas ou simplesmente pede desculpas e diz "não".

	Não rentável	Rentável	
Comportamento futuro	**Estratégia para futuras estrelas:** Incentivar e mudar comportamentos	**Estratégia para campeões:** Recompensar e crescer de modo lucrativo	Rentável
	Estratégia para retardatários: Reduzir os custos ou eliminar	**Estratégia para estrelas em queda:** Sustentar com maior eficiência	Não rentável
	Comportamento atual		

A GESTÃO DO CLIENTE: IMPLEMENTANDO ESTRATÉGIAS PARA DIFERENTES CLIENTES

Essas estratégias afetam toda a organização – vendas e marketing, operações e serviços, compras e finanças. As estratégias para o cliente são as principais ferramentas de implementação das estratégias do negócio, e também informam as melhores oportunidades e as prioridades de implementação.

O CRM é objeto de muitas publicações. Na verdade, inúmeras organizações ficaram decepcionadas com o retorno sobre investimentos em imensos sistemas de gerenciamento de dados, que lhes possibilitariam rastrear, caracterizar, visar e se comunicar com clientes de maneiras muito mais científicas e personalizadas. Infelizmente, muitas vezes esses sistemas eram usados como instrumentos para venda direta, com o objetivo oculto de aumentar o volume de vendas e as fatias de mercado. Pouco dos objetivos iniciais entrou nos aspectos mais amplos da gestão do cliente.

De modo semelhante, o marketing direto vem sendo bastante promovido nos últimos anos, sobretudo nos livros de Don Peppers e de Martha Rogers. Eles defendem uma abordagem mais disciplinada, conduzida pela rentabilidade do cliente, para identificar a "cerquinha branca" que separa os clientes que valem a pena serem tratados individualmente e aqueles para quem uma abordagem mais geral, de mercado de massa é o suficiente.

Contudo, a ideia de tratar clientes individualmente não é nova. Pense no gerente de contas em um mercado de negócios que conhece seu cliente intimamente, que se senta com ele para discutir planos para o(s) ano(s) futuro(s), que desenvolve produtos e serviços de suporte exclusivos e cria modelos de negócios em que ambos os lados dividem o sucesso alcançado. Da mesma forma, o proprietário de sua loja de bairro talvez saiba tudo sobre você, lembre o aniversário de seus filhos e consiga prever o que você quer antes mesmo de você entrar na loja.

A gestão do cliente precisa trabalhar em diferentes níveis, todos eles relevantes:

- **Mercados** – certifique-se primeiro de que o negócio está focado nos mercados certos antes de decidir a quais clientes visar, embora seguir as necessidades mais gerais dos melhores clientes possa ser um guia na atuação em mercados adjacentes.

- **Segmentos** – compreenda os mercados escolhidos em relação à habilidade de obter lucro e aos diferentes tipos e locais, necessidades e desejos, motivos e aspirações dos clientes.

- **Nichos** – decida se quer ser uma empresa para um só público ou para diversos públicos. Nichos podem parecer limitar a escala, mas buscar um tipo específico de cliente ao redor do planeta pode gerar um público grande.

- **Um a um** – vise aos indivíduos mais rentáveis e construa relacionamentos com eles por meio de diálogo, de soluções customizadas e de uma parceria que gere benefícios mútuos.

- **Todos a um** – reconheça que toda a organização precisa agir com total integração, compartilhe insights e conhecimento sobre os clientes e entregue coletivamente uma experiência completa para indivíduos, alinhando e conectando pessoas entre diferentes funções e parcerias com essa meta em mente.

- **Um e um** – colabore com os clientes para encontrar as melhores soluções para seus problemas ou ambições, aprenda a atendê-los melhor e a inovar de modo mais abrangente, construa parcerias de valor mútuo.

Sem dúvida, o termo "gestão do cliente" está totalmente errado. As empresas não conseguem "gerir" ou controlar a mente ou as ações de seus clientes (e, por essa mesma razão, a gestão do relacionamento com o cliente [CRM] não pode se limitar a relacionamentos forçados). A gestão do cliente está relacionada à gestão de empresas pela perspectiva do cliente – com o desenvolvimento de abordagens de negócios diferentes para clientes diferentes.

Insight 17: TATA

O Ford T, o Fusca da Volkswagen, o Austin Mini... e o Tata Nano.

A transformação da Tata Motors de fabricante de caminhões indiana a montadora de carros global é notável. O lançamento do Tata Nano (o carro com menor custo de fabricação do mundo), seguido pela aquisição da Jaguar e da Land Rover menos de três meses mais tarde demonstra a ambição da companhia e a velocidade fenomenal com que pretende concretizá-la.

Quando o presidente Ratan Tata lançou seu carro popular dos sonhos na Auto Expo 2008, em janeiro de 2008, em Nova Déli, a revista *Time* escreveu que ele mudaria as regras da fabricação de automóveis. A publicação incluiu o Nano em sua lista dos "12 carros mais importantes de todos os tempos, de 1908 até o presente". O carro, cujo preço é cerca de US$1.500, tornou-se símbolo, por atender a bilhões de clientes com necessidades de transporte cada vez maiores em mercados em desenvolvimento, e inspiração para a inovação e o desenho de produtos para essas massas.

A empresa lutou durante décadas. No começo dos anos 1990, o governo indiano iniciou a abertura da economia do país, o que deixou a Tata Motors em uma posição muito vulnerável: ela estava focada na tradicional fabricação de caminhões e não tinha o capital e o conhecimento das star-ups. Ela lutava para vender seus ultrapassados caminhões no mercado internacional.

Para sair dessa armadilha, Ratan Tata sugeriu que a empresa fabricasse carros pequenos para o mercado doméstico, ideia recebida com ceticismo. Como uma antiga fabricante de caminhões poderia produzir automóveis? Quem na Índia compraria esses veículos? Mas o primeiro modelo produzido, o Indica, foi um imenso sucesso. Outros modelos foram apresentados. O negócio de caminhões também cresceu, particularmente com a aquisição da sul-coreana Daewoo, fabricante de veículos comerciais, em 2004.

O Nano foi desenvolvido com base na visão de Ratan de um meio de transporte mais seguro para famílias de classe média, que até então dependiam de veículos de duas rodas na Índia. Ele se envolveu totalmente no projeto, orientando e motivando sua equipe a atingir o que, em princípio, parecia impossível. Uma grande equipe multidisciplinar foi designada para a tarefa de projetar "um veículo de quatro rodas de baixíssimo custo" sem abrir mão da estética, do valor ao cliente ou das questões ambientais e de segurança.

A equipe ganhou carta branca e foi instruída a trabalhar sem temer o fracasso. Tudo era questionado e todas as peças foram concebidas do zero. Nenhum fornecedor seria capaz de produzir um motor dentro do orçamento, então a própria equipe desenvolveu um. Ela conseguiu reduzir custos em todas as áreas, sem deixar de cuidar para que o carro não parecesse "barato". O interior tinha de ser espaçoso e confortável. O efeito final foi de estilo e confiabilidade por uma fração do preço dos outros automóveis produzidos no mundo.

A Tata Motors é apenas um dos negócios do Tata Group, que não para de crescer e que, entre 2007 e 2008, gerou receitas de US$28,8 bilhões e lucros de US$2,8 milhões, dos quais 61% vêm de empresas fora da Índia. O grupo emprega cerca de 350 mil pessoas em todo o mundo, e suas 27 empresas de capital aberto (que incluem os setores aéreo, de aço, de energia e de hotelaria) têm juntas uma capitalização de mercado da ordem de US$60 bilhões. A revista *Business Week* classificou a Tata em sexto lugar em sua lista de "Empresas mais inovadoras do mundo".

A abordagem "de fora para dentro" da Tata possibilitou-lhe criar um automóvel acessível para as massas, mas que é produzido com engenharia e estilo comparáveis aos de qualquer outro modelo.

Dimensão 3
Os insights do cliente

> *Você sabe mesmo o que desejo? Nós alguma vez já paramos para conversar sobre isso?*
>
> *Às vezes, sei exatamente o que quero. E quero isso o mais rápido e barato possível. Mas não quero sempre a mesma coisa, entregue sempre do mesmo jeito. Às vezes, não sei bem o que quero, porque preciso de sua ajuda para resolver um problema ou para chegar a uma solução que me levará ao que quero. Na verdade, você é apenas uma parte de algo maior que tento conseguir, mas você provavelmente não perceba ou não ligue para isso.*
>
> *Você tem muitas informações a meu respeito, coletadas todas as vezes em que comprei algo de você, que telefonei e relatei algo a algum colega seu, que usei meu cartão de crédito ou de fidelidade, ou que respondi a todos os questionários que você sempre me pede para responder. É provável que você me conheça melhor do que eu mesma. Mas, mesmo assim, você me trata como alguém que pertence a uma entidade média, anônima. Algumas coisas são tão óbvias que dispensam comentários. Algumas são extremamente importantes para mim e outras são apenas interessantes e me fazem sorrir.*

3.1 A INTELIGÊNCIA DO CLIENTE

Você conhece o cliente médio?

Aquele que é composto por 51% de mulheres, que dirige um automóvel quatro portas prata, que tem 2,1 filhos, vive em uma casa com 2,7 dormitórios, tem 1,2 gato, faz compras 3,4 vezes por semana, que não confia em políticos e que adora George Clooney (ou Angelina Jolie, para os 49% formados por homens)?

Ninguém é uma média, e pouquíssimas pessoas querem ser uma média.

Ainda assim, a maioria dos negócios está focada no cliente médio e desenvolve produtos e serviços para satisfazer e encantar esse cliente. Eles acabam não agradando a ninguém e oferecendo mediocridade a todos.

Fazer negócios "de fora para dentro" exige informações sobre os clientes, mas o importante mesmo é o que você faz com elas. Na maioria das organizações, o que não falta são dados sobre os clientes – no geral, sobra:

- Imensas bases de dados, cheias de detalhes transacionais fragmentados demais para indicarem um ponto de partida.

- Relatórios de pesquisas de mercado com páginas e páginas de estatísticas que ficam empilhados em prateleiras acumulando poeira, ou que foram a tal ponto resumidos que perderam seu sentido prático.

- Montanhas de histórias e conhecimento paradas na cabeça das pessoas que conversam com os clientes todos os dias e que, contudo, não podem ou não são motivadas a compartilhá-las.

Do mesmo modo que os dados de pesquisas são transformados em médias, a maioria dos resumos de informações sobre os clientes é filtrada em seu percurso pela organização. O contexto em que as tendências podem ser interpretadas é eliminado, o preconceito dos gerentes médios que produzem os mesmos relatórios por anos a fio é aplicado às interpretações, e a diversidade é neutralizada à medida que os dados são reduzidos à normalidade.

O bom e velho pão integral, saboroso e com uma variedade de grãos, transformou-se em um pão branco, fatiado e processado.

A busca por novos insights e oportunidades é dificultada exatamente porque essas variações nas normas são suprimidas. O relatório resumido analisado pelos tomadores de decisão tem pouco conteúdo aplicável, ao contrário das atas com resultados financeiros detalhados, que são aplicáveis.

Some a isso mais um problema: a falta de informações correlacionadas. Uma descoberta, conforme mostra a história, na maioria das vezes é feita quando se conecta duas informações já conhecidas de novas e diferentes maneiras. Da mesma forma, insights costumam ser obtidos com a construção de um mosaico de informações que dá sentido ao que não é expresso.

Os primeiros passos para se ter insights consistem em deixar de recorrer às pesquisas "como um bêbado usa um poste": parar de coletar mais dados do que você precisa e resistir à tentação de pesquisar todo o mundo o tempo todo e fazer todas as perguntas possíveis. Também há a tentação de utilizar pesquisas sem objetivos definidos, muitas vezes descobrindo que elas não têm uma finalidade específica ou que não podem responder às questões mais importantes para você. Em casos como esses, as respostas são quase sempre predefinidas, preconceituosas e limitam a capacidade de reação.

Inúmeras pesquisas pedem para que os clientes digam o que desejam quando eles mal conseguem descrever suas necessidades não satisfeitas. Também é tentador usar as mesmas técnicas para tudo, porque é o método mais fácil ou preferido pela agência de pesquisas contratada. Acrescente-se a isso a tendenciosidade exercida pelos gerentes internamente – a sabedoria preconcebida, o convencionalismo e a preguiça banalizam e abrandam todas as pesquisas com alguma chance de gerar insights antes de elas chegarem aos tomadores de decisão.

Malcolm Gladwell, autor de *Blink – A decisão num piscar de olhos*, argumenta que são cometidos mais erros em pesquisas com o cliente do que em qualquer outra área dos negócios, porque as pesquisas pressupõem que a tomada de decisão racional, comum nos negócios, é feita também pelo cliente. Ele defende que perguntar aos clientes como eles se sentem acerca de uma nova proposição é inútil, pois eles não saberão responder até que surja uma necessidade prática. O autor menciona a psicologia cognitiva, que diz que entre 75% e 90% de nossas decisões são rápidas, tomadas com base em um reconhecimento de padrões instantâneo subconsciente.

O autor acredita que os processos de tomada de decisão da maioria das empresas não são adequados aos mercados em constante e rápida mudança. Em geral, elas coletam todas as evidências disponíveis e então tentam decifrá-las. Elas entendem que, quanto mais você tem, melhores são as decisões que toma. Mais uma vez, excesso de informação gera confusão.

Gladwell usa como exemplo a ala de emergência de um hospital. Os médicos aumentam as chances de diagnosticar enfartos do miocárdio quando diminuem o número de sinais típicos a identificar. A tendência era de os médicos quererem saber o máximo possível sobre a situação, mas com o tempo eles perceberam que o foco em menos fatores salvava mais vidas, pois informações demais reduzem a velocidade de resposta, gerando outros problemas e diminuindo as chances de sucesso. O autor conclui que "os gerentes precisam se concentrar no que mais importa, nas informações essenciais, e utilizar mais seus instintos."

As empresas precisam ser cuidadosas com relação às pesquisas, à interpretação e aos processos de tomada de decisão que possibilitem e demandem insights reais. Pesquisas devem ser definidas considerando-se o seu propósito e devem se concentrar em aprender mais sobre os melhores clientes e identificar anomalias e extremos, não médias. Utilize uma ampla gama de técnicas de pesquisa, de teste de conceitos e *mood boards* a redes neurais e segmentação comportamental. Examine profundamente as grandes bases de dados em que se baseiam a maioria das empresas e que, contudo, são inexploradas. Encontre novas linguagens, metáforas e analogias para descrever os insights.

A neurociência hoje oferece às empresas uma abordagem mais científica à compreensão das reações humanas, empregando técnicas como a ressonância magnética funcional (RMf), técnica de varredura não invasiva, para estudar o comportamento humano.

No "Desafio da Pepsi", diversos clientes voluntários tiveram suas reações analisadas por ressonância magnética. Quando beberam Coca-Cola e Pepsi em copos sem identificação, a resposta positiva à Pepsi foi cinco vezes mais forte do que à Coca – sobretudo no putâmen ventral, um dos centros de recompensa do cérebro. Entretanto, quando as marcas foram reveladas, quase todos os voluntários preferiam a Coca. Ela estimulava uma parte diferente do cérebro – o córtex pré-frontal medial, uma área associada ao pensamento racional, ao julgamento e a nossa "noção de ser". A marca, ou pelo menos algum aspecto dela, exercia influência em um nível muito mais alto e se sobrepunha a reações mais funcionais.

Dimensão 3 Os insights do cliente 147

São muitas e diferentes as fontes de informações sobre os clientes – tanto quantitativas (mais estatísticas) quanto qualitativas (mais descritivas). Todas são úteis a seu próprio modo para melhor compreender os clientes e desenvolver soluções, gerar experiências mais adequadas e encontrar a melhor maneira de transformar transações anônimas em relacionamentos rentáveis.

Os Detetives de Dados™

O pesquisador para pesquisas com o cliente	O mestre dos questionários para painéis de clientes	O mergulhador para a imersão no mundo do cliente	O central de atendimento para as reclamações do cliente	O elaborador de perfis para bases de dados internas
O outsider para a elaboração de perfis de mercado	O facilitador para grupos de foco	O neurologista para exames do cérebro	O conselheiro para o feedback do cliente	O parceiro para as bases de dados por afinidade
O pesquisador para pesquisas gerais	O câmera para vox pops do cliente	O customizador para colaborações anteriores	O detetive particular para cliente oculto	O classificador para a elaboração de perfis externos
O embaixador para mercados paralelos	O coolhunter para identificar tendências	O adepto para a intuição pessoal	O encarregado da linha de frente para histórias dos funcionários	O governador para informações sobre populações

OS DETETIVES DE DADOS: AS 20 FONTES DE INTELIGÊNCIA DO CLIENTE

- ***Bases de dados de terceiros*** – utilizar informações coletadas por outra organização – como um supermercado, um negócio complementar ou uma empresa parceira – para aperfeiçoar os seus próprios dados, talvez aprendendo mais sobre o estilo de vida e o comportamento de seus clientes, ou descobrindo novos clientes com perfis semelhantes aos de seus clientes-alvo.

- ***Bases de dados de transações*** – reúnem e elaboram os perfis das bases de dados de seus clientes, com endereços, interações e transações, produtos e serviços adquiridos, data e hora, localização e modo de pagamento. Elas não carecem de análises em potencial; o truque é considerar as informações que você de fato quer e então encontrá-las.

- ***Colaborações anteriores*** – experiências anteriores que o levam a conhecer as necessidades específicas do cliente. Pode ser um pedido anterior de customização de produto, ou uma conversa travada durante a execução de um serviço que pode ser utilizada para personalizar o serviço na próxima oportunidade, ou mesmo na próxima etapa dessa experiência.

- ***Cliente oculto*** – feitas por pesquisadores disfarçados como clientes e concorrentes, que relatam suas experiências. Os pesquisadores podem ser especialistas contratados ou os próprios gerentes da empresa; ambos fornecem insights reais para a melhoria das atividades e para a manutenção de comportamentos apropriados de parte dos funcionários.

- ***Cool hunting*** – redes de identificadores de tendências que observam clientes e, principalmente, os direcionadores e definidores de tendências, buscando modas, comportamentos e ideias emergentes. Essas observações não são representativas – e nem devem ser. É importante lembrar que "a novidade ocorre nas margens da sociedade, não no centro", e essa é uma maneira de explorar as margens.

- ***Exames do cérebro*** – exames de neuroimagem usados para compreender as reações cerebrais a estímulos racionais e emocionais. Particularmente relevantes para produtos como fragrâncias, ou para entender o apelo subconsciente de diferentes cores, formas e estilos. Apesar de caros, podem gerar muitas informações úteis.

- ***Feedback do cliente*** – encorajam o cliente a contar o que pensa das próprias experiências, tanto boas quanto ruins, nas próprias palavras dele, sem conduzir a resposta, e revelam como você pode melhorar seu desempenho. Embora muitas empresas utilizem o feedback apenas como meio de obter escores de satisfação, ele oferece a oportunidade de o cliente se expressar e é fonte de comentários mais interessantes e diversificados.

- **Grupos de foco** – pequenos grupos de pessoas, clientes ou não, que participam de sessões de discussão, às vezes observadas por equipes de pesquisa através de um espelho espião. São uma maneira eficiente de discutir e debater uma questão, explorar novas ideias e fazer com que gerentes escutem o cliente, mas podem sofrer a interferência do "comportamento de rebanho" dos grupos.

- **Histórias dos funcionários** – o conhecimento sobre o cliente das equipes de atendimento e vendas talvez seja muito maior do que qualquer outra fonte, e é normalmente capturado informalmente em reuniões de equipes e relatórios de turno e indiretamente por meio de sistemas de sugestões. Uma abordagem ainda melhor é incluir esse pessoal em equipes de projeto para o desenvolvimento de novas proposições ou inovações.

- **Imersão no mundo do cliente** – envolve passar bastante tempo com o cliente real conversando sobre suas necessidades e ambições mais profundas, ou para entender como ele vive e trabalha, o que realmente pensa – seja sobre um assunto geral como viagens, quando você pode ter a chance de aprender algo sobre um contexto novo, ou sobre uma questão mais específica, em maior detalhe.

- **Informações sobre populações** – pesquisas conduzidas por órgãos governamentais sobre a vida dos cidadãos, incluindo informações físicas, geográficas e sociodemográficas dos clientes. Muitas empresas de pesquisa utilizam censos para desenvolver seus resultados de amostras e aplicá-los a pessoas, nomes e endereços específicos.

- **Intuição pessoal** – somos todos seres humanos, mas quando trabalhamos no ramo dos negócios, costumamos esquecer que também somos consumidores. Na verdade, não há melhor atividade do que ser cliente e confiar em seus instintos como tal para saber o que você gosta e o que não gosta em um produto, serviço ou ambiente. Aja com base na intuição em vez de esperar por informações inconclusivas.

- **Painéis de clientes** – manter grupos permanentes de clientes, local ou remotamente, para que as mudanças nas opiniões e pontos de vista sejam percebidas. O painel pode se tornar um fórum de discussão rápido e eficiente para novas ideias ou para testar iniciativas em vários pontos durante seu desenvolvimento. É possível ter um painel para cada segmento-alvo.

- **Pesquisas com o cliente** – questionários feitos para explorar questões específicas com respostas espontâneas ou de múltipla escolha, em geral aplicados a populações amostrais grandes. Essa talvez seja a modalidade de pesquisa mais comum e tradicional; ela serve de base para análises estatísticas, mas é também limitada pelas perguntas feitas apresentadas e pela impossibilidade de executar avaliações mais profundas.

- **Pesquisas gerais** – pesquisas de mercados de massa sobre os estilos de vida e os comportamentos de compra do cliente. Tendem a gerar informações bastante generalizadas, embora permitam o acompanhamento de atitudes e tendências. Ainda que os mesmos resultados estejam disponíveis a outras empresas, o que importa é o modo como você os utiliza.

- **Reclamações do cliente** – ensinam a identificar quando as coisas dão errado, o que aconteceu, por que isso afetou o cliente da maneira que afetou e quais podem ser os caminhos para a solução. Ser capaz de discutir uma queixa por telefone em vez de recorrer ao correio ou à Internet permite ir mais fundo no problema e transformar uma catástrofe em uma experiência positiva.

- **Relatórios externos** – análises especializadas de mercados ou oportunidades elaboradas por empresas de consultoria externa ou de pesquisa. Podem ser mais focadas, encomendadas por todas as empresas de um setor, por exemplo, ou mais genéricas para venda sem encomenda prévia. Esse último tipo tende a ser quantitativo e gerar muitos insights, mas está disponível também aos seus concorrentes.

- **Vox pops** – entrevistas curtas gravadas em vídeo com diversos clientes, normalmente editadas para capturar as principais declarações, o que possibilita à empresa aprender diretamente com o cliente. Embora um número pequeno de "cabeças falantes" não necessariamente seja representativo do mercado, ver pessoas reais e o modo como descrevem seus problemas e ideias pode ser uma maneira poderosa de cativar seus funcionários.

Em meu trabalho com organizações, geralmente solicito a elas todos os seus relatórios de pesquisas e de análises de mercado feitos nos últimos três anos. Na maioria das vezes, o que recebo em mãos – após uma busca frenética entre departamentos e em porta-arquivos empoeirados – é uma imensa pilha de 50 a 250 documentos. Alguém já leu alguns deles? Alguém consegue se lembrar das principais mensagens em cada um? Alguém já tentou reunir essas mensagens? Não.

Uma "tela do cliente" é uma maneira de tentar reunir os principais insights de cada uma dessas fontes de informação em um único lugar – para procurar relações entre eles, descobrir dados complementares que comecem a construir uma imagem mais informativa e identificar lacunas na compreensão desses dados.

DIMENSÃO 3 Os insights do cliente **151**

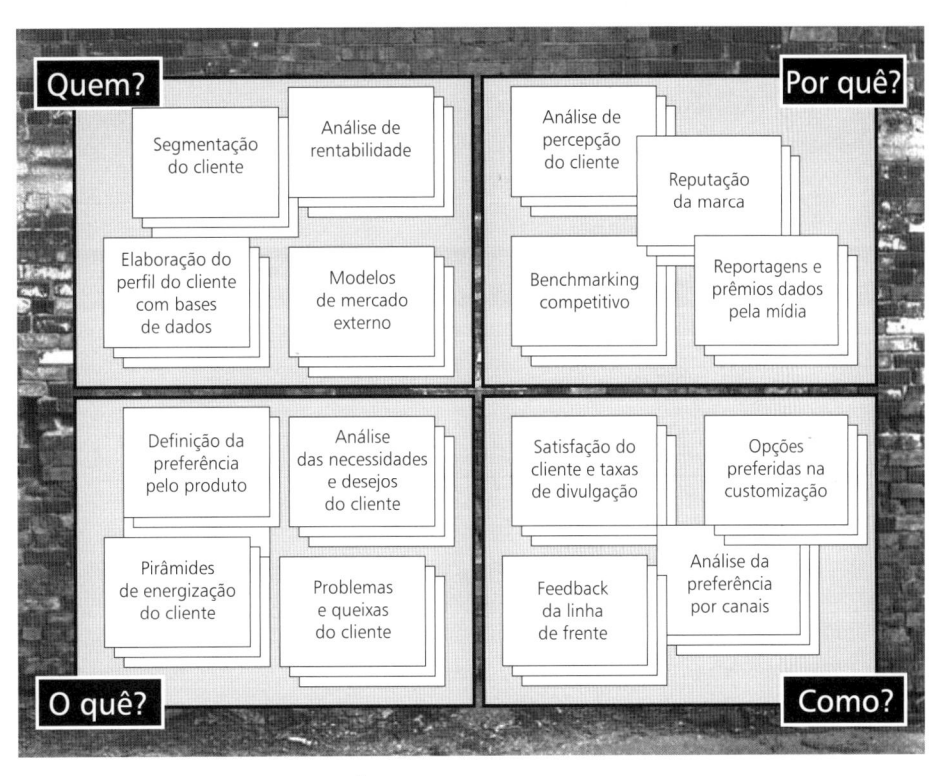

Quem?
- Segmentação do cliente
- Análise de rentabilidade
- Elaboração do perfil do cliente com bases de dados
- Modelos de mercado externo

Por quê?
- Análise de percepção do cliente
- Reputação da marca
- Benchmarking competitivo
- Reportagens e prêmios dados pela mídia

O quê?
- Definição da preferência pelo produto
- Análise das necessidades e desejos do cliente
- Pirâmides de energização do cliente
- Problemas e queixas do cliente

Como?
- Satisfação do cliente e taxas de divulgação
- Opções preferidas na customização
- Feedback da linha de frente
- Análise da preferência por canais

A TELA DO CLIENTE: REUNINDO TUDO O QUE VOCÊ SABE SOBRE OS CLIENTES

A tela normalmente é montada com uma imensa folha de papel, do tamanho de uma parede, e dividida em quatro quadrantes que representam os diferentes tipos de informações sobre os clientes.

Uma pequena equipe analisa o material para detectar pontos-chave e dispô-los adequadamente na tela. É claro que algumas informações não se encaixam perfeitamente, mas o mais importante é fazer com que fiquem visíveis. Informações semelhantes são agrupadas, na tentativa de reforçar ou distanciar ideias e de conectá-las interligando as informações na tela.

A tela do cliente pode ser usada como uma representação "viva" do mundo do cliente, pois é constantemente atualizada com as últimas pesquisas e revela a necessidade de maiores investigações com base nas lacunas ou incertezas que revela. Ela pode ser resumida mensalmente para reuniões da diretoria, ou mesmo para todos os funcionários da empresa, e pode ser usada como ponto de partida para a tomada de decisões a partir da perspectiva do cliente.

Insight 18: DOVE

> Imperfeita ou irretocável? Enrugada ou maravilhosa? A mulher dos sonhos ou a mulher real? Mas afinal, o que é a real beleza?

Esse foi um desafio provocante, controverso e memorável lançado pela Dove, marca de produtos de higiene e beleza para corpo e rosto. No esforço de reenergizar o seu próprio sucesso e desafiar de modo positivo os mitos e tabus do mundo dos cosméticos, a empresa da Unilever lançou sua "Campanha pela Real Beleza". Em lugar das imagens de beleza irrealistas utilizadas por suas concorrentes, a Dove mostrou mulheres de verdade que tinham silhuetas realistas. A campanha apresentou mães, filhas, irmãs e namoradas – pessoas reais sobre quem você poderia ler mais e escutar online, todas com seus próprios desafios e aspirações.

A questão principal era descobrir o que faz as mulheres se sentirem bem. Vivemos cercados de imagens de beleza aperfeiçoadas artificialmente e de uma cultura em que aspirar a esses estereótipos tende a ser bem visto. Os homens não ajudam, só acendem esse desejo. Tornamo-nos obcecados pela aparência e pela busca da perfeição. Passamos horas lendo revistas e assistindo a programas de televisão sobre o tema, ficamos em frente ao espelho, em provadores de lojas e em balcões de cosméticos.

Ao mostrar muito mais tipos de pele e de formas de corpo, a campanha da Dove ofereceu uma visão mais democrática de beleza, a que todos podiam aspirar. Ela também englobou um desafio ético maior, combatendo o consumismo exacerbado e a pressão para as pessoas se adaptarem aos padrões como fonte de baixa autoestima, distúrbios alimentares e outros problemas. Do ponto de vista do marketing, ela também foi importante por sua abordagem distintiva e em forma de campanha, que não mostrava cenas de satisfação desnecessária e desejos inalcançáveis.

A Dove trabalhou com a Universidade de Harvard e a London School of Economics para avaliar o impacto da campanha sobre a marca, os clientes e a sociedade.

Os resultados revelaram que vivemos em um mundo de estereótipos, julgamentos e pressuposições aos quais não fazemos parte e que, contudo, nos influenciam. Quando esses estereótipos são nocivos, reconhecê-los e conversar a respeito é fundamental para mudar atitudes e comportamentos. Isso se aplica sobretudo a meninas e mulheres jovens.

> "Não há como negar que estereótipos de beleza existem – estejam focados em um ideal ocidental ou em uma expectativa cultural local mais forte. Eles criam uma ansiedade nas mulheres com relação à aparência. Mais de dois terços das entrevistadas disseram que a beleza é com frequência definida de modo muito estrito, o que faz com que muitas delas acreditem que é difícil sentir-se bela diante desses ideais. Quase todas as mulheres relataram terem se preocupado com a sua aparência física geral, com peso e silhueta em alguma fase da vida – com essas preocupações e as atitudes tomadas para mudá-las aparecendo na adolescência.
>
> Nove em cada 10 mulheres querem mudar alguma coisa em sua aparência – sendo maior a insatisfação com peso e silhueta. Há também uma forte correlação entre a satisfação de uma mulher e a forma física, o peso, a silhueta e a autoestima. Quando as mulheres se sentem bem consigo mesmas, isso se reflete em sentimentos de autoconfiança e de serem amadas. Quando se sentem mal, isso se expressa em insegurança e cansaço – o que provavelmente causa desânimo e letargia."

Os pesquisadores ainda concluíram que as mulheres querem muito mudar essa dinâmica para as gerações futuras, e expressam a vontade de gerar discussões positivas sobre beleza e imagem corporal para as meninas. As mulheres querem "esclarecer ativamente as meninas sobre ter uma imagem do próprio corpo que seja realista e otimista, sobre manter uma dieta saudável e adotar a ideia de que a beleza feminina tem diferentes nuances". A Dove descobriu que a campanha foi, comercialmente, a melhor que já fizera, e continua nutrindo a noção de que a real beleza é muito mais do que uma campanha publicitária.

3.2 A IMERSÃO NO MUNDO DO CLIENTE

A melhor maneira de conhecer o cliente é passar mais tempo com ele.

Isso não é novidade. Mas quando foi a última vez que você teve uma boa conversa com um cliente ou, melhor ainda, com um cliente em potencial? Não pense apenas nas vezes em que ele teve um problema para resolver, ou em que você perguntou o que ele esperava ou pensava de você – pense em uma conversa real sobre o mundo em que ele vive e sobre como você pode ser útil nesse mundo.

Malcolm Gladwell descreve a capacidade que um investigador da polícia de Nova York que tenta solucionar um crime tem de descobrir 95% de tudo sobre a vítima nos primeiros cinco minutos de investigação no quarto dela – os tipos de livros e outros pertences dispostos no cômodo, o modo como as paredes estão decoradas e o que a pessoa escolheu destacar, as fotos e quadros e os motivos para estarem expostos, o modo como os objetos estão dispostos e o que eles dizem sobre o estilo de vida e as atitudes da vítima.

Ele chama isso de "pente fino".

Seguindo essa linha, você consegue aprender muito passando algum tempo com seus clientes. Veja o mundo com os olhos deles, observe como se comportam, quais as dificuldades que enfrentam, suas frustrações, o modo como utilizam e armazenam as coisas, tudo aquilo que todos nós fazemos sem pensar.

Converse com seus clientes. Encontre-os para um café, jante com eles, mude-se e more com eles.

Mas nada de "oi, sou da empresa X, o que você acha do meu produto?". Aprenda mais amplamente sobre suas necessidades, desejos, frustrações e ambições. É mais importante para eles que você vá mais fundo em áreas já conhecidas de pesquisas padrão. Vá atrás das ideias. Preste atenção na linguagem que usam. Atenha-se às descobertas mais peculiares – não as desconsidere como delírio de uma só pessoa.

Faça perguntas sobre eles mesmos, sobre a vida que levam, sobre seus medos e esperanças, sobre o que amam e odeiam, o que tentam conseguir no dia a dia ou no longo prazo. Descubra o que os influencia e como fazem escolhas, como os produtos e serviços que você pode oferecer se encaixam em suas vidas.

E não faça disso mais uma tarefa para o seu departamento de pesquisa. Faça com que seja uma atividade regular de todos – do CEO, do diretor financeiro, do gerente de RH, dos diretores sem cargo executivo, das equipes de processamento de dados e das de atendimento ao cliente –, dando subsídios para que entendam o cliente mais a fundo, para que mostrem a face humana da empresa e redescubram a paixão pelos negócios.

Não há nada melhor do que insights reais de pessoas reais: poderosos, emocionantes e memoráveis.

A.J. Lafley, CEO da Procter & Gamble, encoraja todos os seus funcionários – inclusive seus executivos mais ocupados – a passar algum tempo com famílias, na casa delas, e a fazer compras em supermercados todas as semanas. A ideia é ver, sentir e pensar como uma pessoa da vida real, não como um executivo cheio de preconceitos e centrado no produto condicionado às convenções do setor.

PERSPECTIVA DO CLIENTE: UMA PERPECTIVA MAIS AMPLA E DETALHADA

Quando a varejista britânica Tesco iniciou seus planos de entrada no mercado norte-americano com a marca Fresh & Easy, o líder do projeto, Tim Mason, e sua equipe foram morar com famílias da Califórnia por alguns meses para conhecer seus estilos de vida, prioridades, influências e motivações – não apenas o que comiam, onde e o que compravam, mas também como tudo isso se encaixava em suas vidas.

Essas imersões no mundo do cliente são muitas vezes chamadas de "mergulhos em profundidade" – feitos para descobrir insights novos, mais ricos e amplos. Elas podem ser feitas junto a seus clientes ou com você mesmo no papel de cliente. Outra maneira é compartilhar experiências com um colega de uma empresa de outro setor de atuação – por exemplo, se você quer customizar sua linha de cosméticos, tente aprender com as pessoas que trabalham na Nike ID. Esses tipos de empresas não competem entre si, mas podem ter os mesmos clientes.

Algumas das modalidades de mergulho em profundidade incluem:

- Uma conversa pessoal de 30 a 60 minutos com um cliente.

- A observação de uma tarefa feita pelo cliente, por exemplo, o ato de compra.

- A execução de uma tarefa do cliente, como a ida semanal ao supermercado.

- Uma conversa pessoal de 30 a 60 minutos com um colega de outro setor dos negócios.

- Tornar-se cliente de sua própria empresa, comprando produtos por telefone, por exemplo.

- A comparação dessa experiência com a der ser cliente de uma empresa concorrente ou de referência no mercado.

É importante ter uma conversa aberta – fazer perguntas francas, ter uma perspectiva mais ampla e escutar com ouvido neutro o que o cliente tem a dizer, capturando os aspectos incomuns ou marginais, não apenas os centrais e previsíveis.

Insight 19: H&M

Sessenta anos após Erling Persson ter aberto a primeira loja Hennes em Västerås, com o objetivo de oferecer "moda e qualidade a preços acessíveis", a marca permanece atual e conserva seu sucesso.

A primeira loja vendia apenas roupas femininas ("Hennes" significa "dela" em sueco), mas quando Persson se mudou para Estocolmo, ele adquiriu uma loja de artigos para a caça chamada Mauritz Widforss, varejista de roupas masculinas. Juntas, as lojas passaram a se chamar Hennes & Mauritz (H&M). Durante as décadas de 1960 e 1970, a empresa se expandiu por toda a Europa, passando a vender também moda infantil e jovem.

Hoje, a H&M tem 1.500 lojas em 28 países. A proposição da H&M está integralmente voltada para a moda de consumo rápido, tornando acessíveis as mais recentes tendências e encorajando os clientes a combinar os itens de diferentes cores, estilos e tendências. A empresa tem coleções variadas para homens, mulheres, adolescentes, crianças e bebês, além de cosméticos e calçados.

As 60 mil pessoas que trabalham na H&M são estimuladas a resistir à "burocracia das grandes empresas" e conservar a fidelidade com a cultura original da empresa, definida por Persson. Margareta van den Bosch lidera a equipe de design há 20 anos. Com o recrutamento de novos designers e a parceria com escolas de design em todo o mundo, ela mantém uma coerência na abordagem da marca sem perder a sintonia com modas e tendências. Essa abordagem é muito bem-sucedida, com vendas de mais de 92 bilhões de coroas suecas em 2007 (um crescimento de 72% nas vendas nos últimos cinco anos e um rendimento por ação de 183%).

Ludovica, uma fã italiana, descreve por que a H&M é sua marca preferida:

> "Você pode dizer o que quiser, mas a H&M é a solução até mesmo quando você vive em Milão! Em Milão, a H&M fica ao lado das lojas Armani, Valentino, Dolce & Gabbana, entre outras. Essas lojas são maravilhosas, mas não a solução... a solução para o quê? A solução de um problema que aparece na sexta-feira às 19 horas, quando você sai do trabalho se sentindo cansada e feia e seu novo e maravilhoso namorado vem buscá-la às 21 horas para um jantar romântico e uma festa com os seus amigos, que já conhecem todas as suas roupas. Em uma hora dessas, você precisa de uma roupa nova que cause impacto... entre na H&M e, em 20 minutos, você tem em suas mãos a solução para esse problema, sem arrependimentos para sua carteira!"

A H&M foi a pioneira no design em colaboração com celebridades como Stella McCartney, Karl Lagerfeld, Viktor & Rolf, Madonna e Kylie Minogue. Essa estratégia atraiu grande atenção da mídia, principalmente pelas imensas filas que provocava nas portas das lojas em noites que antecediam o lançamento de uma coleção e por essas coleções se esgotarem em questão de dias. Roberto Cavalli, o estilista italiano que veste estrelas como Beyoncé e Charlize Theron, é o mais recente nome a desenhar coleções de moda masculina e feminina com exclusividade para a H&M.

Em uma época em que cadeias de suprimento transparentes e estratégias éticas de sourcing estão em evidência, sobretudo para marcas cujo objetivo é a produção em massa de vestuário a preços acessíveis, a H&M está muito atenta aos métodos de produção de suas roupas. Além disso, ela dá ênfase especial ao algodão orgânico, inicialmente usado na moda bebê e infantil, mas hoje empregado também nas coleções para adultos.

Os designers da marca reconhecem que a melhor fonte de inspiração e aprendizado não está nos desfiles de moda nem nas revistas do gênero, mas no trabalho com as pessoas que entram em suas lojas todos os dias. Os insights locais e os mixes de produtos são obtidos com observação constante, rastreamento e feedback – a que se seguem reações logísticas rápidas e flexíveis. A empresa organiza regularmente competições, eventos e até mesmo workshops de design, em que busca aprender com pessoas reais: o cliente. Além de oferecer o produto certo para cada cliente, o principal objetivo das lojas H&M, como originalmente definido por Erling Persson na década de 1940, consiste em "criar um ambiente em que todo o cliente se sinta em casa".

3.3 OS INSIGHTS DO CLIENTE

Um insight é um entendimento novo e mais profundo de uma situação.

O conhecimento do cliente, na forma de dados brutos, inteligência conectada ou imersão profunda, é o combustível de um negócio do cliente – pois mostra onde focar, o que fazer, como ser diferente, o que fazer melhor e qual vem sendo seu desempenho.

Dados sobre o cliente é o que não faltam – montanhas de dados de pesquisa de mercado, relatórios de grupos de foco, análise de comportamentos e muito mais –, mas compreendê-los não é tarefa fácil. Boa parcela dessas informações confirma aquilo que você já sabe ou acredita. Encontrar algo novo e importante em meio a essas informações é difícil – é como encontrar uma agulha no palheiro.

Como você obtém um insight real sobre o que é mais importante para os clientes e pelo qual você pode tomar medidas práticas e gerar um impacto para seus clientes e para sua empresa?

O *Oxford English Dictionary* é cauteloso ao traçar uma distinção entre insight e insights:

- **Insight** é descrito como "o desenvolvimento de uma percepção clara e profunda", "o conhecimento inerente que estrutura o pensamento" e "a fonte de decisões mais profundas". Outros consideram o insight como um "sexto sentido", que ajuda a esclarecer situações complexas por caminhos mais úteis.

- **Insights** são descritos como "lampejos de inspiração", "descobertas penetrantes" e "oportunidades específicas". Em outros dicionários, insights são descritos como ondas cerebrais, como a percepção do óbvio que nunca foi descrito, ou como "momentos de genialidade".

Os insights vão muito além dos resultados de pesquisas; são mais profundos e têm maiores implicações. Eles apontam para algo novo e útil, incluem aspectos que você não havia considerado antes, que não são descritos nas convenções dos mercados ou para os quais uma linguagem apropriada talvez nem exista. Eles contextualizam o conhecimento; descrevem o porquê, o como, o quem e o o quê.

Os insights vêm de diversas formas, incitam as marcas a pensarem sobre seus clientes sob prismas diferentes, a alinharem seus produtos e comunicações em torno de uma motivação que desafie convenções mas se sintonize com o cliente-alvo.

- A Coca-Cola reconheceu que os homens queriam beber Coca Diet, mas não gostavam do termo "diet" e da publicidade mais direcionada ao público feminino. Ela criou a Coca Zero para os homens.

- A Heinz reconheceu que as crianças adoravam seu ketchup não por causa do seu sabor, mas porque se divertiam brincando com ele, por isso desenvolveu embalagens mais flexíveis e em diferentes cores.

- A Vodafone descobriu que muitos de seus clientes idosos não gostavam de seus aparelhos porque eram muito complicados, por isso removeu todas suas características mais modernas e lançou o Vodafone Simply.

São muitas as técnicas utilizadas para gerar insights – algumas são estruturadas, outras não. Podem ocorrer com base na intuição, nos momentos em que você analisa informações ou em que aproveita as oportunidades de compreender o cliente, não importa o setor ou a situação.

As técnicas mais estruturadas para a obtenção de insights incluem a elaboração de hipóteses – usando sua criatividade para projetar insights incomuns ou extravagantes que podem então ser provados (ou não) pela análise de dados. Outras técnicas envolvem a utilização de conexões aleatórias, reunindo informações discrepantes e tentando compreendê-las como um todo, e o reconhecimento de padrões, identificando anomalias e focando nas informações que normalmente somem com as médias.

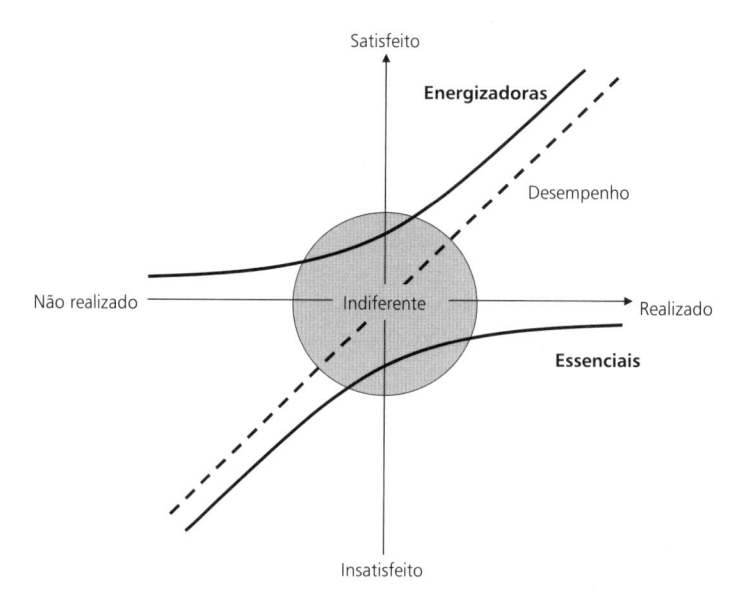

DIAGRAMA DE KANO: O QUE FAZ A DIFERENÇA

O diagrama de Kano mostra como algumas necessidades do cliente são incapazes de empolgá-lo mas o deixariam extremamente insatisfeito se não são atendidas de modo eficiente. Elas são os fatores básicos, como segurança e proteção. As chamamos de "essenciais".

Há outras necessidades cujo atendimento é indiferente para o cliente – elas não são essenciais. Mas, quando são atendidas com eficiência, provocam reações extremamente positivas. Do ponto de vista racional, essas necessidades são "facilitadoras"; do ponto de vista emocional, são "energizadoras".

Outro aspecto importante do diagrama de Kano é a "zona de indiferença", em que tudo é aceitável, mas nada é visto como especial. É nessa zona que a maioria das empresas tende a ficar acomodada, fazendo apenas o suficiente para evitar reclamações ou substituindo desempenho por eficiência. Os clientes indiferentes não hesitam em desertar assim que uma oferta melhor aparece.

Talvez os maiores obstáculos para a produção de insights sejam a cegueira causada pelo excesso de informação e a intimidação causada pela necessidade de respeitar todos os aspectos do que todo o cliente diz. A tela do cliente é uma das maneiras para abrir caminho na selva da informação. Outra alternativa particularmente útil para resumir as imersões no mundo do cliente é a "pirâmide energizadora".

As pirâmides energizadoras são uma maneira simples de representar o que mais interessa – racional e emocionalmente – ao cliente real. Sob certos aspectos, elas são uma reinterpretação mais simples e útil da hierarquia das necessidades de Maslow. Para cada pessoa que você encontrar ou para cada fato e história reais que ouvir, tente identificar os seguintes aspectos:

- *Essenciais* – são os pré-requisitos que toda e qualquer marca tem de oferecer ao cliente, tanto os fatores essenciais (como segurança e proteção) quanto as expectativas básicas – mesmo em voos de tarifas reduzidas, os passageiros esperam que sejam servidas bebidas, ainda que cobradas à parte.

- *Facilitadoras* – tudo o que ajuda o cliente a fazer mais. Podem ser oferecidas por algumas marcas, mas não por outras, e se tornar parte do *trade-off* entre marcas e preços – entrega rápida, suporte 24 horas, maior gama de cores, por exemplo.

- *Energizadoras* – podem parecer insignificantes ou triviais, mas fazem uma grande diferença na esfera emocional – o biscoitinho servido com o café, os jornais oferecidos como cortesia, a seleção de músicas ambiente, o brinquedo que vem como brinde, a prontidão do pessoal de vendas.

A pirâmide deve ser preenchida a partir da perspectiva do cliente – o que ele precisa, o que gostaria de ter – e nos termos dele, não no jargão dos negócios. A própria linguagem já pode gerar insights ou surgirem contextos sobre as ideias do cliente, que, por sua vez, são muito mais amplos do que os contextos a que as empresas normalmente reagem.

Imagine um workshop interno conduzido para desenvolver uma nova estratégia de negócios, explorar criativamente as inovações ou melhorar a produtividade dos call centers em que cada participante elabora uma pirâmide energizadora de um cliente com quem conversou de 30 a 60 minutos sobre esses temas antes da reunião. Em tal situação, você tem um ambiente em que todos os clientes estão igualmente representados.

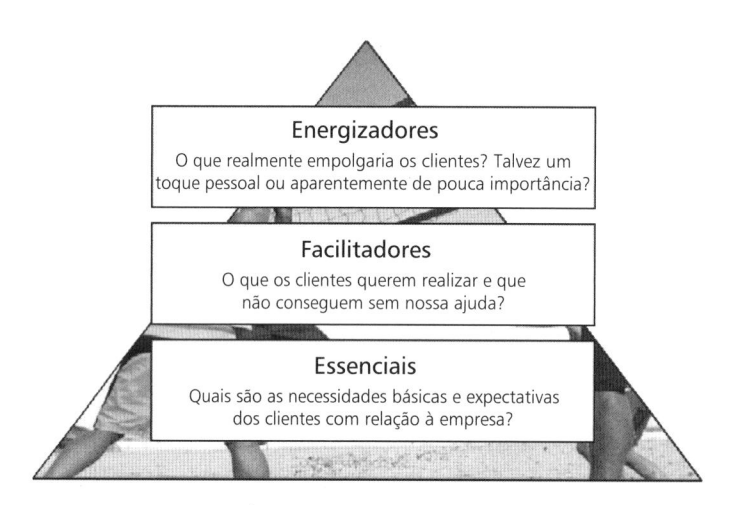

Energizadores
O que realmente empolgaria os clientes? Talvez um toque pessoal ou aparentemente de pouca importância?

Facilitadores
O que os clientes querem realizar e que não conseguem sem nossa ajuda?

Essenciais
Quais são as necessidades básicas e expectativas dos clientes com relação à empresa?

A PIRÂMIDE ENERGIZADORA: O QUE REALMENTE EMPOLGA O CLIENTE

A pirâmide energizadora também pode moldar as reações da empresa, definir as comunicações da marca ou especificar novos produtos e serviços. Ela revela o que é:

- Essencial em termos de informações ou características.

- Facilitador na implementação de possíveis bases para a diferenciação competitiva.

- Energizador – o que confere à comunicação uma pulsação que se espalhará pelo mercado, ou ao serviço, uma diferença que faz o cliente sorrir e contar para os amigos.

Insight 20: HARRAH'S CASINOS

Quando chegam a Las Vegas, os turistas correm para ver o vulcão em erupção construído em frente ao grandioso edifício de US$750 milhões do MGM Mirage Hotel, mas poucos prestam atenção no Harrah's, hotel-cassino de aparência modesta que fica no lado oposto da rua e que hoje é uma das organizações do setor de entretenimento com maior grau de customização no mundo.

As aparências sempre enganam na capital mundial do jogo. Na última década, o Harrah's teve desempenho muito superior ao de seus concorrentes, com margens de lucro pelo menos três vezes maiores do que as do Mirage ou de qualquer outro concorrente. O segredo não está nos artifícios e no esplendor, nem no maior aparato de jogos da região: está no banco de dados dos clientes.

O Harrah's montou a WINet, uma rede de informações de ganhadores de apostas que disponibiliza à cadeia de hotéis um banco de dados sobre seus clientes e suas preferências de jogo, bem como seus padrões de consumo: gastos com apostas regulares, jantares, bebidas favoritas e muito mais. Com isso, a empresa consegue estimar o valor do ciclo de vida de cada cliente – tanto seu valor passado quanto o projetado para o futuro. Isso permite ao Harrah's customizar seu programa de incentivo Total Rewards Program, além de antecipar e personalizar os serviços oferecidos.

Quando você telefona para a central de reservas do Harrah's, seu número é identificado e localizado no banco de dados, e o atendente tem acesso a seu perfil de cliente mesmo antes de você começar a falar. É claro que esse tipo de abordagem deve ser conduzido com delicadeza, do contrário pode se tornar um inconveniente em vez de um serviço individualizado, mas as informações estão disponíveis para que o atendente as utilize do modo que julgar mais apropriado.

O maior desafio de implementação dessa abordagem não foi técnico, mas cultural. No passado, o Harrah's (na verdade, todo o setor) pressupunha que os clientes geralmente jogavam em um local apenas e esperava que eles fossem fiéis a esse estabelecimento. Como as operações de cada cassino eram em grande parte independentes, não havia muito interesse em promover a marca e outras sedes da rede. Os interesses da empresa se concentravam em fazer com que os clientes voltassem a seus cassinos.

Os gerentes locais inicialmente encararam a WINet com ceticismo, até perceberem as vantagens da fidelidade à marca comparada à fidelidade a uma filial, do serviço personalizado propiciado pelo banco de dados e do grande número de novos clientes oriundos de outras filiais do Harrah's. Os clientes passaram a poder usar o mesmo cartão de jogador em todas as filiais da rede nos EUA, em casa ou no trabalho, à noite ou durante as férias. Eles perceberam que tinham razões de sobra para se hospedar e jogar no Harrah's, onde quer que estivessem, em vez de experimentar outras marcas.

De uma perspectiva dos negócios, o Harrah's percebeu que a lucratividade não vinha da fatia de mercado (que, via de regra, trata apenas de fazer transações com clientes promíscuos a altos custos de venda), e sim da fatia de clientes – ganhando a fidelidade dos melhores clientes e, consequentemente, maiores margens de lucro, mesmo que o número total de clientes seja menor.

O investimento coincidiu com a legalização do jogo em barcas fluviais e reservas indígenas, o que motivou um rápido aumento no interesse do cliente e na concorrência. Com os clientes esperando encontrar um Harrah's em qualquer um de seu destino, a cadeia cresceu rapidamente durante a década de 1990.

De acordo com os relatórios anuais da companhia, desde a introdução da WINet e do Total Rewards Program, em 1997, o número de clientes que joga nas diversas filiais da rede aumentou em 72%. As receitas de remissão recíproca subiram de US$113 milhões para US$250 milhões, o que representou uma contribuição de 10% para o lucro total. Hoje, o número de jogadores que possuem o cartão Harrah's é duas vezes maior do que o de qualquer concorrente.

Como aponta David Bell, professor de marketing da Faculdade de Administração Wharton, "hoje o Harrah's tem como saber quem utiliza seus cassinos, para onde se dirigem uma vez dentro do estabelecimento, o tempo que ficam em diferentes mesas de apostas, entre outros aspectos. Isso permite otimizar o leque e a configuração de suas opções de jogo, além da implementar melhorias em suas filiais, em suas atividades de marketing e na experiência geral do cliente."

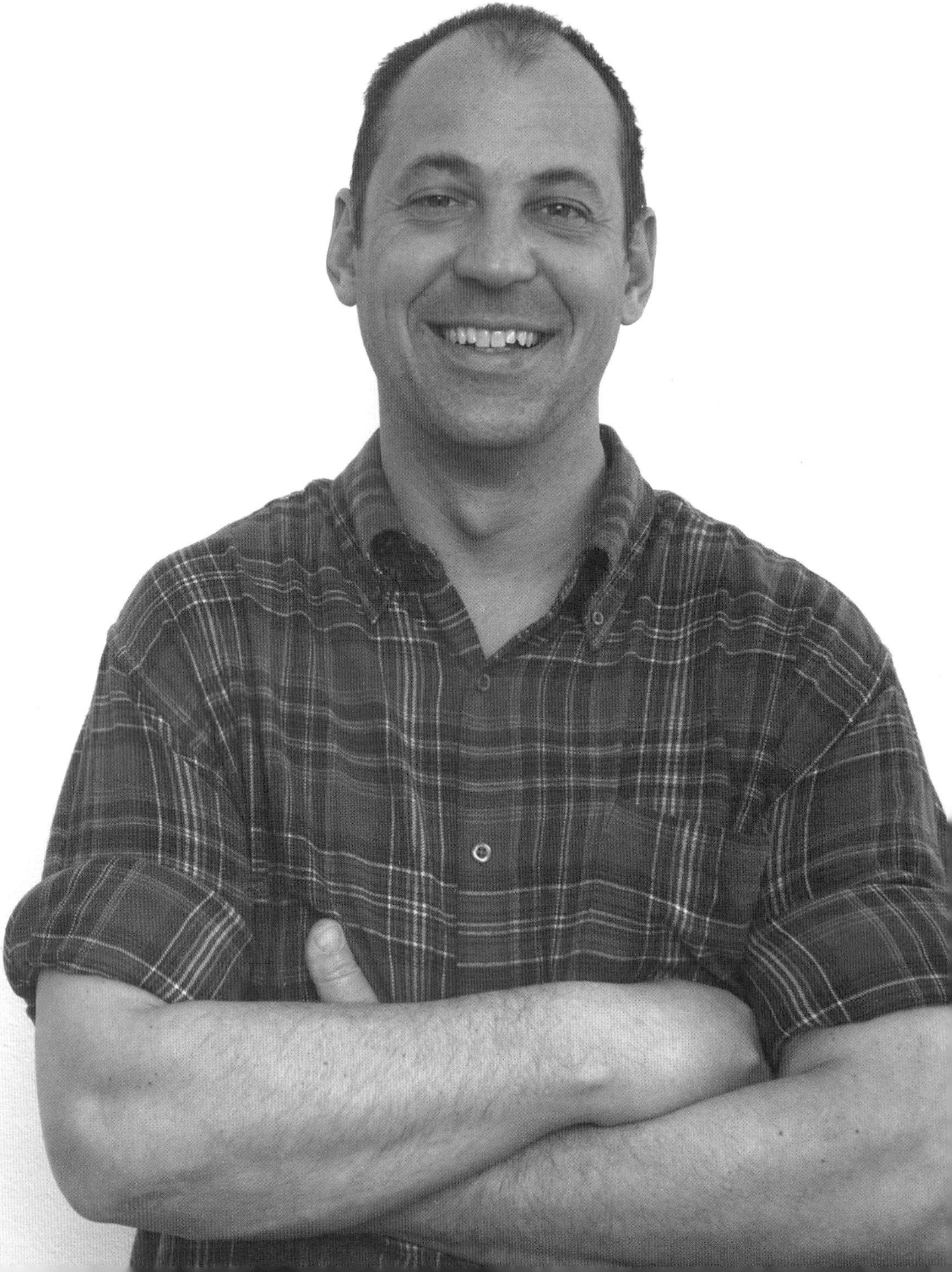

DIMENSÃO 4

As proposições para o cliente

> *Converse comigo nos meus termos, não nos seus. Informe o que seus produtos farão por mim, não o que fazem. Venda as vantagens, não as características. Melhor ainda, fale sobre os meus objetivos e como você pode fazer com que alguns de seus produtos ou serviços me ajudem a atingi-los. Não me faça folhear páginas e mais páginas de catálogos e especificações técnicas. Resolva meus problemas ou me ajude a realizar meus sonhos.*
>
> *Conte-me sobre o quanto você é diferente. Não com mais estatísticas e 'compliquês' – fale sobre o que você pode fazer por mim ou me capacitar a fazer como ninguém mais pode.*
>
> *E faça isso de modo relevante para mim. Nós não compramos um mesmo produto pelas mesmas razões, e ninguém tem os mesmos problemas e desejos. Mas temos, sim, nossas semelhanças – alguns compram um carro pensando na velocidade, outros no design, outros no tamanho do porta-malas. Talvez a questão seja poupar tempo, causar uma boa impressão ou viajar com a família, e não o carro em si – o ponto é a finalidade. Não se trata do produto – trata-se de mim.*

4.1 O CONTEXTO DO CLIENTE

O pensamento "de fora para dentro" implica refletir sobre o mundo do cliente – qual é o objetivo dele, não o que você está tentando vender. Esse é um contexto muito mais amplo para o negócio, e um ponto de partida melhor para conquistar o cliente.

Imagine que você é um executivo em viagem de negócios.

Você precisa ir a Los Angeles o mais rápido possível, com o mínimo de contratempos, e se sentir bem disposto apesar de passar a noite no avião. Isso tudo é importante porque você realmente quer fechar esse negócio e, por isso, terá de ter o melhor desempenho de sua vida e negociar com habilidade. Se tiver sucesso, você terá um contrato lucrativo pelos próximos 36 meses que ajudará seu negócio a crescer, deixará felizes seus investidores e talvez até permitirá que você compre aquela casa nas montanhas que você tanto deseja.

A companhia aérea, por sua vez, está focada em horários de voo, espaços entre poltronas na aeronave e programas de fidelidade.

Mas você tem coisas mais importantes na cabeça. Para você, tanto faz se o espaço entre as poltronas é de 90 cm ou de 100 cm – a menos que a companhia consiga convencê-lo de que isso pode fazer a diferença na hora de fechar um negócio de alguns milhões de dólares. Se ela conseguir ajudá-lo, então você definitivamente vai se importar com isso.

O contexto real do cliente não é a poltrona maior, nem mesmo a viagem em si. O contexto é assinar o contrato, ampliar os negócios ou mesmo comprar aquela casa nas montanhas.

Para atrair esse cliente, agora sabemos muito mais sobre suas ambições pessoais e profissionais. Ainda que a viagem a Los Angeles seja particularmente importante (ele pode fechar o negócio ou não), queremos trabalhar com esse cliente no longo prazo – e, portanto, é mais provável que ele esteja interessado em uma companhia que o ajude a ampliar seus negócios ou melhorar seu estilo de vida.

Se oferecermos a opção de uma poltrona na classe executiva que custa 10 vezes mais do que uma na classe econômica, essa não parecerá ser uma boa proposição. Mas se apresentarmos a ideia de uma parceria de longo prazo em que o cliente viaje na classe executiva em troca de uma experiência de viagem focada na velocidade e no conforto, que facilite o contato com pessoas importantes em seu setor e que incentive um período de férias nas montanhas, então o interesse do cliente provavelmente crescerá.

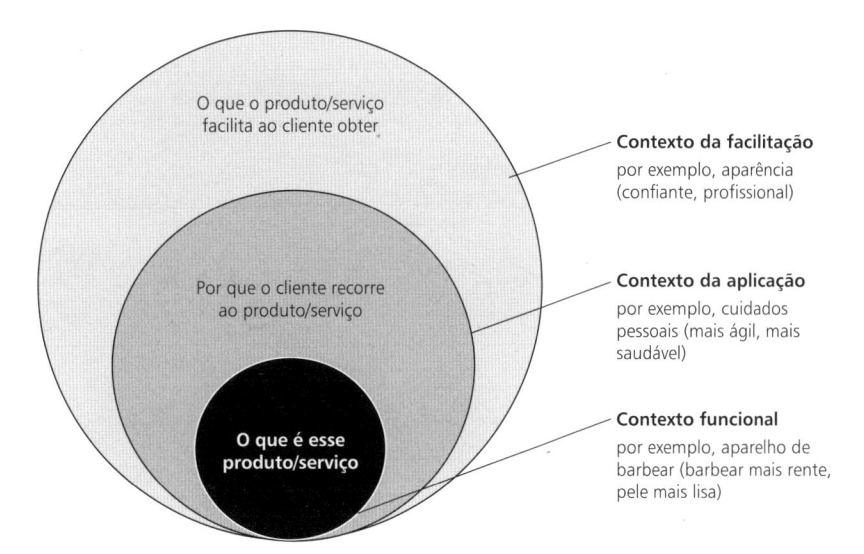

Contexto da facilitação
por exemplo, aparência (confiante, profissional)

Contexto da aplicação
por exemplo, cuidados pessoais (mais ágil, mais saudável)

Contexto funcional
por exemplo, aparelho de barbear (barbear mais rente, pele mais lisa)

O que o produto/serviço facilita ao cliente obter

Por que o cliente recorre ao produto/serviço

O que é esse produto/serviço

O CONTEXTO DO CLIENTE: OS OBJETIVOS DO CLIENTE

Os clientes não começam com uma necessidade de ter o seu produto – eles começam com um problema a ser resolvido, uma tarefa a ser cumprida ou uma ambição a ser alcançada.

Horst Schulze é fundador e presidente da rede de hotéis Ritz-Carlton. Ele costuma contar a seguinte história:

Um homem avistou três pedreiros que trabalhavam em uma construção e perguntou-lhes o que faziam: "Eu coloco os tijolos um ao lado do outro", disse o primeiro. "Eu estou construindo uma parede", disse o segundo. "Eu estou construindo uma casa", disse o terceiro.

Os três estão fazendo a mesma coisa, mas com uma atitude diferente, observa Schulze. Toda empresa é capaz de mobilizar sistemas, treinamento e recursos em busca de um excelente serviço ao cliente, mas sem a atitude correta, o fracasso é inevitável.

PARTE II O negócio do cliente

As "árvores de associação" são uma técnica útil para o mapeamento do "contexto" em que os clientes consideram a sua empresa. Essas árvores funcionam de duas maneiras:

- Pensando sobre a necessidade específica do cliente e perguntando, o tempo todo, "por quê?", a fim de explorar os principais condutores dessa necessidade.

- Iniciando com um produto específico e avaliando as aplicações mais amplas dele.

Ou você pode combinar as duas perspectivas.

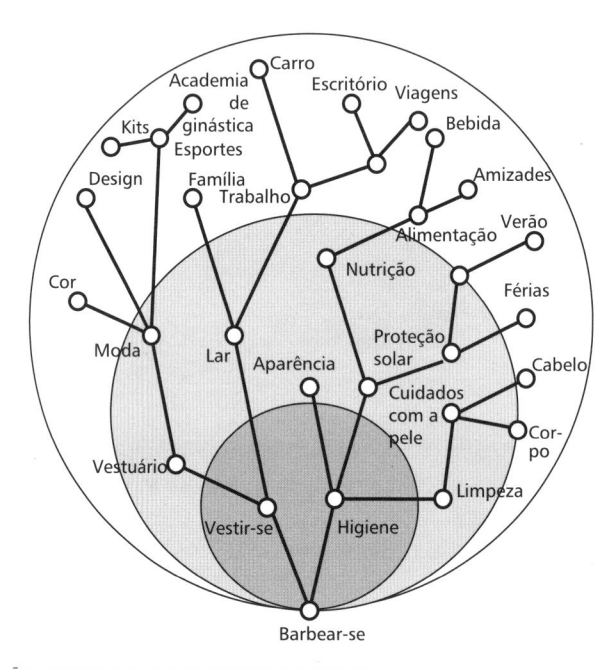

AS ÁRVORES DE ASSOCIAÇÃO: CONSTRUIINDO O CONTEXTO DO CLIENTE

O "valor percebido" é, portanto, um julgamento preparado com base na perspectiva do cliente sobre o preço de um produto ou serviço e as vantagens associadas. A percepção do cliente é condicionada pela visão de cada indivíduo sobre o valor dos benefícios relevantes.

Dimensão 4   As proposições para o cliente

As empresas tendem a encorajar os clientes a verem o valor de sua oferta de modo limitado, comparando-a com a de um concorrente direto que oferece vantagens semelhantes. Em um mundo em que os produtos diferem pouco uns dos outros e, portanto, oferecem benefícios idênticos, uma comparação forçada não demora a convergir para o fator preço.

A única maneira de evitar essa espiral descendente de precificação e de margens cada vez menores é mudar o contexto de sua oferta, de modo que ela não esteja sujeita a comparações diretas com produtos semelhantes. Faça com que a sua oferta tenha um maior valor percebido e com que seja mais fácil para o cliente considerar semelhanças mais relevantes.

Audi A4

Design: diferente
Custo de fabricação: semelhante

Marca: diferente
Custo de fabricação: semelhante

Desempenho: semelhante
Preço: 30% maior

Público-alvo: executivos
Produtos comparáveis: BMW 3, Mercedes Classe C

VW Passat

Design: diferente
Custo de fabricação: semelhante

Marca: diferente
Custo de fabricação: semelhante

Desempenho: semelhante
Preço: 30% menor

Público-alvo: famílias
Produtos comparáveis: Ford Mondeo, Chevrolet Vectra

VALOR PERCEBIDO: UM CONTEXTO MAIOR E MELHOR VALE MAIS

Em termos práticos, talvez baste dar uma pequena virada na percepção já existente para mudar o contexto, de modo que o cliente perceba a sua empresa em comparação a um concorrente em mercados de preços mais altos. Nos casos em que não há uma diferença material real e somente o valor percebido cresce, qualquer aumento de preço irá direto para os lucros.

Consideremos duas marcas de uma mesma holding. O Audi A4 e o Volkswagen Passat são essencialmente o mesmo veículo, com os mesmos custos. Entretanto, o Audi é comercializado em um contexto muito diferente daquele do Passat.

O Audi A4 está posicionado como um carro para o executivo médio e, por isso, é comparado por analistas e clientes a outros modelos direcionados para o mesmo público, como o BMW 3 ou o Mercedes Classe C.

Por sua vez, o Passat está posicionado como um carro mais espaçoso para a família, e é comparado ao Ford Mondeo ou ao Chevrolet Vectra.

Embora o preço do Audi seja em torno de 30% superior ao do Passat, eles são vistos em diferentes contextos pelo cliente – e igualmente vistos como "valendo o preço que têm" em comparação com as alternativas disponíveis.

Insight 21: WHOLE FOODS MARKET

"Apaixone-se por seu supermercado!", diz a faixa colocada acima da entrada da enorme filial da Whole Foods Market em Austin, Texas, cidade-natal da maior rede de supermercados do mundo especializada em produtos naturais.

O convite é audacioso e atrevido, mas comprar na Whole Foods é uma experiência envolvente. Um chef prepara uma salada verde enquanto outro abre macarrão fresco com rolo. Os clientes experimentam uma variedade de sucos de frutas orgânicas ou custam a escolher o que querem entre uma ampla variedade de pães integrais. Há pequenos restaurantes entre os balcões de alimentos: um sushi bar, o La Trattoria e o balcão de saladas Living Foods. Você pode caminhar calmamente por um corredor que lembra um cânion, cercado por centenas de barris com todo tipo de farinha, sementes e grãos, ou por outro que parece um pomar, com enormes gôndolas de frutas frescas de fazendas locais ou espalhadas pelo mundo, flores e plantas. Há também a adega, com seus vinhos, azeites de oliva e vinagres orgânicos finos. As prateleiras exibem livros escritos de Al Gore e Mohammed Yunus e aparelhos de rádio movidos a energia solar.

Em 1978, John Mackey e Renee Lawson abandonaram a faculdade e fizeram um empréstimo de US$45 mil com familiares e amigos para abrir uma pequena loja de alimentos naturais que chamaram de Safer Way Natural Foods, em Austin. Quando o casal foi despejado do apartamento em que vivia por armazenar alimentos no imóvel, eles decidiram morar na loja.

Dois anos mais tarde, o casal formou uma parceria com Craig Weller e Mark Skile para fundir a Safer Way com a Clarksville Natural Grocery, o que resultou na abertura da primeira loja da Whole Foods Market. Com 1.160 m² de área e 19 funcionários, a loja era relativamente grande comparada com as de alimentos orgânicos da época.

Foi então que o mercado de alimentos naturais decolou. Alimentos saudáveis e naturais antes tidos como especialidades se tornaram uma necessidade, e o Whole Foods Market liderou o caminho.

Hoje, com 270 lojas nos EUA, Canadá e Reino Unido, a Whole Foods é um negócio de US$5,6 bilhões totalmente voltado para "os alimentos integrais, as pessoas saudáveis e a preservação do planeta". As equipes da Whole Foods assumiram o compromisso de vender produtos naturais e orgânicos da maior qualidade, cuidando de seus clientes e funcionários e fazendo do mundo em um lugar melhor.

Parte do sucesso e do estilo da Whole Foods está na constante elevação dos padrões com relação aos tipos de alimentos oferecidos, ao modo como eles são apresentados e à divulgação de sua procedência e modo de transporte até as lojas.

Ela possui um intrincado conceito interno chamado "Whole Trade" (comércio integral), inspirado no movimento fair trade (comércio justo), que certifica que os produtos oriundos de países em desenvolvimento sejam produzidos seguindo critérios de sustentabilidade econômica e ambiental. Em 2008, a empresa implantou um sistema de classificação de tratamento dos animais: todos os produtos de origem animal são classificados com escores de 1 a 5, com base no modo como os animais foram criados. Além disso, todas as sacolas plásticas e embalagens dispensáveis deixaram de ser utilizadas.

A empresa também mantém uma atitude proativa. Recentemente, lançou um programa de empréstimos para seus fornecedores com um orçamento de capital de US$10 milhões ao ano cujo objetivo é disponibilizar financiamentos a juros baixos para pequenos produtores de alimentos e promover a agricultura local.

Mackey, hoje presidente e CEO da empresa, é famoso por suas frases messiânicas: esta é uma empresa "baseada no amor, não no medo"; "acreditamos em um círculo virtuoso que envolva a cadeia de produção de alimentos, os seres humanos e a Mãe Terra", diz uma placa na entrada da loja.

De acordo com o site da empresa, seus 54 mil funcionários são "pessoas apaixonadas e atenciosas que trabalham em equipe". Em 2007, a empresa foi eleita pela revista *Fortune*, pelo décimo ano consecutivo, uma das "100 melhores empresas para trabalhar". O pessoal da Whole Foods é incrivelmente bem informado, dedicado e educado; para eles, você é um "convidado", não um cliente. Já o ambiente é uma aventura de dar água na boca – não uma loja.

Uma cliente descreveu sua experiência com a Whole Foods:

> "Foi encantamento à primeira visita. A Whole Foods é um templo de adoração à gastronomia (...) Todas as lojas que visitei deixaram uma marca permanente em meu estômago e em minha alma. Foi na loja de Massachusetts que perdi minha virgindade orgânica, e isso mudou para sempre minha maneira de selecionar os alimentos que consumo. Quando estou em Portland, dou um jeito de ir ao centro da cidade só para ficar olhando as variedades de tomate. Em Louisville, apresentei as maravilhas do corredor de biscoitos a meu pai – e juntos saboreamos *macaroons* e *cheesecakes* novinhos. Estou ansiosa para conhecer a nova loja em Seattle em uma das minhas próximas viagens, e inclusive estou considerando reservar um quarto de hotel com fogão só para a ocasião."

4.2 AS PROPOSIÇÕES PARA O CLIENTE

Definir o que sua empresa faz "de fora para dentro" significa pensar nos clientes, não nos produtos; pensar nas vantagens, não nas características; pensar no valor, não no preço.

As "proposições de valor para o cliente" são talvez as ferramentas mais importantes nos negócios hoje e, ainda assim, muitas vezes são mal compreendidas e utilizadas sem a clareza e o cuidado necessários.

Elas oferecem uma lente pela qual os clientes enxergam os produtos e serviços da sua empresa de um modo mais relevante e valorizado. Elas são temas que abrem as portas para conversas, colaborações e customizações:

- Focam em problemas e aspirações de públicos específicos e, portanto, são relevantes apenas a determinadas pessoas. Segmentos diferentes, por definição, requerem proposições diferentes.

- O mesmo produto pode ter muito mais sucesso se vendido a diferentes públicos de diferentes maneiras do que a todo mundo da mesma maneira.

- Às vezes, precisam de produtos e serviços inteiramente novos para cumprir suas promessas, ou de componentes icônicos que reúnem produtos na forma de soluções integradas.

Existem também proposições apresentadas em temas baseados em questões essenciais ao cliente-alvo. Elas atraem os clientes até você. No mundo dos negócios, o modo "como você consegue aumentar suas vendas" atrai empresas com essa ambição; no mercado voltado para o público adolescente, "colocar sua banda online" atrai todo tipo de aspirante a astro da música; "garantir o futuro de sua nova família" é importante para os pais de primeira viagem.

Desse modo, você incita o interesse do público para algo importante e relevante para eles, cortando caminho em meio à publicidade e à obsessão pelo preço de seus concorrentes. Você fica em posição de moldar uma solução melhor, mais personalizada e valiosa. O interesse do público é muito maior quando a discussão é sobre ele, não sobre você.

O tema define um contexto que ultrapassa o produto. Temas mais relevantes têm maior valor percebido, o que permite precificar as ofertas a margens mais lucrativas. Eles podem até se tornar mais duradouros, sustentando-se ao longo do tempo e desenvolvendo um relacionamento mais produtivo. O valor percebido agregado pelos temas facilita a venda cruzada – e não por meio de descontos, mas a um preço mais alto. Eles também atraem um maior número de clientes semelhantes, o que potencializa a criação de comunidades organizadas em torno de uma mesma questão.

Em geral, as proposições operam com os produtos, em uma estrutura matricial.

Imagine uma empresa do setor de serviços financeiros com produtos típicos, como contas corrente, contas de investimento, cartões de crédito, empréstimos, hipotecas, seguros de automóveis, seguros residenciais etc. Imagine também os clientes e suas motivações típicas, como a compra de uma nova casa, o nascimento de um filho, a abertura de uma empresa, uma viagem ou a preparação para a aposentadoria.

Se você oferecer financiamentos como produto principal, então atrairá apenas os interessados em adquiri-los. O assunto imediatamente converge para as taxas de desconto e para as complexas opções de financiamento existentes. O cliente é forçado a passar por isso sempre que quiser comprar a casa de seus sonhos.

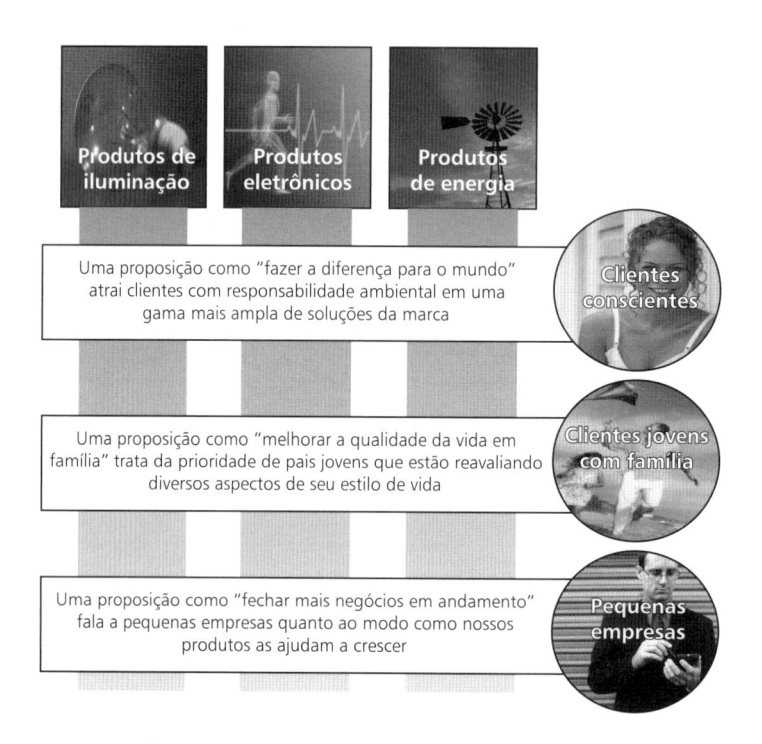

	Produtos de iluminação	Produtos eletrônicos	Produtos de energia	
Uma proposição como "fazer a diferença para o mundo" atrai clientes com responsabilidade ambiental em uma gama mais ampla de soluções da marca				Clientes conscientes
Uma proposição como "melhorar a qualidade da vida em família" trata da prioridade de pais jovens que estão reavaliando diversos aspectos de seu estilo de vida				Clientes jovens com família
Uma proposição como "fechar mais negócios em andamento" fala a pequenas empresas quanto ao modo como nossos produtos as ajudam a crescer				Pequenas empresas

PROPOSIÇÕES COMO TEMAS: A VISÃO DO CLIENTE SOBRE DIFERENTES PRODUTOS

No lugar de vender financiamentos e competir no fator preço, você decide oferecer uma proposição ao "comprador de imóvel". Você passa a ser um consultor confiável sobre uma tarefa complexa e intimidadora, e ajuda a montar um quebra-cabeça pessoal de tudo que ele precisa – em síntese, você vende mais produtos, muitas vezes a preços mais altos, e com perspectivas de um relacionamento de longo prazo.

O objetivo das proposições é serem relevantes a clientes específicos – em nível individual, de segmento ou de mercado –, interpretando a marca de modo mais relevante, articulando produtos e serviços de maneira mais relevante, estabelecendo um contexto mais relevante e possibilitando um relacionamento mais rentável.

Uma proposição representa as vantagens e, portanto, um valor superior para o cliente. O valor conceitual de uma proposição é ilustrado a seguir. O valor básico e distintivo, menos o preço e as alternativas, resulta no valor líquido para o cliente – que se espera ser maior do que o valor oferecido pelas alternativas:

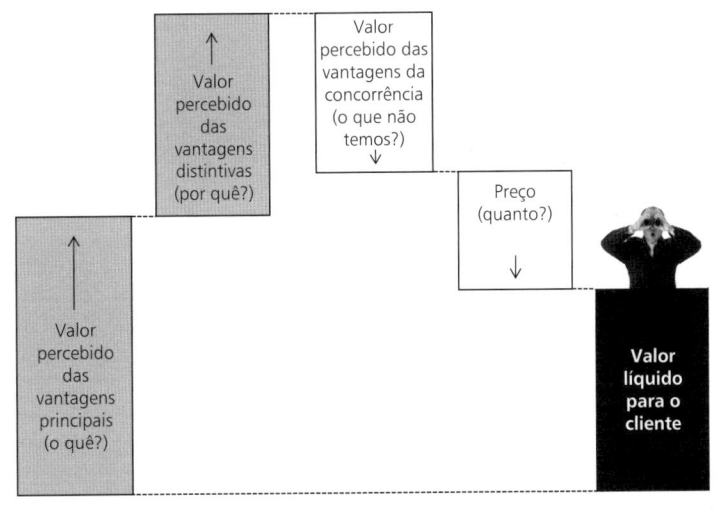

AS PROPOSIÇÕES COMO VALOR: O VALOR LÍQUIDO PARA O CLIENTE

Embora pareça óbvio, é essencial manter o foco nas vantagens, não nas características. Vantagens criam valor para os clientes; características não. Produtos descrevem características; proposições descrevem vantagens. "Manutenção a domicílio 24 horas" é uma característica, e "Paz de espírito em casa" é uma das vantagens dela. "Serviço de emails no celular" é interessante, mas "Manter contato com seus clientes em qualquer lugar" tem mais valor.

Assim, uma proposição de valor começa com um documento interno, o ponto de partida para qualquer atividade relacionada ao cliente. Os aspectos-chave são:

- *Quem?* O público-alvo, suas questões e motivações e o principal insight do mundo desses clientes.

- *O quê?* As principais vantagens que você oferece, baseadas nas características de alguns produtos e serviços que podem concretizá-las.

- *Por quê?* A vantagem competitiva do que você oferece; de que modo sua oferta difere do que os outros oferecem, e por que ela é diferente.

- *Quanto?* A proposição de preço em relação às alternativas disponíveis, considerando as vantagens superiores oferecidas e comparadas a outras maneiras de concretizá-las.

- *O que não temos?* As substituições que o cliente faz ao escolher você, não a concorrência – isto é, os diferenciais da concorrência (embora você não deva revelá-los!).

Em conjunto, essas dimensões articulam o valor superior que você oferece, que, em geral, não se expressa em números (embora isso seja possível). Esse documento, obviamente, é de caráter interno, mas pode ser revelado ao cliente de maneiras atraentes. O aspecto-chave das proposições de marketing é vinculá-las ao segmento de clientes, para os quais os temas são mais relevantes.

DIMENSÃO 4   As proposições para o cliente

| **Quem**... Prepare um perfil físico e emocional de seu cliente-alvo |
| **O quê**... Descreva o contexto dele e o que ele deseja |
| **Por quê**... Identifique as vantagens que distinguem seu produto para o cliente |
| **Como**... Descreva as características específicas que geram esses benefícios |
| **O que não temos**... Mantenha um registro interno das vantagens oferecidas pela concorrência |
| **Quanto**... Posicione o preço como um % em relação à concorrência |

A PROPOSIÇÃO DE VALOR PARA O CLIENTE

Embora não seja desejável "empurrar" as proposições por meio de marketing direto a nomes e endereços específicos, essas pessoas se sentem atraídas por certos tipos de evento (conferências, exposições), de redes de associação (clubes, grupos de hobbies), de programas de TV (interesses específicos) e de imprensa (seções de jornais, suplementos especiais).

As proposições podem ser comunicadas por publicidade convencional ou pelo trabalho com parceiros relevantes em um dado tema. Por exemplo, a proposição para o "comprador de imóvel" pode ser apresentada por corretores imobiliários para atrair clientes antes de eles procurarem empresas de serviços financeiros.

As proposições são então concretizadas por meio do diálogo, fazendo combinações de produtos padronizados sob um mesmo tema ou mesmo adicionando alguns ingredientes "icônicos" específicos – por exemplo, um manual de instruções especial, um consultor para o comprador de imóvel ou ferramentas de diagnóstico exclusivas e fóruns de discussão de um mesmo setor para fabricantes com altas taxas de crescimento. Esses elementos representativos agregam valor e aumentam a diferenciação, além de possibilitarem a associação de soluções mais abrangentes e rentáveis.

Uma percepção ligeiramente melhorada das vantagens comparativas, expressa por meio de uma proposição de valor, possibilita à empresa aumentar preços, manter o mesmo valor do dinheiro e melhorar a rentabilidade de forma direta.

Insight 22: OXFAM UNWRAPPED

Já aconteceu de você simplesmente não conseguir achar aquele presente perfeito para seu pai, ou querer preparar aquela grande surpresa para sua namorada, ou enviar aquele agradecimento obrigatório para seus clientes corporativos? Você já se encontrou vagando por lojas ou sites em busca da coisa certa, um pouco mais divertida, mais personalizada ou diferente?

A Oxfam, entidade beneficente internacional focada na diminuição da pobreza e no apoio ao desenvolvimento do continente africano, tem a solução perfeita para você.

Presenteie seu pai com uma vaca ou um jumento, dê à namorada algumas galinhas, uma ovelha, uma cabra ou mesmo uma colmeia de abelhas. Claro que talvez não haja lugar para a vaca no jardim dele nem para as galinhas no apartamento dela. Mas a Oxfam pensou nisso também. Dê os bichinhos a alguém cuja vida eles possam mudar de verdade, resgatar da fome, pôr de volta no caminho certo para que cuide de si ou mesmo comece o seu próprio negócio.

A Oxfam vem tendo grande sucesso como instituição de caridade, levantando fundos em tempos de crise, fome e catástrofes naturais. Ela também possui uma rede de lojas com marca própria que vende artigos de segunda-mão e alguns itens produzidos no Terceiro Mundo. Embora esses produtos conservem a visibilidade da marca, eles estão presentes em um mercado de caridade altamente competitivo, e lutam para sobreviver em meio aos altos aluguéis comerciais.

O Oxfam Unwrapped foi uma grande saída para conservar o interesse das pessoas e obter novos e expressivos fluxos de receita ao longo do ano. Um site e um catálogo de encomendas pelo correio mostram a diversidade dos presentes que a instituição oferece. Depois de alguns cliques do mouse – ou de um simples telefonema – e dos números de seu cartão de crédito, o presente ideal é enviado àqueles que precisam. Naturalmente, o outro presenteado não é esquecido, pois recebe um cartão-presente ou um email que os informa sobre seu presente.

Os presentes são descritos pela Oxfam como "publicidade positiva", que ajuda pessoas necessitadas e desperta um sorriso no rosto dos que amamos. O catálogo é atualizado regularmente para que as ofertas não se tornem repetitivas. E há muito mais do que animais – os presentes mais interessantes incluem água, sementes para cultivar uma vida nova, equipamentos para ajudar as pessoas a ajudarem a si mesmas ou contribuições para a educação, como a construção de uma nova escola. Você também pode optar por destinar sua doação diretamente a um fundo emergencial.

Embora a proposição para o cliente esteja focada no presente, a Oxfam reconhece que é preciso muito mais do que um animal para que as pessoas em situações desesperadoras retomem suas vidas. O preço do presente inclui tudo o que for necessário para garantir que ele tenha o maior impacto positivo possível:

- Equipamentos, como o custo da colmeia em que as abelhas serão mantidas.

- Obtenção das abelhas, normalmente de locais próximos para apoiar outras pessoas e reduzir custos.

- Entrega, que envolve o transporte das abelhas e da colmeia aos locais destinados.

- Treinamento em como usar a colmeia e produzir mel de melhor qualidade.

- Envolvimento e estímulo ao pessoal local para que adotem a apicultura.

- Varejo, com a instrução dos novos apicultores sobre como embalar e vender o mel.

- Disponibilização de pessoal da Oxfam no local para apoiar a concretização dessas metas.

- Divulgação do programa em sites da Internet e catálogos para gerar demanda.

- Apoio da Oxfam a iniciativas mais amplas na região.

Todos nós queremos fazer algo útil, mas há vezes em que pedir mais dinheiro parece impessoal e repetitivo. O sucesso da Oxfam está em redefinir "doação" como "presente" e em mudar o "contexto" do cliente para o ato de presentear. E isso traz vantagens reais – não apenas para as pessoas mais destituídas do que nós, como também para alguém que precisa comprar um presente para quem já tem tudo.

4.3 O BATE-PAPO COM OS CLIENTES

Imagine que você está prestes a se reunir com seu cliente – a oportunidade perfeita para divulgar sua nova proposição e envolvê-lo de modo relevante e atraente. Mas tudo isso tende a dar errado. Sempre começamos a falar de nosso próprio mundo: quem somos, o que fazemos, os produtos que oferecemos, porque achamos que somos melhores do que a concorrência.

Contudo, as pessoas ficam mais interessadas quando você fala sobre *elas*: "Vejo que suas prioridades estratégicas para esse ano são...", e então você consegue empolgá-las sobre como elas podem atingir suas metas com maior rapidez e eficiência e, então, fazer o caminho inverso para descrever como você pode ajudá-las a concretizar esses objetivos.

As "narrativas do cliente" são métodos estruturados para apresentar novas ideias ao cliente, um roteiro para uma conversa sobre ele, para apresentar a proposição de modo importante e relevante.

A narrativa do cliente começa com o próprio cliente, com seus problemas e oportunidades, e o conduz por um caminho lógico que estimula o diálogo, transfere o assunto da conversa do produto comoditizado para a solução personalizada e o inspira a adotar as ações que você busca.

DIMENSÃO 4   As proposições para o cliente   **183**

Cliente... Inicie um diálogo com o cliente-alvo

Contexto... Confirme o que ele busca realizar

Complexidade... Estabeleça uma questão, por que ele precisa de ajuda

Desafio... Articule o problema que precisa ser resolvido

Mensagem principal... Proponha a solução que o cliente precisa

Conversa... Discuta as etapas na concretização dessa meta

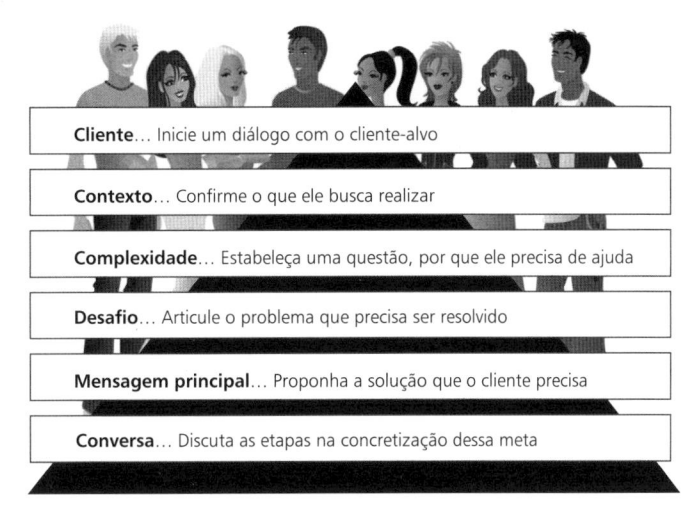

NARRATIVAS DO CLIENTE: CONVERSANDO NOS TERMOS DO CLIENTE

A estrutura da narrativa possui quatro etapas:

- **Contexto**: A situação do cliente, seus problemas e oportunidades. Mostre um amplo entendimento do mundo em que ele vive e seus respectivos desafios com o objetivo de chegar a um acordo sobre a importância do assunto e manter o interesse em discuti-lo.

- **Complexidade**: O problema do cliente, o porquê de a solução atual não bastar. Utilize novas pesquisas ou experiências reais para mostrar em que ponto as coisas estão erradas, gerar a ideia de um "atraso nos planos" e despertar dúvidas no cliente.

- **Desafio**: A pergunta do cliente – como você pode melhor abordar o contexto e superar essa nova dificuldade? A pergunta pode ser retórica, planejada para conduzir a conversa a uma nova ideia, tema ou solução.

- **Mensagem principal**: A proposição para o cliente, a grande ideia que você gostaria de apresentar a ele. Estabeleça o tema que você gostaria de discutir em detalhe com ele ou a solução que gostaria de propor.

A mensagem principal tipicamente incorporaria a proposição que você deseja concretizar – a grande ideia que você quer inserir na mente de seu público. Ela estabelece um novo contexto de diálogo a partir do qual é possível elaborar uma solução de maior peso para o cliente e mais rentável para a empresa.

A narrativa pode então prosseguir explicando "por que" a conclusão é apropriada, ou "como" ela pode ser alcançada em uma subestrutura de mensagens, que podem reproduzir a narrativa em uma série de iniciativas mais específicas para apoiar o argumento ou em uma descrição mais detalhada sobre como a solução será alcançada.

A estrutura pode ser aplicada a tudo, de um roteiro para um anúncio na televisão à elaboração da brochura ou dos slides de apoio em uma proposta de venda. Ela pode ter várias páginas, mas é essencial poder resumir sua mensagem principal em uma.

Ao mesmo tempo, queremos uma narrativa emocionalmente envolvente e inesquecível.

Certa vez, Phil Knight, da Nike, explicou sua paixão pelo apoio dos ídolos do esporte argumentando: "Você não consegue explicar muita coisa em 60 segundos, mas quando você mostra Michael Jordan, não precisa explicar. É simples assim." Algumas palavras, símbolos e ícones podem representar mil palavras e realmente ficar na memória.

Richard Dawkins cunhou o termo "meme" para descrever "uma unidade de evolução cultural análoga ao gene", argumentando que a replicação e a mutação são comuns em nossa cultura – na linguagem, nos símbolos e nos comportamentos que adotamos –, à semelhança da evolução genética. Dawkins considera os memes como unidades de informação armazenadas em nosso cérebro, e que enxergamos estruturas meméticas em tudo, de canções populares a novos designs de moda.

Os memes nos auxiliam a transformar marcas e proposições em histórias, símbolos e *slogans*. Eles atraem a atenção, aderem às mentes das pessoas e se multiplicam com rapidez, por meio da observação e da experiência, da publicidade boca a boca, do email, das mensagens de texto. Para alcançar seu público-alvo, alavancar o poder das redes reais e virtuais – além de estar presente nas mentes das pessoas no momento da compra – as proposições de valor e as comunicações não podem prescindir de adotar a memética.

Um meme precisa ser cativante, fácil de lembrar e de expressar. Precisa explicitar uma vantagem essencial, algo que possa ser descrito por ele. Precisa ser diferente, original e de fácil diferenciação, ter impacto emocional e despertar sentimentos positivos. Pode ter uma forma, talvez com um ritmo ou uma rima. Mas, acima de tudo, os memes devem ser simples, curtos e descomplicados, pois esses atributos permitem sua disseminação.

Os memes grudam na memória e podem ser facilmente acessados. Eles são construtos da memória mais memoráveis, reconhecíveis e contagiosos:

- Slogans, como o da Nike "*Just do it*".

- Cores, como o papel rosado do *Financial Times*.

- Músicas, como o jingle de cinco notas da Intel ou o "toque da Nokia", disponível em todos os celulares da marca.

- Designs, como os computadores brancos translúcidos da Apple.

- Números, como o "0" central que já é marca registrada da Peugeot.

- Aromas, como o da Singapore Airlines.

- Tipografia, como as letras da logomarca da Coca-Cola.

Insight 23: JIMMY CHOO

"Não importa o que você está vestindo – se tiver bons sapatos e uma boa bolsa, estará com o visual certo", diz Tamara Mellon, fundadora da Jimmy Choo.

Essa filosofia permeia a rede de lojas elegantes, bonitas, sexies e ousadas que vendem calçados e bolsas luxuosos e práticos para todas as ocasiões, e que também cria um visual que é imediatamente identificado como da Jimmy Choo. A exclusividade é garantida por coleções limitadas, distribuição cuidadosamente gerida e preços altos.

Jimmy Choo nasceu na Malásia, em Penang. Ele cresceu em Londres, onde, aos 11 anos, produziu seu primeiro par de sapatos. Choo aprendeu tudo sobre seu ramo de negócios na Cordwainer's Technical

College, hoje parte da London School of Fashion, pagando seus estudos com o salário de faxineiro em uma fábrica de calçados. Em 1983, quando se formou, Choo abriu uma sapataria em um hospital abandonado no bairro de Hackney, zona leste da capital inglesa. Em pouco tempo, ele ganhou notoriedade por seu estilo diferenciado e suas habilidades manuais, o que lhe rendeu oito páginas na revista *Vogue* em 1988.

A história de Tamara Mellon, por outro lado, é diferente. Ela nasceu em uma família abastada e ligada ao mundo da moda – a mãe era modelo da Chanel e o pai, empresário. Depois de concluir seus estudos em Beverly Hills e na Suíça, Tamara retornou a Londres em 1990 para se tornar editora de acessórios da *Vogue* britânica. Ao examinar edições anteriores da revista, seus olhos foram imediatamente atraídos pelo editorial com Choo. Ela se empolgou com o potencial do mercado de acessórios de luxo, até então dominado pelas grandes magazines e sem espaço para marcas especializadas em acessórios. Ela percebeu que pouca atenção era dada aos acessórios, que apresentavam pouca variedade e estilos.

Em 1996, Jimmy Choo e Mellon se juntaram para fundar uma fábrica de calçados *prêt-à-porter*. Eles reuniram investidores, fornecedores e fabricantes; com Mellon na chefia e Choo no design, eles abriram a sua primeira butique na Motcomb Street, em Londres, em 1997.

Não restava dúvida de que havia um mercado para seus sapatos, e eles rapidamente subiram para o topo da lista de compras das mulheres ricas e "antenadas" de Londres. Logo a dupla levou seu conceito para Los Angeles. As atrizes indicadas ao Oscar tinham de ser vistas no tapete vermelho com um par de Jimmy Choo; a cantora Beyoncé foi além, cantando sobre seus sapatos em um hit internacional.

Choo e Mellon continuaram a construir sua reputação e sua linha: contrataram Sandra Choi, aprendiz de Choo, como diretora criativa e passaram a viajar pelo mundo em busca de novas inspirações para as coleções. Inspirados nos designs antigos e intrincados dos vestidos de noiva italianos, na complexidade das rendas belgas, na arte de Pablo Picasso e na arquitetura de Jeff Koons, eles seguiram produzindo alguns dos calçados mais atraentes e desejados do mundo.

A marca de luxo continuou a prosperar sob a liderança de Mellon, embora Choo tenha vendido sua participação de 50% na empresa por £10 milhões em 2001. Ele permanece trabalhando em sua linha Jimmy Choo Couture, com licenciamento dos proprietários da marca, e também abriu um instituto de ensino da fabricação de calçados na Malásia.

Mellon reconheceu que, para o negócio crescer, seria preciso criar uma rede mundial de lojas. Isso exigiu investimentos. Desde então, a empresa teve uma sucessão de parceiros em investimentos, mas Mellon ainda retém uma pequena parcela de participação. Em 2001, a Equinox entrou com o capital necessário para a abertura de 26 novas lojas em todo o planeta, e ampliou a gama de produtos, incluindo bolsas e acessórios menores. Em 2004, a Lion Capital adquiriu a maior parte das ações da Jimmy Choo, o que fez subir seu valor para £101 milhões. Quando a TowerBook Capital sucedeu à Lion Capital em 2007, o valor subiu para £185 milhões.

Mellon e Choo permanecem na liderança criativa da empresa, que hoje tem 60 lojas de marca própria nas principais cidades do mundo, além de muitas outras lojas franqueadas. Os calçados e acessórios continuam sexies e desejados, sempre nas últimas tendências da moda, e garantem que, independentemente do que você estiver vestindo, "se tiver bons sapatos e uma boa bolsa, estará com o visual certo".

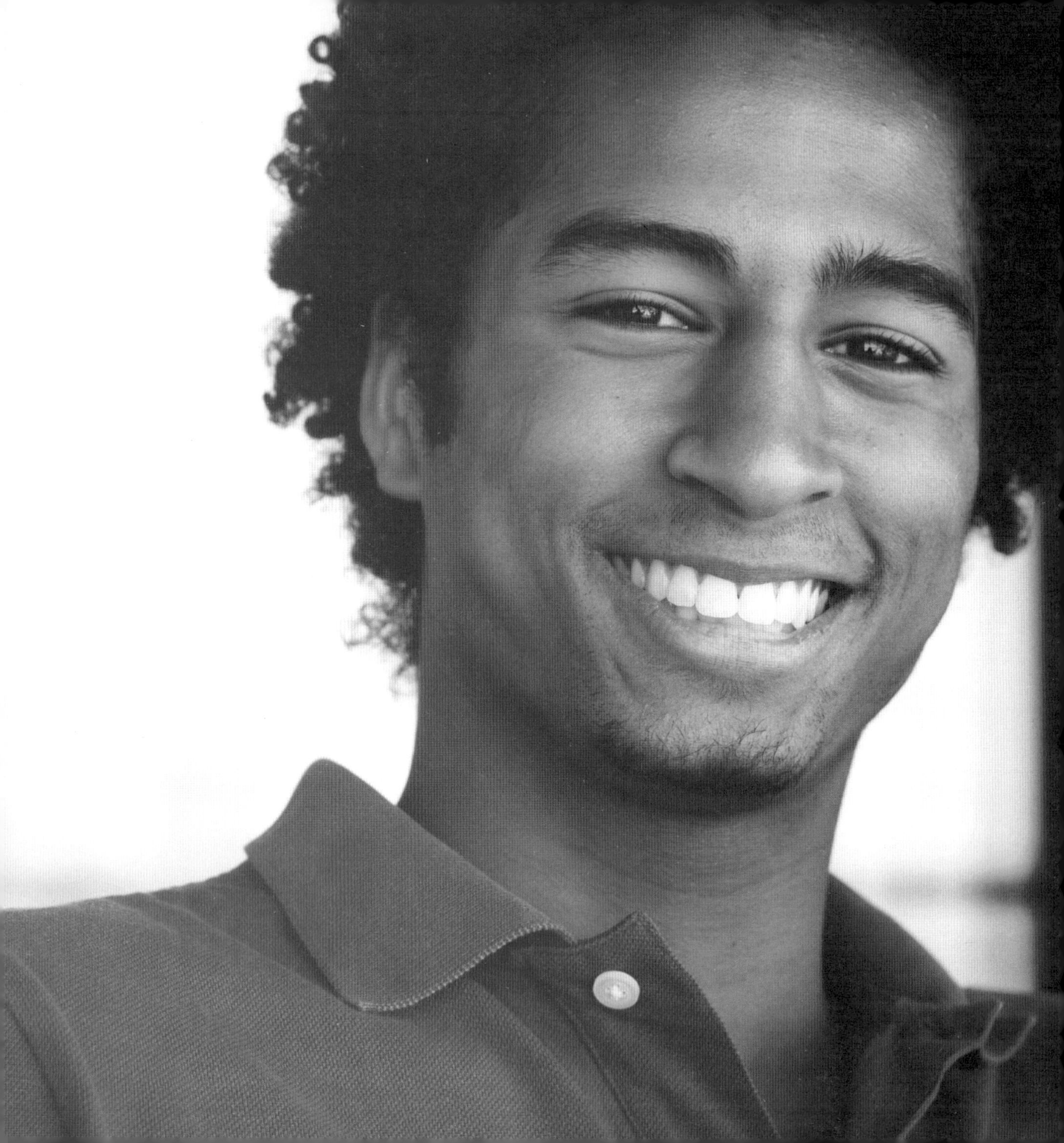

DIMENSÃO 5

As soluções do cliente

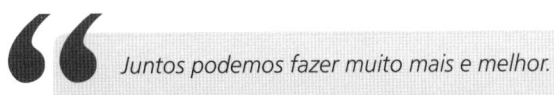

> *Juntos podemos fazer muito mais e melhor.*
>
> *No passado, você fabricava os produtos e os colocava em prateleiras e então eu decidia se os compraria ou não. Hoje, quero me envolver mais. Porque geralmente sei melhor do que você o que quero, e o quero exatamente de acordo com minhas necessidades, e é mais divertido assim. Tente comprar um tênis da Nike ID, um computador da Dell ou um jeans Zafa. Eu os desenho, você os produz, eu os compro e eles são perfeitos. Por que as coisas não podem ser tão boas assim?*
>
> *Procuro mais do que apenas o produto – calçados nas cores que gosto, computadores para minhas especificações –, quero soluções. Isso talvez implique a reunião de diversos produtos – calçados e roupas nas minhas cores preferidas, software para minhas tarefas específicas. Algumas dessas coisas você consegue fornecer, outras obtém de diferentes fontes, talvez até com a ajuda de consultoria ou serviços especializados. Isso é o que chamo de soluções. Elas resolvem problemas e valem muito mais do que os produtos.*

5.1 A COLABORAÇÃO COM O CLIENTE

Empresas vendem coisas: aquilo que elas pensam ser o que as pessoas desejam ou que elas sempre fabricaram, de modo padronizado e anônimo.

O foco está na venda. Na maioria dos casos, as empresas pouco se preocupam com o que o cliente faz com o produto. Elas apenas esperam nunca mais ver esse produto de novo.

Como você pode ajudar seu cliente a fazer, usar, aplicar e atingir o que quer?

A criação de soluções "de fora para dentro" envolve o foco nos objetivos do cliente, não de apresentar um pacote de produtos. Os clientes querem ser parte da solução – eles conhecem seus próprios problemas e geralmente conseguem descrever as soluções desejadas com bastante detalhe. Na maioria dos casos, eles carecem de habilidades, materiais, recursos ou tempo necessários para fazer as coisas por conta própria. É por isso que recorrem a você.

O papel do cliente pode ser de grande utilidade. Em vez de vê-lo como um inconveniente durante o projeto ou a produção, considere como ele pode agregar valor ao participar do processo criativo da solução de problemas, ao selecionar as melhores opções para desenvolvimento e ao testar ideias a cada diferente estágio. Assim, é possível poupar tempo e melhorar índices de qualidade, com o cliente acrescentando suas próprias experiências ao modo como o produto é utilizado ou o serviço é recebido.

Isso é envolvente não apenas para o cliente participante – "esse é o produto que projetei" – como para outros clientes. Claro que, quando a Boeing avisou ao mundo que sua nova aeronave, a incrível Dreamliner, fora projetada pelo cliente, todos entenderam que ela se referia a seu interior, não aos elementos de aeronáutica. Ao mesmo tempo em que você consegue imaginar os clientes da Boeing descrevendo novos designs para a decoração do interior do avião, para poltronas mais confortáveis ou para pratos e bebidas mais agradáveis, esses clientes talvez sejam capazes também de dar ideias sobre a pressurização da cabine, ou seus padrões de viagem futuros em geral.

A cocriação com o cliente tem quatro fases importantes:

- **Codefinição**: Convidar e encorajar os clientes a participarem no projeto e no desenvolvimento de produtos e serviços, tanto como parte de um programa de inovação quanto como um aspecto mais corriqueiro de suas compras.

Dimensão 5 As soluções do cliente 191

Cliente

Empresa

Cocriação

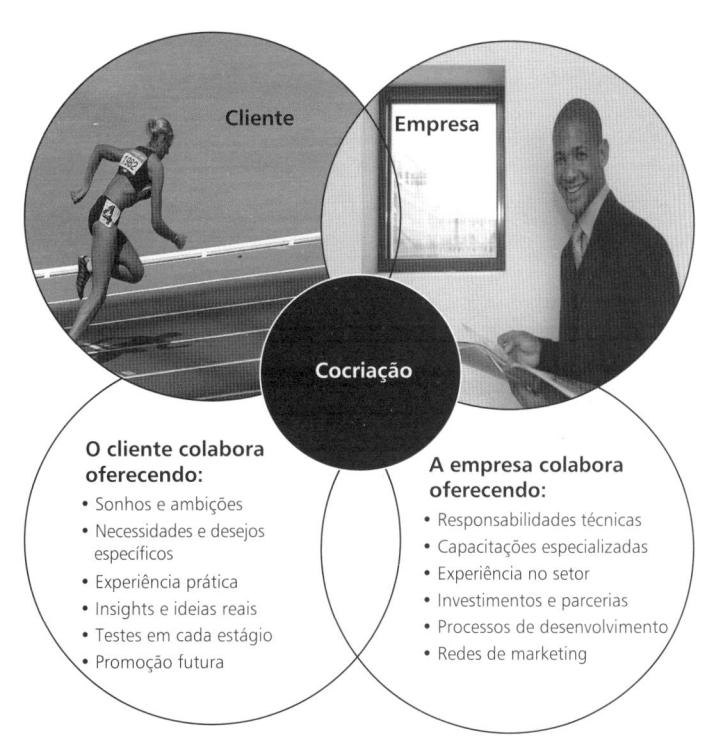

O cliente colabora oferecendo:
- Sonhos e ambições
- Necessidades e desejos específicos
- Experiência prática
- Insights e ideias reais
- Testes em cada estágio
- Promoção futura

A empresa colabora oferecendo:
- Responsabilidades técnicas
- Capacitações especializadas
- Experiência no setor
- Investimentos e parcerias
- Processos de desenvolvimento
- Redes de marketing

COCRIAÇÃO COMO CLIENTE: TRABALHANDO COM CLIENTES

- **Codesign**: Compreender as prioridades e preferências do cliente, dar a eles linguagem e ferramentas simples para expressar o mais importante e prestar atenção aos aspectos mais sutis de seus desejos, que podem fazer uma grande diferença do ponto de vista emocional.

- **Codesenvolvimento**: Capacitar o cliente para fazer escolhas, ajudá-lo a entender os *trade-offs* e a compor a solução apropriada em termos de características do produto, níveis de serviço, condições de pagamento, tempos de entrega, opções de suporte etc.

- **Coexecução**: Instalar e aplicar a solução "quando", "onde" e "como" for mais apropriado. Ajudar a obter o máximo de benefícios de uma solução, por exemplo, por meio da integração com outras atividades, treinamento e suporte.

Se você cocria um novo carro (um BMW normalmente oferece mais de 12 mil combinações de opções ao cliente) ou um bolo de aniversário (o item alimentício customizado mais popular da rede de lojas Marks

& Spencer), o cliente se sente mais envolvido, mais disposto a pagar um pouco mais e, definitivamente, mais inclinado a contar isso a seus amigos.

Pense no setor de prestação de serviços profissionais – uma empresa de consultoria em gestão, por exemplo. Esse tipo de empresa tem conhecimento e experiência para vender, mas isso só tem valor quanto é relevante para o cliente. Assim, o trabalho é conduzido e a consultoria é feita em colaboração com o cliente, juntando conhecimentos especializados dos dois lados.

Em essência, os consultores em gestão são solucionadores de problemas – em lugar de apresentarem uma solução específica, eles trabalham ao lado do cliente para conceber a melhor solução. Eles adotam uma série de etapas colaborativas para envolver o cliente na tarefa, entender seus problemas, solucioná-los e permitir que o cliente atinja os resultados que deseja. Esse processo tem sete etapas:

- *Identificar* os principais problemas, objetivos, desafios e oportunidades.
- *Analisar* a situação atual, identificando as áreas para melhorias.
- *Explorar* as opções possíveis, ampliando-as e conectando-as com criatividade.
- *Projetar* a solução correta para o cliente e defini-la em detalhe.
- *Concordar* sobre as ações, a circunstância financeira e o plano de implementação.
- *Implementar* a solução aceita, em trabalho colaborativo com o cliente.
- *Revisar* a intervalos regulares para avaliar o sucesso e aumentá-lo.

A primeira etapa colaborativa consiste em entender o problema, identificando todas as questões e suas prováveis causas e impactos. Embora o problema possa parecer estar relacionado à motivação da função de atendimento ao cliente, a questão real pode estar na baixa qualidade do suporte pós-venda e nas reclamações resultantes feitas ao serviço ao cliente. Esse processo ajuda o cliente e o consultor a terem uma noção da escala e da importância do projeto em relação às implicações para os clientes e para a empresa; ajuda também a, juntos, definirem uma abordagem sensata.

Tudo isso geralmente acontece na pré-venda: é um aconselhamento gratuito para o cliente e um investimento para o consultor. Entretanto, a colaboração, uma vez que tem acesso a informações e ao trabalho de equipes internas, auxilia o consultor a vislumbrar uma solução em potencial talvez muito mais significativa do que a inicialmente cogitada, e a acessar dados comerciais internos a partir dos quais pode estimar o valor financeiro em risco e o a ser obtido em caso de sucesso. Isso pode abrir as portas para uma solução mais adequada ao cliente, bem como a um muito maior e mais lucrativo projeto de consultoria.

Insight 24: HEINZ TOMATO KETCHUP

Cento e vinte e seis gramas de tomates frescos e maduros se tornam 100 gramas do ketchup preferido em todo o mundo. Na verdade, os tomates usados pela Heinz na produção diária do famoso ketchup poderiam encher uma piscina olímpica.

Henry Heinz lançou o icônico ketchup em garrafas de vidro sete anos após fundar sua empresa, e o descreveu como um alimento de conveniência saboroso e "um alívio maravilhoso para toda mãe e dona de casa". Sem dúvida, o ketchup era mais prático e não causava toda aquela sujeira do preparo do molho de tomate em casa, além de deixar toda a refeição mais atraente para as crianças.

Todos sabem que o ketchup é saudável e conveniente, feito sem corantes, flavorizantes, conservantes artificiais ou produtos transgênicos. Em tempos de mais conscientização quanto à qualidade dos alimentos, a Heinz revelou o tomate como fonte de licopeno, substância antioxidante.

Após um século de vida do ketchup, a Heinz ousou reformular o produto – não o molho em si, mas a embalagem. Ela lançou um frasco plástico, mais conveniente, leve e fácil de apertar. Em 2003, 80% das garrafas já eram de plástico; as de vidro foram mantidas para os clientes mais conservadores. A embalagem plástica foi um sucesso, mas a Heinz continuou inovando e foi um pouco longe demais. Buscando agradar às crianças que adoravam o produto, ela tentou lançar o ketchup em diferentes cores, para fazer uma arte em ketchup multicolorida. Sem dúvida, era algo diferente, uma novidade, mas as pessoas começaram a questionar a utilização de ingredientes naturais no produto.

A Heinz queria saber o que fazer. Em seu maior projeto de pesquisa, ela recorreu a um banco de dados de clientes construído por meio de competições e do retorno do cliente à seguinte pergunta: "O que deixa você furioso, triste ou contente no Ketchup Heinz?"

As respostas foram claras e consistentes. Os clientes afirmaram que a receita tradicional do ketchup era perfeita, mas que seriam necessários aprimoramentos para a embalagem. "Tem vezes em que o ketchup fica grudado na tampa", disse um cliente. "Você sempre precisa virar o frasco de cabeça para baixo quando o produto está no fim. É difícil e leva tempo para tirar a última gota de ketchup", revelou outro.

Após ouvir os clientes, ficou óbvio que a inovação era conservar o frasco plástico, mas virá-lo de cabeça para baixo. Uma tampa maior foi projetada para criar uma base mais estável para o novo frasco invertido, e assim o produto sempre se acumula junto à tampa, pronto para ser usado. Inverter a boca do frasco resultou na canibalização de cerca de 60% das embalagens existentes, mas também atraiu um número expressivo de novos clientes para a Heinz.

O frasco plástico invertido conservou todos os valores icônicos do ketchup tradicional e trouxe mais prazer e conveniência aos clientes.

5.2 A INOVAÇÃO DO CLIENTE

A inovação está no cerne de toda interação com o cliente.

A inovação soluciona problemas, seja aplicando uma solução padrão a um problema do cliente de modo inovador, seja reunindo diversos produtos para formar uma solução inovadora. Servir o cliente de modo ligeiramente incomum ou em um local diferente é uma inovação de serviço, assim como o é mudar uma estrutura de preços ou projetar um novo produto ou serviço com exclusividade para esse cliente.

Essas são formas de inovação do cliente.

E se "inovação" for definida como o desenvolvimento criativo e a implementação comercial de ideias, então o iPod da Apple, o aspirador de pó a vácuo sem saco de coleta da Dyson e a espaçonave Virgin Galactic são exemplos dignos de nota.

Na verdade, a maior parte das inovações significativas vistas hoje em dia se origina da solução de problemas em menor escala que foram adaptadas, melhoradas e dimensionadas em novos produtos ou serviços para todos.

Veja o negócio de calçados customizados Nike ID, que ocupa todo um andar das lojas Niketown de Nova York e Londres. A marca não é atraente apenas para a pessoa que deseja um par de tênis Nike Free 5.0 exclusivo, em verde, roxo e laranja e com seu nome bordado no calcanhar – que ela mesma desenhou a partir de uma extensa paleta de cores, a um preço 30% mais alto, e que é entregue em casa alguns dias depois. Ela é também a melhor fonte de novos insights e inovações para a empresa. Ao acompanhar essas customizações *premium*, a Nike consegue identificar tendências em tempo real e acompanhar de perto os designs mais populares de lojas em todo o mundo em questão de semanas.

Embora seja natural pensar em produtos, a inovação do cliente é mais comum nos aspectos que não dizem respeito ao produto em uma proposição ou experiência – os materiais de promoção de venda, as atividades de marketing, o ambiente do varejo, o horário de funcionamento, o aconselhamento especializado, produtos complementares, condições de pagamento, estilo do serviço, processos de instalação, educação do cliente, tempos de entrega, formatos de embalagem, suporte constante, políticas de devolução, manejo de reclamações, planos de fidelidade e programas de relacionamento.

No entanto, os funcionários precisam ter flexibilidade e desejar fazer as coisas de maneiras distintas para os clientes, passando um tempo a mais escutando suas necessidades, tomando conhecimento do que e de como algo pode ser melhorado para cada cliente – e ter permissão para fazer tudo isso.

Eles devem também tentar aprender com essas várias inovações do cliente, que atuam como milhões de experiências em pequena escala e como protótipos para o futuro da empresa. Em empresas de pequeno porte, é mais fácil acompanhar o andamento dessas inovações – elas ocorrem naturalmente e se tornam parte de uma experiência mais flexível. Em empresas maiores, o aprendizado talvez tenha de ser mais estruturado, para que possa ser inserido em uma estratégia de inovação mais abrangente.

O processo de inovação do cliente – quer em nível individual, quer em larga escala – é idêntico a qualquer outro processo de inovação, exceto pela colaboração com o cliente, em todas as suas etapas. Na verdade, você pode até argumentar que qualquer inovação deveria ocorrer dessa maneira, até mesmo quando as tecnologias novas e mais complexas estão envolvidas.

O ponto de partida consiste em definir com clareza o problema a ser abordado, envolvendo o cliente na importância dessa questão e definindo os benefícios que podem ser obtidos. Em um projeto de inovação em grande escala, essa abordagem precisa ser apoiada pela imersão no problema – as pesquisas existentes, o diálogo com um maior número de clientes sobre suas necessidades, desejos, frustrações e aspirações e, mais amplamente, sobre o modo como vivem e trabalham. Além disso, é interessante conversar com empresas atuantes em outros mercados e que tenham tratado e resolvido questões semelhantes.

Assim, a inovação é um processo de "abertura" e "fechamento".

1. **Descoberta**: A criatividade nos possibilita estender o domínio de nosso pensamento, considerar o que é possível (ainda que não pareça prático nem rentável) e gerar diversas ideias. Por meio dos insights dos clientes ou de workshops em conjunto com eles, geramos uma variada gama de possibilidades – muitas maneiras diferentes de resolver problemas, das mais óbvias às mais absurdas – para combinar e escolher as melhores ideias. Imagine como Richard Branson resolveria o problema, ou como você o faria em uma ilha deserta usando apenas os recursos naturais à disposição, ou ainda como usuários extremos, como a NASA, o enfrentariam. Tudo é possível – não faça julgamentos ou filtragens nessa etapa. Você precisa usar um grande leque de técnicas criativas, e não se restringir pelas aproximações geradas nos brainstorms lineares!

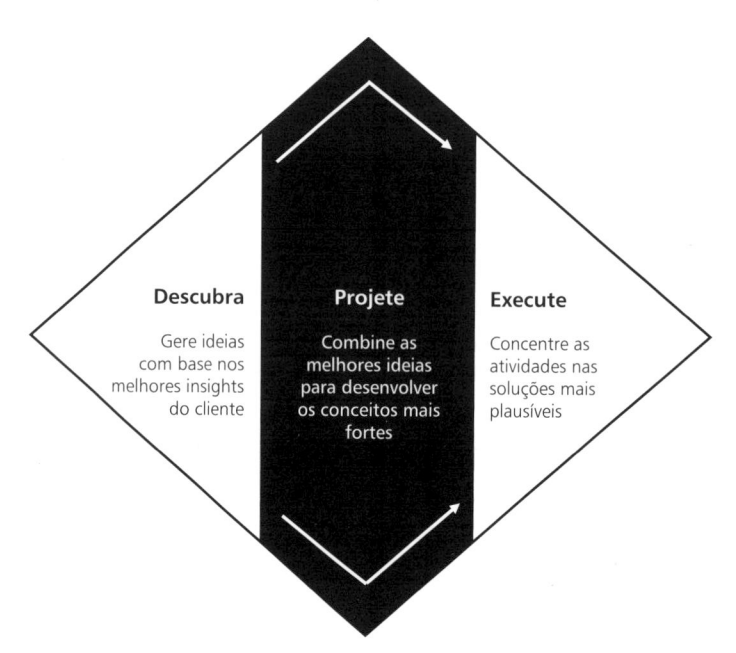

Descubra
Gere ideias com base nos melhores insights do cliente

Projete
Combine as melhores ideias para desenvolver os conceitos mais fortes

Execute
Concentre as atividades nas soluções mais plausíveis

A INOVAÇÃO DO CLIENTE: COMO DESENVOLVER SOLUÇÕES EM CONJUNTO

2. **Design**: O agrupamento, a conexão e a combinação de diferentes ideias conduzem à formação de conceitos novos e diferenciados – sem deixar de ser uma abordagem criativa. A combinação de ideias que no passado podem ter parecido impróprias, infundadas ou incomuns é o ponto de partida para as soluções relevantes. Os clientes podem começar a apresentar espontaneamente soluções

que abordem vários problemas ao mesmo tempo. Explore maneiras inéditas de utilizar os produtos, os serviços, as capacitações e as parcerias existentes na entrega dessas soluções. Mais uma vez, não faça julgamentos nem filtragens. Dê forma aos conceitos mais resistentes, talvez de 8 a 12 deles, atribuindo-lhes nomes próprios e dando vida a cada um com ilustrações ou modelos.

3 **Desenvolvimento**: Os conceitos são então filtrados para garantir que sejam plausíveis do ponto de vista estratégico, prático e comercial, tanto em termos de solução dos problemas quanto de viabilidade comercial. Essa etapa talvez possa incluir a seleção, feita pelo cliente, das melhores opções, pois assim ficará claro que ele talvez precise pagar mais pelas melhores soluções. No caso de inovações de maior escala, talvez seja necessário considerar a adequação estratégica, as diferenciações competitivas, os custos de desenvolvimento e de operação, o tempo necessário para a comercialização e os riscos envolvidos. A solução precisa ser implementada para tratar do problema do cliente. Talvez sejam necessárias adaptações adicionais para garantir sua integração às outras atividades do cliente. Isso pode ser feito com a redistribuição de habilidades ou conhecimentos especializados e com o esforço por fazer o cliente entender a amplitude dos benefícios que colherá.

Quando a British Airways tentou descobrir como poderia recuperar a vantagem competitiva em suas passagens de primeira classe – setor em que as poltronas da concorrência pareciam ficar cada vez maiores e as refeições cada vez mais extravagantes –, reuniu cem de seus clientes para uma "boa conversa". Eles se encontraram durante vários finais de semana em workshops, trabalhando com os cem principais gerentes da empresa para explorar suas frustrações e aspirações, suas ideias e sonhos relativos a viagens aéreas. Depois, esses clientes eram consultados regularmente durante o processo de desenvolvimento, atuando como filtros de avaliação e potencializadores em todas etapas do processo de inovação.

Os gerentes contribuíam com suas próprias experiências como administradores e como passageiros, e aprenderam diretamente com os clientes. Isso se mostrou útil não apenas para obter novas ideias, como também para envolver emocionalmente os patrocinadores em vez de esperar persuadi-los com estudos de caso de negócios facilmente manipulados. A adoção de um processo cuidadosamente facilitado permite a clientes e gestores projetar uma experiência do cliente de maior qualidade.

A ideia de uma "tramitação rápida" para clientes *premium* por meio dos sistemas de segurança e imigração foi fundamentada nas caixas expressas de supermercado. A ideia de oferecer refeições na sala de espera antes do embarque foi um dos resultados de uma pesquisa sobre maneiras criativas de maximizar o tempo de sono em voo. O conceito de poltronas totalmente reclináveis na horizontal foi sugerido por um cliente apaixonado por iates, que recomendou que a companhia consultasse designers dessas embarcações em vez de recorrer aos tradicionais fabricantes de poltronas. A inspiração para servir chocolate quente e biscoitos antes de apagar as luzes durante o voo na primeira classe veio com a descrição do que seria uma noite de sono perfeita dada por alguns clientes.

A inovação é uma atividade criativa e comercial, que tem êxito apenas quando consegue concretizar resultados expressivamente melhores, tanto para o cliente quanto para a empresa.

Muitas vezes, o lançamento de uma inovação relevante para o cliente é apenas o começo de um processo de desenvolvimento bem-sucedido. Os primeiros clientes a adotarem uma nova solução são, invariavelmente, os mais difíceis de agradar; com frequência, eles podem dar lições sobre como implementar melhorias, mas também podem exigir soluções muito diferentes das adotadas no mercado. As soluções requerem flexibilidade e capacidade de adaptação para diferentes clientes, o que traz a necessidade de um processo específico de desenvolvimento. Estrategicamente, os mercados devem ser desenvolvidos para lidar com as novas formas de trabalhar – em seus conhecimentos e capacitações, em suas estruturas de distribuição e suporte, com produtos e serviços relacionados –, se desejam ter sucesso com suas inovações.

A inovação deve estar inserida na organização como prática fundamental e como fonte constante de energia e oportunidades para encontrar meios melhores, mais atraentes e cheios de energia de trabalhar com o cliente.

Insight 25: SMART USA

O automóvel Smart é resultado da inusitada colaboração entre a fabricante de relógios Swatch e a montadora Mercedes-Benz no começo da década de 1990.

Nicolas Hayek, o inventor da Swiss Swatch, teve uma ideia para um carro urbano que começou a projetar e então procurou a montadora baseada em Stuttgart para ajudá-lo com a parte de engenharia. O resultado da parceria foi o Smart Fortwo, apresentado na feira de automóveis de Frankfurt de 1997 com críticas entusiasmadas. Ele era pequeno, engraçadinho, forte e eficiente; poderia ser estacionado obliquamente na rua e caberiam três deles, um ao lado do outro, em frente a sua casa. Ele era único.

O Smart começou a ser produzido a todo vapor no ano seguinte e se tornou sucesso internacional. Sua carroceria, em plástico à prova de arranhões, era de fácil substituição no caso de acidentes ou de você desejar trocar de cor. O automóvel contou com parcerias exclusivas em cada país em que foi vendido para garantir um processo de distribuição concentrado e exclusivo e manter sua independência da marca Mercedes. Cerca de 900 mil clientes em 36 países adoraram o "microautomóvel" de Hayek, e o carro virou mania nas cidades europeias.

Em 2008, o Smart estava pronto para entrar no mercado norte-americano, cada vez mais consciente sobre questões ambientais. Na verdade, antes disso, o único local nos EUA em que o carro podia ser visto era o Museu de Arte Moderna de Nova York.

No entanto, antes de entrar nos EUA, o Smart precisava passar por algumas alterações para atender aos padrões e necessidades dos clientes, um pouco maiores, desse mercado. Ainda menor do que seu concorrente, o Mini Cooper, ele era construído sob os mais altos padrões de segurança (sua estrutura de metal funciona como um casulo protetor) e tinha um aperfeiçoado consumo de combustível (14 quilômetros por litro de gasolina na cidade, 17 na estrada). Seu interior não parecia pequeno com seus assentos deslocados, painel compacto, amplo para-brisa e teto transparente.

Comercializado a menos de US$12 mil, o carro permitia aos clientes escolher entre um teto panorâmico, chamado Passion Coupé, ou um teto conversível, o Passion Cabriolet. A rede de distribuição nos EUA, chamada Smart USA, foi formada por revendas exclusivas que, na verdade, eram franquias em parceria com empresa de grande porte Penske Automotive Group. Os clientes podiam ir a uma revenda e fazer um test drive ou simplesmente admirar o pequeno automóvel. Mas para adquirir um modelo, todo cliente tinha de entrar no site da empresa e fazer um depósito de US$99. Esse conceito de reserva foi inovador e arriscado; porém, era parte de uma estratégia de maximização do marketing viral e do desejo de adquirir um Smart. No primeiro ano de vendas, mais de 30 mil clientes efetuaram esse depósito e entraram para uma lista de espera que podia se estender de 6 a 9 meses. A popularidade do Smart cresceu tanto que ele se tornou um grande sucesso no eBay, com preços até 50% superiores aos valores das lojas.

5.3 AS SOLUÇÕES DO CLIENTE

As soluções para o cliente são como o Lego.

O "brinquedo do século" dinamarquês vem em embalagens com muitas peças de diferentes cores, tamanhos e formas – retangulares e quadradas, portas e janelas, floreiras e bandeiras – e, às vezes, até mesmo com um motor a pilha ou um software.

De modo semelhante, as empresas são vistas como pacotes de diversos produtos e serviços ou de consultoria e customização. Assim como você pode construir um número infinito de objetos com o Lego – de carros a casas, de flores a monstros –, você também pode criar um número incontável de soluções para o cliente.

Essas soluções têm uma estrutura semelhante à de uma molécula.

No seu centro, há uma série de itens dos mais comuns, como os átomos de carbono. Mas a eles, muitos outros átomos estão ligados de diferentes maneiras. Moléculas são muito mais distintas do que os simples átomos, são mais difíceis de imitar pela concorrência e têm valor muito maior para o cliente. Elas podem ser exclusivas – uma para cada cliente – ou reproduzidas muitas vezes, por se mostrarem apropriadas para toda uma equipe de funcionários ou para uma população de clientes com características semelhantes.

Essas moléculas podem ser inteiramente desenvolvidas pela própria empresa, pois são compostas de produtos e serviços que ela oferece. Ou podem conter componentes fornecidos por uma ampla gama de fornecedores, de marcas complementares e até mesmo de recursos dos próprios clientes. Quanto mais diversificada a origem da molécula (sobretudo por meio de redes de parcerias exclusivas), mais difícil será reproduzi-la e mais valiosa ela será para o cliente.

Se o cliente gostar dela, não haverá outro lugar a que recorrer para obter mais.

DIMENSÃO 5   As soluções do cliente   **201**

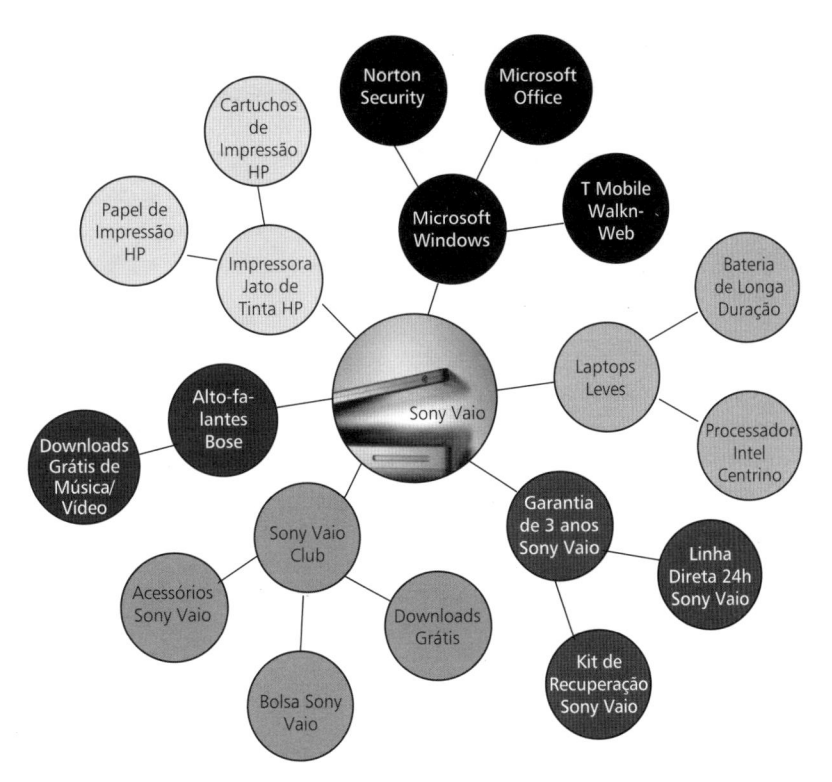

AS SOLUÇÕES DO CLIENTE: COMO REUNIR PRODUTOS E SERVIÇOS

As soluções moleculares podem ser batizadas e embaladas da mesma forma que produtos e serviços, embora, por definição, representem um conceito mais amplo, uma ideia maior, que gera uma experiência total para o cliente e o permite trabalhar melhor e voar mais alto.

Elas podem ser adaptadas à produção em massa conforme a necessidade ou simplesmente atuar como um molde, a partir do qual outras moléculas customizadas evoluem. Com o tempo, a empresa desenvolve um grande número de outras soluções com a mesma forma. Se codificadas e administradas com eficiência, essas soluções moleculares podem tornar mais rápidas e eficientes as futuras soluções customizadas.

Insight 26: BOEING 787 DREAMLINER

A produção de aeronaves é, essencialmente, uma corrida de apenas dois cavalos entre a gigante norte-americana Boeing e a europeia Airbus. Por décadas, a Boeing se manteve como pioneira no setor, desenvolvendo o primeiro avião com cabine pressurizada (o 307), o primeiro jato comercial (o 707), a aeronave com a maior venda da história (o 737) e o avião que revolucionou as viagens internacionais sem escala (o 747). Entretanto, em anos recentes, a empresa perdeu parte de sua energia.

Essa desaceleração teve fim em julho de 2007, quando a empresa abriu as portas de sua gigantesca unidade de produção em Washington para apresentar seu mais importante e impressionante avião a jato de todos os tempos – o 787 Dreamliner.

O modelo é um dos mais bem adaptados, silenciosos e de maior eficiência de combustível na história da aviação. Metade de sua fuselagem é construída em materiais leves, o que melhora o consumo de combustível em 20%. Além disso, ele gera níveis de ruído 60% menores do que as aeronaves similares e tem níveis de emissão de carbono mais baixos. Claro que não é perfeito, mas em um mundo cada vez mais sensível a questões ambientais, o Dreamliner é melhor do que qualquer outra aeronave.

A inovação técnica continua em seu interior, em que maiores níveis de umidade e pressão tentam imitar as condições no solo. A iluminação é ajustada para as diferentes zonas de fuso horário, na tentativa de reduzir dores de cabeça, desconforto nos membros e sensação de boca seca, típicos de viagens de longa distância. O espaço entre as poltronas foi aumentado, e os compartimentos para bagagem de mão são maiores. A aeronave tem janelas autoajustáveis e um sistema de entretenimento e de Internet sem fio. Em algumas de suas versões, o passageiro encontra cabines individuais, bares em que pode beber em pé, espaços para reuniões e uma academia de ginástica. A cabine do piloto é equipada com um sistema de manutenção com diagnóstico automatizado de problemas e outras melhorias tecnológicas que aumentam a segurança e reduzem os atrasos na decolagem.

A Boeing concretizou tudo isso por meio de parcerias com fornecedores, companhias aéreas e passageiros. A japonesa Mitsubishi desenvolveu as asas e a italiana Alenia Aeronautica produziu a parte traseira da fuselagem e o estabilizador horizontal (aquela pequena asa na cauda do avião). Internamente, a Boeing lutou contra a perda de controle, mas isso foi contrabalanceado com o trabalho de equipes de consultoria e o compartilhamento de melhores práticas. A abordagem colaborativa valeu a pena, pois o tempo de desenvolvimento do Dreamliner caiu em cerca de um ano. Ela manteve os custos baixos tanto para a Boeing, que gastou estimados US$6 bilhões a 8 US$bilhões com o avião, como para seus clientes, que pagarão aproximadamente US$130 milhões por aeronave.

Algumas fabricantes de aeronaves se envolveram completamente com todas etapas do projeto e do desenvolvimento do Dreamliner, trabalhando individualmente com a Boeing e colaborando em fóruns entre empresas de setores diferentes. Com oportunidade suficiente para influenciar a aviação do futuro, ou, pelo menos, para desenvolver flexibilidade que possibilitará às clientes futuras da Boeing criarem diferenciais próprios, esse processo de cocriação só poderia acabar em vendas.

Os potenciais passageiros em todo o mundo ofereceram suas contribuições e acompanharam a evolução do desenvolvimento por meio de pesquisas regulares, compartilhamento de especificações técnicas, fóruns de discussão, blogs e vídeos postados no site da empresa. Eles escolheram o nome da aeronave: "Dreamliner" teve 500 mil votos em uma eleição feita em 160 países. Essa colaboração continua, e hoje mais de 120 mil pessoas fazem parte da Equipe Mundial de Design baseada na Internet da Boeing.

No começo de 2008, 55 companhias aéreas já haviam encomendado mais de 800 unidades do Dreamliner – o maior avião e com maior velocidade de vendas da história, cocriado com o cliente.

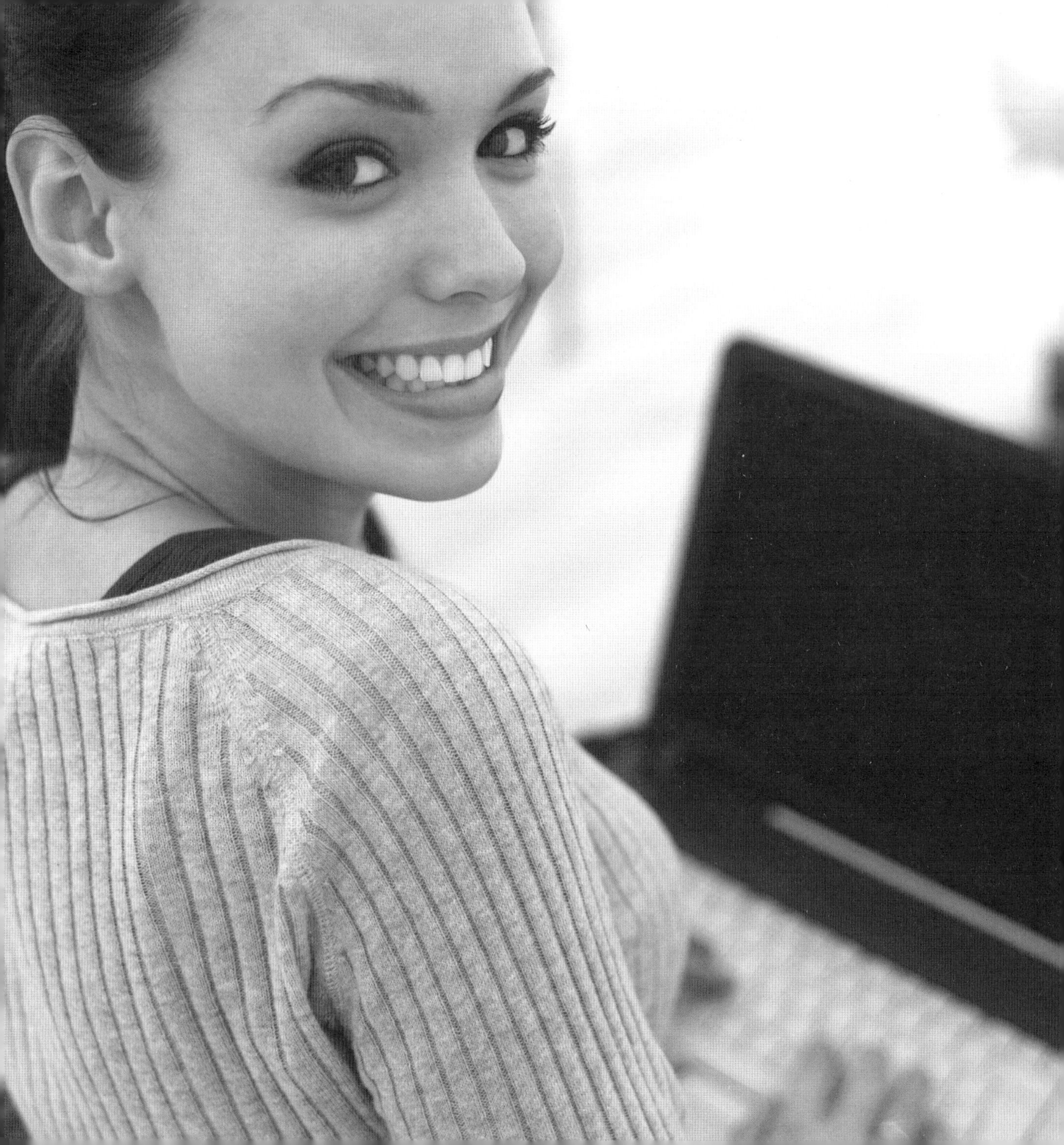

DIMENSÃO 6

As conexões com o cliente

> *A pilha de correspondências que nunca pedi, as chamadas de telemarketing que interrompem meu almoço, a enxurrada de spams que invade minha caixa de emails... não faltam empresas tentando me vender alguma coisa. Mas eu não quero! E quanto mais malas-diretas você me envia, quanto mais você me telefona ou manda spams, menos quero comprar de você. Você não consegue entender que não vou comprar simplesmente porque você decidiu iniciar uma campanha de marketing para o que você quer vender na hora em que bem entendeu?*
>
> *Você parece fazer de tudo para seu próprio benefício, não para o meu.*
>
> *Sou obrigada a adquirir seus produtos e serviços em locais convenientes para você, não para mim. Por que tenho de entrar em meu carro e ir até você, quando é você que deveria vir até mim? E por que você não abre seu ponto de venda em um horário mais adequado para mim, em que eu não esteja fazendo outras coisas? E aí, quando ligo para você porque estou com um problema, sou transferida de departamento em departamento e tenho de fornecer minhas informações toda vez que isso acontece. O pior de tudo é quando você dá respostas diferentes para a mesma pergunta. Você realmente me quer como cliente? Você está mesmo do meu lado?*

6.1 A COMUNICAÇÃO COM O CLIENTE

Os clientes querem fazer negócios quando, como e onde eles querem.

Ainda assim, as empresas insistem em empurrar as coisas a sua própria maneira. Elas continuam pensando em termos de "campanhas" para "divulgar" suas "mensagens" – empurre, empurre, empurre. Os clientes estão ficando surdos com tantas mensagens de marketing, estimadas em 1.500 ao dia – de caixas de cereal a xícaras de café, televisão e jornais, outdoors e vitrines de lojas, camisetas, lanchonetes, balões e anúncios *pop-up*. Dessas, cerca de 300 são efetivamente assimiladas pelo cérebro, incluindo as em nível subconsciente.

Os anúncios são muito parecidos uns com os outros. Alguns são divertidos de ver, mas mesmo com esses raramente lembramos a marca que tentam promover. Essas mensagens ecoam sons idênticos – palavras que flutuam sobre sua cabeça, com bordões cada vez mais abstratos e insignificantes.

Quanto mais mensagens recebemos, menores as chances de absorvê-las. Hoje em dia, as marcas confiáveis se comunicam "de fora para dentro", nos termos do cliente:

- "Puxam" e não "empurram".

- Histórias e não slogans.

- Indicação do cliente e não divulgação.

- Permissão e não interrupção.

- Relacionamentos e não transações.

- Diálogos e não campanhas.

Os clientes têm pouco tempo, energia ou confiança para depositar nas formas tradicionais de comunicação. Houve um tempo em que a publicidade televisiva esperava que todos nós assistíssemos ao mesmo canal, ao mesmo programa, na mesma hora. Ela pressupunha que éramos previsíveis em nossos hábitos de leitura, gostos musicais, idas a eventos, pessoas que respeitávamos e marcas em que confiávamos.

Sabemos que isso deixou de ser verdade – a televisão se fragmentou em centenas de canais digitais, enquanto os *baby boomers* gostam de rock'n'roll e os jovens prosseguem rejeitando tudo o que é convencional.

Também valorizamos muito mais nossa privacidade, já não toleramos correios ou telefonemas não autorizados e não estamos preparados a disponibilizar tempo a empresas desconhecidas. Estamos céticos quanto às chamadas publicitárias e às técnicas de vendas, e o número de marcas em que confiamos de verdade diminuiu. Rejeitamos comunicações que nos interrompem – intervalos comerciais ou mensagens de patrocinadores que se atravessam em nosso divertimento.

É possível dizer que as únicas pessoas em quem de fato confiamos são as que se parecem conosco – nossos amigos e colegas ou outras pessoas com interesses e ambições semelhantes.

Na busca por um hotel, não lemos o que uma rede ou seus representantes afirmam sobre si: consultamos a TripAdvisor para ler o que as pessoas dizem sobre os hotéis em que se hospedaram e como os classificam em comparação a outros e ver onde encontrar a melhor barganha. Se pensamos em comprar um livro, lemos as resenhas escritas sobre ele no site da Amazon.

Além disso, não selecionamos um hotel ou livro da cabeça aos pés, avaliando todos os seus atributos. Selecionamos uma categoria – um hotel em Paris para o público executivo, por exemplo, ou livros sobre mergulho – e então buscamos os representantes mais populares em busca de mais detalhes. Logo, a opinião do cliente molda nossas buscas e escolhas – o hotel ou a editora exercem pouca influência com os métodos tradicionais.

A noção de "campanha" continua dominando os departamentos de marketing. A publicidade, como uma das inúmeras manifestações de mídia para a transmissão de mensagens, permanece no controle das campanhas, e os profissionais de marketing dependem de suas agências muito mais do que investidores dependem de seus contadores ou secretárias executivas dependem de advogados.

As campanhas não funcionam porque esperam que o cliente se adeque a seus termos. "Você assiste a este anúncio, nesta hora, neste canal e começa a pensar em comprar este carro" – mesmo que você não esteja querendo um carro novo. A propaganda domina o mix de mídia porque nos sentimos bem com grandiosas mensagens com apelos visuais: nossos chefes têm essa expectativa, é divertido concebê-las, elas são sempre um item tangível em nosso currículo e ainda são vistas como um grande passo a ser dado. As agências assumem, por vezes demais, o papel de cérebro dos profissionais de marketing que, tão logo tenham redigido o seu briefing (quanto mais curto melhor, para maximizar a interpretação criativa – diz o argumento), entregam as consequências nas mãos dos planejadores e dos criativos de suas agências.

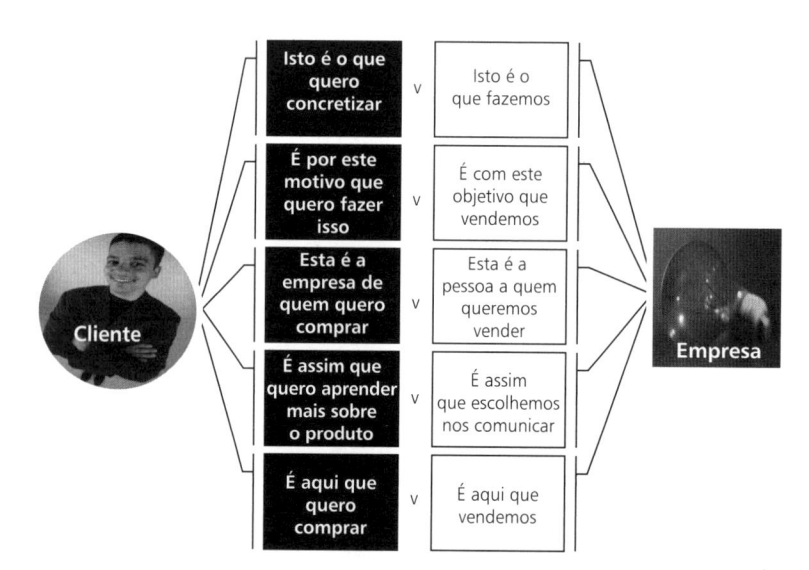

Cliente		Empresa
Isto é o que quero concretizar	v	Isto é o que fazemos
É por este motivo que quero fazer isso	v	É com este objetivo que vendemos
Esta é a empresa de quem quero comprar	v	Esta é a pessoa a quem queremos vender
É assim que quero aprender mais sobre o produto	v	É assim que escolhemos nos comunicar
É aqui que quero comprar	v	É aqui que vendemos

CLIENTES NO CONTROLE: O QUE, QUANDO E COMO EU QUERO

É preciso pensar, trabalhar e se comunicar de maneiras novas: emails e mensagens de texto, blogs e videoblogs, reviews e comentários dos clientes. A comunicação é conduzida pela experiência de um cliente e suas recomendações a outras pessoas.

As empresas ainda podem influenciar esse processo, ainda que não seja possível controlá-lo: podem facilitar a interação *peer-to-peer* e encorajar a propaganda boca a boca com fóruns de discussão e eventos especiais, com estruturas online e comunidades virtuais. Algumas coisas que as pessoas dizem são boas, outras não. Mas, se você quer que confiem em e divulguem sua empresa, terá de conviver com isso.

O marketing de afinidade se torna crucial no processo de conexão da marca a problemas, ideias ou comunidades específicas. Pode ser uma questão de trabalhar em parceria com uma organização em particular para ser mais relevante a um certo grupo de pessoas, ou de formar elos com uma instituição de caridade para se alinhar a certas questões e preocupações.

Embora uma boa parcela das verbas esteja migrando para a propaganda online, RP e patrocínios ganham maior importância na criação de um contexto de visualização da sua marca. Isso pode ser feito relacionando valores e estilos de vida às últimas tendências, às celebridades e à música, ou por meio de alternativas de associação a nossos produtos (como no caso da Audi, que tentou se alinhar à BMW, não à Ford).

A Red Bull, fabricante de bebidas energéticas baseada na Austrália e cujo produto principal é derivado de um exótico tônico tailandês que, dizia-se, continha testículos de touro moídos, está focada em comunicações construídas sobre o impacto viral gerado em comunidades-alvo específicas.

- Os "gerentes estagiários de marca" são estudantes voluntários que atuam como embaixadores em organização de festas ou eventos, por exemplo, em troca de engradados da bebida Red Bull. Eles fazem propaganda boca a boca positiva com rapidez e a custos baixos nas comunidades que escolhem como público. Eles se apresentam como os "caras legais" da Red Bull nos campi em que estudam e geram credibilidade em uma das comunidades de consumidores mais céticas.

- A Red Bull tem uma frota de caminhões e jipes prateados com versões gigantescas da lata da bebida fixadas na traseira. Os motoristas desembarcam em locais específicos para distribuir a bebida gratuitamente. Esses educadores fazem uma contribuição tangível à imagem da marca, e as provas gratuitas da bebida potencializam a publicidade boca a boca.

- Patrocínios extremos são a outra razão para se falar sobre a marca, e contribuem com sua imagem de fornecedora de "adrenalina líquida". Esportes como BMX, asa-delta, skate e rapel são os esportes em que vemos anúncios da Red Bull com maior frequência. A Red Bull Air Race é uma exibição fenomenal de acrobacias aéreas organizada em locais espetaculares, e a Red Bull Music Academy promove tudo o que tem a ver com música, de *podium dance*, dança em palcos de casas noturnas, a discotecagem.

A AIDA (*awareness, interest, desire, action* – conscientização, interesse, desejo, ação) foi empregada muitas vezes para descrever comunicações que geravam vendas. Hoje, essas fases iniciais estão sobretudo nas mãos dos clientes. Apenas quando se aproxima da última etapa do processo é que o cliente talvez deseje conversar com a empresa – nos seus próprios termos, no momento que convier, pelo meio que preferir.

Contudo, muitas empresas continuam mensurando a eficiência de suas comunicações com base no "peso" de sua publicidade – o orçamento, os minutos de veiculação e o número de lembranças estimuladas. No mundo de hoje, uma campanha publicitária de US$10 milhões que não tenha uma proposição diferenciada e dependa de canais não utilizados está fadada a atolar no brejo.

Quando bem divulgada na rede correta de consumidores, uma indicação entusiasmada (que tenha sido influenciada por uma experiência real, por exemplo), pode ser muito eficiente – mas há também outras vantagens: essa publicidade é de graça.

Quando os negócios da Volkswagen norte-americana desaceleraram no começo da década de 1990, a empresa se voltou para os clientes, e não para a sua matriz na Alemanha, em busca de ajuda.

As vendas tinham caído para menos de 50 mil unidades ao ano – menos de 10% do volume da marca ao final da década de 1960, quando modelos como o Fusca e a Kombi capturaram o espírito *hippie* da época. A qualidade dos produtos e dos serviços havia despencado, as inovações eram poucas e os lemas como "A engenharia alemã à moda Volkswagen" e "Fahrvergnugen" (o prazer de dirigir) não eram apreciadas nem compreendidas pelo público dos EUA. A revista *Car & Driver* disse que a marca era "mais conservadora do que Ronald Reagan".

A Volkswagen decidiu fazer uma total reavaliação de sua marca e de sua estratégia de marketing nos EUA. O ponto de partida para esse processo não foi o produto, nem os valores corporativos ou a adaptação de sucessos de venda na Alemanha, mas uma melhor compreensão de seu público-alvo. A empresa trabalhou com seus clientes e concessionárias buscando redefinir seu público-alvo: "Pessoas que gostam de se divertir, com idade entre 21 e 45 anos, que gostam de dirigir um pouco mais rápido, ir mais longe e que têm um prazer maior em dirigir."

Essa melhor definição de um público-alvo local trouxe um novo posicionamento de marca no mercado. A agência de publicidade Arnold Communications desenvolveu a linha "Na estrada da vida, há passageiros e motoristas. Procuram-se motoristas." A representação mais famosa do posicionamento da marca é a do comercial de 1997 para a TV "Sunday afternoon", que mostra dois amigos "dando uma volta de carro" pela cidade em um Golf, numa tarde de domingo, ouvindo The Police no rádio e cantando "Do Do Do, Da Da Da". O comercial não estava focado na velocidade ou no conforto, como a maioria dos anúncios de carro, mas nas pessoas, numa atitude diferente e no amor pela direção.

O bordão "Procuram-se motoristas" se mostrou uma plataforma duradoura para a Volkswagen USA na reconstrução da preferência e da fidelidade à marca, no lançamento de novos modelos, como o New Beetle e o seu utilitário esportivo, e na revitalização dos modelos existentes. Em 2002, a fatia de mercado da marca havia quadruplicado, e as vendas crescido rapidamente a 350 mil unidades por ano. O mercado dos EUA não perdeu importância para a VW. Lá, a marca representa liberdade, juventude e amor pelo automóvel.

Insight 27: WUMART, CHINA

A Wumart muitas vezes é chamada de versão chinesa da Wal-Mart, mas ela ameaça ser muito maior, mais rentável e mais amada pela população ao redor do que a gigante do varejo norte-americano.

Com a corrida das varejistas norte-americanas para entrar no mercado chinês, fica fácil esquecer que a China está rapidamente gerando um grande desafio local. As varejistas chinesas, como a GOME e a Orient Home, vêm dificultando a vida de concorrentes como a Best Buy e a B&Q, que talvez tenham pensado que não encontrariam problemas em entrar no país. No setor de supermercados, empresas como a Tesco e a Carrefour depararam com a Wumart.

> "A Wumart é um sonho compartilhado, um sonho de estabelecer uma rede de varejo robusta amada pelos chineses e que se insira no cotidiano deles. Nosso compromisso é oferecer produtos de qualidade e serviços impecáveis sob padrões cada vez mais elevados. Ao servir ao povo chinês, como forma de beneficiar a toda a humanidade, desejamos lançar as sementes de nossas metas e ideais. Nossas equipes trabalham com dedicação e entusiasmo, lutando para mostrar, da melhor maneira possível, o que há de único no varejo e em seu sucesso na China."

A Wumart foi fundada pelo Dr. Zhang Wenzhong em 1984. Naquela época, as redes detinham apenas 5% das vendas do varejo no mercado chinês, que demonstrava preferência por empresas locais ou lojas sem marca. A companhia cresceu rápido, deixando de ser uma loja dos subúrbios para se tornar a maior rede de supermercados da China. Hoje, ela conta com mais de 600 lojas, e, em 2008, suas receitas chegaram a US$7,9 bilhões e seus lucros alcançaram US$503 milhões. Seus planos incluem aumentar o espaço que ocupa no mercado em 20% ao ano.

A Wumart chegou a esse ponto focando em uma das regiões mais ricas do país – Pequim, Tianjin e Hangzhou, na província de Zhejian, e Yanchian, na região de Ningxia Hui – e usando estratégias de expansão de baixos custos que incluíam a abertura de franquias e a reestruturação de empresas estatais. Além disso, ela adotou tecnologias como leitoras e códigos de barras muito antes da maioria de suas concorrentes, e passou a operar sistemas que centralizam suprimentos, logísticas e controle de estoques.

O presidente da Wumart, Wu Jianzhong, acredita que esse sucesso se deve ao "foco regional, que nos ajudou a concentrar esforços e a nos tornarmos conhecidos pelos clientes. Esse foco foi útil também ao nos dar um maior poder de barganha com nossos fornecedores. A estratégia multiformato teve igual importância. Com um mix de mercadorias orientado para o cliente, com promoções eficientes e um melhor serviço do que tínhamos no passado, a Wumart conquistou um maior reconhecimento de marca em Pequim, e também em toda a China."

Jianzhong prevê uma rápida mudança nos padrões e comportamentos de compra do consumidor chinês:

> "Com uma classe média em franco desenvolvimento, a China é um dos mercados domésticos de bens de consumo de luxo que mais cresce. As pessoas começam a se interessar pelo aspecto qualidade e segurança no consumo de alimentos. A maior utilização de cartões de débito está mudando os hábitos de compra, embora pagamentos em espécie mantenham sua prevalência. Os clientes chineses querem fazer suas compras indo de carro, querem comprar mais, mas a intervalos maiores."

6.2 AS REDES DE CLIENTES

Dizem que todos nós no planeta estamos separados por, no máximo, seis pessoas. Esse é o poder das redes.

O YouTube, o Facebook, a Wikipédia são muitas vezes descritos como sites de segunda geração (ou Web 2.0): eles possibilitam a colaboração e seu conteúdo é, em grande parte, gerado e compartilhado pelos usuários.

Esses sites representam comunidades online que alguns consideram como redes sociais, mas também formam a base da produção colaborativa. Milhões de pessoas em todo o mundo podem participar dessa economia como nunca visto antes: vendendo antiguidades no eBay, postando vídeos caseiros no CurrentTV, remixando suas músicas favoritas no iTunes, projetando novos softwares, editando trabalhos escolares, inventando novos cosméticos, encontrando a cura para doenças ou sequenciando o genoma humano.

O valor dessas redes está em seu conteúdo.

A dimensão é assombrosa. Em 2007, 7 bilhões de vídeos feitos pelos usuários eram postados todo mês; 120 mil novos blogs eram criados por dia, além dos 70 milhões existentes em todo o mundo; nos EUA, 30% dos usuários da Internet acessavam o YouTube, o iTunes e a Wikipédia todo o mês. Ao mesmo tempo, o Google pagou US$900 milhões para poder anunciar no MySpace, e foi processado pela Viacom, que reclamou US$1 bilhão em danos por violação de direitos autorais por parte de sua nova aquisição, o YouTube – pelo qual pagou US$1,65 bilhão.

Os clientes têm diversas razões para se conectarem; suas motivações direcionam as redes que usam e os aplicativos mais atraentes para eles. Antes de adotar uma rede como parte dos programas de comunicação ou de relacionamentos de sua empresa, você precisa considerar por que e como seu público-alvo se interessaria em participar dela:

Que tipo de usuários da rede?	Por que eles usam a rede?	Como eles a usam?	Qual o número de usuários?
Criadores	Expressam visões Promovem a si Postam e publicam	Blogs Sites Vídeos e podcasts	10%
Colecionadores	Buscam itens de interesse Compram e vendem Classificam preferências	RSS Tags Classificações	10%
Conectores	Elaboram seus perfis Conectam-se com outras pessoas Conversam com amigos	Redes sociais Aplicativos Envio de mensagens	12%
Comentadores	Postam comentários Contribuem com outras pessoas Classificam preferências	Fóruns de discussão Wikis Classificações	20%
Curiosos	Leem comentários Assistem a vídeos Exploram sites	Mecanismos de busca Blogs Vídeos e podcasts	37%
Não participantes			53%

(Fontes: Harvard Business School, Groundswell)

À medida que aumenta a penetração da banda larga e sobem as velocidades de conexão, as pessoas são mais atraídas pelo conteúdo interativo, personalizado e *on demand* das mídias "sociais" ou em rede.

O impacto não se limita ao universo digital ou jovem. Em 1955, havia 225 programas de TV terrestres no Reino Unido, que eram assistidos por mais de 15 milhões de pessoas. Hoje, não há nenhum. Os telespectadores migraram para outros tipos de canais, quando as escolhas disponíveis subiram de 5 para 500. De modo semelhante, as receitas de publicidade caíram drasticamente, enquanto os anunciantes perderam a fé nas mídias tradicionais e buscaram maneiras mais focadas e interativas de atrair clientes em potencial.

DIMENSÃO 6   As conexões com o cliente   215

Mídia tradicional
por exemplo: publicidade, marketing direto, equipe de vendas, sites

Mídias de transmissão, controladas e roteirizadas

Mídias em redes interativas, não controladas

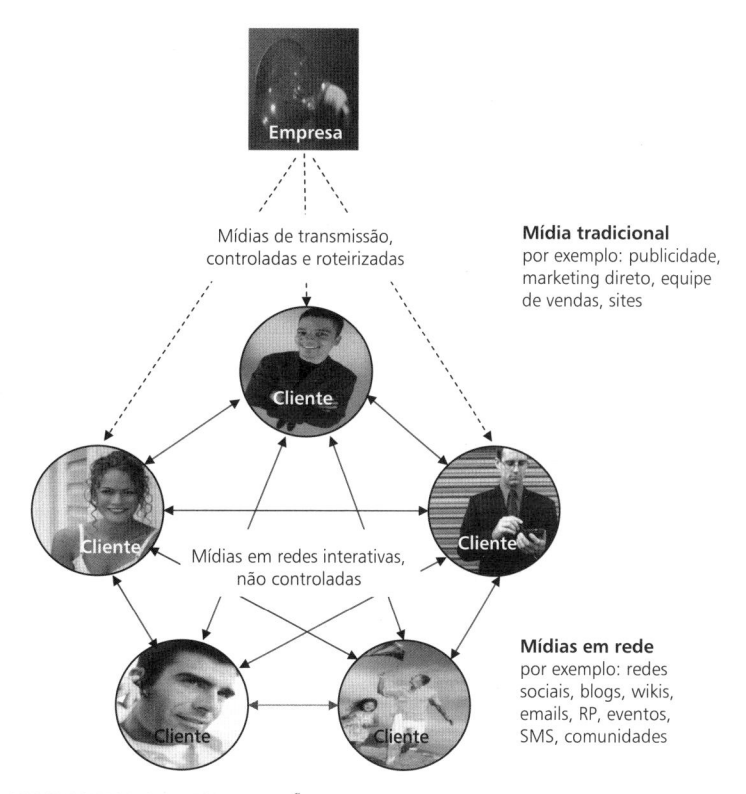

Mídias em rede
por exemplo: redes sociais, blogs, wikis, emails, RP, eventos, SMS, comunidades

MÍDIAS EM REDE: AS NOVAS REGRAS DA COMUNICAÇÃO

As diferenças entre a mídia tradicional e as mídias em rede são profundas:

- **Mídias tradicionais**: O acesso é controlado por local e tempo; o conteúdo é produzido, editado e distribuído de graça; a experiência é profissional e padronizada, transacional e previsível. O público é um consumidor passivo.

- **Mídias em rede**: O acesso é aberto a qualquer pessoa, qualquer local e qualquer momento; o conteúdo é gerado pela própria mídia e compartilhado livremente; a experiência é colaborativa e em vários formatos, com base nos interesses e relacionamentos dos usuários. O público-alvo é o criador ativo.

Como negócio ou marca, é inevitável querer se conectar a essas redes – sobretudo àquelas que melhor se alinham aos perfis de seus clientes-alvo. Você bem que gostaria de criar sua própria rede, baseada em sua marca, mas os clientes não querem isso. Marcas não fazem o bastante por essas pessoas, sobretudo em comparação com o que elas podem fazer umas pelas outras.

- Você não pode se apropriar das redes de clientes, mas pode influenciá-las e apoiá-las.

- Você não pode empurrar suas mensagens para elas, mas pode ouvir e aprender com elas.

- Você não pode controlá-las, mas pode encorajá-las a querer comprar de você.

Chris Anderson descreve a realidade do poder das redes em seu livro *A Cauda Longa*, em que pergunta o que acontece quando o número de opções é praticamente ilimitado – quando tudo se torna disponível a todos e o valor conjunto de milhões de itens que só são vendidos em pequenas quantidades se iguala ou excede o valor gerado por um punhado dos produtos com maiores índices de venda. Anderson argumenta:

> "O futuro dos negócios não está nos grandes *hits* – a extremidade do grande volume em uma curva de demanda tradicional –, mas no que costumávamos chamar de insucessos – a longa e interminável cauda, da mesma curva... Para onde quer que você olhe, os itens com vendas modestas, produtos preferidos por nichos e com nomes estranhos estão se tornando uma força cumulativa imensamente poderosa."

Veja o caso das paradas musicais, que deixaram de ser governadas pelos discos mais vendidos nas lojas e hoje são conduzidas pelas escolhas individuais e ecléticas vistas nos downloads online. Elvis Presley e The Beatles voltaram às paradas, não por terem músicas novas, mas pelo grande número de pessoas no mundo que gostam da música deles.

A história é a mesma em todos os setores: o consumo em massa, com base na produção que atende às necessidades medianas dos clientes, deixou de ser indicador de sucesso. O êxito está nas margens, nos nichos, nos excêntricos e nos velhos favoritos – desde que estejam disponíveis e que as pessoas possam encontrá-los. As redes, sobretudo as digitais, é que tornam isso possível.

Insight 28: ZOPA

O Zopa é uma instituição financeira online que possibilita que as pessoas emprestem e peçam emprestado dinheiro entre si no mundo inteiro. Se você pensar bem, os bancos só existem porque as pessoas não tinham acesso e redes para conseguir empréstimos por conta própria. Mas a tecnologia mudou isso.

O Zopa é uma empresa com sede em Londres, fundada em 2005 pelas mesmas pessoas que haviam fundado o banco Egg, para a Internet. Com investimentos da Benchmark Capital e da Wellington Partners, a empresa conseguiu atrair cerca de 250 mil membros, e hoje opera no Reino Unido, nos EUA, na Itália e no Japão. A Zopa adota modelos diferentes em cada mercado devido às regulamentações financeiras. O nome da empresa é a abreviatura de "zone of possible agreement" (zona de possível acordo), termo do setor de negócios que define os limites em que acordos podem ser concretizados entre as partes.

O modelo de negócios da empresa foi fundamentado em extensas pesquisas, que identificaram um grupo de clientes chamado *freeformers*, pessoas que demonstram ter atitudes diferentes em relação a muitos aspectos da vida, inclusive o dinheiro. Essas pessoas têm grande interesse em saber como as coisas funcionam e são guiadas por suas próprias crenças e julgamentos, não pelas tendências de massa.

Esse processo, por vezes chamado empréstimo *peer-to-peer* ou empréstimo social, implica que o cliente pode ser credor ou devedor e optar por adotar um modelo de "mercado" ou de "registro":

- No modelo de mercado, o candidato a mutuário é classificado por risco a partir de seu histórico de crédito. Nessa etapa, é feita uma verificação completa de concessão de crédito, e muitos pedidos são recusados. Os prazos de pagamento são de 36 e 60 meses. Após a aprovação do crédito, o sistema procura por credores compatíveis dispostos a emprestar dinheiro aos candidatos a mutuários, a riscos e prazos predefinidos – daí o termo "zona de possível acordo". As ofertas são selecionadas de modo que cada credor empreste para vários mutuários.

- No modelo de registro, o candidato a mutuário apresenta as razões para solicitar o empréstimo e as taxas de juros com que está disposto a arcar. Ele escolhe o prazo de pagamento entre várias opções de períodos. Então, os credores disponibilizam os fundos ao candidato em um leilão invertido, vencendo a taxa de juros mais baixa. O mutuário pode aceitar ou recusar o empréstimo, com verificações de crédito menos rígidas.

Para os clientes "mutuários", os empréstimos são muito flexíveis, permitindo o recálculo de valores e o pagamento em atraso sem multa. Para os clientes "credores", o dinheiro fica retido pelo período do empréstimo, mas a taxas são mais atraentes do que as oferecidas em investimentos bancários.

Os candidatos a entrar no Zopa normalmente apresentam históricos de crédito um pouco piores do que a média, mas a rigidez na verificação de cadastros e a consciência de que se trata de empréstimo feito com o dinheiro de uma pessoa de verdade que precisa ser pago geram taxas muito baixas de inadimplência. O risco de crédito em liquidação é assumido pelo credor, inserido na taxa de juros, e as dívidas são vendidas a uma agência de compra de débitos, que, por sua vez, repassa parte dos valores que recupera aos clientes credores do Zopa.

O Zopa atua como facilitador nesse processo, com taxas que variam de mercado para mercado. No Reino Unido, a empresa passou a adotar uma taxa fixa para devedores, ao passo que os credores contribuem com 0,5% ao ano sobre os valores que emprestam.

6.3 OS PORTAIS PARA O CLIENTE

Os canais convencionalmente se dedicam a "empurrar" produtos e serviços aos clientes. Canais diretos, como as lojas no varejo, sites, call centers e equipes de vendas são utilizados para vender ao cliente e atender a seus pedidos. Os canais indiretos, como varejistas terceirizados, sites agregadores e representantes de vendas são empregados para ampliar o alcance, empurrando seus produtos a um número ainda maior de clientes do que aquele que você normalmente alcança ou tem capacidade para alcançar.

A filosofia de distribuição tradicional trata do alcance e da eficiência para maximizar as transações de venda. A gestão de canais inclui fazer com que esses canais trabalhem em conjunto para gerar uma experiência do cliente padronizada entre eles, entregar níveis apropriados de serviço e suporte e compartilhar informações. O cliente pode adquirir um item junto a um canal, por exemplo, e, se necessário, devolvê-lo em outro.

Essa distribuição também inclui a condução de negócios nos termos mais eficientes para a empresa, não para o cliente. Assim, vemos pontos de venda fixos de operação e abastecimento eficientes, com horários de funcionamento adaptados à vida social de seus funcionários em vez de ao tempo livre dos clientes e estilos de serviço que melhoram a eficiência – com, por exemplo, tempos de chamadas telefônicas limitados para maximizar o volume de chamadas e número menor de caixas registradoras para reduzir custos com mão de obra.

Essa é uma questão de que "você venha até nós", não de que "nós vamos até você". Os clientes são atendidos quando e como for melhor para a empresa, não para eles. Mas isso já começou a mudar – hoje vemos shoppings fora do perímetro urbano, em locais mais convenientes, mercados 24 horas, operações bancárias via Internet ou telefone e sanduíches pedidos online e entregues em seu escritório. Os clientes esperam que sua empresa faça negócios onde, quando e como ficar melhor para eles, não para você.

Os "portais para o cliente" são canais de distribuição nada convencionais.

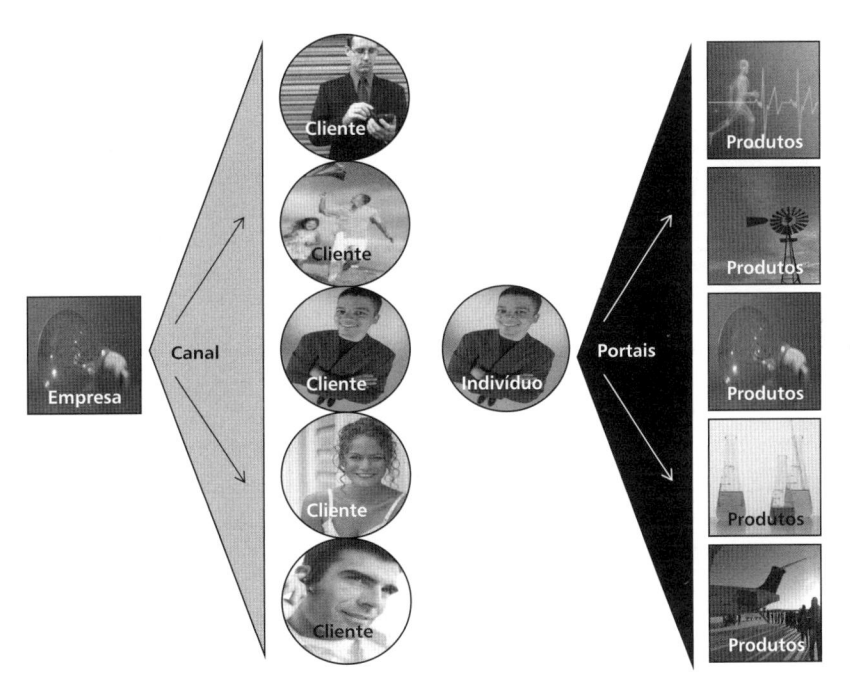

PORTAIS PARA O CLIENTE: O FUTURO DOS CANAIS DE DISTRIBUIÇÃO

Esses portais são seu parceiro confiável que sempre encontra exatamente o que você quer, sua secretária particular no mundo exterior, sua loja da esquina que vende de tudo, seu melhor amigo que conhece você como ninguém, seu fiel escudeiro que fará tudo por você. Eles estão sempre acessíveis, quando e onde você precisa, ou mesmo prevendo e lembrando suas necessidades.

Eles não vendem produtos, mas têm um profundo insight do cliente, compreendem suas necessidades, questões, aspirações, diferenças e idiossincrasias e reúnem todos os ingredientes certos para encontrar a melhor solução para ele. Eles trabalham com diferentes fornecedores, negociam os melhores acordos com fornecedores de ingredientes e os reúnem, nos termos do cliente. Em muitos aspectos, isso tudo é visto na Amazon, mas com níveis expressivamente mais altos de customização e serviço personalizado.

As marcas que funcionam como portais estão do seu lado. Você normalmente paga a elas uma taxa de administração, não comissões, portanto, elas não são necessariamente imparciais na busca pela melhor solução para você. Os valores delas refletem os seus; elas são marcas de estilos de vida.

Os processos que utilizam começam e terminam com você, o cliente. Elas são o primeiro ponto de parada quando o cliente está pronto para comprar, em vez de ser bombardeado com promoções sem importância. Elas podem parecer intermediárias, mas na verdade são os principais agentes da venda: elas são as marcas com que o cliente estabelece um relacionamento, com que ele se importa, em que ele confia.

As marcas de "ingredientes" serão as fornecedoras de produtos e serviços para as marcas de passagem, e são a vasta maioria das que vemos atualmente. Hoje em dia, elas tentam construir, sem muito entusiasmo, relacionamentos com o cliente, mas já não há mais espaço em nossas vidas para relacionamentos com ketchups, lenços de papel ou mesmo eletrônicos. Nesse tipo de marca, as melhores serão como a Intel, que todos nós sabemos que faz os melhores microprocessadores; as menos eficientes serão como a Mitsubishi, que fabrica tantos chips quanto a Intel, mas que não sabemos ou não ligamos se eles estão em nossos telefones ou computadores.

As marcas do tipo portais serão aquelas com maior afinidade com os clientes. Para muitos de nós, esse papel atualmente é ocupado por empresas como a Tesco e o Wal-Mart, mas é pouco provável que elas sejam os portais do futuro. O mais provável é que sejam clubes de futebol que envolvem torcedores apaixonados, marcas de afiliação com mensalidades ou marcas de moda que definem estilos de vida.

Os portais serão os melhores na comunicação e na distribuição individualizadas e interativas. Elas armazenarão grande quantidade de informações e terão como foco o serviço ao cliente. Sua especialidade estará na solução de problemas e na construção de relacionamentos. Elas serão as centrais de energia dos mercados mais inteligentes, redefinindo as bases energéticas, as estruturas de mercado e as fontes de valor.

Insight 29: QUINTESSENTIALLY

Imagine um clube privado com serviço de *concierge* global 24 horas: ele consegue tudo o que você queira, a qualquer momento, em qualquer lugar.

Você pode precisar de um jato particular agora para ir a Pequim, de um presente perfeito para o aniversário de sua mãe, de um carro Aston Martin raro ou mesmo de entradas para o show do The Police no Rio de Janeiro. Não importa: a Quintessentially consegue para você, ou conhece alguém que consiga. Entre as solicitações mais memoráveis estão dois pavões brancos e o envio de um par de cílios postiços ao sul da França, de helicóptero.

A Quintessentially é, antes de tudo, um clube para pessoas que acreditam que a vida é muito curta para se desperdiçar tempo em busca do que desejam ou para aceitar a segunda melhor opção. O serviço não é barato, com taxas entre US$1.500 a US$30 mil, ou mais. Os sócios recebem um cartão e uma linha telefônica exclusiva. A Quintessentially descobre tudo sobre as preferências e diferenças de seus associados. Alguns usam o serviço de *concierge* como portal de compras ou de consultoria em assuntos profissionais e pessoais. Outros veem a empresa como uma espécie de secretário particular.

Contudo, esse serviço não tem nada a ver com marketing de banco de dados nem soluções customizadas – ele trata de individualidade. Para algumas pessoas, a Quintessentially é a antítese do marketing direto, protegendo os clientes da enxurrada de ofertas e incentivos de marcas famintas. Para outras, é um dos benefícios do cargo que ocupam, um "extra" oferecido aos executivos sem tempo livre como parte de seus pacotes de remuneração. Muitos a veem como um símbolo de status, mais exclusivo e mais útil do que o American Express Platinum.

Aaron Simpson e Ben Elliot fundaram em 2000 a marca, que representa um estilo de vida luxuoso. Hoje, ela emprega 800 pessoas em 37 escritórios em todo o mundo, e atende a uma série de nomes famosos. Até 2010, ela pretende estar presente em 80 países.

O *concierge* da Quintessentially providencia tudo, desde que seja legal e moral. "Não recrutamos moças para visitar hotéis, mas muitas vezes somos chamados para reservar uma mesa no restaurante The Ivy de última hora, por exemplo, e somos capazes de ajudar por conta de relacionamentos que construímos ao longo dos anos, tanto de negócios quanto pessoais." Se os restaurantes tiverem um cancelamento de reserva no último instante, a Quintessentially é a primeira a saber. Se há entradas à venda para um espetáculo que normalmente está esgotado, a Quintessentially sabe quais de seus associados estão interessados em assisti-lo.

A empresa lançou também vários negócios secundários:

- **Quintessentially Events**: a Serpentine Summer Party, festa de verão às margens do Lago Serpentine, no Hyde Park, em Londres, é um dos eventos mais procurados. Os associados têm acesso exclusivo, ao lado de grandes estrelas.

- **Quintessentially Publishing**: inclui os mais interessantes guias de viagem em edição de luxo para os hotéis e spas mais exclusivos.

- **Quintessentially Estates**: serviço especializado de busca de propriedades para aqueles que não têm tempo para lidar com um corretor de imóveis.

- **Quintessentially Escape**: oferece experiências extraordinárias, como viagens com guias exclusivos para as Pirâmides do Egito e treinamento em espionagem com ex-agentes do Serviço Secreto Britânico.

Quando estudantes, Simpson e Elliot organizavam festivais de teatro com atores em formação; eles persuadiam as faculdades da universidade de Oxford e Cambridge a permitir a utilização de seus gramados para as apresentações e então atraíam turistas norte-americanos ricos e ingênuos, que acreditavam estar assistindo a um espetáculo ímpar.

E os serviços mais solicitados pelos associados? Cartões de aniversário, entradas de teatro e... encanadores.

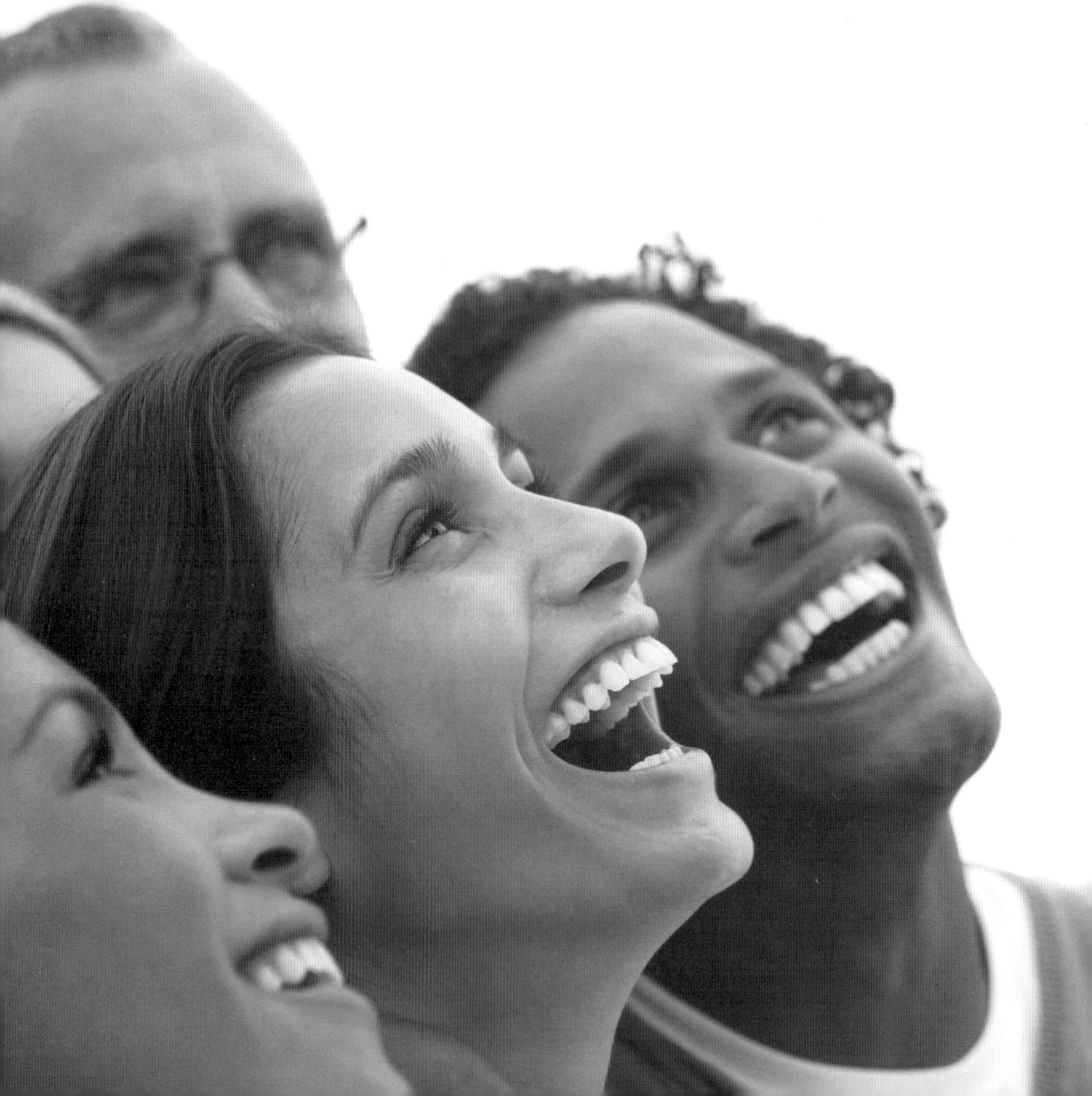

Dimensão 7

As experiências do cliente

> *Você trabalha para uma grande empresa, não? Suas vans sempre parecem mais limpas do que as outras, seus prédios sempre têm um aroma mais fresco, você sempre oferece aquele pequeno conselho, aquele apoio extra, a aparência de suas embalagens sempre é boa, e todas são recicláveis. Eu adoro essa música ambiente que você toca, e seus funcionários parecem mais sorridentes a toda hora. Há tantas coisas ótimas sobre o que você faz, e eu ainda não disse nada sobre seus produtos.*
>
> Mas há muito ainda que você pode fazer. No momento em que percebo que preciso de você para me ajudar a tirar o maior proveito do produto que adquiro, espero ter uma grande experiência sempre. Sua loja é excelente, mas o estacionamento é péssimo. O bolo que você oferece é extremamente saboroso, mas o café não passa da média. O produto funciona muito bem, mas se algo der errado, você não tem a mínima ideia do que fazer. Minhas expectativas são de que tudo o que você oferece seja excelente.
>
> Quero que você seja consistente, confiável e acessível. Quero que você resolva meus problemas sem me transferir de setor em setor. Quero fazer negócios com você quando, onde e como for melhor para mim. Na verdade, não se trata apenas de me satisfazer – ou de me encantar, como você gosta de dizer. Há vezes em que quero que você me surpreenda, me instrua, me divirta ou mesmo me emocione. Dê-me algo sobre o qual eu realmente possa contar para meus amigos.

7.1 A JORNADA DO CLIENTE

O CEO da Harley-Davidson descreve com eloquência a experiência a que recorre para dar vida à marca:

> "Fazer as pessoas comprarem seus produtos é uma coisa, mas fazê-las tatuarem seu nome em seus corpos é outra... O que vendemos é a possibilidade de um contador de 43 anos vestir uma roupa de couro preta e dirigir uma motocicleta nas ruas de cidades pequenas, assustando as pessoas".

Marcas e proposições são geradas em todos os meios à disposição de uma empresa – de nomes e logomarcas a seus líderes e sedes, produtos e serviços, publicidade, brochuras, esquemas de cores, embalagens, uniformes dos funcionários, decoração de interiores, cultura e comportamento, treinamento e programas de incentivo.

As pessoas em uma organização precisam reconsiderar o que fazem "de fora para dentro".

Jan Carlzon, ex-CEO da Scandinavian Airlines, oferecia a cada um de seus funcionários um pequeno livro de capa preta chamado *A Hora da Verdade*, com poucas palavras que resumiam, com extrema simplicidade, como toda e qualquer interação com um cliente pode gerar ou destruir um relacionamento vitalício com ele.

No entanto, as "experiências" do cliente são muito mais do que a execução padronizada de processos em todos os pontos de contato – elas envolvem a garantia de que a jornada (não apenas o voo, no caso de uma companhia aérea, mas do primeiro instante em que uma necessidade é sentida até a finalização do processo) seja conectada e coerente, consistente e completa. Acima disso tudo está dar vida a esses processos, tornando-os relevantes e diferenciados, e agregando valor a cada etapa de sua execução.

Experiências significativas têm a ver com interações importantes e diferenciadas, não com transações irrelevantes e repetitivas. Elas não se limitam à busca, seleção e compra: elas ajudam o cliente a explorar, divertir-se e aprender.

DIMENSÃO 7 As experiências do cliente

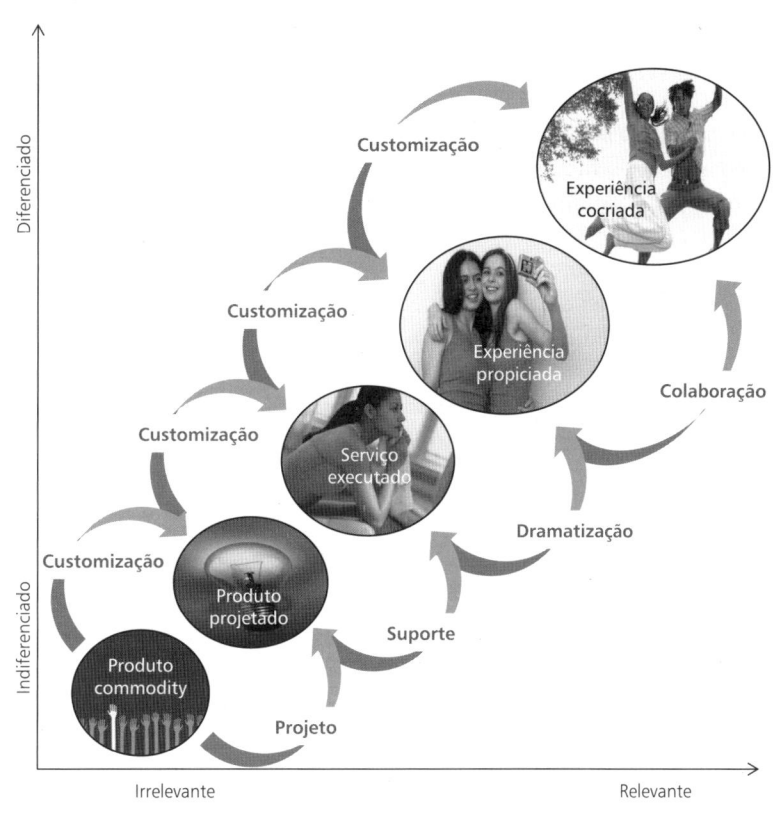

AS EXPERIÊNCIAS DO CLIENTE: DAS COMMODITIES À COCRIAÇÃO

O projeto das experiências do cliente requer o mesmo teor de investimentos, processos e avaliação específicos exigido pelo projeto de produto ou pela definição de serviço. Por exemplo, a TGI Friday's, a rede de restaurantes cujos funcionários usam uniformes com listras brancas e vermelhas, utiliza um "modelo de atendimento com três anéis" para garantir a uniformidade na marca e na experiência em todas as suas franquias no mundo. O anel interno define o que é essencial e precisa ser executado sempre, em todo o lugar. O anel intermediário caracteriza as melhorias a serem implementadas em termos de local e tipo de cliente. O anel externo descreve as maneiras de tornar a experiência personalizada, espontânea e memorável para cada cliente.

Um passageiro típico de uma companhia aérea tem cerca de 45 interações reais ou perceptíveis com a empresa do momento em que decide viajar ao instante em que chega a seu destino.

O ponto de partida no projeto de uma excelente experiência do cliente consiste em entender o que acontece no momento presente, seja algo planejado, seja algo padrão ou que acontece porque o cliente e outros parceiros compensam aquilo que sua companhia não oferece.

Todos os "pontos de contato" com o cliente são analisados por suas diferentes tipologias: em um ambiente *business-to-business*, essa análise pode ocorrer para as principais contas; nos mercados de massa, pode-se começar avaliando tipos específicos de clientes, como o executivo que voa na primeira classe, ou mesmo uma seleção aleatória de categorias. Essa atividade não necessariamente envolve muita pesquisa; ela pode ser executada com a ajuda de descrições das experiências dadas pelo cliente, ou mesmo com as opiniões dos funcionários sobre o que presenciam.

Como alternativa, você pode fazer esse mapeamento em um workshop, em que todos os pontos de contato são anotados em post-its separados e depois essas notas são reunidas em uma folha de papel maior – ora em sequência linear, ora seguindo várias direções. Os aspectos importantes a lembrar são:

- Pense como o cliente, anotando os diferentes estágios do processo na linguagem dele – compre em vez de vender, pague em vez de cobrar. Inclua interações que ultrapassem seu poder de influência, considerando o que o cliente pode fazer também com outras empresas.

- Considere todo o contexto do cliente, do momento em que a primeira necessidade é sentida à concretização das vantagens – não se concentre apenas na transação da compra. Por exemplo, como o cliente chega até a sua loja? Onde ele estaciona o carro?

- Descreva todos os pontos de contato separadamente, levando em consideração momentos tangíveis e intangíveis – em síntese, tudo, desde o design das lojas até as condições de pagamento, a importância estética das embalagens e o modo como os produtos são exibidos.

Com isso, a jornada do cliente pode ser avaliada em maiores detalhes – e da perspectiva dele. É interessante usar um feedback qualitativo ou pesquisas com enfoque quantitativo para entender a importância que o cliente dá a cada etapa dessa jornada, e o quanto ele se sente satisfeito com ela.

DIMENSÃO 7 As experiências do cliente

Mapa da experiência 1

Visita sites	Reserva passagem	Dirige até o aeroporto	Encontra um estacionamento	Fica na fila do *check-in*
Embarca na aeronave	Dirige-se ao portão de embarque	Descansa	Encontra a sala de espera	Passa pela inspeção de segurança
Assiste às instruções de segurança	Aceita bebidas	Assiste a TV	Faz uma refeição	Dorme
Chega ao hotel	Entra na fila dos táxis	Apanha a bagagem	Entra na fila da imigração	Desembarca da aeronave

☐ = Cada etapa da experiência, na perspectiva do cliente.

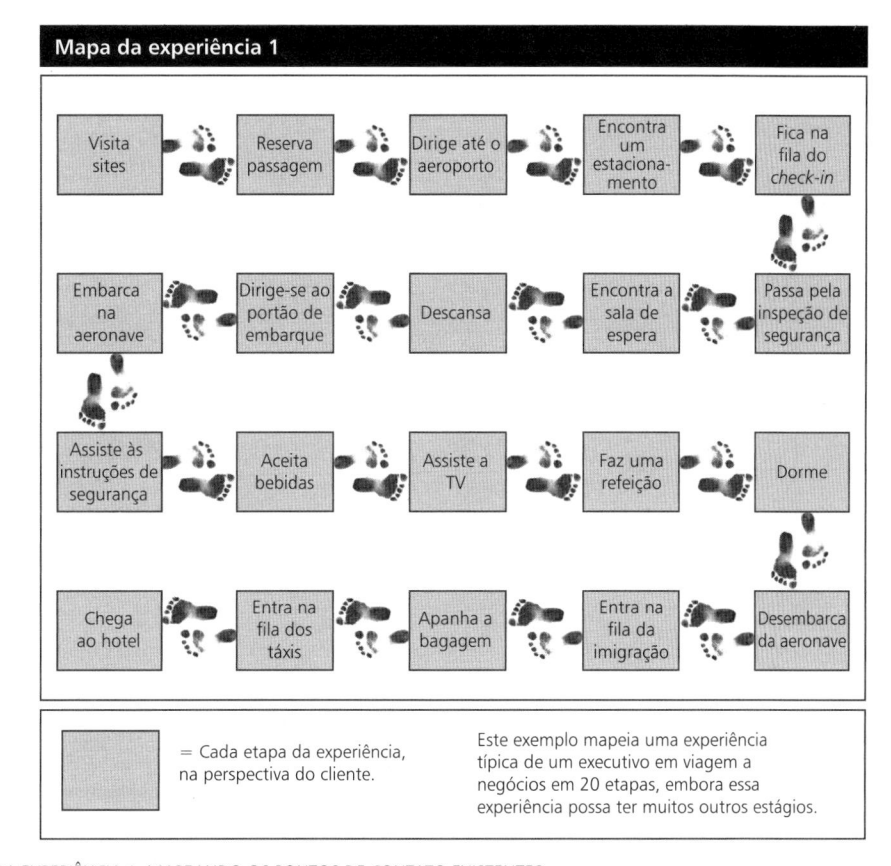

Este exemplo mapeia uma experiência típica de um executivo em viagem a negócios em 20 etapas, embora essa experiência possa ter muitos outros estágios.

MAPA DA EXPERIÊNCIA 1: MAPEANDO OS PONTOS DE CONTATO EXISTENTES

O "batimento cardíaco do cliente" é uma técnica utilizada para compreender as oscilações emocionais do cliente em sua jornada. Quais os momentos de prazer, divertimento e realização? Onde estão os pontos que geram descontentamento?

Mapa da experiência 2

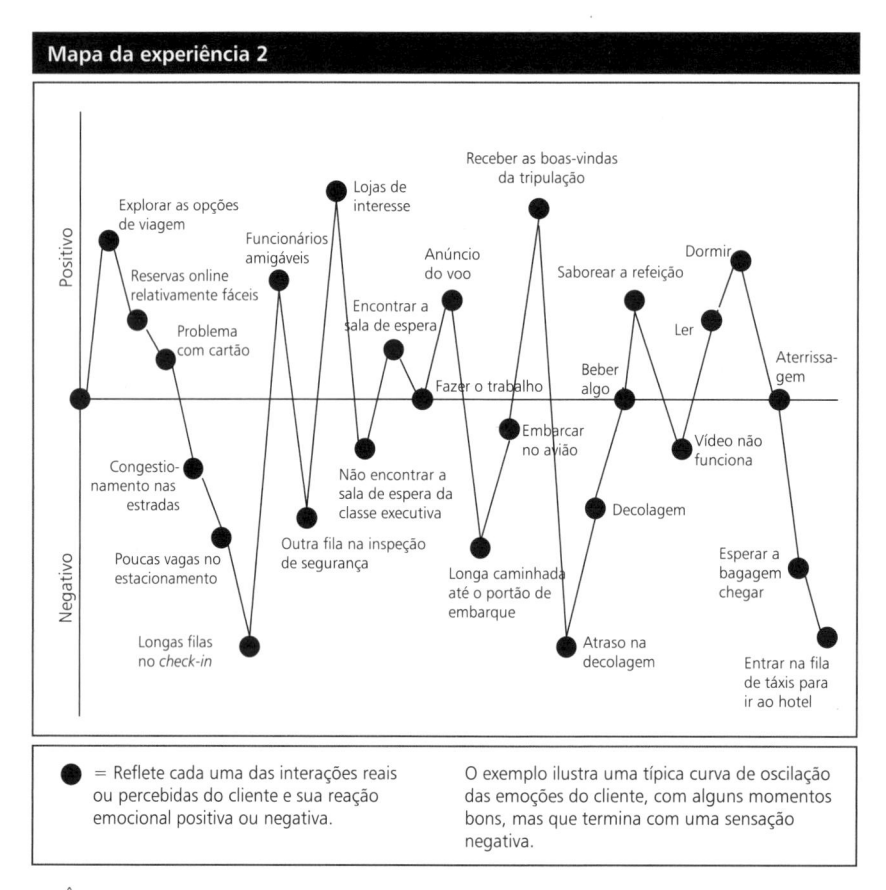

(Gráfico tipo eletrocardiograma mostrando oscilação das emoções do cliente entre Positivo e Negativo ao longo da jornada:)

Pontos positivos: Explorar as opções de viagem; Reservas online relativamente fáceis; Funcionários amigáveis; Lojas de interesse; Encontrar a sala de espera; Anúncio do voo; Receber as boas-vindas da tripulação; Saborear a refeição; Ler; Dormir.

Pontos neutros/negativos: Problema com cartão; Fazer o trabalho; Beber algo; Aterrissagem.

Pontos negativos: Congestionamento nas estradas; Poucas vagas no estacionamento; Longas filas no check-in; Outra fila na inspeção de segurança; Não encontrar a sala de espera da classe executiva; Longa caminhada até o portão de embarque; Embarcar no avião; Decolagem; Atraso na decolagem; Vídeo não funciona; Esperar a bagagem chegar; Entrar na fila de táxis para ir ao hotel.

● = Reflete cada uma das interações reais ou percebidas do cliente e sua reação emocional positiva ou negativa.

O exemplo ilustra uma típica curva de oscilação das emoções do cliente, com alguns momentos bons, mas que termina com uma sensação negativa.

MAPA DA EXPERIÊNCIA 2: AVALIANDO OS PONTOS DE CONTATO EXISTENTES

Você pode até mesmo "contar a história" das experiências de alguns clientes mapeando sua pulsação durante as interações; ao identificar o que acontece em cada ponto, você gera um mapa que parece um eletrocardiograma. Essa técnica pode ser muito eficiente para comunicar internamente como pessoas diferentes geram coletivamente uma experiência, onde estão pontos positivos e onde melhorias são necessárias.

Insight 30: NINTENDO WII

Ele é *high-tech*, fácil de usar, vem do Japão, reúne amigos e é muito divertido.

O Nintendo Wii foi lançado no final de 2006 com a meta de atingir um público maior que o de outros videogames, como o PlayStation 3 da Sony e o Microsoft Xbox 360. Ele abre mão de alguns aplicativos gráficos mais sofisticados para gerar uma experiência mais física e envolvente por meio de controles sensíveis ao movimento: uma experiência física completa.

Como disse Shigeru Miyamoto, designer do videogame, quando de seu lançamento: "Não estamos preocupados com a Sony. Nosso interesse é descobrir como aumentar o número de pessoas que jogam videogames. Não estamos preocupados com o aparelho em si, mas com a possibilidade de gerar experiências mais ricas e personalizadas."

O Wii permite que você jogue tênis com Rafael Nadal em sua sala de estar ou faça uma aula de aeróbica sem ninguém por perto para ficar olhando. Você pode assistir a si mesmo na TV enquanto pratica a rotina, ouvir os conselhos e a motivação do instrutor virtual e até comparar seu desempenho com o de seus amigos que fazem a mesma aula em suas próprias casas, em qualquer lugar do mundo.

Com preços próximos a US$250 (mais caro do que um PlayStation PSP ou do que um Nintendo DS, mas bem mais barato do que o PlayStation 3 ou o Xbox 360), o sistema do Wii é bem equipado – os consoles de outros jogos são vendidos separadamente e requerem muitos outros acessórios para que funcionem. Além do controlador de jogos, o Wii remote ("Wiimote"), você também recebe o jogo *Wii Sports*, uma compilação que oferece tênis, golfe e boxe. O jogo ajuda o jogador a se familiarizar com o sistema e com seus controles, despertando a vontade de jogar mais e mais.

Você pode personalizar seu Wii com nomes e avatares, o que permite que você crie sua própria imagem digital, que aparecerá nos jogos no "Wii Channel". Uma vez habilitado o sistema Wi-Fi, você poderá utilizar o aparelho para comprar novos jogos online e se conectar a outros jogadores, em outros locais, em tempo real. O Wii é pequeno e compacto e, por isso, não precisa ser guardado quando não está em uso, permitindo sua inicialização rápida. Além disso, ele comporta jogos de versões antigas, como o Nitendo GameCube, assim seus investimentos anteriores não perdem valor.

O *Wii Fit* foi lançado no ano seguinte, com uma plataforma especial para os pés que permite ao jogador utilizar todo o seu corpo durante um jogo, e não apenas as mãos. Comercializado como um videogame para *fitness*, ele tem quatro categorias cuja meta é aperfeiçoar o condicionamento muscular, o equilíbrio, a flexibilidade e a capacidade aeróbica do jogador. Para adultos, sobretudo mulheres, ele abriu caminho para a criação de uma grande comunidade online de exercícios físicos. Nessa comunidade, é possível comparar planos de exercícios e até mesmo reunir os avatares na tela, como se fosse uma aula de verdade. Para as crianças, o Wii é divertido e saudável, um sopro de ar fresco após horas assistindo a TV a cabo ou jogando outros videogames – embora não seja exatamente como *Swallows and Amazons*.*

E quanto ao nome do videogame? A grafia diferente representa o pronome "we" (nós) e a vibrante interjeição "wee", e é adotada como marca registrada do produto em todo o mundo.

7.2 A DRAMATIZAÇÃO PARA O CLIENTE

Vamos considerar como você consegue gerar uma experiência mais positiva para o cliente.

A título de exercício, remova todos os "destruidores" de valor – os momentos negativos, os pontos irrelevantes, as atividades que nada acrescentam para o cliente e que talvez existam apenas para o bem ou a eficiência da própria empresa. Considere a hipótese de, do ponto de vista prático e comercial, ser possível concretizar essa experiência apenas com os "geradores" de valor, sem a presença das atividades eliminadas.

---

* N. de T.: Livro infanto-juvenil popular no Reino Unido, que narra as aventuras de um grupo de crianças em férias.

Mapa da experiência 3

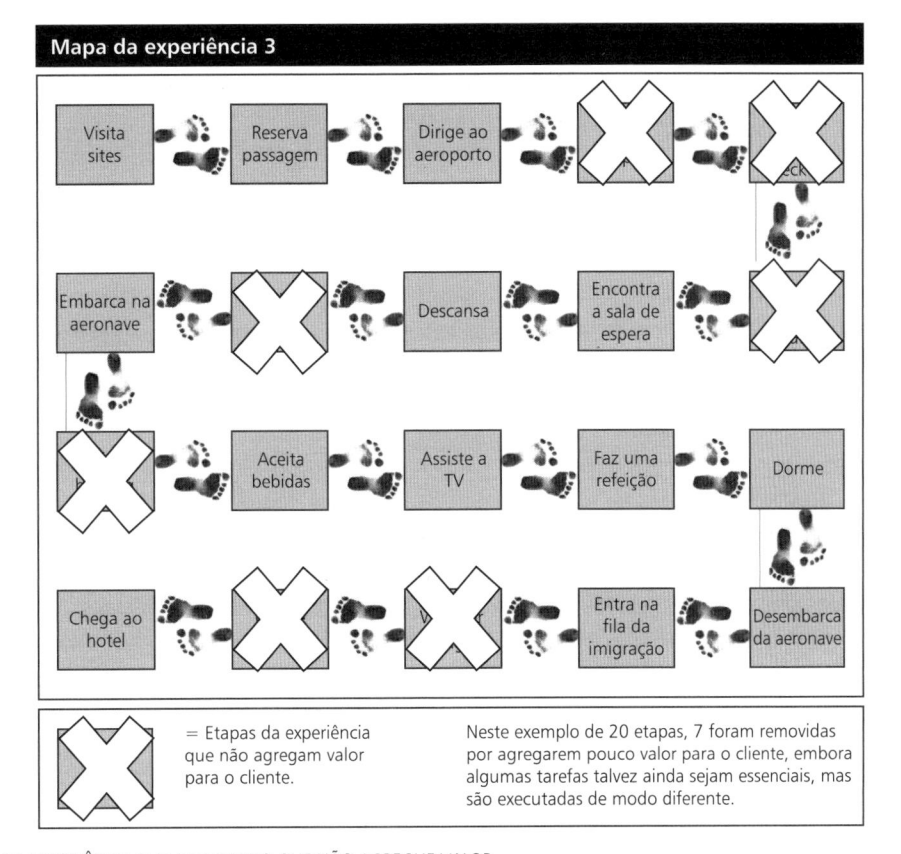

```
Visita → Reserva → Dirige ao → [X] → [X]
sites     passagem  aeroporto

Embarca na ← [X] ← Descansa ← Encontra ← [X]
aeronave                      a sala de
                              espera

[X] → Aceita → Assiste a → Faz uma → Dorme
      bebidas  TV          refeição

Chega ao ← [X] ← [X] ← Entra na ← Desembarca
hotel                  fila da     da aeronave
                       imigração
```

[X] = Etapas da experiência que não agregam valor para o cliente.

Neste exemplo de 20 etapas, 7 foram removidas por agregarem pouco valor para o cliente, embora algumas tarefas talvez ainda sejam essenciais, mas são executadas de modo diferente.

MAPA DA EXPERIÊNCIA 3: ELIMINE TUDO QUE NÃO AGREGUE VALOR

Claro que você talvez tenha eliminado etapas negativas que continuam sendo importantes para a empresa, como o recebimento da conta, o pagamento, a fabricação da mobília ou o descarte do lixo. Vamos agora substituir essas atividades essenciais por outras etapas, concebidas com modos diferentes de execução que atendem às necessidades da empresa e que são mais positivas para o cliente.

Outra maneira de melhorar a experiência básica do cliente é considerar cada uma das etapas essenciais em termos de como podem ser aperfeiçoadas.

- ***Racionalização:*** reduzir, simplificar e acelerar a execução de interações que não sejam importantes, interessantes ou relevantes ao cliente.

- ***Elaboração:*** alongar e aperfeiçoar as interações importantes, prazerosas e desejáveis para o cliente, tornando-as memoráveis.

A American Express reconheceu que sua principal forma de comunicação com o cliente, a fatura mensal, não era uma interação totalmente positiva para o titular do cartão de crédito. Para atenuar o impacto negativo dessa etapa, ela decidiu atrelar recompensas e incentivos personalizados à fatura. Por exemplo, passou a acrescentar a seguinte mensagem às faturas: "Esperamos que você tenha tido uma refeição agradável em seu restaurante favorito. Por isso, providenciamos que a casa lhe ofereça uma garrafa de champanhe, cortesia da American Express, em sua próxima visita."

Os hotéis demoraram, mas reconheceram que o processo de fechamento da conta de seus hóspedes causa atrasos e frustrações na manhã da partida, o que significa que uma sensação negativa é gerada. Uma vez que detalhes do cartão de crédito são sempre registrados no momento da entrada e que todas as transações são registradas automaticamente durante a estada, um resumo das despesas é passado por baixo da porta do quarto do cliente na noite anterior à partida. Assim, uma interação com a recepção do hotel é necessária apenas se o cliente não concordar com alguma despesa lançada na conta.

As companhias aéreas aceitaram o fato de que o tempo que passageiros frequentes despendem em suas salas de espera poderia ser utilizado de forma mais construtiva, não apenas no consumo de bebida e comida. O Clubhouse da Virgin Airways é uma arca de tesouros em termos de regalias. O passageiro pode brincar com um Nintendo Wii ou com um modelo antigo de trenzinho, ganhar um corte de cabelo ou uma massagem revitalizante, contar com serviços corporativos ou ainda tirar um cochilo. Com esses atrativos, a Virgin criou um antídoto para o estresse sentido em aeroportos e durante voos.

DIMENSÃO 7   As experiências do cliente   **235**

Mapa da experiência 4

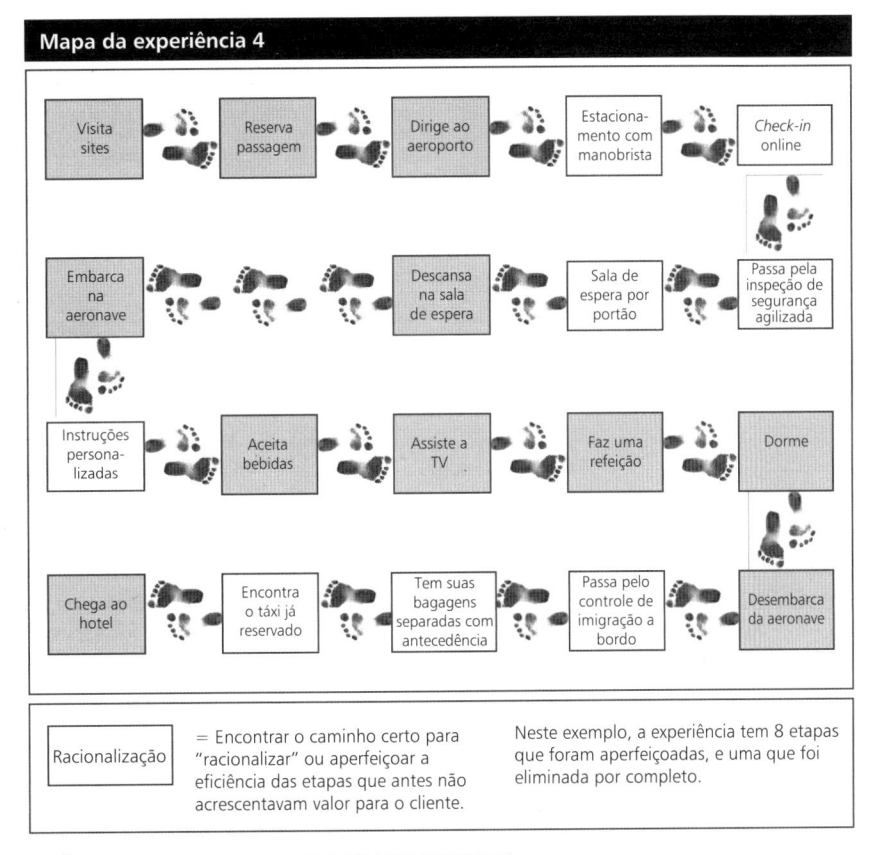

Visita sites	Reserva passagem	Dirige ao aeroporto	Estacionamento com manobrista		*Check-in online*

Embarca na aeronave		Descansa na sala de espera	Sala de espera por portão	Passa pela inspeção de segurança agilizada

Instruções persona-lizadas	Aceita bebidas	Assiste a TV	Faz uma refeição	Dorme

Chega ao hotel	Encontra o táxi já reservado	Tem suas bagagens separadas com antecedência	Passa pelo controle de imigração a bordo	Desembarca da aeronave

Racionalização	= Encontrar o caminho certo para "racionalizar" ou aperfeiçoar a eficiência das etapas que antes não acrescentavam valor para o cliente.	Neste exemplo, a experiência tem 8 etapas que foram aperfeiçoadas, e uma que foi eliminada por completo.

MAPA DA EXPERIÊNCIA 4: MELHORE OS PONTOS DE CONTATO ESSENCIAIS

Uma abordagem alternativa para inovar a experiência consiste em refletir sobre como você pode acrescentar mais valor para o cliente adotando um papel aperfeiçoado, não sendo apenas um fornecedor de produtos e serviços – isto é, como você pode capacitar seu cliente a fazer mais. Imagine que você é um ator e considere as diversas maneiras com que você interage com sua plateia. É possível seguir um roteiro, aperfeiçoá-lo, permitir que seu público desfrute passivamente de sua apresentação ou que interaja com você.

Mapa da experiência 5

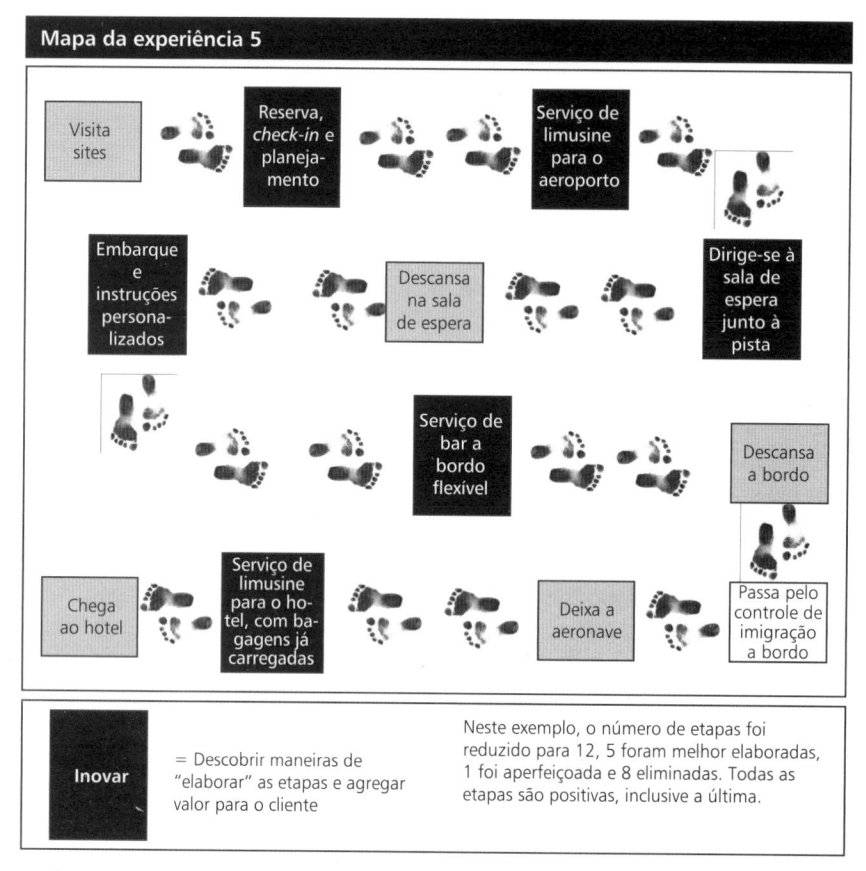

- Visita sites
- Reserva, *check-in* e planejamento
- Serviço de limusine para o aeroporto
- Dirige-se à sala de espera junto à pista
- Embarque e instruções personalizados
- Descansa na sala de espera
- Serviço de bar a bordo flexível
- Descansa a bordo
- Chega ao hotel
- Serviço de limusine para o hotel, com bagagens já carregadas
- Deixa a aeronave
- Passa pelo controle de imigração a bordo

Inovar = Descobrir maneiras de "elaborar" as etapas e agregar valor para o cliente

Neste exemplo, o número de etapas foi reduzido para 12, 5 foram melhor elaboradas, 1 foi aperfeiçoada e 8 eliminadas. Todas as etapas são positivas, inclusive a última.

MAPA DA EXPERIÊNCIA 5: ACRESCENTE PONTOS DE CONTATO NOVOS E INOVADORES

Da mesma maneira, você pode considerar os tipos de desempenho (e, portanto, os tipos de experiência) que deseja gerar para seus clientes em cada interação: o contato será passivo e roteirizado ou espontâneo e adaptado a diferentes clientes? Essa circunstância abre caminho para uma diversidade de papéis e novas maneiras em potencial de aperfeiçoar o valor que você gera para seus clientes:

- **Experiências de entretenimento**: de eventos esportivos a shows de rock, muito mais impactantes do que experiências editadas e vivenciadas remotamente. Por exemplo, o Red Bull Air Races insere você no fluxo de adrenalina de uma bebida enlatada.

- **Experiências educacionais**: de monumentos históricos que ganham vida com encenações a cursos de treinamento apresentados com base em dramatizações e interações. Por exemplo, os Schwab Learning Centers desmistificam o mundo do investimento.

- **Experiências orientadoras**: de galerias de arte que utilizam todos os sentidos a spas que estimulam e mimam nossas percepções. Por exemplo, o Guia de Restaurantes Michelin coloca um modesto fabricante de pneus em um contexto diferente.

- **Experiências de treinamento**: de esportes de aventura a videogames que levam os jogadores a mundos extraordinários ou imaginários. Por exemplo, o Subaru Driving Experiences ensina os condutores a dirigir pelos terrenos mais inóspitos.

Toda empresa pode abraçar qualquer um desses tipos de experiência para aperfeiçoar sua proposição ou explorar fluxos de receita secundários, atraindo o cliente de maneiras nunca antes concebidas.

Insight 31: VOM FASS

"Veja, prove e desfrute."

Johannes Kiderlen herdou sua importadora de vinhos de seu pai e estabeleceu uma rede de lojas especializadas, a "Weinkauf Getrankemarkt", que vende vinhos e outras bebidas em toda a província de Baden Wuerttemberg, na Alemanha.

Em 1994, ele apresentou um novo conceito. Inspirado na tendência dos clientes de buscar experiências mais autênticas e locais, Kiderlen passou a vender vinho do barril. Isso propiciou uma experiência muito mais próxima com cada cliente, uma vez que eles conversavam sobre os vinhos antes de escolher o que seria engarrafado e levado para casa. Os clientes de Kiderlen passaram a demonstrar um interesse genuíno em uvas, em suas origens e nos processos utilizados na fabricação de vinhos.

Ao reconhecer que o formato de varejo em supermercado não dava suporte a essa experiência mais tradicional e personalizada, Kiderlen concebeu um novo tipo de loja, que chamou de "Vom Fass", traduzido como "direto da bica". A primeira loja abriu em Regensburg, a que outras se sucederam, rapidamente, em toda a Alemanha. Essa experiência diferenciada foi um sucesso instantâneo, e ele ampliou a gama de produtos, que passou a incluir diversos destilados, azeites especiais e vinagres aromatizados com frutas.

As bebidas eram apresentadas ao cliente em pessoa, ou com descrições detalhadas e inspiradoras. Ainda mais atraentes eram as garrafas que os clientes tinham a disposição para escolher. Kiderlen projetou aproximadamente cem garrafas diferentes, o que permitia oferecer bebidas como presentes singulares e transformá-las em assunto para conversa. Algumas dessas garrafas lembravam torres, sapatos de salto alto e até Adão e Eva, uma dupla de garrafas vendidas em conjunto. Toda garrafa tinha em seu rótulo os detalhes de seu conteúdo, além de uma mensagem personalizada, fornecida sob pedido. Kiderlen percebeu que muitas pessoas queriam experimentar bebidas diferentes, então diminuiu o tamanho médio da garrafa para que elas levassem mais itens para casa.

Kiderlen hoje comercializa sua marca exclusiva em todo o mundo, sobretudo por meio de franquias concedidas a parceiros cuidadosamente selecionados, que continuam a oferecer uma experiência Vom Fass baseada no conhecimento e na personalização.

7.3 EXPERIÊNCIAS EXTRAORDINÁRIAS

As experiências do cliente são melhor lembradas quando não se parecem com nada e possibilitam fazer coisas nunca antes imaginadas.

Tendo eliminado os momentos negativos e encontrado maneiras de gerar uma jornada emocional mais positiva, pela racionalização e pela elaboração, e talvez com um toque de dramatização, você pode concretizar a experiência concebida para cada cliente com exclusividade.

Esse desafio não pertence a uma só pessoa ou departamento – ele é responsabilidade de toda a empresa e talvez exija a cooperação de fornecedores, distribuidores e parceiros. Ele não envolve apenas a implementação de atividades, produtos e processos tangíveis; diz respeito a atitudes e comportamentos, serviços e estilos, unicidade e consistência – a agir como um só.

Entretanto, toda experiência é emocional.

Como diz o título do excelente livro de Andy Milligan e Shaun Smith, elas tratam do que os clientes "veem, sentem, pensam e fazem" (*See, Feel, Think, Do*). Os autores encorajam os gerentes a utilizarem a intuição, com base em seus próprios sentidos, para tomar decisões mais eficientes, o que capacita também o cliente a explorar suas diferentes sensibilidades. Todos reconhecemos impacto muito maior de nossos outros sentidos que não o auditivo – que atuam no que vemos, sentimos ou tocamos – e, contudo, é fácil deixá-los de lado na pressa de maximizar as transações.

DIMENSÃO 7 As experiências do cliente **239**

A Singapore Airlines deixa em seu rosto um sorriso duradouro e vende o ar do interior de seus aviões em garrafas. Você percebe a sutileza dessa fragrância quando entra no avião, mas, com o tempo, o perfume passa a exercer um efeito mais intenso, fazendo você relaxar durante o voo. A companhia tem uma equipe de design experiente, que passa horas trabalhando para aperfeiçoar a experiência do cliente. Por essa mesma razão, quando você faz um test drive de um Lexus, sente-se seduzido pelos aromas e pela maciez do couro, e se deixa encantar pela aceleração do veículo e pela eficiência de seu motor híbrido.

Ao finalizar o projeto da experiência de seu cliente, considere como você pode dar vida a ela – transforme-a em uma experiência multissensorial, não em um evento estéril. Acrescente a seu mapa de pontos de contato tudo o que quer que o cliente veja, sinta e pense, além das atividades que ele deve executar em cada etapa.

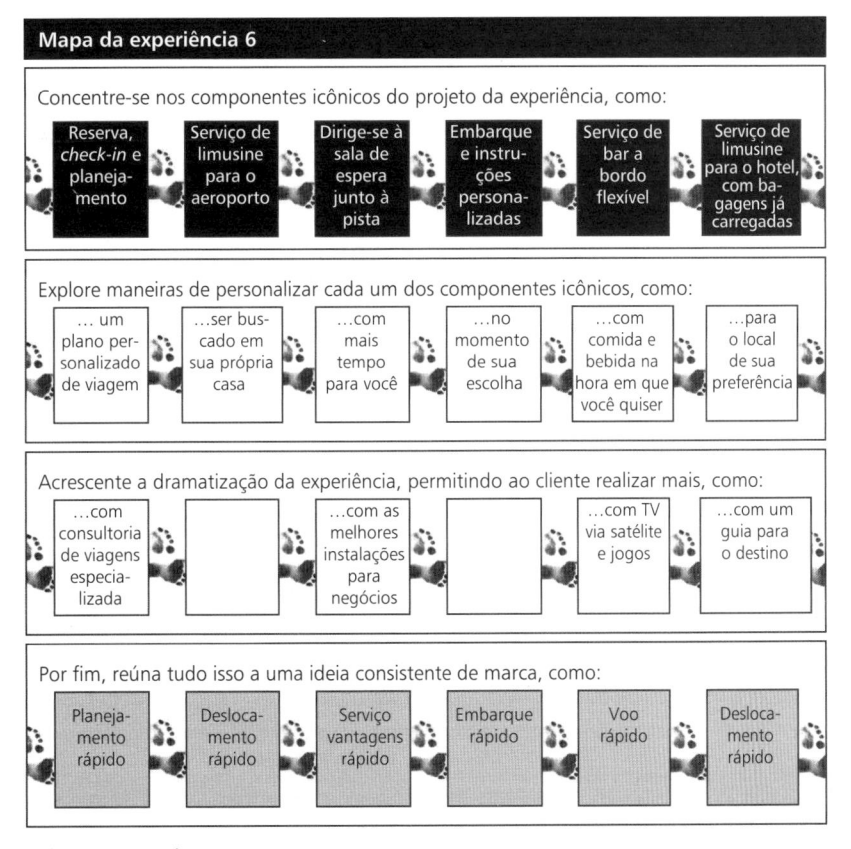

Mapa da experiência 6

Concentre-se nos componentes icônicos do projeto da experiência, como:

- Reserva, *check-in* e planejamento
- Serviço de limusine para o aeroporto
- Dirige-se à sala de espera junto à pista
- Embarque e instruções personalizadas
- Serviço de bar a bordo flexível
- Serviço de limusine para o hotel, com bagagens já carregadas

Explore maneiras de personalizar cada um dos componentes icônicos, como:

- ...um plano personalizado de viagem
- ...ser buscado em sua própria casa
- ...com mais tempo para você
- ...no momento de sua escolha
- ...com comida e bebida na hora em que você quiser
- ...para o local de sua preferência

Acrescente a dramatização da experiência, permitindo ao cliente realizar mais, como:

- ...com consultoria de viagens especializada
- ...com as melhores instalações para negócios
- ...com TV via satélite e jogos
- ...com um guia para o destino

Por fim, reúna tudo isso a uma ideia consistente de marca, como:

- Planejamento rápido
- Deslocamento rápido
- Serviço vantagens rápido
- Embarque rápido
- Voo rápido
- Deslocamento rápido

MAPA DA EXPERIÊNCIA 6: LUZ, CÂMERA, AÇÃO

Essa experiência pode ser concretizada por um estilo de serviço mais personalizado, que envolva desenvolver a capacidade de resposta para cada cliente, encontrar modos de se comunicar com eles, de aprender mais com eles, a partir de informações constantes em bases de dados e com preferências reveladas anteriormente, não por meio de uma lista padronizada de procedimentos.

O motorista de táxi do ponto em frente ao hotel Ritz-Carlton avisa o porteiro e o recepcionista sobre a chegada de um novo hóspede, para que eles possam estar prontos e recebê-lo pelo nome quando chegar. Quando um cliente telefona para o banco por telefone First Direct, seu número é identificado e seu perfil é exibido no terminal do atendente, com um resumo das informações, preferências e histórico financeiro desse cliente. Isso possibilita uma experiência mais relevante.

As informações e experiências de cada interação com cada pessoa podem ser úteis na previsão, melhoria ou personalização de interações futuras, que podem ser implementadas pela mesma pessoa ou por outros funcionários da organização, instantes mais tarde ou depois de meses.

Marcas não se limitam a nomes e logotipos. Marcas são conceitos diferenciados que se tornam experiências personalizadas.

"Dar vida a sua marca" envolve a descoberta de caminhos que a tornam viva, com relevância e personalização, em todas as interações. Isso pode ocorrer por meio de identificação visual, de linguagem característica, de características exclusivas, ou com a execução de serviços com atitudes e estilos típicos da marca.

Não se esqueça da grande ideia por trás de sua marca (por exemplo, a possibilidade que ela oferece às pessoas de correr mais rápido, fazer novos amigos ou cozinhar alimentos mais saudáveis), nem dos aspectos que diferenciam sua empresa das outras: ser a mais revigorante, atenciosa ou consciente. Feito isso, desenvolva maneiras de simbolizar essas características por meio de sua experiência – os "gestos da marca", que dão vida a ela com concretude e emoção.

Quando você entra na Disneylândia, os gestos da marca estão em todo o lugar – a música que toca enquanto você passa pelos portões, Mickey Mouse que espera para cumprimentá-lo, o aroma de pão fresco percebido enquanto você caminha pela Main Street, o punhado de pó mágico que a fada Sininho lança ao redor, as grandes orelhas do Mickey colocadas no topo da caixa d'água, o sorriso e o bom humor dos varredores das ruas, a Cinderela que começa a cantar de repente ou o Ursinho Puff que o convida para provar de seu mel.

Ao pesquisar as experiências de pessoas de todas as classes sociais, o psicólogo Daniel Kahneman, vencedor do Prêmio Nobel de economia, descobriu que a qualidade de uma experiência é quase totalmente definida por dois eventos: o modo como a experiência é sentida em sua intensidade máxima (o melhor ou o pior momento) e seu desfecho. Ele sugere que as experiências memoráveis terminam com uma sensação positiva: passando tanto tempo orientando o cliente depois de finalizada a compra quanto durante o processo, ou comemorando com um cliente que se mudou para uma casa nova, não apenas vendendo o imóvel a ele.

Torne essa experiência especial, mágica, extraordinária.

Insight 32: BUILD A BEAR WORKSHOP

"Bearemy" nasceu em 21 de agosto de 1998 em Saint Louis, Missouri. Ele tem 1,90 metro de altura e se encabula quando o assunto é seu peso.

Ele é o mascote fofinho da Build a Bear Workshop, a mais recente sensação do varejo, e viaja o mundo para conhecer crianças nos eventos de abertura das lojas da rede. Seu nome foi escolhido por um de seus muitos fãs.

A Build a Bear leva ao máximo a experiência com varejo para todo amante de ursinhos de pelúcia ou que conhece alguém que os adora. Encontradas em mais de 400 shopping centers em todo o mundo, as lojas costumam ter filas de crianças aflitas por entrar e de pais exaustos, mas felizes, que parecem pensar: "Não acredito que esperei uma hora por um bichinho estofado".

O processo começa com a escolha da espécie do bichinho. Muitos deles têm vínculos com instituições de caridade – o panda do World Wildlife Fund dá apoio a animais em extinção, o Cão Boxer apoia abrigos para animais abandonados, e o Ursinho da Nikki apoia hospitais e causas infantis. Você pode ajudar a estofar seu bichinho e até a gravar uma mensagem que poderá ser ouvida quando ele for apertado. Antes de costurá-lo, escolha um coração, dê um beijo nele e ele ganhará vida.

A partir daí, você pode realmente começar a gastar dinheiro. Primeiro, o ursinho precisa de roupas – roupas íntimas, jeans, camisetas – e sapatos, que incluem modelos exclusivos da Sketchers, para ursinhos que sabem o que está na moda. E como resistir aos acessórios, como óculos escuros, telefones celulares, bolsas de praia? Para finalizar, você precisa adquirir uma certidão de nascimento, com data e local, e que o batiza com um nome (você não precisa decidir na hora; pode pensar e retornar para informar o nome escolhido em outra ocasião).

A missão da Build a Bear é "dar vida a um ursinho de pelúcia":

> "Ícone norte-americano, o ursinho de pelúcia traz à mente pensamentos afetuosos sobre nossa infância, nossos amigos, sobre confiança e conforto e sobre amor. A Build a Bear Workshop personifica esses pensamentos no modo como faz negócios no dia a dia."

Recém-aposentada aos 47 anos, Maxine Clark apresentou sua ideia a todo investidor que encontrou pela frente – mas em um mundo de entrantes da tecnologia, ela não encontrou interessados em abrir uma loja de bichinhos de pelúcia. Clark tinha 30 anos de experiência no varejo e já havia sido nomeada presidente da rede de lojas de calçados Payless. Ela estava convencida de que a ideia seria um sucesso. Por fim, decidiu investir US$750 mil de seu próprio capital para abrir a Build a Bear Workshop.

Ela diz que a ideia lhe veio à mente ao ver a dificuldade de uma amiga em encontrar um minibichinho de pelúcia quando esse produto estava no auge das vendas.

Em 1997, logo após a abertura da primeira loja, um investidor leu sobre o negócio em um jornal local e ofereceu US$4,3 milhões como capital de investimento para a expansão do negócio. No intervalo de seis meses, a empresa estava indo tão bem que Clark nem conseguia responder a todas as ofertas de investimentos. Ela expandiu o negócio rapidamente e, em oito anos, contabilizava vendas anuais de US$302 milhões.

Pequenos detalhes fazem a diferença, como o código de barras no produto, que permite à Build a Bear devolver um ursinho perdido a seu dono, ou o banco de dados com as datas de nascimento dos bichinhos, a partir do qual a empresa envia cartões de aniversário ao proprietário e sugere que o ursinho talvez precise de roupas ou acessórios novos para a festa.

Clark define a entrega de uma grande experiência do cliente como sendo "a gestão para o emocional", um desafio que envolve o cliente em todos aspectos do negócio. Na verdade, ela chama seus clientes de "convidados" (embora muitos pais pudessem argumentar que não são as crianças que pagam pelo produto).

O mantra de Clark inclui:

- Concentrar o foco na experiência do cliente.
- Garantir que ela seja integrada a todos aspectos do negócio.
- Entregar serviço de qualidade e gerar resultados excelentes.

As pesquisas com o cliente – por meio de questionários de satisfação, grupos de foco, questionários online, além de 7.500 cartas todo o mês, do acompanhamento de tendências e de um conselho formado por clientes – são essenciais para a empresa. Nas palavras de Clark: "Até mesmo as experiências afetivas mais focadas no cliente podem ser quantificadas, mensuradas, reportadas, discutidas e recompensadas". De fato, o sistema de recompensas para funcionários tem vínculo direto com a satisfação e a fidelidade do cliente. Clark comenta com todos os seus funcionários: "Quando um cliente se diverte, ele gasta mais".

Muitas empresas já tentaram copiar o conceito da Build a Bear. Clark reage: "Qualquer pessoa é capaz de copiar um produto, mas nem todas conseguem reproduzir uma experiência. Qualquer pessoa pode copiar um ursinho de pelúcia, mas ela terá dificuldade de imitar a emoção e a empolgação demonstradas por crianças que têm a chance de inventar seus próprios bichinhos."

Quando você deixar a loja da Build a Bear carregando um ursinho de pelúcia com o uniforme de seu time de futebol ou um vestido da moda, o urso Bearemy estará na porta, esperando para lhe dar o melhor abraço de sua vida, pois um abraço de urso é entendido em qualquer língua.

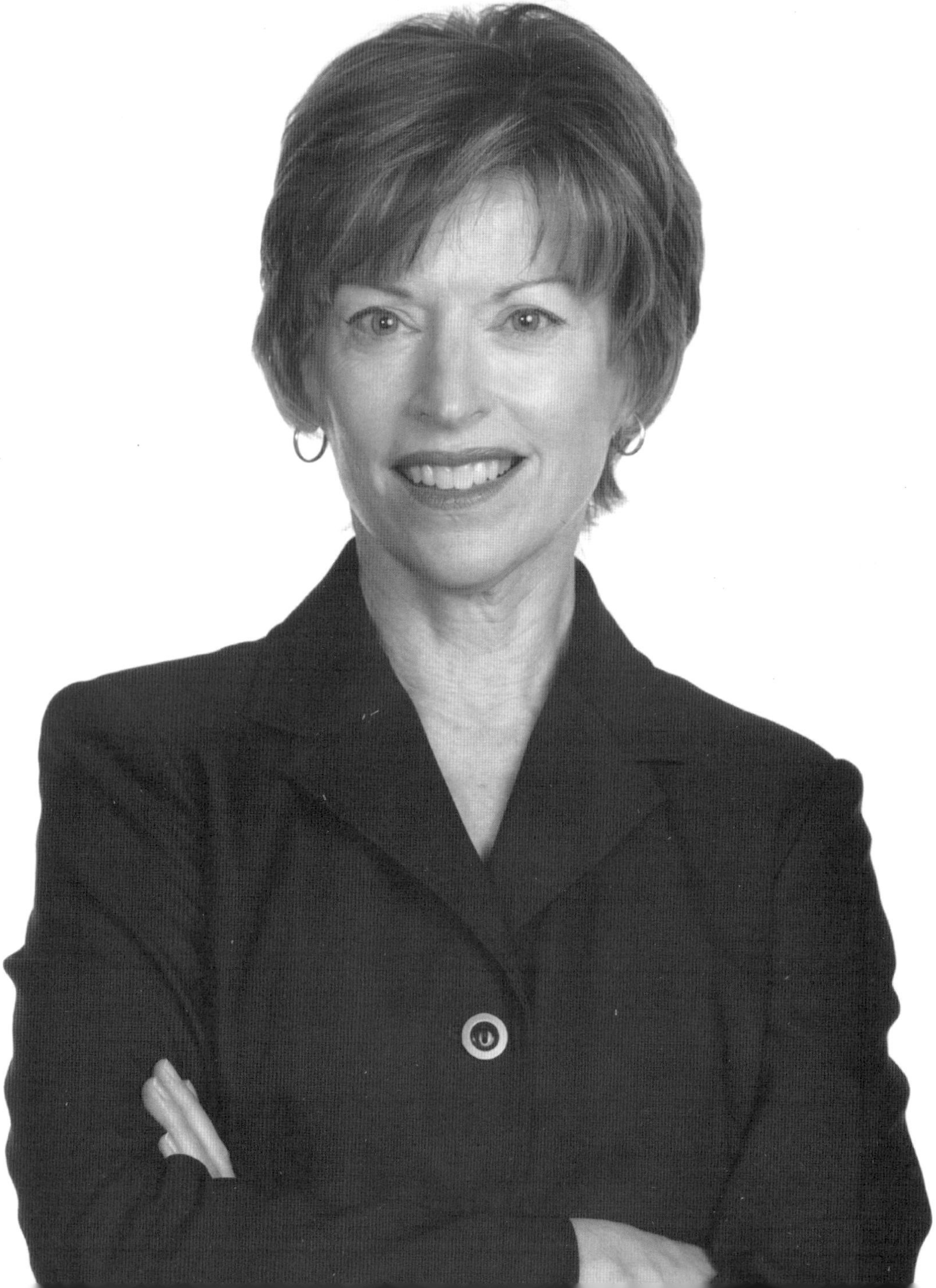

DIMENSÃO 8

O serviço ao cliente

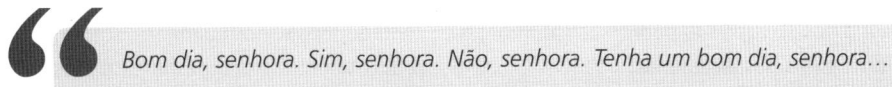

> *Bom dia, senhora. Sim, senhora. Não, senhora. Tenha um bom dia, senhora...*
>
> *Eu sei que você está apenas tentando ser gentil, mas esses esforços estão ficando repetitivos e já começam a irritar. Não quero ouvir a tradicional tagarelice de seu pessoal de vendas, que só não é pior do que aquela gravação que me recebe sempre que telefono para você. As opções disponibilizadas parecem nunca atender ao que desejo. Elas são a experiência mais insensível, desumana e frustrante que conheço. Para piorar, quando finalmente consigo falar, você sempre tem mais razões para eu não conseguir fazer as coisas – suas regras e políticas são sempre sobre o que é melhor para você, não para mim.*
>
> *Um bom serviço tem a ver com ouvir aquilo que quero e encontrar um caminho que me ajude a concretizá-lo. Um bom serviço tem um tanto de bom senso, com você entregando o que promete e, se não conseguir, pedindo desculpas pela falha. Um bom serviço encontra meios para resolver os meus problemas, mesmo que, às vezes, você tenha de quebrar suas próprias regras. Um bom serviço envolve seu lado humano, você e eu como seres humanos. Um bom serviço exige que você se lembre de mim, do que quero e de minhas preferências. Na verdade, o serviço envolve os aspectos de que lembro melhor e a razão pela qual eu decido fazer negócios com você. Por isso, não deixe isso de lado – faça com que esses fatores sejam os mais importantes na sua empresa.*

8.1 A EXECUÇÃO DO SERVIÇO PARA O CLIENTE

O serviço pode se tornar o maior diferencial para sua empresa. De fato, hoje em dia, sugerir que toda empresa é uma empresa do setor de serviços faz sentido. Os negócios do setor de bens de consumo que atuam em setores de alta tecnologia precisam oferecer serviços com qualidade idêntica – envolvendo consultoria, execução e suporte – a dos serviços oferecidos por empresas tradicionais do setor, como hotéis ou companhias aéreas.

Mesmo assim, a maioria dos serviços são padronizados, repetitivos, enfadonhos e, normalmente, sofrem restrições impostas por regras desnecessárias, políticas inflexíveis, práticas convencionais e funcionários desmotivados. Pior do que isso é o serviço automatizado e não intuitivo, como os sistemas de resposta de voz que só acomodam os problemas mais comuns, deixando o cliente frustrado e com o problema ainda por resolver.

Como você entrega serviços mais eficientes e responsivos?

O serviço feito "de fora para dentro" não começa com o que você faz, mas com o que o cliente procura junto à empresa. Um barista da Starbucks passa semanas aprendendo como servir um café excelente e como vivenciar a filosofia da marca: um alto investimento em um setor com alta rotatividade, embora esse não seja necessariamente o caso dessa cafeteria. Aprender a fazer um café de qualidade é importante porque é o aspecto principal da proposição da empresa: se você quer ser um grande atleta, você precisa aprender a correr com eficiência antes de correr rápido.

Mais importante ainda é a filosofia da marca. Se a Starbucks deseja ser o "terceiro lar" de seus clientes, depois da casa e do trabalho, é importante que eles se sintam bem lá, que haja espaço para encontrar pessoas, que tenha um ar familiar, que ofereça a possibilidade de permanecer pelo tempo desejado. Isso não consta em manuais de treinamento – não existe o "certo" e o "errado". Está na compreensão que as pessoas que trabalham na Starbucks têm da expressão "terceiro lar", o que lhes permite fazer os julgamentos adequados para cada cliente, em cada situação.

O acrônimo "CARER" ("capacitado, acessível, relevante, eficiente, responsivo" – que formam a palavra "cuidador" em inglês) representa os principais fatores por trás da eficiência do serviço, seja ele executado por uma pessoa, seja por uma máquina:

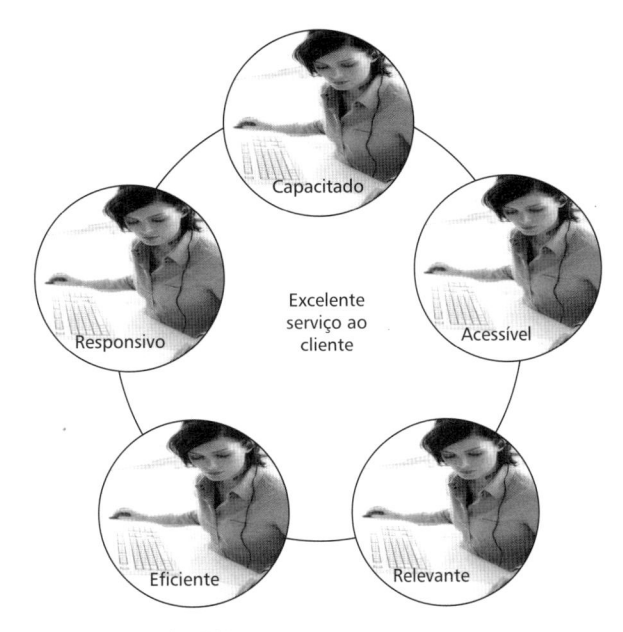

O SERVIÇO AO CLIENTE: CUMPRINDO UMA PROMESSA

- **Capacitado** – tem conhecimento e habilidades para executar o serviço correto.

- **Acessível** – rápido e fácil de encontrar, sempre pronto e disposto a atender.

- **Relevante** – compreende e envolve o cliente e parece estar do lado dele.

- **Eficiente** – executa o serviço conforme prometido, com rapidez e eficiência.

- **Responsivo** – prevê e reage às necessidades do cliente.

O serviço ao cliente não deve ser complicado. A simplicidade e o bom senso devem estar em seu centro – é preciso demonstrar possuir as habilidades necessárias para resolver o problema com rapidez e eficiência. Claro que sistemas e bancos de dados ajudam, mas eles também podem atrapalhar.

O dono da loja da esquina nunca precisou dos perfis de seus clientes nem de bancos de dados de produtos para tratar bem e de modo personalizado cada um deles. Esse pequeno empresário era um dos personagens com quem as pessoas gostavam de conversar e fazer negócio, exatamente por ele ser quem era. À medida que conhecia melhor seus clientes, ele desenvolvia uma capacidade de prever e lembrar nomes e necessidades. Além disso, ele era seu próprio chefe e podia fazer e abolir suas próprias regras. Se quisesse oferecer um pirulito a uma criança, ninguém o impediria. Se quisesse fechar sua loja por 30 minutos para ajudar um cliente a carregar suas compras para casa, a decisão era tomada sem consultar ninguém.

A tecnologia permitiu tornar o serviço ao cliente mais inteligente e virtual. No entanto, isso nem sempre ocorre para o proveito de todas as partes envolvidas. O serviço pode ser executado online, a qualquer hora, ou em quiosques presentes em grandes supermercados, o que aumenta a conveniência e favorece a mobilidade. Como alternativa, um serviço pode ser ativado por comando de voz, o que libera as mãos quando se está dirigindo, com a utilização de biométricas que melhoram a segurança pessoal, ou pode ser executado com base na intuição, de forma que possibilite o aprendizado com respostas passadas.

Isso tudo parece extremamente satisfatório até você sentir o desejo de trabalhar fora do sistema. Tente fazer uma reclamação online à Expedia que não se encaixe em suas categorias predefinidas, ou experimente se comunicar com o centro de atendimento da Sony por email em vez de utilizar o telefone, como prefere a empresa, com a exigência de digitar seu número de contrato com 16 caracteres.

Embora o serviço ao cliente tipicamente envolva muitas pessoas e o desempenho de papéis operacionais pagos com salários relativamente baixos, ele não deve ser visto como um processo – muito menos como um processo em que a padronização e a eficiência são medidas de sucesso. O serviço ao cliente não é o resultado de um treinamento, de um manual de regras ou de um diagrama de processos. Em um mundo dominado pela automação, é importante que as pessoas acrescentem mais valor do que nunca a tudo o que fazem.

As pessoas criam experiências pessoais, emocionais e memoráveis – construídas por meio de atitudes e comportamentos de funcionários e clientes – que transformam produtos em experiências, transações em relacionamentos, pessoas em amigos. De fato, na experiência do cliente, o serviço assume diversas formas:

- Aconselhar clientes em potencial sobre as soluções mais indicadas para seus problemas e necessidades. Encontrar os componentes certos para eles fazerem as coisas sozinhos ou os ingredientes para fazerem uma ótima refeição.

- Orientar os clientes para compor a solução certa, lidando com exigências técnicas, como a melhor configuração para um computador novo, e ajudando a fazer escolhas conscientes em meio a uma ampla gama de marcas.

- Vender em termos de aceitar o dinheiro e disponibilizar o que o cliente quer no momento em que é necessário considerando pontos de venda, horários de funcionamento, conhecimento dos itens em estoque e o melhor caminho para chegar na loja.

- Entregar a solução, que pode incluir instalação ou ajuste – de um sistema *home theater* ou de uma LAN sem fio, por exemplo –, e garantir que todos os softwares estejam funcionando.

- Dar apoio ao cliente para que ele tire o máximo de proveito da experiência – por exemplo, aproveitando o voo com a leitura de sua revista favorita ou com o atendimento de necessidades e pedidos específicos.

- Garantir que a experiência seja sempre boa e nova, manter o funcionamento das coisas para cumprir a promessa feita, todos os dias. Sustentar a experiência positiva do ponto de venda de automóveis, por exemplo, também na oficina mecânica.

- Solucionar problemas específicos e inevitáveis, lidando com reclamações com franqueza e aproveitando a oportunidade ao máximo para realmente mostrar "o que você pode fazer pelo cliente".

- Construir relacionamentos diretos, lembrando dos clientes e buscando capacitar as pessoas a construírem relacionamentos pessoais, em vez de anônimos, com a marca.

Stephen Covey desenvolveu a ideia de serviço como uma conta bancária de conteúdo emocional. A Humanicity, empresa de treinamento em serviço ao cliente especializada em pessoal da linha de frente na prestação de serviços, desenvolveu um conceito que funciona como ferramenta prática no dia a dia.

Essa "conta bancária" é análoga à força do relacionamento entre cliente e organização. Você pode efetuar depósitos ou saques. O saldo na sua conta precisa ser positivo em relação ao cliente para garantir um relacionamento forte e proveitoso – um relacionamento que possa gerar mais negócios ou aumentar a fidelidade do cliente. Todas as pessoas na empresa podem efetuar depósitos na conta de um cliente:

- Entregando a proposição conforme prometido.

- Demonstrando interesse genuíno pela pessoa.

- Ouvindo e compreendendo as questões mais importantes.

- Fazendo um esforço adicional para atender a pedidos específicos.

- Desenvolvendo empatia com o cliente, tratando-o com individualidade.

- Agindo com integridade, mantendo compromissos.

- Pedindo desculpas e resolvendo as coisas quando elas não dão certo.

Outra poderosa ferramenta da Humanicity, igualmente simples e eficiente, é chamada "A Espiral Positiva". A maioria das pessoas sabe como saudar alguém, como fazer contato visual, formular uma pergunta, escutar e mostrar interesse. O problema é que elas simplesmente não fazem nada disso.

Essa espiral mostra que as pessoas podem escolher como responder às agruras do dia a dia do trabalho – clientes difíceis, funcionários que faltam ao trabalho, sistemas fora do ar, a perda de uma venda, o desentendimento com alguém ou uma perspectiva econômica ruim. Elas podem reagir como vítimas ou como vencedoras, de modo positivo e proativo. Ela lembra que elas podem escolher uma atitude ou outra, o que as leva a ascender ou descender na espiral.

A pessoa que decidir subir pela espiral terá um dia melhor, mais divertido e produtivo no trabalho. A que optar por descer não se sentirá motivada a oferecer um serviço de qualidade – e, por isso, não o fará. A prerrogativa de aproveitar o trabalho, se envolver com o cliente e executar um serviço excelente está nas mãos de cada um.

Insight 33: DISNEYLÂNDIA

"Que criança nunca sonhou voar ao lado de Peter Pan sobre Londres, sob a luz do luar, ou cair no mundo sem pé nem cabeça de Alice no País das Maravilhas? Na Disneylândia, essas histórias clássicas que fizeram parte da infância de todos nós se tornam realidade para jovens de todas as idades."

Walt Disney teve a visão de um lugar em que crianças e pais pudessem se divertir juntos. Quanto mais ele sonhava com esse "parque mágico", mais o local ganhava em imaginação e detalhe.

Seu conceito original foi concretizado sobre oito acres de terra ao lado do estúdio Disney, e era ponto de descanso para os funcionários da empresa e suas famílias. Com o passar do tempo, ele percebeu que precisava de mais espaço. Ele queria construir "rios e cachoeiras, montanhas e florestas, elefantes voadores, xícaras gigantes, estradas de ferro e parques de diversões, um castelo de conto de fadas e foguetes espaciais".

Depois de procurar, Disney encontrou uma área de 160 acres em Anaheim, na Califórnia. O terreno, coberto de laranjais, era barato, ficava próximo a Los Angeles e às grandes malhas viárias em construção na região. Ele teve dificuldade para encontrar alguém com disposição de financiar seu empreendimento, e descobriu que sonhos não ofereciam garantias sólidas o bastante para os investidores da época. Assim, ele próprio financiou o projeto com o lançamento de uma série para a televisão chamada *Walt Disney's Disneyland*, que dava uma ideia do que seria o parque e gerou grandes expectativas na juventude norte-americana da década de 1950.

Mas as pessoas continuaram céticas. Como construir um castelo no meio de Orange County? Como é que a imensa barca vista no Rio Mississipi chegaria até lá? As pessoas acreditariam que os animais são reais?

Walt estava apaixonado pela ideia de tornar seu sonho uma realidade e deu a si mesmo o prazo de um ano para criar o parque. Ele tinha grande interesse em cada detalhe do projeto, muitas vezes recusando ideias de projetistas e redefinindo-as ele mesmo. Sua noção do que deveria ser a Disneylândia fora concebida com precisão e é obedecida até hoje em todos os parques Disney no mundo.

A Main Street USA era o local onde as pessoas seriam recebidas, suas emoções seriam despertadas e a atmosfera de liberdade e felicidade da virada do século nos EUA seria revivida. Disney disse que a rua pareceria uma "salsicha fina e comprida", ao longo da qual as pessoas seriam atraídas até o Castelo da Bela Adormecida, no final da via. Essa era a Terra da Fantasia, que dava vida aos clássicos da literatura infantil.

Passando a Main Street USA ficava a Frontierland, que "celebrava a história maravilhosa do desbravamento dessas terras por nossos antepassados". A Adventureland seria um local tropical exótico, que despertaria "imagens de desertos e selvas da África e da Ásia". A Tomorrowland viria a seguir, com "a abertura das portas da era espacial, que beneficiariam as gerações futuras" – embora ele reconhecesse que teria de trabalhar muito para manter esse setor sempre atualizado.

O parque era magnífico em seu conceito e foi muito difícil de construir. Por exemplo, foi uma grande dificuldade manter a água no setor "Rivers of America", por conta dos problemas de drenagem do solo arenoso local. Para resolver o problema, foi providenciada uma camada de argila para o leito do rio, que formou uma cobertura semelhante ao cimento. No dia da inauguração do parque, 6 mil convidados ficaram de fora do evento devido à venda de 20 mil entradas falsificadas. Além disso, uma onda de calor deixara o asfalto nas estradas quente e pegajoso. Mas Walt continuou sorrindo.

No final das contas, o "Magic Kingdom", que custara US$17 milhões, tornou-se um sucesso fenomenal, com 50 milhões de visitantes passando por seus portões nos 10 anos que se seguiram. O parque continuou a crescer lado a lado com a expansão e a diversificação do império Disney. Cada novo filme que a empresa lançava tinha novos personagens que, por sua vez, inspiravam novas atrações. Além disso, os parques Disney se espalharam pelo mundo, inicialmente na Flórida e depois em Paris e Tóquio.

Hoje em dia, poucas experiências do cliente são melhores do que a experiência possibilitada pela Disney – sobretudo para crianças. Porém, pais e adultos também se divertem, assim que deixam seu lado criança prevalecer. Da música encantadora que você ouve quando entra pelos portões da Disneylândia aos desfiles de personagens e de temas especiais, a experiência oferecida pelo parque é sempre incrível. Os hotéis e restaurantes que circundam o parque também foram projetados para empolgar as crianças – a atenção ao detalhe está em todo lugar, inclusive na parte de trás dos sinais de trânsito.

Como disse Walt Disney no dia da inauguração do parque, esse é um lugar em que todos os sonhos se tornam realidade.

8.2 O SERVIÇO INDIVIDUALIZADO

O serviço ao cliente é uma experiência pessoal, mas como você consegue descobrir como tratar um cliente da maneira correta?

Ninguém é previsível – todas as pessoas querem algo diferente, tanto em termos do produto que compram quanto da experiência mais ampla que ele proporciona. Assim, como fazer a coisa certa?

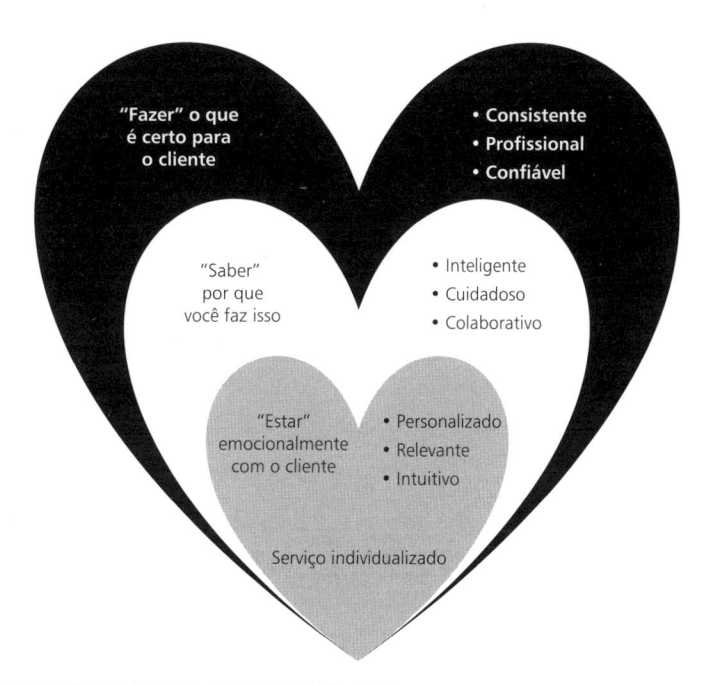

SERVIÇO INDIVIDUALIZADO: PERSONALIZADO, RELEVANTE E INTUITIVO

São três dimensões, aqui ilustradas com o exemplo de uma cafeteria:

- **Faça** o que é certo para o cliente. Os procedimentos-padrão: o que o manual diz, a realização da promessa básica, o nível mínimo de serviço. A maneira certa de moer o café, a temperatura correta da água, a textura adequada da espuma de leite.

- **Saiba** por que você faz isso. Essa dimensão é moldada às necessidades e preferências ditas ou percebidas pelo cliente. O cliente pode ser um frequentador regular que você sabe que sempre pede a mesma coisa todas as manhãs, ou um ingrediente especial para arrematar o café ou um algo a mais do que realmente é pedido.

- **Esteja** emocionalmente com o cliente. Essa é a dimensão mais difícil, pois é imprevisível no dia a dia. Pode ser saber quando puxar conversa com o cliente e quando não o fazer, tentando saber o que se passa na cabeça dele. Um expresso grátis pode alegrar o dia de um cliente – ou sair pela culatra.

Entretanto, o aspecto mais importante de tudo isso é a pessoa que executa o serviço ao cliente. Se ela não tiver as atitudes e comportamentos corretos e se não for tratada de modo individualizado, é pouco provável que faça o mesmo pelos clientes.

Assim, a primeira etapa consiste em "desprogramar" as pessoas das padronizações enraizadas na prestação de serviços: o sorriso forçado, a rotina de vários "sim, senhor" e "não, senhora" e pressuposições sobre como as pessoas querem ser tratadas e o que desejam.

Fazer com que as pessoas sejam elas mesmas não é tarefa fácil, mas permite que redescubram suas próprias personalidades, revelando o que têm de melhor e se relacionando com a maior naturalidade possível com o cliente. E porque todos os funcionários têm sua própria personalidade e seu próprio comportamento, as interações serão sempre diferentes umas das outras: algumas serão mais formais, outras mais rápidas, por exemplo.

O premiado banco via telefone e Internet First Direct, que faz parte do HSBC mas tem marca e cultura próprias, concentra seus esforços nos seguintes fatores para garantir a prestação de serviço individualizado:

- Recrutamento de pessoas sinceras. O banco não recruta funcionários por suas habilidades técnicas ou funcionais – recruta em função de sua disposição de expressar o que sentem, de projetar suas personalidades e pela capacidade de fazer as coisas acontecerem.

- Tomada de decisão como se fosse o cliente. A tomada de decisão começa com a reflexão sobre o que o cliente quer que o banco faça e o que atende melhor às suas necessidades, e termina com a consideração de como isso pode ser alinhado ao sucesso operacional e financeiro.

- Definição da equação do cliente. No First Direct, Serviço + Preço = Valor, Cultura + Pessoas = Valores, Valor + Valores = Marca. O alinhamento dessas equações é um verdadeiro desafio de gestão.

- Nem tudo é trabalho em equipe. Se você quer tratar seus clientes como indivíduos, então precisa tratar seus funcionários da mesma maneira. Essa noção parece não fazer parte do rol de conhecimentos de um grande número de organizações.

- Descarte de roteiros prontos. O First Direct não adota roteiros para tratar o cliente, apenas uma pergunta de segurança. Toda e qualquer outra conversa ocorre entre pessoas de verdade – um diálogo espontâneo mais relevante, personalizado e divertido.

- Manutenção da conversa. A maior parte dos call centers faz o possível para atender uma ligação o mais rápido possível, então faz de tudo para encerrá-la logo. Não é assim que se constrói um relacionamento. No First Direct, a pessoa que atende a ligação resolve o problema e fica conversando pelo tempo que quiser.

Insight 34: SINGAPORE AIRLINES

As belas orquídeas no interior do avião, a fragrância no ar, os ricos tecidos que revestem as poltronas, a inovação das cabines pessoais, a comida maravilhosa e diversificada, a chegada pontual, o sorriso no rosto.

É difícil vencer a Singapore Airlines e seu serviço ao cliente.

A história da companhia data de 1947, quando a Malayan Airways lançou seu primeiro voo entre Cingapura e Kuala Lumpur, Ipoh e Penang. Em 1972, a empresa se dividiu, formando a Malaysia Airways e a Singapore Airlines. Desde então, ela vem conquistando a reputação de inovadora de serviços, além de apresentar lucros todos os anos – uma vantagem quase exclusiva no setor aéreo.

Com rotas que atendem a cem destinos em 41 países, a partir do aeroporto de Changi, em Cingapura, a empresa liga a região da Ásia-Pacífico à Europa e à América. O governo de Cingapura detém 55% das ações da empresa, e definiu o padrão que ela adota para viagens de longa distância: a Singapore Airlines foi a primeira empresa a oferecer refeições e bebidas grátis na classe econômica, na década de 1970, e também a primeira a disponibilizar serviço de email a bordo, em 2001. Em 2007, seus 14 mil funcionários transportaram 19 milhões de pessoas em todo o mundo, gerando US$11,3 bilhões de dólares de Cingapura e ganhando o prêmio de melhor companhia aérea da revista *Traveller* em 19 edições nos últimos 20 anos.

A "Garota de Cingapura" é mais do que uma aeromoça bonita e atenciosa que lhe cumprimenta enquanto você embarca no avião. Ela é também um ícone da companhia. Todos os anúncios, brochuras, pôsteres e vídeos mostram a legendária garota como símbolo de um serviço que ocupa um lugar central na filosofia da companhia.

As prioridades e questões do negócio são consideradas primeiramente da perspectiva da prestação de um serviço de classe mundial. O treinamento das pessoas é contínuo, e é tão inspirador quanto educativo.

Conforme aumentam as expectativas dos clientes, o serviço dos funcionários deve acompanhá-las. Essa atualização é promovida em salas de aula, no ambiente de trabalho e também por simulações de voo.

Uma particularidade é que a companhia cresce em momentos de baixa econômica. Enquanto a maioria das companhias aéreas tenta cortar custos com a redução de mão de obra e o congelamento de salários, a Singapore Airlines investe ainda mais nas pessoas. A empresa vê essas situações como oportunidades para dar um salto à frente e lograr uma vantagem competitiva sobre a concorrência. Ela intensifica treinamentos e encoraja os funcionários a verem as coisas sob uma perspectiva mais ampla: as preocupações e os sonhos de seus clientes e as vantagens de longo prazo em se trabalhar em uma empresa tão bem-sucedida.

Funcionários com grande potencial são identificados no começo de suas carreiras e ganham oportunidades de aprenderem mais e se desenvolverem. Os gerentes seniores participam de um sistema de rotação de cargos, o que aumenta seu entendimento das funções do negócio e lhes permite compreender o impacto que uma atividade exerce sobre as outras. Também permite aos gerentes ver a empresa como um todo, promovendo o foco na experiência total do cliente em vez de se deixar limitar por metas e atividades de um só ponto de contato ou departamento.

A Singapore Airlines está sempre atenta ao que dizem seus funcionários e clientes. Programas de sugestões de funcionários, fóruns de discussão e reuniões de equipes reúnem problemas e ideias. Os painéis de clientes são complementados com a execução de pesquisas durante os voos, com o trabalho de grupos de foco e com atenção especial aos elogios e críticas. Esses fatores são reunidos em um "Índice de Desempenho de Serviço", tão importante quanto a distribuição de poltronas, a receita e a lucratividade da empresa.

Desde seus primeiros dias de vida, a Singapore Airlines vem liderando a execução de processos de modo diferenciado, que inclui a oferta de bebidas grátis e fones de ouvido, de aparelhos de fax a bordo, de telas de vídeo e telefones individuais em todas as poltronas, além de jogos e entretenimento de última geração, um sistema de solicitação antecipada de refeições especiais na primeira classe e na classe executiva, *check-in* online e instalações inovadoras para o transporte de cargas. A cultura da empresa está baseada no preceito de que as coisas têm de ser testadas, desenvolvidas, de que é preciso persistir até ver tudo funcionando – e depois disso, partir para o aperfeiçoamento do que foi concretizado.

O "Prêmio do Presidente Delegado" é oferecido à equipe ou funcionário que melhor respondeu a situações únicas com clientes, de forma excepcionalmente positiva, inovadora, ou desprendida de qualquer interesse pessoal. Os vencedores e suas famílias recebem passagens a Cingapura para uma comemoração especial, a história de seus feitos é publicada na revista mensal da empresa, e sua condição de vencedores do prêmio vale como um distintivo que lhes distinguirão pelo resto da vida.

As pessoas sentem orgulho de trabalhar para a Singapore Airlines. A empresa tem uma cultura humana, apaixonada e incrivelmente lucrativa. Como frequentemente lembra o CEO da companhia, "os lucros são o aplauso que recebemos pelo serviço consistente e de qualidade que oferecemos a nossos clientes".

8.3 A RECUPERAÇÃO DO SERVIÇO

Queixas não são nada boas, são?

Essa é a atitude de muitas empresas, que interpretam uma carta, um telefonema ou um email do cliente como um fracasso. Elas mensuram reclamações como um índice de desempenho, e tratam uma elevação no número de queixas com a mesma agressividade com que lidam com a queda nas receitas.

Mas as reclamações são, na verdade, boas. Existe maneira melhor do que aprender com seus clientes? Existe oportunidade mais apropriada de mostrar a eles quem sua empresa é de verdade? Você ainda duvida que é preferível ouvir um cliente reclamar do que deixá-lo partir em silêncio?

Imagine os milhões de clientes que compram em suas lojas e utilizam seus produtos ou serviços sem jamais proferir uma palavra. Você pode até pensar que vocês têm um relacionamento, mas que nunca teve a chance de conversar com eles.

Quando algo sai errado, os clientes querem respostas, querem soluções ou mesmo uma compensação – mas é mais provável que só queiram um pedido de desculpas. Eles também querem que você melhore seu desempenho, para que esses problemas não voltem a acontecer. Em uma situação dessas, porém, um endereço obscuro para o qual enviar uma carta pouco ajuda. O melhor é que todas as pessoas em sua empresa estejam prontas e dispostas a resolver problemas, ou que uma linha direta seja disponibilizada para os clientes insatisfeitos.

É aí que você tem uma oportunidade em mãos: a chance de resolver um problema com rapidez, de apresentar uma solução antes de a questão aumentar de tamanho, de corrigir uma falha para evitar que ela ocorra de novo ou mesmo de utilizar insights como base para a melhoria ou para a inovação.

A recuperação do serviço é a melhor oportunidade de construir um relacionamento – para tratar o cliente como um indivíduo e talvez fazer algo que ele contará aos amigos como algo positivo. Mas há alguns passos a serem seguidos antes de um desastre se transformar em uma experiência proveitosa.

1. **Reconheça** que o problema ocorreu, escute o cliente, tente entender o impacto na perspectiva dele e compreenda o que ele está sentindo. Deve haver uma boa razão por trás do problema, mas neste ponto o cliente não está interessado em sua lógica ou em suas desculpas.

2. **Peça desculpas** ao cliente pelo ocorrido, pela inconveniência e pelo estresse que o problema causou.

3. **Solucione** o problema com rapidez e eficiência. Isso significa que, em primeiro lugar, você precisa encontrar a melhor solução para ele. Ela pode ser simples, como um pedido de desculpas, ou talvez exija mais. "Uma troca? Sem problemas. Um conserto? Claro! Um reembolso? Com certeza! Uma nota fiscal? Sem dúvida!" Quebre as regras se for preciso – dê um passo adiante.

4. **Recompense** o cliente pelo ocorrido de modo relevante. Isso pode variar de um simples gesto a uma soma representativa. Você precisa julgar o que faz o cliente sorrir ou o que o surpreende. Envie o produto para a casa dele, envie flores, não cobre pelo serviço ou ofereça um cupom para a próxima compra.

5. **Aperfeiçoe** o produto ou o serviço de acordo com a situação específica, sem deixar de considerar todas as reclamações para impulsionar a melhoria no serviço e encontrar os insights que criarão um produto melhor. Além disso, utilize contatos pessoais para construir um relacionamento duradouro.

A recuperação do serviço muitas vezes é vista como um paradoxo: algo ruim tem de acontecer para que seja possível fazer algo realmente bom. Mas ninguém é perfeito; as coisas dão errado e você nem sempre consegue atender às expectativas dos clientes, cada vez mais exigentes. Logo, a recuperação do serviço é uma parte fundamental do serviço ao cliente, e, sem dúvida, é ingrediente da pesquisa com o cliente e da construção de relacionamento com ele.

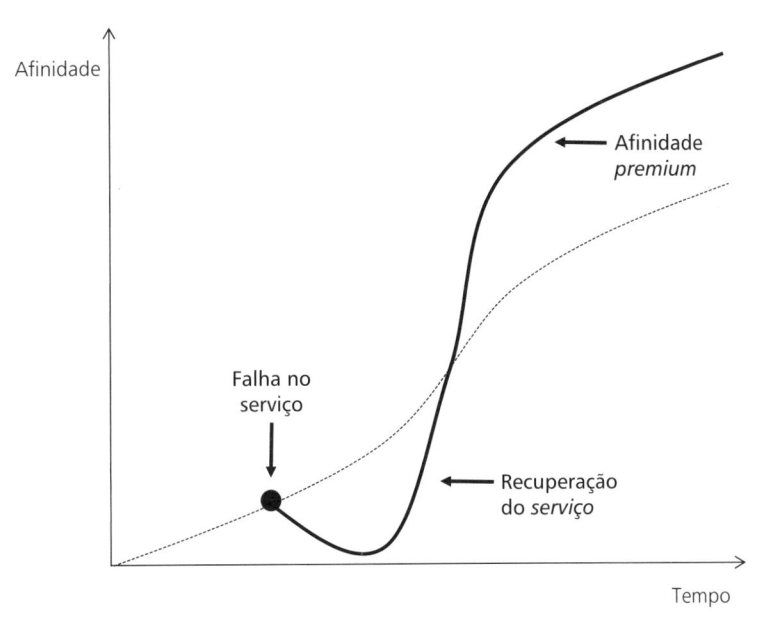

RECUPERAÇÃO DO SERVIÇO: A OPORTUNIDADE DE FAZER ALGO ESPECIAL

A curva das emoções que o cliente vivencia demonstra o impacto positivo que você pode exercer na fidelidade dele.

Contudo, isso exige uma mudança radical nas atitudes da empresa – uma que permita a ação imediata quando algo sai errado. Isso significa que as pessoas precisam ser instruídas acerca da importância de responder às reclamações com rapidez e eficiência, e envolve a disponibilização das ferramentas necessárias para entrar em ação. Em casos como esse, todos os funcionários da rede de hotéis Ritz-Carlton têm autorização prévia para gastar até US$1 mil, mas a solução pode ser mais simples, como a oferta de cupons de US$20, conforme o julgamento pessoal de cada funcionário.

Porém, lidar com um problema antes mesmo da reclamação é ainda melhor. Por exemplo, as companhias aéreas geralmente sabem que a bagagem de um passageiro não foi embarcada corretamente, então têm a oportunidade de enviar a bagagem por caminhos alternativos imediatamente. Com isso, é possível informar o passageiro sobre o ocorrido, apresentar um pedido de desculpas e oferecer a garantia de que ela será entregue em sua casa ou hotel em poucas horas.

Muitas empresas reconhecem que os clientes preferem fazer reclamações online. Uma empresa que se especializou nessa área é a Tagish, que lida com empresas de pequeno e grande porte. A Internet abre as portas para o diálogo instantâneo, em qualquer local e a qualquer ocasião, e também favorece a adoção de serviços de suporte, como o rastreamento e a atualização da solução dada a um problema. A Tagish utiliza um processo simples de três etapas, chamado TAG ("Talk, Act, Grow", ou fale, aja, cresça) para desenvolver soluções de recuperação de serviço pela Internet:

- *Fale*: estabeleça um diálogo com o cliente rapidamente, escutando e entendendo seus problemas, insatisfações e a solução que ele prefere.

- *Aja*: reaja com rapidez e eficiência à reclamação, pedindo desculpas ao cliente e resolvendo o problema da forma mais adequada.

- *Cresça*: utilize a integração para aprender a melhorar, construir relacionamentos melhores e motivar o crescimento, nos dois sentidos.

No livro *Nuts – Soluções Criativas da Southwest Airlines*, Kevin e Jackie Freiberg narram a história da companhia aérea norte-americana que, por muitos anos, venceu os principais prêmios de serviço ao cliente, e que fazia negócios com foco no cliente de um modo um tanto insano.

Os autores contam a história de uma mulher que frequentemente voava pela Southwest Airlines e que, contudo, estava desapontada com as operações da empresa. Na verdade, essa mulher ficou conhecida na empresa como "Pen Pal", porque redigia uma reclamação sempre que viajava pela empresa. A passageira se incomodava porque a companhia não aceitava reservas de poltronas, se incomodava com a falta de um setor de primeira classe, com a falta de refeições a bordo, com o procedimento de embarque, com os uniformes esportivos da tripulação, com a atmosfera casual. Além disso, ela odiava os amendoins servidos durante os voos.

Sua última carta, uma lista de reclamações, a princípio deixou o departamento de relacionamento com o cliente da Southwest sem saber o que dizer. A empresa se orgulhava de responder a todas as cartas que recebia com explicações detalhadas sobre o modo como conduzia suas operações. Nesse caso, a resposta foi ficando tão longa que acabou sendo mostrada ao CEO da companhia, Herb Kelleher, em busca de ideias de como respondê-la.

Kelleher, um defensor do cliente que dirigia uma Harley-Davidson usando uma jaqueta de couro, não pestanejou, e rapidamente redigiu uma nota de resposta que dizia: "Cara Sra. Crabapple*, sentiremos sua falta. Saudações, Herb."

Insight 35: RITZ-CARLTON

A Ritz-Carlton Hotel Company foi fundada em 1983 com a aquisição do Ritz-Carlton de Boston e os direitos de utilização de seu nome de marca. Hoje, a empresa é uma divisão da rede Marriott, mas mantém a independência em suas operações, administrando 45 hotéis nas principais cidades do mundo.

A empresa descreve a si mesma como sendo formada por "damas e cavalheiros que atendem a damas e cavalheiros". Entre essas damas e cavalheiros, também chamados de "colaboradores", 85% trabalham em contato direto com o cliente, pondo em prática o conceito de marca simples que, contudo, venceu muitos prêmios:

- Uma saudação acolhedora e sincera.
- A utilização do nome do cliente, se possível.
- A constante previsão das necessidades do cliente.
- Um adeus caloroso, novamente utilizando o nome do cliente, se possível.

Todos os colaboradores carregam uma lista de preceitos no bolso, na bolsa ou na carteira, que representam tudo o que fazem, e por quê:

"O Hotel Ritz-Carlton é um lugar em que o cuidado genuíno e o conforto de nossos hóspedes são nossa principal missão. Nosso compromisso é fornecer o melhor serviço pessoal e as melhores instalações para nossos hóspedes, que sempre apreciam uma atmosfera acolhedora, calma e, contudo,

---

* N. de T.: Mulher mal-humorada e destituída de beleza física.

sofisticada. A experiência oferecida pelo Ritz-Carlton aviva os sentidos, promove o bem-estar e satisfaz até mesmo os desejos e necessidades não verbalizados por nossos hóspedes."

A empresa também acredita que rompeu o velho círculo vicioso do setor de hotelaria – baixos salários e alta rotação de funcionários – por meio da reengenharia de todos os seus processos de negócios, incluindo recrutamento e remuneração, com foco no cliente. Os colaboradores são recrutados por suas atitudes com relação ao cliente, não por qualificações especializadas, e são recompensados com base na satisfação do cliente, não nos números de vendas ou taxas de ocupação de quartos.

Os gerentes dos hotéis não são vistos como chefes sentados em seus escritórios, presidindo reuniões de equipes de líderes ou mantendo o pessoal dos escritórios feliz. Eles definem seu papel como a primeira linha de apoio às equipes de serviço ao cliente. De modo semelhante, o escritório central se descreve como o centro de serviço, e representa a organização como uma pirâmide invertida, simbolizando a inversão da hierarquia tradicional.

O trabalho no Ritz-Carlton também inclui excelência. As descrições de cargo são preparadas de acordo com o desempenho dos respectivos funcionários – gerentes dos hotéis, lavadores de pratos, camareiras. A empresa elabora perfis de seus melhores funcionários e então passa a contratar com base nesses perfis. As pessoas com melhores desempenhos em cada cargo são responsáveis por redigir os manuais de treinamento para os novos contratados, que terão de ocupar o mesmo cargo.

Empresas do mundo todo e de diferentes setores veem o Ritz-Carlton como uma escola, o melhor lugar para aprender sobre excelência no serviço ao cliente: bancos, varejistas, companhias aéreas e empresas de TI são adeptos do manual de preceitos da rede.

Elas aprendem sobre maturidade nos relacionamentos, envolvimento emocional pela criação de uma mística, e, mais especificamente, pela "Mística do Ritz-Carlton". Elas exploram a importância das primeiras impressões, da aparência, da fraseologia e do que é ser um embaixador positivo da marca. Elas entendem as 12 razões por que os colaboradores se sentem pessoas especiais quando trabalham para a marca:

- Construo relacionamentos fortes e recruto hóspedes para toda a vida.

- Sempre reajo aos desejos e necessidades não expressos de nossos hóspedes.

- Tenho poder de decisão para criar experiências únicas, memoráveis e personalizadas para nossos clientes.

- Entendo meu papel na concretização dos Principais Fatores de Sucesso e na criação da Mística do Ritz-Carlton.

- Procuro continuamente por oportunidades de inovar e melhorar a experiência Ritz-Carlton.

- Sou o responsável pelos problemas que encontro e tenho o poder de resolvê-los.

- Crio um ambiente de trabalho em equipe e serviços secundários para atender às necessidades de nossos clientes e as nossas próprias.

- Tenho a oportunidade de aprender e me desenvolver continuamente.

- Estou envolvido no trabalho que me afeta.

- Tenho orgulho de minha aparência, linguagem e comportamento profissional.

- Protejo a privacidade e a segurança de nossos hóspedes, de meus colegas e das informações e ativos confidenciais da empresa.

- Sou responsável pelos níveis inflexíveis de limpeza e pela criação de um ambiente seguro e livre de acidentes.

Esses preceitos parecem palavras sábias, e há muitas empresas que poderiam desenvolver mantras semelhantes. Mas são poucas as que têm esses princípios profundamente enraizados em sua cultura – em que as pessoas não apenas conhecem as palavras, como também as adotam.

Como recentemente me disse um executivo sênior do Ritz-Carlton de Istambul "Tenho muito orgulho de fazer parte do Ritz-Carlton. Sei que ele é um excelente local para se hospedar, e também é um lugar incrível para trabalhar".

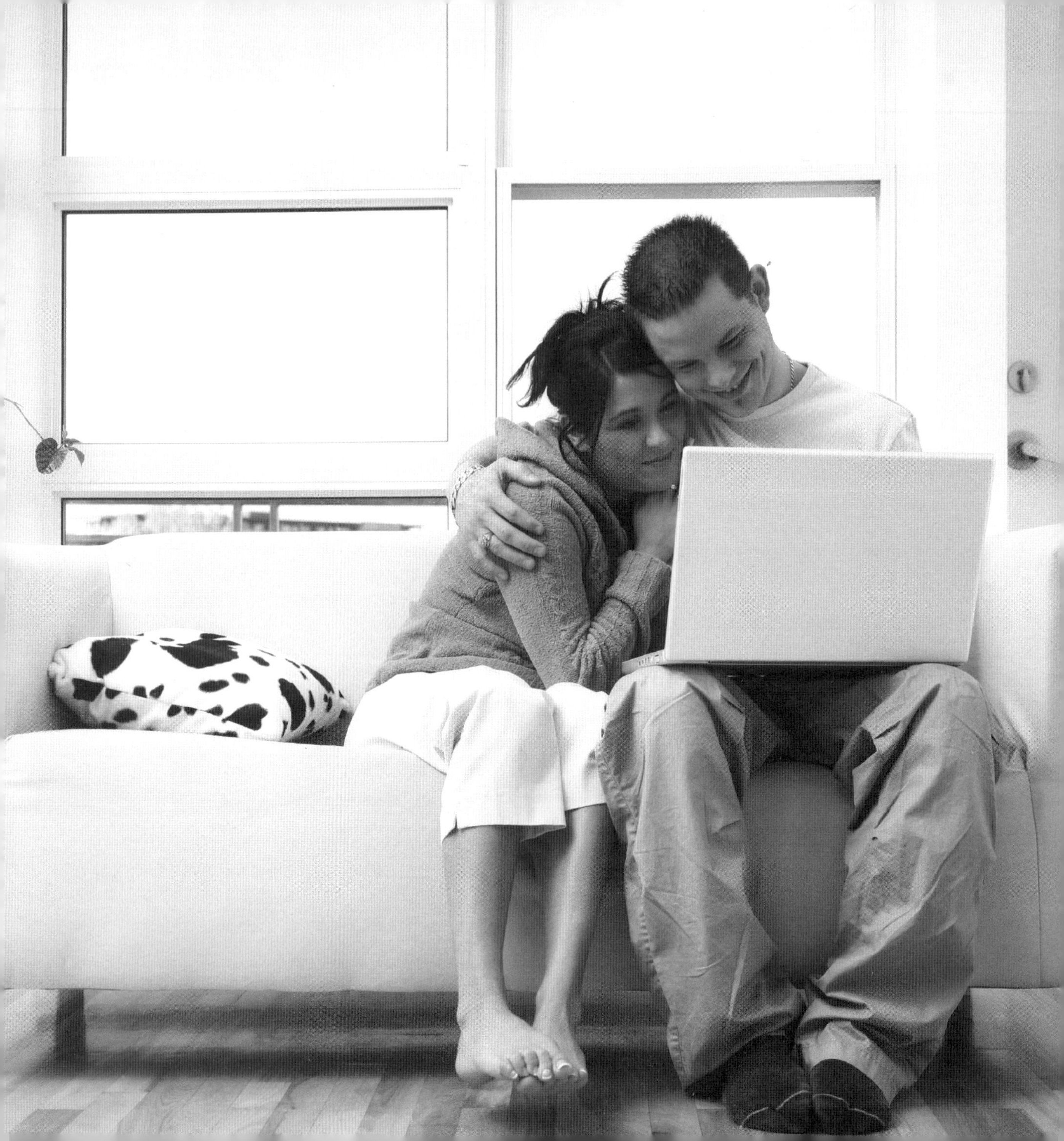

Dimensão 9

Os relacionamentos com o cliente

> *Você confia em mim? Você me quer? Você me ama?*
>
> *Você quer todas essas coisas de mim, mas você dá o mesmo em troca? Se você quer que eu faça mais por você, que volte e compre novamente, que conte aos meus amigos sobre sua empresa ou que seja fiel a ela, é provável que alguns pontos e um cartão de plástico não bastem. Você sabe quantos cartões de fidelidade tenho em minha carteira? A fidelidade é muito mais do que um pequeno desconto, do que uma revista mensal ou do que um atendimento atencioso. A fidelidade também envolve paixão e compromisso.*
>
> *Relacionamentos nunca são fáceis, e manter um relacionamento com uma empresa – ou mesmo com uma marca – também é difícil. Sejamos honestos: estou muito mais interessado em conhecer outras pessoas parecidas comigo do que em gastar meu tempo com uma empresa. Por que você não reúne clientes que tenham desejos em comum? Todos nós compramos as mesmas coisas de você e provavelmente temos os mesmos interesses. Eu gostaria mais de você se promovesse a união de pessoas com uma mesma paixão, em vez de recorrer a relacionamentos para tentar vender mais e com maior frequência!*

9.1 AS PARCERIAS COM O CLIENTE

Os clientes de hoje estão muito mais interessados no que fazem com os produtos e serviços do que nas empresas de quem os compram. De modo semelhante, eles estão muito mais interessados em construir relacionamentos com outras pessoas como eles, que compartilham os mesmos problemas e paixões, do que com uma empresa cuja única intenção é fazer com que comprem mais.

Ainda assim, as empresas investem milhões (e, por vezes, bilhões) em tecnologia, em gestão do relacionamento com o cliente (CRM) e programas de incentivo que, esperam elas, ajudarão a construir relacionamentos e potencializarão a fidelidade do cliente.

Uma abordagem "de fora para dentro" aos relacionamentos busca facilitar o encontro de pessoas com objetivos semelhantes. Assim, como você se torna um facilitador de relacionamentos entre as pessoas e faz parte deles?

Comece considerando o que faz um bom relacionamento. Além do mundo dos negócios, existem muitas teorias, da análise transacional à consultoria personalizada em relacionamentos e à cooperação geopolítica especializada, embora alguns temas sejam preponderantes. Todo relacionamento exige:

- Uma finalidade em comum.
- Uma noção de igualdade e humildade.
- Atração mútua.
- Tolerância.
- Algo especial.
- Benefícios recíprocos.

Outra maneira de resumir esses fatores consiste em considerar as três dimensões de compromisso (um compromisso mais profundo entre as partes), contribuição (os dois lados dão e recebem) e o encorajamento (o apoio e o encorajamento mútuo). Essas dimensões ilustram a interdependência desses fatores – você precisa ser bom em todos os aspectos, não apenas em um.

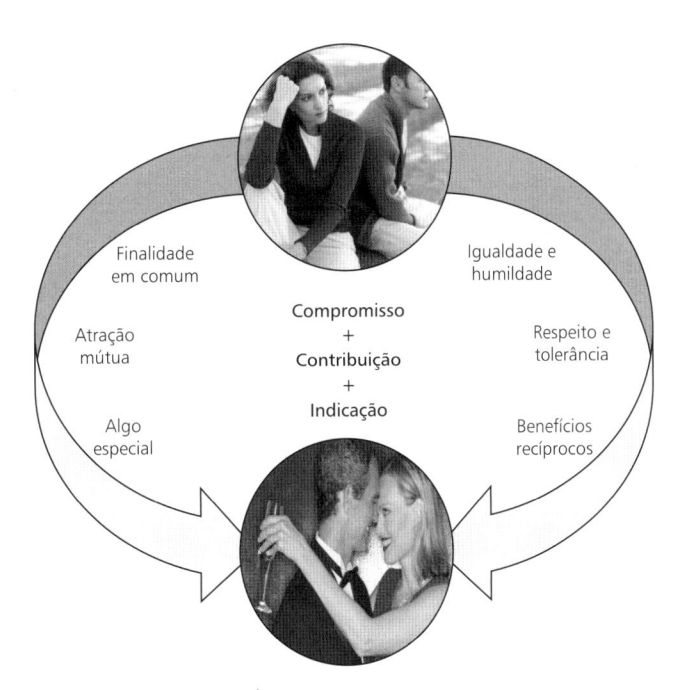

Finalidade em comum
Atração mútua
Algo especial

Compromisso
+
Contribuição
+
Indicação

Igualdade e humildade
Respeito e tolerância
Benefícios recíprocos

RELACIONAMENTOS COM O CLIENTE: COMO FAZER MAIS UM PELO OUTRO

Como todos sabemos, combinar esses fatores e conservá-los com o passar do tempo não é tarefa fácil. Os três aspectos mais práticos e importantes do relacionamento com o cliente são as parcerias, a conexão e a indicação do cliente.

As parcerias são melhor ilustradas pelo mundo do *business-to-business*, que pode muito ensinar aos mercados de consumo. A conexão ganha mais importância com o desenvolvimento de comunidades, e a indicação é reconhecida como o condutor mais importante das intenções de compra futura e da construção de uma boa reputação.

A formação de parcerias com o cliente envolve, fundamentalmente, o trabalho em conjunto para o sucesso mútuo. A natureza desse sucesso pode ultrapassar a esfera financeira. Uma parceria é tipicamente fundamentada na visão coletiva do que cada parte está tentando concretizar, uma dependência mútua em atuar nesse sentido e compartilhar os recursos, investimentos, conhecimentos e tempo para gerar uma solução melhor.

As empresas do setor *business-to-business* muitas vezes lembram o primo pobre em comparação ao charme e ao foco do *business-to-customer*. Contudo, em muitos aspectos elas estão muito à frente no modo de pensar, sem falar nos meios que adotam para construir e gerir relacionamentos.

Sem dúvida, é mais fácil construir um relacionamento forte quando o número de clientes não é muito grande. A lista dos clientes primários da Intel, os fabricantes de produtos eletrônicos, cabe em uma página. O mesmo vale para os principais varejistas da Procter & Gamble. Na verdade, algumas pessoas defendem a tese de que, do ponto de vista da organização, esse é o domínio das equipes de vendas. Entretanto, esse fator é essencial para o processo de marketing.

Os relacionamentos vistos no setor *business-to-business* nos ensinam diversos princípios:

- Focar em poucas contas importantes, em vez de diversas contas.

- Tentar construir relacionamentos ao longo do tempo, não em vendas individuais.

- Formar uma equipe de pessoas dedicadas a dar suporte ao cliente.

- Compreender profundamente como funciona o negócio do cliente, suas estratégias e prioridades.

- Mapear as principais atividades, pessoas e oportunidades.

- Alocar pessoal específico para construir relacionamentos com o pessoal que executa funções idênticas na outra empresa.

- Envolver a alta gerência, dos dois lados da parceria, para colaborar estrategicamente.

- Desenvolver um plano de relacionamentos que identifique os principais projetos e modos de trabalho.

- Coordenar e gerir por meio de um gerente geral de relacionamentos.

Esses princípios vão além do relacionamento cliente-fornecedor; eles se tornam uma parceria de negócios. Essa deve ser uma relação de ganho mútuo se ambos os lados se comprometerem a ela, e só pode ser alcançada com sinceridade, paciência e comprometimento por parte de ambos. Exemplos desse nível de comprometimento podem incluir:

- O fornecedor ter um escritório e uma equipe disponíveis em tempo integral na sede do cliente.

- O relacionamento ser mencionado no relatório anual da empresa como um "ativo" estratégico.

- Os CEOs das empresas se reunirem regularmente para tratar de oportunidades de negócios mais amplas.

- O intercâmbio de funcionários entre os parceiros, para aprendizado pessoal e de negócios.

- As recompensas serem baseadas no compartilhamento do sucesso, por exemplo, como porcentagem dos lucros ou ações.

- O talento ser atraído até o fornecedor, especificamente em função do relacionamento.

Pense em algumas agências de publicidade e suas grandes contas. O escritório da St. Luke, em Londres, abriga uma série de salas para os clientes, onde você vivencia a experiência do cliente e conhece as equipes dedicadas a contas específicas, que muitas vezes são complementadas por funcionários desses clientes. A agência, por sua vez, geralmente tem uma mesa no escritório do cliente, para se tornar parte dessa equipe ampliada.

A "gestão de contas especiais" tipicamente tem quatro formas diferentes, que refletem a evolução de uma parceria e o aprofundamento da integração entre parceiros – neste caso, duas empresas:

- Comprador e vendedor, ou mais comumente gerente de compras e gerente de conta, se reúnem regularmente.

- Comprador e vendedor trabalham em equipe, quase como colegas, desenvolvendo e implementando operacionalmente estratégias em ambas as partes.

- Equipes de compradores e vendedores – incluindo representantes das esferas estratégicas, operacionais e financeiras – trabalham juntos em processos e sistemas coordenados.

- Empresas compradoras e vendedoras se integram, com uma equipe vendedora integrada à empresa compradora – mutuamente dependentes, profundamente conectados.

A gestão de contas especiais é um modelo mais elaborado para o CRM em mercados de consumo. Ela reconhece as exigências de uma parceria e é muito mais do que um banco de dados ou torrentes de correspondências, cartões de fidelidade ou abundância de pontos e prêmios.

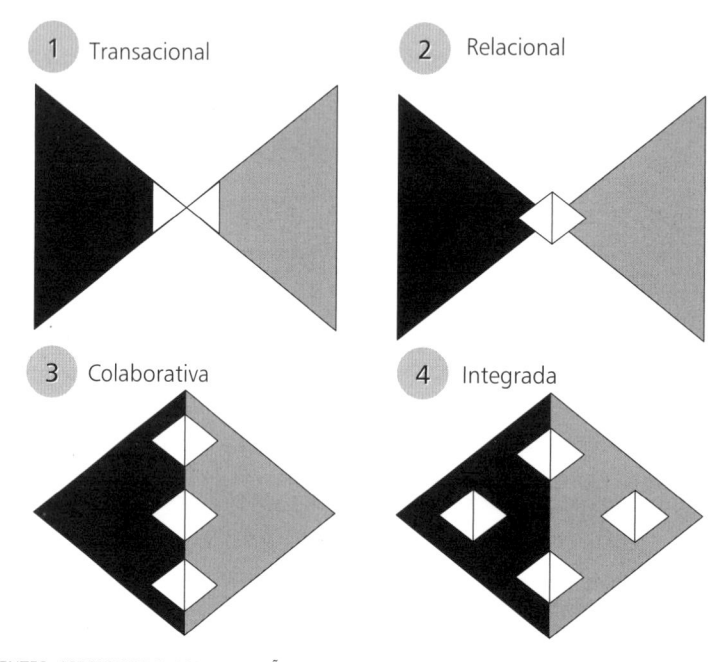

PARCERIA COM CLIENTES: APRENDENDO COM A GESTÃO DE CONTAS ESPECIAIS

Insight 36: HARLEY-DAVIDSON

"O que vendemos é a possibilidade de um contador de 43 anos vestir uma roupa de couro preta e dirigir uma motocicleta nas ruas de cidades pequenas, assustando as pessoas", declarou o CEO da empresa, James Ziemer, ao tentar capturar a experiência do cliente Harley-Davidson.

Em 2008, em seu relatório anual aos acionistas, Ziemer foi além:

> "Em todo o mundo, a Harley-Davidson une as pessoas com laços fortes, paixão e autenticidade, e nessa unidade há uma variedade rica e infinita de experiências pessoais. De cidade em cidade, de país em país, a Harley-Davidson transcende culturas, observando características locais. Com importância global e relevância local, não surpreende que a Harley-Davidson seja uma das marcas mais fortes do mundo. Porém, acender a chama interna das pessoas em todo o mundo é muito mais importante."

William Harley e Arthur Davidson se surpreenderiam com o tanto que a marca que criaram cresceu. Os amigos de escola compartilhavam uma paixão por mecânica, e começaram a trabalhar juntos em uma fábrica em Milwaukee. A dupla estudou mecânica de motores e, em 1901, projetou quatro motores e os instalaram em motocicletas. Em 1903, construíram a primeira "motocicleta" Harley-Davidson, e os pedidos não pararam de chegar, formando uma lista de espera de anos.

Em 1913, eles formaram sua primeira equipe de corrida com o astro das motocicletas Joe Petreli, que declarou publicamente que as Harley-Davidsons eram muito melhores do que as concorrentes da época, a Indian e a Excelsior. As motos viraram moda durante a Primeira Guerra Mundial, quando a Harley-Davidson foi a marca adotada pelo exército norte-americano. Vinte mil unidades foram utilizadas durante o conflito, iniciando a produção em massa e um amor pela força e a confiabilidade da marca.

Na década de 1920, uma equipe de criadores de suínos conhecidos como "Hog Boys" se tornou a melhor equipe de corrida de motos dos EUA. Seu mascote era um porco e, sempre que venciam uma corrida, o colocavam na garupa de uma das motocicletas para dar a volta da vitória na pista. A equipe adorava suas motocicletas e seu nome seria lembrado anos mais tarde como o Harley Owners Group (HOG), ou Grupo de Motoqueiros da Harley.

A década de 1960 foi marcada pela cultura do sexo, drogas e rock'n'roll. Os donos de uma Harley refletiram essa cultura em suas motos, adotando guidões feitos com barras mais largas e acrescentando o maior número possível de elementos cromados. A "chopper" deixava claro tudo o que um homem gostaria de ser.

Entretanto, a empresa não tinha interesse em promover esse tipo de customização na época, e optou por focar em motos mais rápidas e leves, como as produzidas pelos japoneses, voltadas para um público mais jovem. Mas essa estratégia não vingou e, em 1967, a empresa foi vendida para a AMF (American

Machinery and Foundry). A compradora tentou reduzir custos e aumentar a produção, mas a queda na qualidade começou a arranhar a marca e as vendas despencaram ainda mais.

Em 1981, a antiga equipe de executivos conseguiu readquirir a marca a um preço menor e iniciou um processo de restauração da boa fama da Harley. Os clientes continuavam gostando da marca legendária, mas sua fidelidade estava abalada. A empresa focou em suas origens, com a fabricação de motocicletas clássicas americanas, e estimulou a customização e o uso de elementos cromados.

O HOG foi lançado em 1983 como grupo oficial de motoqueiros, e rapidamente chegou a um número de seis dígitos de associados em todo o mundo. A *Hog Tales* foi lançada como uma *newsletter* bimestral, com artigos sobre motocicletas e as pessoas que as dirigiam. Ela também divulgava diversos rallys dos Estados Unidos, como o Daytona Bike Week e o Sturgis Rally no estado de Dakota do Sul, que passaram a ser monopolizados por entusiastas da Harley. Os representantes locais organizavam eventos chamados "Hog Rides", e, para quem quisesse sair em férias, havia o pacote "Hog Holiday", que contava com os "Hog Hires" para alugar motocicletas.

À medida que a Harley-Davidson se reformulava, seu cliente típico mudava também. Ao longo das duas últimas décadas, a média de idade de um motoqueiro da Harley subiu de 35 para 47 anos, e suas rendas pessoais médias subiram de US$38 mil para US$83 mil ao ano. De certa forma, essa mudança reflete a fidelidade dos clientes à marca – e o quanto ela é desejada. Hoje, o HOG tem alcance internacional e conta com mais de 1 milhão de associados em 1.400 filiais. Uma pesquisa recente conduzida pela agência de pesquisa Millward Brown descobriu que a marca Harley-Davidson é uma das mais utilizadas em tatuagens em todo o mundo.

9.2 AS COMUNIDADES DE CLIENTES

As pessoas se reúnem por uma finalidade e uma paixão em comum. Online ou offline, os clientes cada vez mais se encontram em redes locais e globais. A Web 2.0, formada pelos aplicativos da Internet que mais favorecem relacionamentos e encorajam a divulgação de conteúdos gerados pelo usuário, está levando essa interação para a massa.

Comunidades novas como o Facebook, o Myspace, o Xing e o LinkedIn redefinem mercados de maneiras mais conectadas. As barreiras físicas já não existem, e os clientes já não são mais estranhos que caminham pelos corredores de supermercados ignorando-se reciprocamente. Hoje, eles têm a chance de se conectarem, de atuarem coletivamente e de afirmarem o próprio poder.

Isso só aumentará com as redes intensificando seus focos. Hoje, elas não estão bem definidas em termos de finalidade. As pessoas entram para o Facebook para se conectarem a amigos existentes e novos, mas encontram dificuldade para fazer algo mais. À medida que surgem, as subcomunidades de pessoas com paixões em comum se tornam mais ativas, com mais razões para se conectar. Por exemplo, no mundo dos negócios, a Fohboh é uma comunidade especializada em conectar pessoas que trabalham no setor de restaurantes. Diferente dos sites gerais, os tópicos de discussão no FohBoh são mais específicos, colaborativos e intensos.

Os papéis das empresas e, mais especificamente, de suas marcas dentro dessas redes não está claro. Algumas marcas tentaram formar redes com base nos interesses em comum de seus clientes – a marca de fraldas Huggies tentou reunir mães de primeira viagem, a rede de supermercados Tesco promoveu o contato entre pessoas que gostam de vinho. Algumas redes se estabeleceram como marcas, como os clubes de apoio e as associações de profissionais liberais, e então outras marcas tentaram patrociná-las ou se promoverem para os participantes.

A questão é se uma marca conhecida consegue, de fato, atrair uma rede de clientes com uma paixão em comum, não necessariamente pelo produto, mas por sua utilização – uma loja de artigos "faça você mesmo" que reúna adeptos desse hábito, por exemplo. Ou então, clientes em potencial formam grupos por conta própria com a ajuda de redes sociais, e as marcas têm de encontrar uma maneira de agregar valor a essas estruturas, se desejarem participar delas.

Se uma marca consegue se conectar a uma comunidade de clientes em vez de a um cliente como indivíduo, as implicações são imensas.

- As marcas podem se conectar a grandes grupos de clientes relevantes rapidamente, por meio de comunicações coletivas e virais.

- Os clientes podem exercer mais poder do que no passado, e moldar, da noite para o dia, a reputação de uma marca tanto positiva quanto negativamente.

- As marcas podem efetuar transações diretamente com grupos maiores, por exemplo, facilitando conexões na comunidade ou usando seu portal como um distribuidor da rede.

- Os clientes podem alavancar negociações coletivas e poder de barganha para garantir melhores preços e influenciar o comportamento da marca.

- As marcas podem se alinhar a comunidades e crescer rapidamente, tornando-se fornecedor ou por meio de co-branding e licenciamento de marca.

- Os clientes podem colaborar diretamente para motivar melhorias no produto e obter soluções mais relevantes e customizadas.

O "terceiro lar" é um constructo criado pelo sociólogo Ray Oldenburg. Ele descreve a necessidade de os seres humanos terem um terceiro lar, que seja distante de suas casas e de seus trabalhos e onde seja possível interagir com outras pessoas que são identificadas como membros de uma mesma comunidade.

Uma comunidade de clientes tem o potencial de ser um "terceiro lar", um ponto de contato entre pessoas de interesses semelhantes que gostam de interagir sob um mesmo guarda-chuva. Esse guarda-chuva pode ser uma marca – a Starbucks chegou ao ponto de definir a si mesma como "terceiro lar" –, ou envolver um conceito mais amplo, como um tema de jardinagem, um gênero de rock'n'roll ou um time de futebol.

DIMENSÃO 9 Os relacionamentos com o cliente

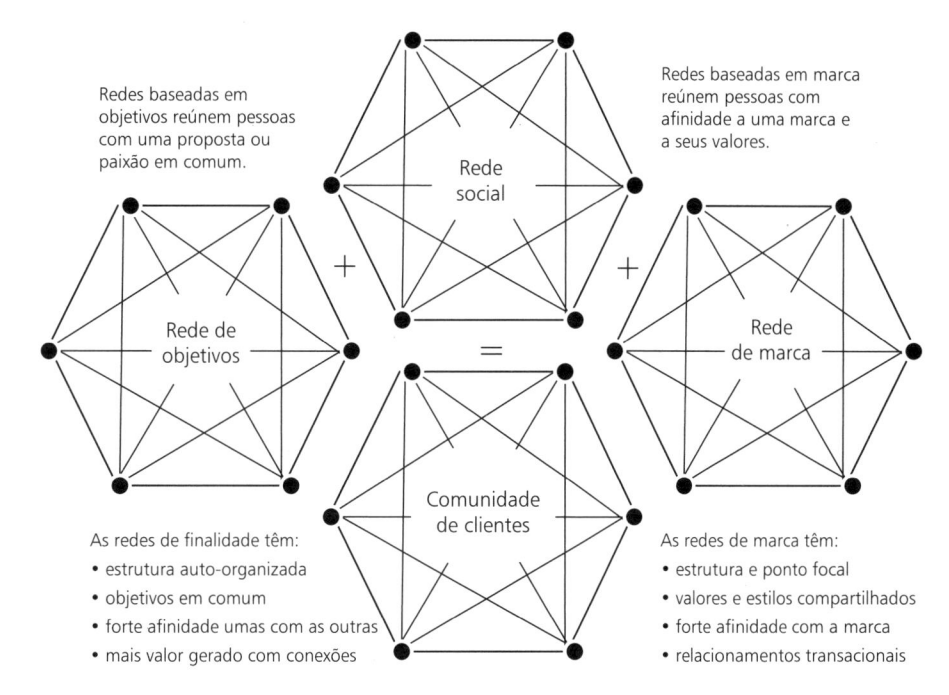

Redes baseadas em objetivos reúnem pessoas com uma proposta ou paixão em comum.

Redes baseadas em marca reúnem pessoas com afinidade a uma marca e a seus valores.

Rede social

Rede de objetivos + Rede social + Rede de marca = Comunidade de clientes

As redes de finalidade têm:
- estrutura auto-organizada
- objetivos em comum
- forte afinidade umas com as outras
- mais valor gerado com conexões

As redes de marca têm:
- estrutura e ponto focal
- valores e estilos compartilhados
- forte afinidade com a marca
- relacionamentos transacionais

As comunidades de clientes têm:
- estrutura auto-organizada
- valores e objetivos compartilhados
- forte afinidade umas com as outras
- desejo por marcas com os mesmos objetivos

COMUNIDADES DE CLIENTES: AS REDES DE PESSOAS COM UM OBJETIVO

Uma comunidade, seja real ou virtual, tem seis características básicas. Pense em um vilarejo cujos habitantes se reúnem ou um grupo de pessoas que formam um clube de leitura. A comunidade precisa:

- Servir, antes de tudo, aos interesses de seus integrantes.

- Ser diferenciada e fascinante o bastante para atrair novos membros.

- Ter uma identidade coletiva, mas que não impeça a expressão individual.

- Facilitar a comunicação e a interação entre seus integrantes.

- Criar, compartilhar e consumir valor (como conteúdo, por exemplo) entre si.

- Permitir que seus membros definam um plano de desenvolvimento.

- Dispor de tempo para desenvolver sua própria cultura e regras.

Os professores Muniz e O'Guinn publicaram um artigo seminal sobre a utilização de comunidades por marcas no *Journal of Consumer Research*. Eles descrevem uma comunidade de marcas como "uma comunidade especializada, sem limites geográficos, formada com base em um conjunto estruturado de relacionamentos sociais entre admiradores de uma marca", e afirmam que essas redes exibem três indicadores do que é uma comunidade: consciência em comum, rituais e tradições e um senso de responsabilidade moral.

A consciência em comum é ilustrada pelos usuários da Apple, que defendem e promovem, com entusiasmo e paixão inabalável, as virtudes do Mac, por exemplo. Os rituais e tradições são exemplificados pelos motoristas dos automóveis Morris Minor, que piscam seus faróis uns para os outros.

Outro acadêmico, Robert Kozinets, tentou definir os tipos de participantes dessas comunidades com relação aos diferentes níveis de compromisso que têm com elas, e de como eles se veem dentro delas. Imagine que você vive em um vilarejo habitado por diferentes personagens, cada um tentando participar de modo diferente do grupo. Ele identifica:

- ***Os devotados*** – com elos fracos e personalidade forte.

- ***Os turistas*** – com elos fracos e personalidade fraca.

- ***Os insiders*** – com elos fortes e personalidade forte.

- ***Os unidos*** – com elos fortes e personalidade fraca.

Todas as comunidades têm uma combinação diferente desses tipos. No mundo físico, algumas pessoas vão querer ser ativistas e participar de comitês, usar distintivos e definir um plano de ação. No mundo online, essas pessoas escrevem em blogs, coordenam fóruns de discussão e são formadores de opinião.

Contudo, ambas as comunidades precisam do carinho das massas, de grupos de pessoas que se preocupem profundamente com as razões por que elas fazem o que fazem, ou que estejam apenas interessados em ver alguma novidade.

Outra forma de considerar os agentes em uma comunidade é pelos conceitos de "especialistas" e de "conectores" descritos por Malcolm Gladwell em *O Ponto da Virada*. Os especialistas agregam grandes quantidades de contexto, conhecimento ou expertise. Os conectores têm diversas redes de amigos e colaboradores. Para poder divulgar uma ideia, você precisa convencer os especialistas de que é a ideia certa e envolver os conectores para divulgá-la ao maior número possível de pessoas. Se você conseguir fazer isso, então você alcançará o "ponto da virada".

Logo, no mundo dos negócios, é preciso saber quais as comunidades a que devemos nos alinhar e quem são os membros mais importantes em cada uma delas, para poder influenciá-los e incentivá-los. Precisamos alinhar nossos objetivos aos dessas pessoas e mergulhar de cabeça nesses grupos em busca de insights reais. Precisamos envolvê-las de novas maneiras e alinhar nossas experiências às suas redes e aos indivíduos que delas participam. E precisamos reconhecer que, embora os relacionamentos diretos sejam importantes, são os relacionamentos entre as pessoas dessas comunidades que mais importam para elas.

A comunidade da Harley-Davidson é provavelmente o melhor exemplo de comunidade de marca. Os integrantes do HOG adoram a marca, embora sua fidelidade seja para com os outros participantes. A marca reúne essas pessoas, mas a paixão delas está na estrada. Elas se tatuam com o logo da Harley, mas, no fundo, são com pessoas reais que elas dirigem e bebem, e por quem fariam qualquer coisa.

Insight 37: CO-OPERATIVE GROUP

O Co-operative Group é a maior cooperativa do Reino Unido, administrada democraticamente por seus associados para satisfazer as necessidades e aspirações que têm em comum.

Com apenas uma libra esterlina, você pode se associar à The Co-op, como é chamada. Os sócios têm direitos iguais de dizer como a empresa deve ser administrada e como os objetivos sociais podem ser atingidos. Todos os associados recebem um dividendo, uma parcela dos lucros que ajudam a gerar.

Embora a organização tenha metas mais amplas do que simplesmente gerar receita – em particular, fazendo contribuições positivas para as comunidades em que opera –, ela o faz incluindo todas as disciplinas financeiras de uma empresa com fins lucrativos. Ela tem fornecedores e funcionários que têm de ser pagos, e uma empresa e novos produtos e serviços em que investimentos devem ser feitos. Contudo, ela segue essa linha de modo mais equilibrado, com foco nos clientes, na sociedade como um todo e no meio ambiente, sempre pensando em "fazer a coisa certa".

A ética está no centro da organização. Suas políticas são desenvolvidas em parceria com seus associados, seus clientes. Ou, como ela diz, "trabalhamos com associados para fazer mudanças para melhor".

Na prática, isso se traduz em prateleiras repletas de produtos da região ou de produtos orgânicos com certificação do Fair Trade a preços acessíveis nos mercados que possui. Reservar um voo junto à agência de viagens da Co-op inclui a opção de compensar as emissões de carbono ou, idealmente, viajar distâncias mais curtas e ainda assim se divertir. O dinheiro que você poupa no Co-operative Bank não será usado para apoiar governos corruptos ou atividades antiéticas, iniciativas surpreendentemente comuns em outros bancos.

Nos últimos anos, a Co-op trabalhou duro para descobrir uma maneira contemporânea de gerar os valores que originalmente foram inspirados no antigos moleiros de Rochdale, Lancashire. Naquela época, as comunidades locais tinham um tecido social compacto, o dinheiro era escasso e as ambições limitadas. Hoje, as limitações em recursos ainda são muitas, mas as comunidades se diversificaram, a vida ficou mais complexa e as aspirações se elevaram.

Em 2007, o grupo reuniu diversas cooperativas espalhadas pelo país e relançou o conceito de associação e dos benefícios oferecidos ao negócio e a seus associados. Esse novo conceito considerava novas maneiras de pôr em prática seus princípios, para que fossem mais facilmente compreendidos e valorizados por populações locais.

Os valores de uma cooperativa, como "autoajuda", "igualdade" e "solidariedade" precisavam ser reinseridos nas atividades. Como você ajuda as pessoas a administrarem seu dinheiro com maior eficiência? O que é preciso fazer para atender às necessidades de todos seus integrantes? Como defender os associados em questões sociais ou políticas, em um mundo governado por comunicações instantâneas e mídias massificadas?

Valores éticos como "abertura" e "responsabilidade social" tinham de ser restabelecidos e expressados com igual ênfase. A cooperativa deveria abrir uma empresa de viagens em um mundo de mudanças climáticas insustentáveis? Como explicar ética às pessoas de modo relevante e interessante? O que o banco faz pelos clientes que se endividam? A disponibilização de cartões de crédito, que fazem as pessoas gastarem mais do que ganham, é uma boa ideia?

O grupo sofreu com esses dilemas, mas também os viu como oportunidades. Eles trouxeram a chance de fazer negócios de um jeito diferente. Quem mais teria raízes tão profundas em uma comunidade? Com as questões de fundo ambiental ganhando importância na pauta dos clientes, não seria essa a hora de capitalizar ao máximo tudo o que uma cooperativa faz? Como ela poderia usar sua estrutura de lojas em um país para dar apoio a outras empresas, sobretudo em serviços financeiros?

No mesmo ano, o grupo apresentou uma nova identidade. Ele passou a ser conhecido como "The Co-operative", em lugar de "The Co-op", o que fez as pessoas lembrarem de seus diferenciais. O nome foi utilizado como prefixo para cada uma de suas marcas. Cor, estilo e linguagem foram incluídos em suas comunicações de marca, sobretudo no varejo, e os associados foram colocados no centro de tudo o que a cooperativa fazia. A implementação dessas inovações levou tempo, em parte por causa da natureza isolada de alguns de seus empreendimentos e dos processos internos, que, em alguns casos, datam da fundação da instituição.

Os associados perceberam a diferença. A loja do bairro deixou de ser uma loja de descontos sem competitividade para se tornar o centro da comunidade mais uma vez. O banco reafirmou seus diferenciais com o foco consciente no cliente e no desenvolvimento de proposições exclusivas. Além de compartilhar os lucros anuais, os associados tinham acesso a ofertas e vantagens exclusivas que outros clientes não podiam aproveitar. Os associados tinham o direito de se envolver, de frequentar reuniões e discussões online, de apoiar iniciativas comunitárias e eleger os representantes de fóruns locais, regionais e nacionais – e até mesmo de se apresentarem como candidatos.

O negócio voltou a crescer. Em 2007, teve um faturamento de £9,4 bilhões, resultado do atendimento dado por 87 mil funcionários a cerca de 10 milhões de clientes por semana, que compram, em lojas de bairro, pão orgânico e hortaliças cultivadas localmente, poupam o próprio dinheiro e adquirem apólices de seguro para suas casas como forma de contribuir com projetos sociais e ambientais.

Em um mundo marcado pela rapidez e pela transitoriedade, é muito bom ter uma marca que se preocupe, que tenha raízes locais e que escute as pessoas – uma marca para adotar.

9.3 O CLIENTE COMO DIVULGADOR

A fidelidade do cliente é rara e difícil de conquistar. As escolhas, a conveniência e os preços baixos praticados hoje em dia significam que é muito fácil não ser fiel. De fato, as iniciativas que, supostamente, deveriam estimular a fidelidade – como cartões de fidelidade, esquemas de pontos, entre outros – nivelaram por baixo a busca pela preferência do cliente, transformando a estratégia de negócios em truque de marketing.

A fidelidade do cliente hoje está associada a cartões, pontos e recompensas. Os "cartões de fidelidade" inicialmente chamaram a atenção por terem sido adotados por companhias aéreas para os passageiros que viajavam com mais frequência. Porém, nos últimos anos, todo mundo, de lojas de artigos de luxo a padarias, adotou a estratégia.

Ainda que os melhores programas de fidelidade tenham aspectos positivos, o princípio básico de colecionar pontos comprando mais perdeu a força. O valor monetário desses programas não passa de 1% ou 2% e, embora possa parecer que você esteja ganhando algo, há maneiras mais rápidas e fáceis de poupar dinheiro.

A fidelidade do cliente, como todo o resto, está centrada na marca, não no negócio. O negócio, em geral, oferece poucos elementos para envolver os clientes emocionalmente, principalmente quando há rotatividade de funcionários e pouca oportunidade de construir conexões pessoais. As marcas podem ter mais profundidade e personalidade, refletindo as aspirações do cliente e o tipo de pessoa que ele é ou deseja ser. Kevin Roberts, CEO para operações globais da agência de publicidade Saatchi & Saatchi, batizou esse tipo de marca como *lovemarks*, descrevendo-as como fundamentadas em uma combinação de intimidade, sensualidade e espiritualidade.

Martin Lindstrom, autor de *Brand Sense – A Marca Multissensorial*, partiu dessa ideia e considerou como mensurar a quantidade de "amor" por uma marca. Inspirado em Christopher Koch, um dos mais renomados neurocientistas do mundo e que tem uma tatuagem com a logomarca da Apple, Lindstrom investigou quais marcas as pessoas gostariam de tatuar em seu corpo. Ele descobriu que as marcas preferidas para tatuagens eram:

1 Harley-Davidson – 18,9%

2 Disney – 14,8%

3 Coca-Cola – 7,7%

4 Google – 6,6%

5 Pepsi – 6,1%

6 Rolex – 5,6%

7 Nike – 4,6%

8 Adidas – 3,1%

Porém, conquistar a fidelidade genuína de uma pessoa – para vê-la dirigir 10 minutos a mais até seu supermercado preferido, pagar mais por sua marca favorita, vestir-se dos pés à cabeça com roupas de uma mesma marca ou perdoar uma empresa quando algo dá errado – é um desafio muito mais complexo e de longo prazo.

A economia também é importante. No livro *The Loyalty Effect*, Fred Reichheld definiu a lógica financeira para a construção da fidelidade, defendendo que clientes fiéis:

- **Permanecem mais tempo** – renovam suas compras com o passar do tempo.

- **Compram mais** – acrescentam outros produtos ou serviços.

- **Pagam mais** – estão preparados para tolerar preços *premium* ou sem descontos.

- **Custam menos** – têm menores custos de atendimento, exigem menos esforço de vendas e de suporte.

- **Contam suas experiências** – tornam-se divulgadores, contando aos melhores amigos.

"Você nos recomendaria a seus amigos?" Reichheld sugere que essa é a "pergunta definitiva" que você deve fazer aos clientes. Ele argumenta que nos mercados atuais, em que a publicidade boca a boca substituiu todas as outras mídias como forma mais poderosa e confiável de influenciar clientes, a indicação é o resultado mais poderoso de um relacionamento. Ela é o melhor termômetro do envolvimento do cliente e o condutor mais importante da rentabilidade futura de uma empresa.

O "Net Promoter Score" (NPS) é um termo cunhado pela consultoria Bain & Co. para representar o número líquido de recomendações positivas de um consumidor a outras pessoas. Ele inclui a possibilidade de haver indicações positivas e negativas de diferentes pessoas para um mesmo produto ou serviço, e de haver indivíduos que provavelmente jamais farão uma recomendação.

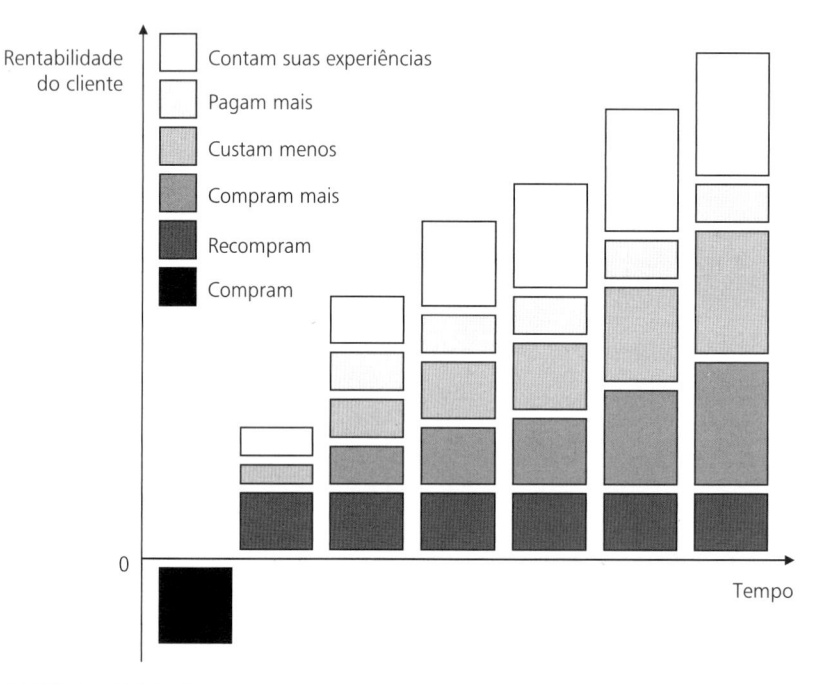

LEALDADE DO CLIENTE: O IMPACTO DOS RELACIONAMENTOS SOBRE O LUCRO

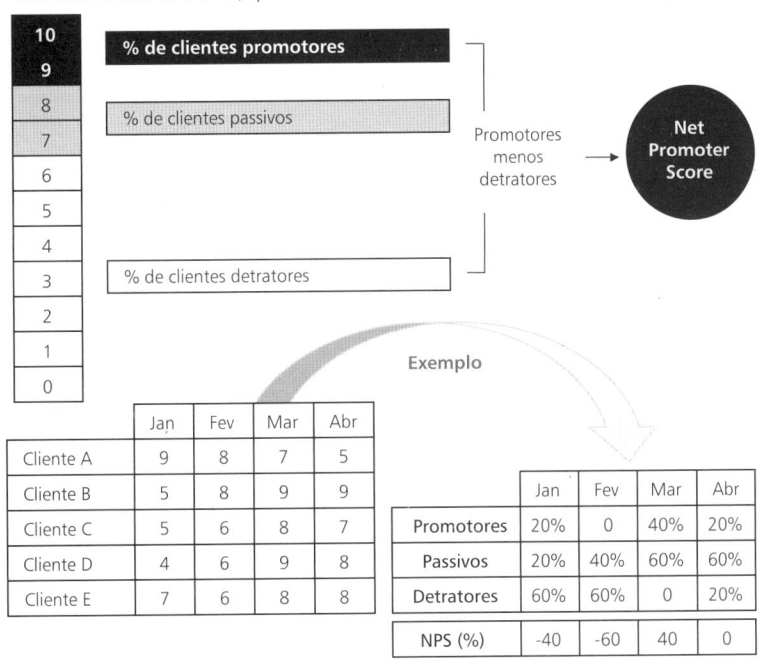

"Em uma escala de 0 a 10, quais as chances de você recomendar nossa empresa a um amigo?"

	Jan	Fev	Mar	Abr
Cliente A	9	8	7	5
Cliente B	5	8	9	9
Cliente C	5	6	8	7
Cliente D	4	6	9	8
Cliente E	7	6	8	8

	Jan	Fev	Mar	Abr
Promotores	20%	0	40%	20%
Passivos	20%	40%	60%	60%
Detratores	60%	60%	0	20%
NPS (%)	-40	-60	40	0

MEDINDO A PROMOÇÃO PELO CLIENTE: SEU "NET PROMOTER SCORE"

O NPS foi adotado por organizações de grande ou pequeno porte com o mesmo entusiasmo com que acolheram o indicador de satisfação do cliente no passado, mais reconhecido como um fator básico do que como um indicador de comportamentos e atitudes do cliente. Por exemplo, na GE, desde o CEO Jeff Immelt até os funcionários de filiais e de empresas subsidiárias, todos esperam pela publicação do NPS mensal ao lado das cifras de receitas e lucros.

Alguns alertam para o excesso de dependência das empresas do NPS, adotando-o como métrica única que garantirá seu futuro ou desenvolvendo estratégias específicas para melhorar o escore. Claro que isso é bobagem. O NPS é simplesmente uma medida importante da eficiência no engajamento de clientes, e também um indicador útil para o futuro em termos de desempenho financeiro. Ele não deve ser visto isoladamente, separado de uma estratégia do cliente global, nem utilizado como o único condutor de avaliações e recompensas.

Insight 38: NEW BALANCE

"Atinja um novo equilíbrio."*

Esse era o lema simples e inconfundível que capturava a diferença da New Balance. Ela abordava a ideia de encontrar equilíbrio físico e mental na vida com a prática da corrida como fonte de prazer ou condicionamento físico. Ela também reconheceu que correr está diretamente relacionado com pés, conforto e apoio. Nossos pés têm diferentes larguras e comprimentos, mas só havia uma marca que levava isso em consideração.

A New Balance foi fundada em Boston, em 1906, por William Riley, cidadão britânico de 33 anos que fabricava moldes de calçados e sapatos sob medida. Ele projetou seu primeiro calçado específico para corrida para o clube de corrida Boston Brown Bag Harriers, do qual era membro. A empresa se manteve pequena, sem se expandir, até 1961, quando lançou o Trackster, o primeiro tênis de corrida fabricado com solado especial e em diferentes larguras.

Na década de 1960, a reputação da New Balance como marca de tênis de corrida com diferentes proporções cresceu com a propaganda boca a boca. Quando Jim Davis adquiriu a marca no dia da Maratona de Boston de 1972, estava entusiasmado pela própria experiência como usuário: "Eu comprei um par de tênis, calcei-os e comecei a correr. As pessoas comentavam que eu só podia ser um grande corredor".

Naquela época, a New Balance operava principalmente por vendas pelo correio. Davis começou a construir sua presença junto a varejistas e triplicou as receitas em dois anos, chegando à casa dos US$300 mil. O negócio cresceu rapidamente com a popularização da prática da corrida, sem perder seu compromisso com a flexibilidade nas proporções dos tênis, o que era seu diferencial.

---

* N. de T.: Em inglês, *Achieve new balance*.

Em 1978, a New Balance chegou à Europa. Com receitas na casa dos US$60 milhões, a empresa lançou o icônico NB320, que foi a minha primeira experiência com uma marca especializada. Essa série foi seguida pelo NB990, que fez imenso sucesso e foi o primeiro calçado esportivo a custar US$100. A New Balance era reconhecida como marca para pessoas que levavam a corrida a sério. Era um antídoto contra as marcas de grande presença que tinham um apelo maior como *street wear* do que como tênis de corrida.

"Nós não patrocinamos atletas. Focamos no alto desempenho, não na moda. Todos os nossos modelos são comercializados em diversas larguras, porque acreditamos que o tamanho certo é fator essencial para o desempenho. Mantemos grandes estoques, pois assim nossos representantes têm a possibilidade de oferecer sempre uma ampla gama de tamanhos e larguras", explicou Davis, em uma de suas raras entrevistas, para o jornal *Boston Globe*.

Como a empresa permanecia sem abrir seu capital, Davis sentia que podia adotar uma perspectiva de mais longo prazo, sendo socialmente mais responsável do que as marcas de capital aberto focadas em grandes volumes e moda, como a Adidas e a Nike. "Se fôssemos uma empresa de capital aberto, tenho certeza de que nossos acionistas sugeririam o fechamento de nossas fábricas nos EUA e a transferência da produção para a Ásia, devido aos custos de fabricação menores."

A New Balance continua fabricando seus próprios calçados. Com gastos em marketing que são apenas uma fração do que gastam suas concorrentes, a empresa confia na propaganda boca a boca – as pessoas falam sobre o alto desempenho proporcionado pelos tênis da marca. Na primeira edição da Maratona de Londres, foi Dick Beardsley, o campeão dos campeões das corridas, vestindo uniforme e calçados com a marca New Balance, que cruzou a linha de chegada em primeiro lugar. No ano seguinte, o tênis New Balance foi o mais popular a cruzar a linha de chegada. Todo corredor queria usar um calçado vencedor.

Hoje, a New Balance tem vendas que chegam aos US$2 bilhões em todo o mundo, tendo implementado seu conceito de customização a outros esportes, como a caminhada, o tênis, o boxe e o basquete. Além disso, ela ganhou o status de manifesto *antifashion*, e seu modelo de tênis nas cores branco e cinza conquistou a preferência da geração que despreza logomarcas – porque é confortável e diferente.

Dimensão 10
O desempenho do cliente

> Quero que sua empresa tenha sucesso, seja lucrativa e trabalhe como uma companhia de alto desempenho – pois assim ela poderá investir em mim. Você pode investir no desenvolvimento de produtos e serviços ainda melhores, no recrutamento de pessoas eficientes que me atenderão bem, em tornar minha vida mais fácil e divertida e em garantir que sempre estará disponível.
>
> Mas eu não quero que você fique ganancioso. Eu vejo todos os relatórios corporativos, os lucros que não param de crescer e os incríveis bônus para poucos executivos. Não estou reclamando de você ter um retorno justo por tornar a minha vida melhor, mas quero que você compartilhe isso com todas as pessoas maravilhosas que trabalham para você e que compram de você.
>
> É o meu dinheiro que gera os seus lucros. Se você fizer a coisa certa, ficarei contente em gastar muito mais sem custos adicionais para você. De fato, quanto mais rentável for nosso relacionamento, maior sucesso que você terá no futuro. E imagine se eu puder persuadir vários amigos e colegas a fazer o mesmo? Você já pensou em seus clientes como seu ativo mais valioso? Juntos, podemos ajudá-lo a ter um crescimento extraordinariamente rentável – e acho que seus investidores estariam interessados nisso!

10.1 OS CONDUTORES DE VALOR

Os clientes são os condutores mais importantes do desempenho de uma empresa. Contudo, um dos aspectos mais perversos das reuniões de diretoria é que seus membros normalmente passam menos de 10% de seu tempo concentrados na fonte de 90% de seu sucesso. Pouco tempo é despendido em conversas sobre a origem das receitas e como elas podem ser melhoradas antes de as atenções se voltarem para o desempenho operacional e a gestão de custos.

A mensuração da eficiência com que administramos nossos clientes deveria ser o aspecto mais importante na avaliação e na gestão de negócios:

- **Valor**: Os clientes são os recursos mais escassos para uma empresa hoje. O modo como os administramos tem impacto direto sobre o valor do negócio e sua capitalização de mercado.

- **Condutores**: Os clientes são os melhores indicadores do desempenho futuro. O modo como os administramos e as ações e investimentos que fazemos são a base para a rentabilidade em anos futuros.

- **Clientes**: A noção de desempenho baseado no cliente é um caminho muito mais atraente para concretizar resultados – é mais relevante e proveitoso, pois encoraja a colaboração e desperta interesses.

Passa-se muito tempo contando dinheiro, mas pouco refletindo sobre de onde ele vem.

Uma abordagem "de fora para dentro" para a gestão de desempenho exige que relacionemos os indicadores de atividades dos clientes aos indicadores tradicionais do desempenho financeiro. Isso é perfeitamente possível (as correlações específicas são diferentes para cada negócio) e absolutamente essencial, se gerentes e investidores levarem a sério a retenção e a promoção da empresa pelo cliente com a mesma seriedade com que examinam receitas e rentabilidade.

As métricas de desempenho relacionadas ao cliente são mais informativas sobre a saúde futura da empresa, enquanto a maioria das métricas financeiras avaliam dados passados.

DIMENSÃO 10 O desempenho do cliente **289**

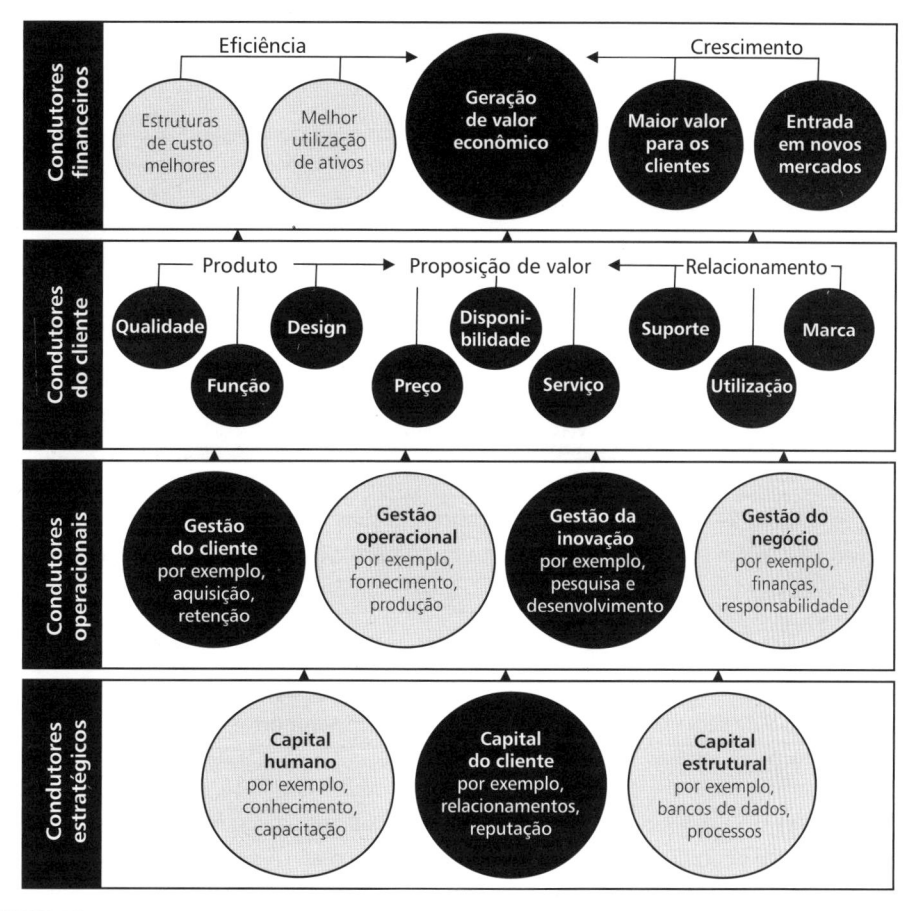

Condutores financeiros
- Eficiência → Estruturas de custo melhores; Melhor utilização de ativos; Geração de valor econômico
- Crescimento → Maior valor para os clientes; Entrada em novos mercados

Condutores do cliente
- Produto → Qualidade; Design; Função
- Proposição de valor → Disponibilidade; Preço; Serviço
- Relacionamento → Suporte; Utilização; Marca

Condutores operacionais
- **Gestão do cliente** por exemplo, aquisição, retenção
- **Gestão operacional** por exemplo, fornecimento, produção
- **Gestão da inovação** por exemplo, pesquisa e desenvolvimento
- **Gestão do negócio** por exemplo, finanças, responsabilidade

Condutores estratégicos
- **Capital humano** por exemplo, conhecimento, capacitação
- **Capital do cliente** por exemplo, relacionamentos, reputação
- **Capital estrutural** por exemplo, bancos de dados, processos

CONDUTORES DE VALOR: CONECTANDO O CLIENTE AO DESEMPENHO

Imagine um CEO falando na próxima reunião, ou redigindo a primeira página do relatório anual, com os clientes e as marcas como foco: seu desempenho atual e os investimentos que estão sendo feitos para garantir e melhorar resultados futuros.

Isso pode parecer o ponto de partida óbvio e mais indicado para avaliar uma empresa, mas a vasta maioria dessas reuniões começa com uma discussão sobre custos, processos e cadeias de suprimento.

Um varejista ficou impressionado quando pegou o briefing do investidor e começou a descrever o impacto financeiro de levar as roupas das passarelas para as lojas duas semanas antes de qualquer outro varejista, e o aumento resultante nas vendas e nas margens.

Claro que uma empresa não é uma máquina. O desempenho não sai de uma calculadora. Toda empresa precisa reunir insights internos e externos, informações financeiras ou não, preceitos corporativos e pessoais, para poder tomar as decisões certas.

Insight 39: ENTERPRISE CAR RENTAL

A maior parte das locadoras de veículos concentra suas operações em aeroportos e em pessoas que chegam de viagem e precisam alugar um carro por uma ou duas semanas. Mas existe uma locadora de automóveis diferente.

A Enterprise se concentra em mercados de bairro, e tem a maior parte de suas lojas em áreas centrais das cidades, visando às pessoas que possam estar sem carro por alguns dias ou que precisem de um veículo maior no final de semana. Ela também está presente em aeroportos, embora esses locais não sejam seu principal foco.

Fundada em 1957 por Jack Taylor no porão de uma concessionária de automóveis, a Enterprise se diferencia também em outro aspecto: o extraordinário serviço ao cliente. Ela é a maior locadora de veículos do planeta, com operações em 7 mil locais espalhados pelo mundo e 720 mil veículos em 120 diferentes marcas e modelos. Mais importante é a "segunda família" composta pelos 65 mil funcionários apaixonados pelo que fazem, que recebem incentivos tais que um bom serviço ao cliente pode tornar um gerente de filial milionário. Na verdade, Taylor tem tanto orgulho dos milionários que ajudou a criar quanto da empresa que administra.

A missão da empresa parece estranha e pouco inspiradora – "Atender às necessidades de locação de veículos comerciais e caminhões, de *leasing* e de vendas de automóveis e carências afins de nossos clientes, excedendo expectativas quanto a serviços, qualidade e valor" –, mas pelo menos o foco dessa missão está no cliente.

O texto prossegue: "Lutamos para conquistar a fidelidade de longo prazo de nosso cliente, trabalhando para executar serviços acima das expectativas, com honestidade e imparcialidade, indo além para promover serviço personalizado excepcional que gere uma experiência agradável", reunindo todos os conceitos importantes em uma frase.

A maior parte dos funcionários têm dificuldade em lembrar essas palavras, mas intimamente sabem que a Enterprise preconiza o serviço ao cliente.

Apesar desses mantras de serviço, a Enterprise genuinamente foca em seus clientes por meio de um modelo de negócio que encoraja atitudes e comportamentos para fazer a coisa certa de modo intuitivo. Enquanto muitas empresas expressam seus modelos de negócio em complexos termos estruturais e financeiros, a Enterprise se concentra no poder das pessoas:

- Contratamos pessoas inteligentes e motivadas.

- Prestamos um excepcional serviço ao cliente.

- Clientes plenamente satisfeitos retornam e contam para as outras pessoas.

- O crescimento rentável possibilita o crescimento pessoal.

- O crescimento motiva as recompensas financeiras e atrai mais pessoas talentosas.

A cultura do serviço está baseada em um sistema de mensuração único, implementado em toda empresa. O Índice de Qualidade do Serviço Enterprise mensura o número de clientes que a empresa tem a cada dia, em cada local, para cada funcionário que dizem que estão "plenamente satisfeitos". Centenas de milhares de clientes são pesquisados todos os dias, via telefone ou Internet, para obter resultados rápidos e diretos.

Serviço bom não basta. Apenas o serviço excepcional é que importa.

10.2 AS MÉTRICAS DO CLIENTE

O velho ditado que diz que "o que é possível medir é possível fazer" continua valendo, sobretudo quando "o que é recompensado é feito".

Metas, métricas e recompensas deveriam, portanto, ser consideradas o ponto de partida para a empresa focada no cliente.

Os indicadores de desempenho errados, como um objeto de desempenho mal escolhido ou um *"balanced scorecard"* mal equilibrado (que mede fatores de melhoria, pessoas, clientes e financeiros), colocarão a empresa na direção errada. Decisões estratégicas, assim, serão baseadas em critérios falsos, investimentos não gerarão os melhores retornos, as pessoas ficarão desmotivadas pela incapacidade de atingir metas e os investidores perderão a confiança.

Se você escolher os indicadores certos, poderá tomar as decisões certas; pessoas e recursos se concentrarão em taxas de retorno altas, e todos poderão compartilhar as recompensas.

A fatia de mercado, por exemplo, está cada vez mais sem sentido, pois depende por completo em como você define os seus limites: você pode ter uma fatia de 100% em um mercado e de 0,1% em outro. À medida que mudam as necessidades dos clientes e variam as taxas de rentabilidade, os mercados ficam inconstantes. A Procter & Gamble e a Unilever são grandes concorrentes em alguns setores e segmentos; em outros, não oferecem qualquer perigo uma à outra.

Essa situação permite expandir perspectivas e definir metas unificadoras, mas não é prática na tomada de decisão cotidiana. O desenvolvimento de um *"scorecard"*, de um conjunto adequado de métricas, deveria ser baseado, primeiramente, nos "condutores de valor" do negócio. Eles variam de empresa para empresa, mas em termos gerais são:

- **Entradas**, como custos operacionais, número de funcionários, tempo de entrada no mercado – fatores que podem ser administrados diretamente, porque estão relacionados a decisões e ações.

- **Transformações**, como produtividade, crescimento em vendas e retenção do cliente – fatores que são consequências diretas das operações e muito suscetíveis a influências.

- **Saídas**, como rentabilidade, retorno sobre o investimento e cotação de ações – fatores que são mais difíceis de influenciar, mas que são claramente influenciados pelos fatores anteriores.

Na maioria das organizações, as métricas relacionadas ao cliente são fragmentadas, sem qualquer relação entre si ou entre elas e seus respectivos impactos financeiros. As equipes de marketing são obcecadas com a consciência e o envolvimento do cliente, que são os verdadeiros resultados de seu trabalho. As equipes de vendas se preocupam com seu alcance e com a capacidade de reter os melhores clientes. As equipes operacionais estão focadas na satisfação do cliente. Contudo, não adianta envolver essas pessoas na oferta de grandes promessas se elas não forem capazes de cumpri-las. A satisfação do cliente não tem muito valor se ele não retorna.

As métricas vinculadas ao cliente nos possibilitam enxergar a perspectiva mais ampla dos negócios e as ações coletivas que conduzem a geração de valor. Como resultado, podemos priorizar os condutores de valor mais importantes para o negócio. Isso possibilita melhores investimentos e processos de tomada de decisão e melhores gestão e mensuração do desempenho.

Esse sistema de geração de valor tem implicações relativas às ações de curto e longo prazo e efeitos sobre a organização: uma promoção de vendas gera retorno imediato, o impacto causado pela construção de uma nova marca leva mais tempo para aparecer e o investimento em novos produtos consome intervalos de tempo ainda maiores.

Curto e longo prazos são igualmente importantes, sobretudo quando a maior parte do valor está na forma de ativos intangíveis que geram retorno no longo prazo. Essa comparação entre receitas e custos do ano anterior é uma abordagem simplista demais para a avaliação de uma empresa.

O "valor" oferece uma resposta, com o cálculo da soma dos prováveis fluxos de caixa futuros, tanto no curto quanto no longo prazo. Assim, a tomada de decisão baseada no valor se torna crucial para as decisões estratégicas – quais são os negócios, marcas, mercados, produtos e consumidores em que a empresa deverá focar no longo prazo? Nessa carteira de negócios, quais os que "geram valor" e quais os que "destroem valor"?

Uma empresa pode ter um bom volume de vendas, uma boa fatia de mercado e talvez até lucros atraentes e, ainda assim, estar destruindo valor em cada venda adicional devido ao maior custo de capital. Em termos de valor operacional, qual a melhor alocação de recursos profissionais e financeiros no curto prazo? Embora o longo prazo seja importante, os mercados talvez ainda não tenham amadurecido – e o negócio precisa gerar fluxo de caixa nesse intervalo para sobreviver e financiar investimentos no longo prazo.

É preciso combinar os condutores de valor do cliente e da empresa – os elementos iniciais e os finais, o curto e o longo prazo, a estratégia e as implicações operacionais. Com isso, garante-se que as métricas escolhidas sejam "inteligentes" (específicas, mensuráveis, realizáveis, realistas e oportunas).

Don Peppers e Martha Rogers, que trabalham com muitas empresas em programas de clientes e na introdução de abordagens "um a um", definem o Santo Graal para a relação entre cliente e acionista em seu livro *Retorno Sobre Clientes*. Nele, os autores sugerem que o retorno sobre o cliente (ROC, "return on customer") deveria se tornar uma métrica para toda e qualquer empresa.

"Repita conosco: o único valor que sua empresa conseguirá gerar é o valor oriundo dos clientes – aqueles que você tem hoje e aqueles que você terá no futuro. As empresas têm sucesso com a obtenção, a retenção e o crescimento do número de clientes ... Sem clientes, não há empresa."

Alcance do cliente Hoje, conseguimos atingir 90% da população do Reino Unido. Isso é mais do que consegue nosso concorrente direto, que tem 79% de alcance. **Preferência do cliente** 45% de nossos clientes dizem que preferem a nós. 60% de nossos clientes atuais pretendem adquirir nossos produtos no futuro. **Satisfação do cliente** 27% de nossos clientes dizem que estão muito satisfeitos. 45% dizem que estão parcialmente satisfeitos.	**Contratos com o cliente** 40% de nossos clientes têm contratos de longo prazo superior a 2 anos. **Retenção do cliente** 67% de nossos clientes permanecem conosco por mais de um ano. Nosso objetivo é aumentar essa taxa de retenção a 80% nos próximos 3 anos. **Fidelidade do cliente** 60% de nossos clientes atuais afirmam que voltarão a comprar conosco no futuro. 12% dos clientes dizem que nos recomendariam a outras pessoas.
Volume de clientes Atualmente, temos 12,2 milhões de clientes. Esse número cresceu 12% no ano passado. **Fatia do cliente** Atualmente, temos 33% do mercado do Reino Unido. **Geração de receita por cliente** Hoje, arrecadamos £365 por cliente. Isso é 45% a mais do que nossa média de mercado.	**Crescimento dos clientes** A expectativa é elevar o número de nossos clientes em 15% nos próximos 3 anos. O mercado do Reino Unido crescerá 7% nos próximos 3 anos. **Inovação com o cliente** 26% de nossas receitas são gerados por serviços lançados no ano passado. A expectativa é de que 12% das receitas previstas para os próximos 3 anos sejam geradas com novos produtos.
Custos de marketing tático Gastamos £120 milhões em promoções de venda e descontos. **Receitas** Geramos £2,1 bilhões em receitas. Esse número representa um aumento de 12% sobre as receitas do ano passado. **Lucro operacional** Geramos £254 milhões em lucro operacional. Esse número representa um aumento de 45% sobre os lucros do ano passado.	**Investimentos em marketing estratégico** Tivemos £180 milhões em custos de marketing relacionados à marca e a relacionamentos. **Ativos intangíveis** Estimamos que os relacionamentos com a marca, com o consumidor e com distribuição valham £4,2 bilhões. **Valor da empresa** As projeções são de que nossos lucros crescerão entre 12% e 15% ao ano nos próximos 5 anos (o que produzirá um valor intrínseco de £ x bilhões).

MÉTRICAS DO CLIENTE: EXEMPLO DE UM *BUSINESS PERFORMANCE SCORECARD*

Mas esse não é o comportamento adotado pelas empresas, é? A necessidade de satisfazer a Wall Street a cada trimestre faz com que os executivos saiam em busca de metas de negócios contraditórias. Na teoria, a maioria acredita que os clientes representam a rota mais garantida para o crescimento e o valor de longo prazo – embora, na prática, não hesitem em abandonar essa crença para gerar receitas imediatas.

Insight 40: FIRST DIRECT

"Tratamos nossos clientes como limões."

O ousado anúncio em preto e branco certamente atrai a atenção. O First Direct, banco direto pioneiro no Reino Unido, explica que o primeiro desafio de um novo contratado consiste em escolher um limão em uma tigela, colocá-lo de volta e tentar encontrar o limão escolhido com os olhos vendados.

A ideia é deixar claro que todo cliente é diferente, único, e o First Direct quer tratá-lo dessa maneira. O banco encoraja seus funcionários a utilizarem todos os sentidos para entender o cliente em nível mais personalizado, principalmente por estarem lidando com eles ao telefone ou pela Internet.

Hoje, o banco conta com 1,2 milhões de clientes, dos quais 885 mil utilizam os serviços via Internet e 390 via mensagens de texto no celular. Além disso, 43% dos novos clientes do First Direct são obtidos por meio desses canais. Indicações pessoais respondem por um em cada três clientes e 80% dos contatos são feitos pela via eletrônica. O banco recebe 235 mil telefonemas toda semana, dos quais 3,5 mil são chamadas feitas de outros países. A instituição vem tendo lucros desde 1995 e, de acordo com a empresa de pesquisas MORI/NO, consolida-se como o banco mais bem recomendado do Reino Unido.

O First Direct foi fundado em outubro de 1989 pelo Midland Bank, então um dos maiores bancos do Reino Unido e que hoje faz parte do HSBC. Com mais de mil chamadas nas primeiras 24 horas de existência e 100 mil clientes em menos de dois anos, o banco nunca se preocupou com o passado.

Seu público-alvo é o cliente profissional liberal, com pouco tempo e muito dinheiro, que valoriza a disponibilidade de canais 24 horas por dia, sete dias da semana, e que adora serviços personalizados. As taxas de juros do banco nunca foram particularmente competitivas, mas os clientes permanecem fiéis em função dos serviços que disponibiliza. Em épocas em que a maioria dos clientes anda desiludida com bancos, o First Direct é um dos poucos que mantém uma base de clientes fiéis.

Com uma mistura de tecnologias pioneiras e toques personalizados, o banco continuou facilitando a vida de seus clientes e deixando as operações bancárias um pouco mais divertidas. Em 1995, ele atingiu a marca de meio milhão de clientes e iniciou testes com operações bancárias via Internet. Em 1999, lançou seu sistema de serviços bancários via celular (por mensagens de texto SMS), com alertas aos clientes sobre saldos e transações.

Em 2004, a instituição lançou o "First Directory", que acrescentou uma série de serviços às contas corrente, como seguros de viagem e contra acidentes pessoais, e o "Internet Banking Plus", que junta em um só lugar as informações sobre as contas que o cliente tem com outros bancos. O "First Direct Interactive" oferece consultoria e serviços online personalizados. Em colaboração com o jornal *Financial Times*, o banco tem blogs e podcasts sobre tópicos como planejamento financeiro, contribuições isentas de impostos e maneiras de sobreviver e progredir no cenário atual de retração de crédito.

O banco criou até mesmo uma "floresta virtual", como representação mais tangível de seus esforços pela sustentabilidade: ele encoraja a adoção de transações sem papel, plantando uma árvore virtual para cada cliente que opte por receber extratos pela via eletrônica e uma árvore real para cada 20 clientes que fazem essa opção. A diversão não fica de fora, com um "ônibus mágico" indo até as comunidades e clientes.

O novo CEO do First Direct, Chris Pilling, especialista em marketing de relacionamentos que já trabalhou para a British Airways e o Wal-Mart, continua acrescentando sabor ao banco com os limões. Em 2007, ele relançou a carteira de contas dos clientes, com o "1st Account" substituindo as contas corrente existentes, e ofereceu novos serviços, incluindo novas modalidades de poupança e vínculos a uma espécie de hipoteca de compensação que promoveu a integração total das carteiras de investimento dos clientes do banco.

A iniciativa mais controversa foi a adoção de um sistema de identificação dos bons e maus clientes do banco. Ao relançar as novas contas com taxas anuais, ele as deixou menos atraentes aos clientes menos rentáveis para o First Direct. A experiência dele dizia que volume não é tudo, e que você não consegue atender a todo mundo com uma proposição de nicho.

Mas ele foi além, e adotou novas métricas de desempenho de apoio à cultura de serviços e relacionamentos. Com base na "pergunta definitiva" de Fred Reichheld, Pilling passou a visar a todos no negócio com seu "número mágico". Até então, o foco do First Direct estivera nos clientes "muito satisfeitos" ou "extremamente satisfeitos", e correlacionava esses grupos aos índices de retenção de clientes do banco, com escores que chegavam em média a 91%.

O novo "número mágico" de Pilling tratava de ação, não de sentimentos. Ele queria mensurar a indicação, as recomendações positivas de clientes a outros. Ele reconheceu que esse era um indicador muito mais eficiente da fidelidade do cliente, um estimador de crescimento lucrativo com base nas compras existentes e nas resultantes da indicação a amigos. A abordagem de Reichheld perguntava aos clientes se tinham a *intenção* de recomendar a marca, enquanto Pilling pergunta se *de fato* a indicaram. Impressionantes 96% dos clientes do First Direct responderam "sim'.

10.3 O IMPACTO NO NEGÓCIO

É surpreendente que poucas empresas vinculem o valor que geram para os clientes ao valor que geram para o negócio. Qual dos dois fatores tem maior impacto sobre a rentabilidade, a publicidade ou o serviço ao cliente? Qual é o condutor de crescimento mais importante, a satisfação do cliente ou as indicações feitas por ele? Quanto recurso você precisa alocar para a construção da marca, em comparação com os programas de relacionamento?

A resposta é a discrepância entre prioridades da empresa e ações do cliente.

Gritamos cada vez mais alto para os clientes, os bombardeamos com malas-diretas porque não sabemos que outros fatores geram receita. Perdidos, ficamos nos resultados do trimestre porque não conseguimos prever impactos de longo prazo. Cometemos a tolice de cortar gastos com desenvolvimento da marca ou com melhorias no serviço ao cliente porque não sabemos mais o que fazer para aumentar nossa eficiência. Como se não bastasse, recorremos a descontos em nossos preços em vez de solucionar os problemas dos clientes por um preço maior, e acabamos enfrentando sua promiscuidade em vez da fidelidade.

São poucas as empresas que vinculam o cliente ao valor para o acionista. Na verdade, a maior parcela do desempenho não é articulada nem na linguagem do cliente, nem na linguagem do acionista: o desempenho está focado nas receitas de curto prazo e no exame de dados do passado. Logo, ele desencadeia o processo de tomada de decisão "de dentro para fora".

O desempenho nos negócios está relacionado à criação de valor no longo prazo, ou "valor para o acionista", como é frequentemente chamado. De acordo com uma pesquisa da PA Consulting, 97% dos CEOs dizem que a geração de valor de longo prazo para o acionista é seu primeiro objetivo.

Claro que a empresa tem o poder de decidir distribuir o valor que gera em qualquer proporção: reinvestir em suas operações, compartilhar lucros com os funcionários ou oferecer mais à sociedade como um todo. Contudo, a questão converge para a conexão entre o que fazemos por nossos clientes e o valor que o negócio acumula com essa iniciativa.

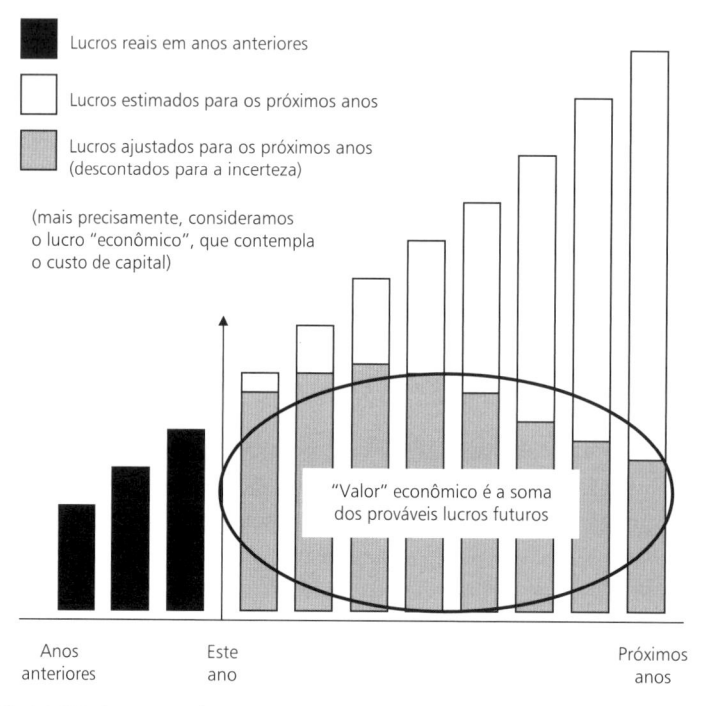

- Lucros reais em anos anteriores
- Lucros estimados para os próximos anos
- Lucros ajustados para os próximos anos (descontados para a incerteza)

(mais precisamente, consideramos o lucro "econômico", que contempla o custo de capital)

"Valor" econômico é a soma dos prováveis lucros futuros

Anos anteriores | Este ano | Próximos anos

O VALOR ECONÔMICO: O REFLEXO DOS PROVÁVEIS LUCROS FUTUROS

O valor de um negócio pode ser calculado internamente pela soma dos lucros econômicos, descontada a incerteza presente na realização desses lucros:

- Os lucros econômicos são os lucros totais menos o custo de capital. Os investidores esperariam um nível mínimo de retorno sobre o capital investido e, portanto, contabilizam apenas o lucro adicional, que ultrapassa esse valor. As atividades do cliente exercem impacto direto sobre esse lucro, por meio de receitas adicionais obtidas tanto com preços mais altos quanto por maior volume de compras e menores custos de venda.

- A soma dos lucros econômicos futuros é descontada de forma a refletir a incerteza na realização. Somente as receitas protegidas por contrato são garantidas; outras dependem da demanda do mercado e de condições mais complexas. Os custos também podem mudar. Uma taxa de desconto reflete isso. As atividades do cliente afetam diretamente por meio de marca e relacionamentos fortes, e de inovações e redes aperfeiçoadas que dão maior certeza dos lucros futuros.

Se os analistas tiverem opiniões semelhantes às dos gerentes da empresa sobre o futuro, o valor econômico de um negócio calculado internamente deve se aproximar ao seu valor de mercado, e isso se reflete no aumento da cotação de suas ações.

Se os analistas forem mais otimistas, a cotação das ações sobe e todos ficam felizes – até que, anos mais tarde, os lucros imaginados não se materializam. Se eles forem mais pessimistas, a cotação das ações cai, o que exigirá comunicações mais eficientes e uma melhor compreensão do que, de fato, movimenta o negócio.

O valor de uma empresa tem componentes tangíveis e intangíveis:

- ***O valor tangível*** é composto pelos ativos físicos, isto é, pelo que pode ser vendido, como patrimônio, equipamentos e estoque de ações.

- ***O valor intangível*** é composto pelos ativos não físicos, isto é, por elementos que refletem o potencial de lucros futuros das marcas, dos relacionamentos e de patentes.

Edvinsson e Sveiby definem três categorias de ativos intangíveis: capital do cliente, capital humano e capital estrutural. Os novos padrões internacionais de contabilidade relacionam novas categorias de ativos intangíveis e de alocação pós-compra.

O "capital do cliente" disponibiliza uma linguagem simples e mais inclusiva para focar nos aspectos mais importantes para o negócio, sobretudo em uma empresa que tenta se centrar no cliente. O capital do cliente expressa a importância e o impacto dos investimentos relacionados a ele e a suas atividades, estabelecendo uma conexão entre ele e os acionistas, equilibrando as variáveis de curto e longo prazos e abrindo caminho para a empresa concentrar esforços no que é mais relevante.

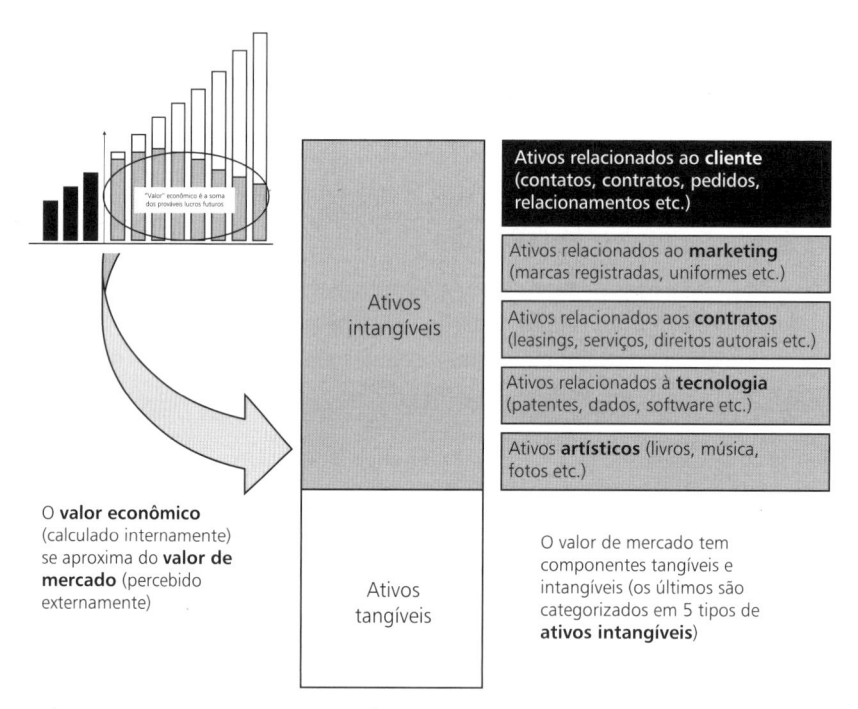

"Valor" econômico é a soma dos prossíveis lucros futuros

Ativos intangíveis

Ativos relacionados ao **cliente** (contatos, contratos, pedidos, relacionamentos etc.)

Ativos relacionados ao **marketing** (marcas registradas, uniformes etc.)

Ativos relacionados aos **contratos** (leasings, serviços, direitos autorais etc.)

Ativos relacionados à **tecnologia** (patentes, dados, software etc.)

Ativos **artísticos** (livros, música, fotos etc.)

Ativos tangíveis

O **valor econômico** (calculado internamente) se aproxima do **valor de mercado** (percebido externamente)

O valor de mercado tem componentes tangíveis e intangíveis (os últimos são categorizados em 5 tipos de **ativos intangíveis**)

O VALOR INTANGÍVEL: AS CATEGORIAS DE ATIVOS INTANGÍVEIS

O capital do cliente pode ser expresso como:

- **Cesta** – uma coleção de indicadores fundamentados no cliente e acompanhados ao longo do tempo.

- **Equidade** – um índice ponderado das métricas mais importantes relativas ao cliente.

- **Valor** – a soma do aumento nos prováveis lucros futuros devido a atividades relacionadas ao cliente.

Essa "cesta" de indicadores relativos ao cliente difere de empresa para empresa, dependendo do que causa o maior impacto nos resultados do negócio no modelo adotado. Mas imagine uma empresa em que estas seriam as principais metas:

- **Preferência do cliente** – a porcentagem de pessoas que gostam da empresa.

- **Volume de clientes** – a porcentagem de pessoas que adquirem produtos ou serviços da empresa.

- **Retenção do cliente** – a porcentagem de pessoas que permanecem com a empresa.

- **Indicações do cliente** – a porcentagem de pessoas que conta suas experiências positivas com a empresa a outras pessoas.

O *"customer equity"*, ou patrimônio do cliente, com frequência discutido e poucas vezes definido, deveria ser considerado um índice ponderado das métricas, com base em sua importância relativa como condutoras de valor – idealmente, encontrando qual dessas métricas é mais importante para o valor do negócio por meio de correlação estatística. Esse índice é específico de cada empresa, e gera um número (não uma cifra monetária) que pode ser reavaliado ao longo do tempo.

O "valor do cliente" implica o valor dos clientes para o negócio, não o valor percebido por eles – conforme discutido no contexto de proposições de valor para o cliente, por exemplo. Pode-se argumentar que todas as receitas e todos os lucros de uma empresa provêm do cliente e que, portanto, o valor do cliente se iguala ao valor do negócio. Contudo, estamos mais interessados no valor marginal: o aumento em lucros futuros devido à gestão eficiente, o valor acrescido por conta de proposições melhores, o maior valor percebido de produtos e serviços e as melhores taxas de retenção e indicação do cliente.

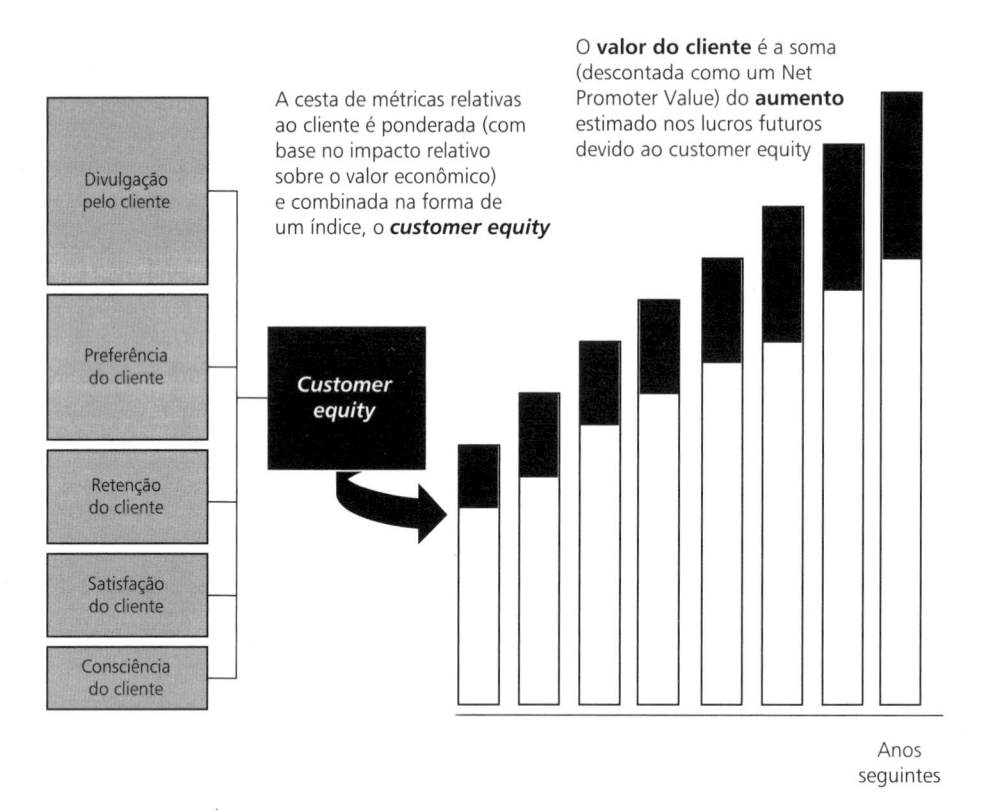

O CAPITAL DO CLIENTE: AS MÉTRICAS, O *CUSTOMER EQUITY* OU VALOR PARA O CLIENTE

Elementos do diagrama:
- Divulgação pelo cliente
- Preferência do cliente
- Retenção do cliente
- Satisfação do cliente
- Consciência do cliente

→ **Customer equity**

A cesta de métricas relativas ao cliente é ponderada (com base no impacto relativo sobre o valor econômico) e combinada na forma de um índice, o **customer equity**

O **valor do cliente** é a soma (descontada como um Net Promoter Value) do **aumento** estimado nos lucros futuros devido ao customer equity

Anos seguintes

Todas as pessoas na empresa podem se sentir motivadas a trabalhar para gerar capital do cliente e compreender os comportamentos que ajudaram na geração de cada uma dessas grandezas. Não há diretor de conselho administrativo que possa duvidar da necessidade de avaliar esses fatores a intervalos regulares, e todo analista pode se basear nessa premissa para ajudar a prever as chances de essa empresa superar o desempenho das concorrentes no futuro.

Entretanto, a mensuração é apenas o desfecho – o que importa é o que você faz. Aumentar seu capital do cliente exige que sua empresa coloque os clientes na base de tudo o que ela oferece – as estratégias e proposições para o cliente, o alinhamento da empresa para gerar as melhores experiências, a condução dos relacionamentos que geram bons desempenhos de curto e longo prazo.

De fato, o relatório publicado pela consultoria Tomorrow's Company, *Restoring Trust: Investment in the Twenty First Century* (em tradução livre, Restaurando a confiança: os investimentos no século XXI), concluiu que "a confiança e a fé dos investidores foram arranhadas nos últimos tempos" e afirma que "o sistema atual não atende aos clientes com eficiência – o que se manifesta como uma falha no alinhamento com as necessidades e escalas de tempo do cliente e como uma falta de transparência e responsabilidade que estão erodindo a confiança no sistema."

Essas medidas não só despertam a atenção de mais pessoas e revelam a complexidade dos negócios em seus aspectos mais importantes, como apresentam uma contribuição do marketing em escalas mais colaborativas e positivas.

Insight 41: GE

Quando se tornou CEO da GE, em setembro de 2001, Jeff Immelt assumiu o controle de uma máquina muito bem lubrificada. Somada à cultura sempre inovadora da GE, vista já em seus famosos "Blue Books" da década de 1950, Jack Welch instilara uma formidável disciplina básica na empresa. Immelt voltou suas atenções para dois pontos fortes da GE – processo e execução – e saiu atrás do crescimento orgânico.

Na reunião da alta gerência da GE na cidade de Baton Rouge, em janeiro de 2006, Immelt avisou a seus líderes que se os negócios do grupo continuassem a crescer às taxas de então, a empresa não sobreviveria. "Mais uma década de crescimento de 4% e a GE morre", disse ele, e acrescentou: "Mas, se conseguirmos tocar nosso crescimento sem perder nosso diferencial de produção, então a GE continuará sendo a empresa mais admirada do mundo neste século. O mundo em que vivemos cresce lentamente. Há 25 anos, as coisas eram diferentes. Os mercados globais de hoje são movidos a inovações, e os aumentos nas cotações de ações se constroem sobre empresas capazes de gerar seu próprio crescimento."

Em entrevista para a *Harvard Business Review*, Immelt descreveu em detalhes sua crença de que uma cultura da produtividade e a dependência na expansão e nas aquisições não bastam para consolidar o crescimento. A inovação precisa estar no cerne de toda a estratégia de crescimento orgânico e de geração de valor.

Ele acreditava que essa abordagem permitiria à GE gerar um crescimento médio em receitas da ordem de 8%, o dobro do registrado na década passada (a uma velocidade entre duas a três vezes maior do que a taxa de crescimento da economia mundial). Além disso, ele esperava que esse crescimento gerasse um acréscimo de mais de 10% em receitas e de 20% em retornos.

Para crescer mais rápido do que a economia global, a GE transformou o crescimento orgânico de processo em meta: "Se você administra uma grande multinacional, uma companhia com atuação em diversos setores de negócios como a GE, e se está tentando conduzir uma mudança que traga grandes transformações, então será necessário deslocar as alavancas de todos os setores da empresa. Isso precisa ser mantido ao longo do tempo."

Immelt ilustrou o desafio e as oportunidades que enfrentou em uma carta a todos os seus acionistas:

> "Uma empresa com crescimento confiável precisa ter a coragem de investir e a disciplina para realizar. Foi preciso ter coragem para investir mais de US$1 bilhão no desenvolvimento de uma nova turbina a jato, como a GE90, com retornos mínimos por mais de 10 anos. Hoje, devido a investimentos como esse, a GE desfruta de um sucesso excepcional na aviação comercial. A turbina GE90 deve gerar US$40 bilhões em receitas nos próximos 30 anos."

Mas ele não parou por aí, e encorajou os investidores a "pensarem sobre a empresa nos próximos 10 anos ou mais como um proprietário pensaria nela", e a desenvolverem uma noção de investimentos estratégicos em vez de lucros de curto prazo necessários para construir uma empresa que hoje gera resultados: "Somos os construtores de negócios ... Temos uma equipe focada na construção de uma empresa com valor duradouro, e que faz do mundo um lugar melhor".

A GE hoje foca no estabelecimento de capacitações que gerem e sustentem seu crescimento orgânico – sobretudo com o foco no cliente, na inovação e na globalização. O processo "Execute for Growth" (em tradução livre, "executar para crescer") foi definido como um círculo, sem início nem fim definidos. Ele descreve novas abordagens, técnicas, linguagem e comportamentos.

- O "Growth Playbook" (*livro de brincadeiras do crescimento*) redefine o processo de planejamento estratégico, estabelecendo que ele deve ser um processo criativo, e não apenas financeiramente motivado, encorajando a cooperação e a reflexão, não a geração de receitas fáceis a pequenos incrementos.

- As "Customer Dreaming Sessions" (*sessões de sonhos dos clientes*) reúnem pessoas influentes e criativas do setor para refletir sobre o futuro e gerar novas ideias e estratégias com base em perspectivas e opiniões.

- Os "Imagination Breakthroughs" (*inovações da imaginação*) focam a alta gerência nas melhores ideias que vão gerar novos fluxos de receita, não importa de onde venham.

- Os "Innovation Labs" (*laboratórios da inovação*) dão suporte à estratégia de negócios, ao desenvolvimento de produtos e outras iniciativas com recursos e materiais especializados para conduzir e estruturar a inovação de produtos, negócios e mercados.

- "At the Customer, for the Customer" (*com o cliente, pelo cliente*) envolve a abertura e a transferência das abordagens de gestão da GE para as empresas do cliente, ajudando-as a resolver seus próprios problemas de negócios sem se limitar a fornecer apenas produtos e serviços.

- O "CECOR Marketing Framework" (*estrutura de referência em marketing CECOR*) garante que clientes e oportunidades de marketing conduzam a inovação e o crescimento. A sigla CECOR, formada pelas primeiras letras das palavras "calibrate, explore, create, organize, realize", representa o modo de ajustar, explorar, criar, organizar e realizar o crescimento estratégico.

- Os "Growth Traits" (*atributos do crescimento*) são as características que a GE deseja ver em seus líderes do futuro. São cinco os fatores que favorecem o progresso pessoal dentro da companhia: foco externo, pensamento cristalino, imaginação, prerrogativas de inclusão e conhecimento especializado.

Essa nova abordagem não está cheia de propostas redigidas em detalhes nem de apresentações em PowerPoint. Ela envolve o trabalho em conjunto – pessoas com experiências, habilidades e perspectivas diversas (Immelt participa de cerca de oito sessões de discussão em inovação ao mês) – e concentra-se nas melhores ideias e oportunidades, representando a essência delas na forma de imagens e protótipos divulgados em resumos e ações práticas.

O ambicioso CEO reflete sobre sua nova empresa, mais motivada e que cresce mais rápido:

> "A GE não é lugar para mediocridades. Aqui, o trabalho é a arte de pensar e atuar em grande escala. Nossos gerentes têm de assumir mais de uma função, trabalhar em mais de uma região e em diversas empresas do grupo. Nosso pensamento tem de estar direcionado a propostas de grande alcance."

Ele lembra as pessoas que o pior que pode acontecer se fracassarem é ter de ir trabalhar em outra companhia, em um emprego mais importante. Porém, se vencerem na GE, "ganharão uma poltrona na primeira fila da história e ajudarão a criar o futuro".

Os resultados dessa filosofia são impressionantes. Nos últimos dois anos, o crescimento orgânico da empresa chegou a uma média de 8%, maior que o dos concorrentes e duas vezes a média histórica da GE. Hoje, a empresa conta com uma linha de 40 produtos que "gerarão uma receita de US$1 bilhão" no futuro próximo, de 60 produtos que "romperão as barreiras da imaginação" e gerarão US$25 bilhões, e de muitos outros ainda em desenvolvimento. As receitas da GE fora dos EUA excedem os valores nacionais, e as estimativas dizem que crescerão a uma taxa de 15% ao ano. Além disso, a gestão mais eficiente da base operacional da empresa deve abrir as portas para décadas de crescimento com base na prestação de serviços.

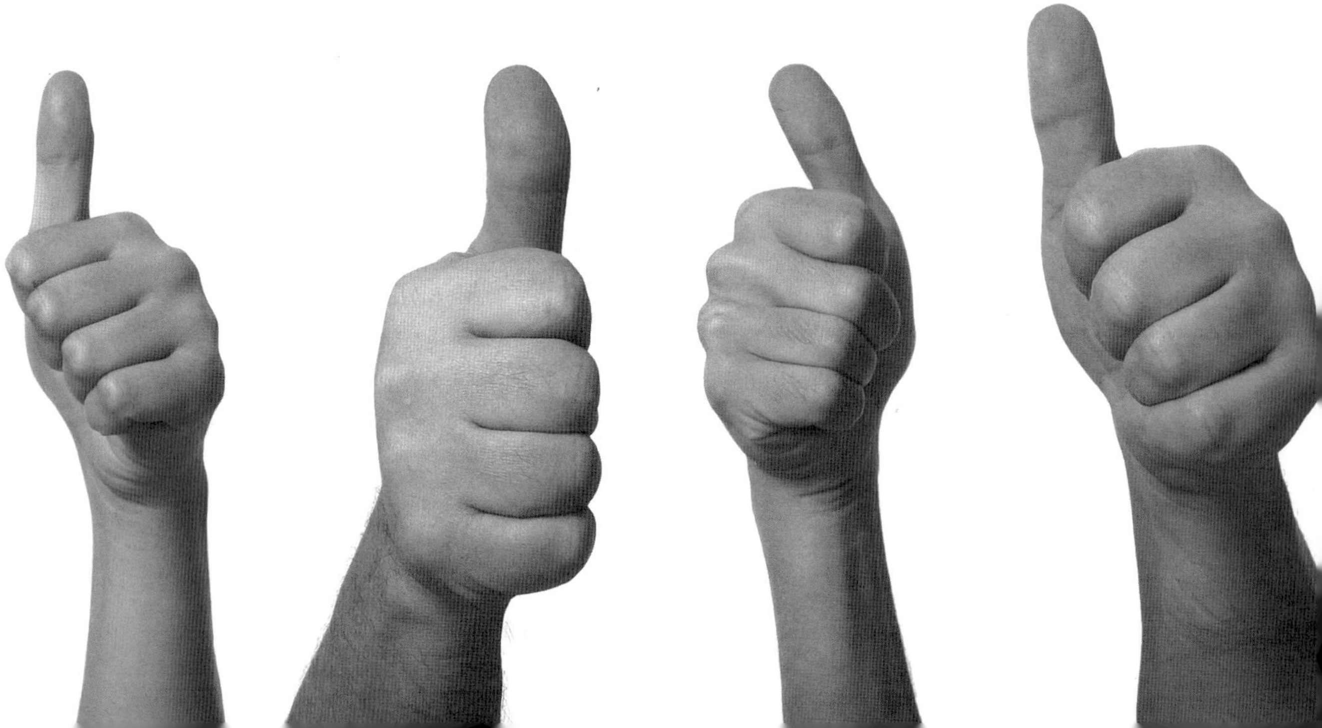

PARTE III
▶ Os defensores do cliente

Na última parte deste livro, refletimos sobre como criar, inspirar e sustentar um "negócio centrado no cliente" e como garantir que ele, de fato, gere valor superior e duradouro para clientes e acionistas. O que é necessário para deflagrar uma revolução do cliente? Por onde começar? Que caminhos trilhar para liderar e inspirar? Como equilibrar poder de decisão e controle? Que tipo de cultura e estrutura adotar? Como garantir que ela realmente melhore o desempenho do negócio? O que é preciso para mantê-lo em pé?

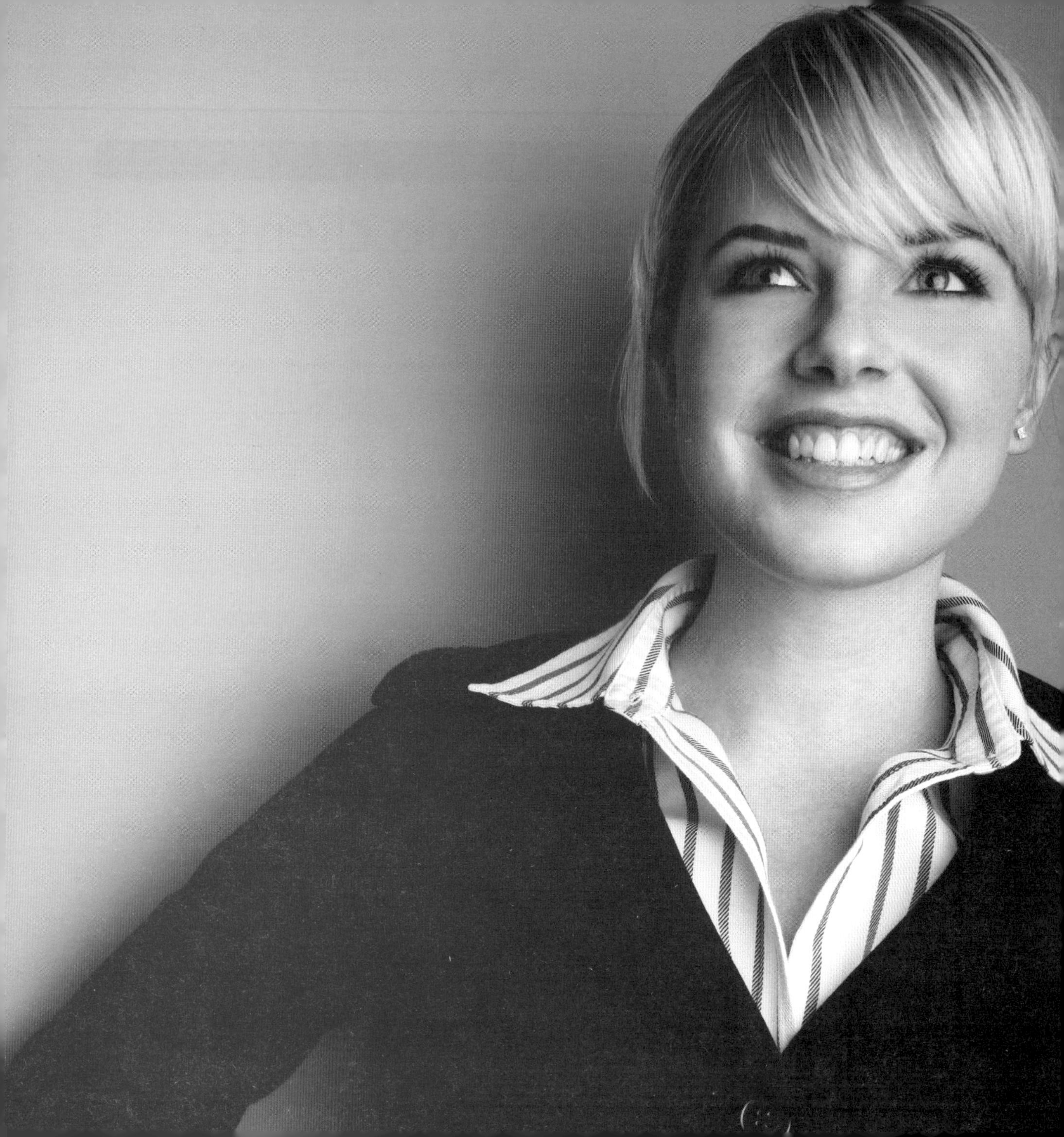

Faixa 6

Liderança ... liderando uma revolução do cliente

> *Uma empresa é, definitivamente, sobre pessoas. E é por isso que consigo identificar tão bem o líder de um negócio. Vejo ele ou ela na televisão, talvez até os encontre em pessoa, e é seu estilo, atitude, paixão e palavras que me dizem tudo sobre o negócio que lideram. Será que quero oferecer meu apoio a esse tipo de empresa? Eu deveria me orgulhar de ser cliente dela? Eu me sentiria bem se a recomendasse a meus amigos?*
>
> *Alguns líderes são trabalhadores anônimos, introvertidos e focados no negócio em si, provavelmente obcecados com suas planilhas de custos. Outros têm visão, falam sobre como podem facilitar minha vida, compartilham comigo suas ambições para o futuro, defendem-me e deixam claro seu comprometimento e energia. Eles são sinceros e amigáveis, querem saber o que penso e se preocupam se algo dá errado. Sua paixão é contagiosa, não apenas para seu pessoal, mas também para pessoas como eu, seus clientes.*

6.1 COMO INSPIRAR PESSOAS

Os líderes inspiram as pessoas a "alcançarem seus limites" e a se lançarem em um mundo diferente para adotarem novas perspectivas ou um novo jeito de trabalhar. Eles inspiram seguidores.

Os líderes são pessoas "de cabeça erguida". Gerentes são pessoas que mantém a "cabeça baixa".

As pessoas que andam "de cabeça erguida" são capazes de descrever uma visão mais atraente dos negócios, pois veem o mundo de fora para dentro, não de dentro para fora. Elas transformam essa visão em termos práticos e vendem seus benefícios às pessoas. Elas demonstram o que é preciso fazer por meio de suas atitudes e ações. Elas estão preparadas para assumir compromissos e fazer sacrifícios, para deixar métodos antigos de lado.

Líderes inspiram seguidores.

Quando Steve Jobs entra no palco do MacWorld, todo o setor de tecnologia prende a respiração. Ele lidera sua empresa, seu setor e seu mercado.

O papel de um líder em um negócio centrado no cliente tem um lado interno e um externo.

No caso de uma bem-sucedida empresa centrada no cliente, seus clientes querem que ela tenha êxito – querem ser parte da jornada, participar e compartilhar, até mesmo definir a si mesmos com base nela. Eles buscam inspiração e direcionamento, confiança e confirmação nos líderes dessa empresa, exatamente como os funcionários.

Na verdade, um líder precisa ser também um gerente, um executivo e um empreendedor. Pense nos CEOs mais bem-sucedidos do momento e imediatamente perceberá a coexistência dessas características em cada um deles. De Ray Davis a Jeff Immelt, de Alan Lafley a Arthur Levinson da Genentech, de Meg Whitman, do eBay, a Anne Mulcahy, da Xerox – grandes líderes e gerentes, empreendedores de sucesso, no topo das maiores e mais bem-sucedidas empresas do mundo:

Cabeça baixa	Cabeça erguida
De dentro para fora	De fora para dentro
Lidera pelo controle	Lidera pela inspiração
Gerencia o estado estacionário	Gerencia o crescimento sustentável
Garante consistência	Catalisa a mudança
É reservado e controlado	É apaixonado e dinâmico
É cauteloso e corporativo	É sincero e pessoal
Supervisiona o trabalho	Executa o trabalho
Gerencia com base na hierarquia	Facilita a geração de comunidades
Processos e tarefas	Conhecimento e inovação
Faz o que sempre foi feito	Adota ideias de fora
Reforça as regulamentações	Reinventa as regras
Produtos e transações	Pessoas e relacionamentos
Avalia o desempenho passado	Dá suporte ao desempenho futuro
Aumenta as vendas	Gera valor extraordinário

Ray Davis transformou o destino do Umpqua Bank de um pequeno banco voltado ao atendimento de lenhadores, com apenas seis agências no interior do vale de Umpqua, estado do Oregon, em uma instituição que se descreve como "o melhor banco do mundo".

Em seu livro *Leading for Growth: How Umpqua Bank Got Cool and Created a Culture of Greatness**, Davis descreve o que acredita ser os segredos da criação de uma grande empresa. Ele identificou 10 características pessoais do líder:

- Disciplina contínua. Líderes precisam compreender que o crescimento não é um projeto ou uma solução rápida. Você precisa ter disciplina para se dar conta de que o crescimento é uma busca contínua.

- Tenha uma paixão positiva. Seja implacável acerca de sua visão. Conheça os preceitos que você advoga. Nós nos batizamos de "o maior banco do mundo", o que nos ajuda a ter uma imagem diante do cliente. Porém, mais do que isso, essa designação gera uma paixão positiva no seio da empresa.

- Puxe o atilho de borracha. Cada um de nós tem um atilho de borracha nas costas, que representa a tradição. Nunca pare de puxá-lo.

- Apoie seu pessoal e cobre responsabilidade. Líderes têm diversos papéis. Mas apoio e responsabilidade são essenciais, e andam de mãos dadas.

- Dê poder de decisão a seus funcionários. No passado, o líder era o sujeito que tinha as respostas. Hoje, você tem de dar poder de decisão às pessoas mais próximas da ação, para que gerem essas respostas por conta própria.

- Erga-se acima do campo de batalha. Todo líder precisa ver o campo de batalha de cima, para ter uma visão estratégica das ações.

- Explique suas ações. Líderes jamais podem delegar o trabalho de explicar sua visão para a empresa – é o que chamo de "história contada em minha cabeça".

- Seja sincero. Se você não for capaz de ser quem você é, não é um líder. Simples assim.

- Seja presente. Manter uma cultura é como criar um filho adolescente – você precisa estar sempre conferindo as coisas. "O que você está fazendo?", "Para onde você está indo?", "Com quem você anda falando?"

---

* Os trechos a seguir foram reproduzidos com permissão de John Wiley & Sons, Inc.

- Mantenha o equilíbrio. Liderar para crescer é como andar em uma corda bamba. São muitas as dimensões em que você precisa conservar o equilíbrio.

O Umpqua Bank é uma empresa incrível. Parece mais uma cafeteria do que um banco, com uma pitada de Ritz-Carlton e de Facebook. Não há anteparos de vidro entre o cliente e o caixa, apenas um balcão, além de sofás revestidos em couro, música contagiante e cappuccinos. É um banco que não tem dificuldade em vender merchandising, bonés e camisetas, porque seus clientes se orgulham dele.

Davis também identificou 10 características das organizações em que a liderança está centrada no cliente e, com isso, é mais eficiente do ponto de vista operacional e comercial:

- Conheça o negócio em que atua. O Umpqua Bank começou a decolar quando percebeu que atuava no setor de varejo, não apenas no bancário, e então iniciou seu aprendizado com grandes varejistas, como a Nordstrom.

- O que acontece pelas suas costas? Contar com a estratégia certa não faz sentido se você não consegue executá-la sem falhas. Você precisa ter à disposição sistemas para inspecionar a execução da estratégia nos níveis mais baixos.

- Com quem você quer embarcar nessa jornada? No livro *Good to Great*, Jim Collins afirma que um líder precisa ter as pessoas certas a seu lado. Eu acho que é uma grande verdade, mas você precisa deixar claro quem são essas pessoas.

- Mantenha a diretoria forte e informada. As empresas não conseguem se mover com rapidez se a equipe de executivos tem de carregar o conselho administrativo nas costas.

- Os intangíveis têm importância máxima. Em uma empresa de serviços como a nossa, as métricas mais importantes são as que medem os intangíveis.

- Encontre a revolução antes que ela encontre você. Revoluções nas preferências do cliente, na tecnologia, no marketing e em outras áreas são constantes. Temos uma série de atividades no Umpqua Bank para descobrir essas revoluções antes de sermos pegos de surpresa.

- Sua marca é você. As pessoas não gostam de burocracias sem rosto. Elas gostam de pessoas de verdade, de personalidades autênticas. Conquistamos nosso incrível sucesso devido a nossa sinceridade. Algumas pessoas dizem que somos ultrapassados, mas é assim que somos – e as pessoas reagem positivamente.

- Atenda ao cliente. Nosso programa Universal Associates garante que todos os nossos colaboradores sejam treinados para resolver qualquer tarefa solicitada pelo cliente. Esse é um grande diferencial em relação à concorrência. O que você faz para diferenciar sua empresa?

- Insira o design em tudo o que faz. O design engloba muito mais do que apenas o layout de lojas e produtos. Quando usado com eficiência, o design alinha todos os aspectos de sua empresa, de modo que todas as coisas reforcem e apoiem o todo.

- Lembre-se de quem você é. O maior perigo do crescimento desenfreado é a chance de ele minar as qualidades que o geraram. Você também precisa identificar o que não mudar – o que continuar fazendo para se manter na linha.

A gestão e a liderança são o "yin e o yang" das grandes organizações. Enquanto a gestão envolve "cabeças baixas", a liderança pede "cabeças erguidas", visão e conexões. Os líderes são pessoas que inspiram visões que fazem com que outras pessoas os sigam. Eles puxam, em vez de empurrar, envolvem e energizam as pessoas, com propósitos nobres, em uma visão inspiradora, para perceberem as possibilidades.

Como pessoas, os líderes são os primeiros a prever e a reagir às mudanças de modo proativo e com eficiência – eles são flexíveis e adaptáveis, abertos a alternativas, dispostos a correr riscos. Todo líder é um agente da mudança, não um administrador do *status quo*. E eles não se limitam a propor mudanças – eles as fazem acontecer. Logo, os empreendedores são as pessoas certas para liderar organizações.

Gerentes e líderes não são pessoas diferentes, mas atributos complementares de uma mesma pessoa. Embora os gerentes seniores deem maior importância a aspectos de liderança, eles ainda precisam prover às pessoas foco e controle. E, embora seja provável que ninguém tenha o mix perfeito de atributos, as equipes devem ser formadas para entender as diferenças que cada integrante traz consigo e os pontos fortes do grupo na combinação desses talentos.

Insight 42: ECZACIBASI

"Você é um motorista ou um passageiro?"

Esse foi o desafio lançado pelo Dr. Erdal Karamercan a sua equipe de gerentes seniores. Karamercan é CEO de um dos maiores conglomerados de empresas da Turquia, o Eczacibasi Group, e hoje busca definir um novo foco, uma nova cultura e gerar mais sucesso para sua empresa familiar.

O negócio foi fundado em 1942 pelo Dr. Nejat Eczacibasi; seu pai recebera esse sobrenome, que significa farmacêutico-chefe, do governo da época. Nejat começou suas atividades com a fabricação de vitamina D em seu laboratório em Istambul, e gradualmente firmou a marca como presença constante em todos os lares turcos.

O legado e as ambições da empresa estão representados em sua missão: "Ser a pioneira em estilos de vida modernos, saudáveis e de qualidade". A Eczacibasi trabalha em direção a essa meta com um grande grupo de empresas, e faz expressivas contribuições a comunidades locais em educação e bem-estar, patrocínios culturais e artísticos, políticas públicas, pesquisas científicas e esportes femininos, além de ser a fundadora do principal museu de arte moderna de Istambul. Ética e responsabilidade são importantes para a companhia, e podem, por vezes, colocá-la em desvantagem em mercados em que nem todos jogam de acordo com as regras.

A empresa talvez seja mais conhecida pela marca VitrA, uma das líderes mundiais no setor de louça sanitária e azulejos. Ela também é grande exportadora de lenços de papel, cartões magnéticos e serviços financeiros. Suas duas principais áreas de atuação são:

- **Bens de consumo**: Com 33 marcas, como o gel para cabelos Egos, os preservativos OK e os lenços de papel Selpak, além de marcas licenciadas como Nívea e Schwarzkopf. O êxito dessas marcas se deve, sobretudo, às fortes redes de distribuição da empresa, que formam relacionamentos com grandes redes do varejo, além de vínculos personalizados com estabelecimentos de menor porte como salões de beleza.

- **Produtos para a construção**: De matérias-primas para a indústria, como algumas das argilas e feldspatos da melhor qualidade, a eletrodos para soldagem. Esses produtos atendem ao crescimento no setor de construção civil local e internacional. Além da VitrA, a empresa recentemente adquiriu diversas marcas alemãs – a Burgbad, empresa de mobiliário de luxo para banheiros, e as fabricantes de azulejos Engers e Vileroy & Boch Fliesen.

Contudo, o negócio de medicamentos genéricos deixou de fazer parte do grupo quando foi vendida à Zentiva, em 2007. Vender o negócio da família foi um passo ousado de Karamercan, que recentemente havia sido promovido a CEO e passara a tentar aumentar a disciplina comercial na administração do conglomerado.

Ele adotou a "gestão baseada em valores" como princípio básico para o aumento no desempenho, focando seus esforços nas atividades e investimentos que gerariam os melhores fluxos de lucros futuros (o lucro real de uma empresa descontados os custos de capital – isto é, os retornos mínimos aos acionistas).

Karamercan definiu como meta duplicar o "valor" da companhia a cada cinco anos. Isso significava não apenas adotar o foco na maximização de receitas existentes, como também descobrir quais mercados e setores seriam capazes de gerar os maiores lucros no futuro.

Com o rápido aparecimento de novos produtos nas áreas de biomedicina e nanotecnologia, Karamercan reconheceu que uma empresa farmacêutica tradicional teria de se limitar a sobreviver no mercado, e decidiu vendê-la enquanto tinha um valor razoável. A companhia ficou chocada, mas entendeu sua postura.

Surpresa ainda maior foi causada quando Karamercan começou a investir na construção civil, na época um setor em franca expansão em Istambul. No local em que antes ficava a antiga fábrica de Nejat, ele construiu o Kanyon, um novo e extravagante shopping center, e ganhou prêmios no Congresso Mundial de Varejo, em 2008. Ele construiu um arranha-céus de escritórios como nova sede da companhia, e um edifício residencial ao lado, a que seguiram muitos outros projetos de construção.

A iniciativa era um ícone da transformação, um modelo para o futuro, o reconhecimento interno de que a evolução dos clientes e da tecnologia traria mudanças inevitáveis, e um símbolo externo de que a Eczacibasi era moderna e inovadora, e estava pronta para crescer em mercados locais e internacionais.

Karamercan foi bem-sucedido em duplicar o valor de sua empresa em quatro anos, e imediatamente declarou sua intenção de fazer o mesmo de novo. Claro que seria mais difícil, mas ele entendeu que estratégia corporativa e mudança estrutural não bastavam – que aquisições ajudariam, mas que o crescimento orgânico também era importante.

Um exemplo dessa nova criatividade foi o recrutamento de designers internacionais, como Ross Lovegrove e Matteo Thun, para acrescentarem estilo e atratividade à linha de produtos para banheiros VitrA, à linha de cozinhas e acessórios Artema, à linha de mobília Burgbad e à dos prestigiados azulejos V&B, transformando produtos em conceitos mais elaborados de estilo de vida e soluções para o cliente.

Karamercan é também um grande contador de histórias. Ele lembra às pessoas como foi sua carreira de engenheiro que adorava tecnologia, os intrincados detalhes de produtos e as maneiras mais eficientes de fabricá-los. Tudo isso mudou quando ele deu o audacioso passo de aprender mais sobre marketing. Sua atitude diante dos negócios mudou – ele descobriu o mundo dos clientes, o desafio da competitividade, a necessidade de insights mais profundos e de diferenciações mais pronunciadas, os papéis da comunicação e da distribuição, o poder das marcas.

Hoje, ele estimula todas as suas equipes a seguir o mesmo caminho, a refletir sobre oportunidades em lugar de pesar capacitações, a se deixar guiar pelo cliente em vez de se orientar pelos produtos.

Atualmente, a Eczacibasi é uma empresa com operações internacionais em rápido desenvolvimento. Sua sede continua sendo Istambul, mas ela tem clientes e negócios florescendo nos quatro cantos do mundo. No começo de 2008, o grupo tinha 42 companhias com 9,9 mil funcionários e uma receita de US$3,2 bilhões.

6.2 OS NOVOS LÍDERES DOS NEGÓCIOS

Horst Schulze, da rede de Hotéis Ritz-Carlton, diz que líderes devem "colocar seus egos em seus bolsos". Ele defende que um líder não faz o trabalho de verdade – é o seu pessoal que faz, e cabe ao líder apoiá-lo.

"A cada novo hotel, eu mesmo comando a reunião de lançamento. Até agora, fiz 45 hotéis. Eu reúno todos os novos contratados, ajudantes, camareiras e chefes de serviço de quarto, para fazer a seguinte pergunta: quem é mais importante nesse hotel, você ou eu?" O próprio Schulze responde: são vocês. Ele argumenta que se ele não for para o trabalho na segunda-feira pela manhã, ninguém fica sabendo. Ninguém se importa. Porém, se algum desses contratados não aparecer, as refeições não serão servidas, as camas não serão feitas. "Vocês são muito mais importantes do que eu", afirma ele.

Marcus Buckingham, coautor de *Primeiro, Quebre Todas as Regras!*, defende que os líderes de empresas precisam administrá-las definindo os meios para se trabalhar de acordo com as regras, com a cultura dessas empresas. Ao falar na mais recente conferência European Customer Service World, ele disse: "Toda cultura é local – as companhias não têm apenas uma, mas várias culturas, todas conduzidas pelos modos locais de trabalhar ou por seus próprios departamentos". Logo, ele acredita que, em uma empresa, há tantas culturas quanto gerentes. Ao mesmo tempo, ele afirma que: "As pessoas não deixam empresas, elas deixam gerentes".

Quando indagado sobre o perfil do bom gerente, Buckingham diz que um gerente é "uma pessoa capaz de transformar o talento de uma pessoa em uma contribuição única para o desempenho da empresa". Entretanto ele alerta que isso não necessariamente implica ser leniente ou agradável. "Eles o desafiam e o encurralam, eles são seus mais ferozes críticos e, contudo, nunca deixam de acreditar em seu talento. Eles talvez até lhe demitam, mas por acreditar que é a coisa certa para você". A coisa mais importante que você tem a fazer como gerente, sugere Buckingham, é "descobrir os aspectos únicos de cada pessoa e capitalizá-los a favor da empresa".

Os líderes empresariais de sucesso do século XXI, não importa o porte da empresa que administram, têm características em comum – eles combinam a paixão pelo imediatismo do empreendedor com o rigor e a disciplina do executivo de uma corporação. Eles são a personificação dos seguintes atributos:

- **Comunicadores** da visão: Sinalizam uma direção inequívoca e inspiradora para a empresa, encarnam os valores e a personalidade da marca e ativamente envolvem todos os *stakeholders* em diálogos. Externamente, eles são os embaixadores da marca, envolvendo parceiros e revelando o lado humano da empresa à mídia.

- **Conectores** de pessoas: Reúnem as melhores pessoas e ideias – tanto internamente quanto de outras empresas e especialistas – para gerar ideias e soluções mais eficientes e relevantes. Eles concentram suas ações na composição de grandes equipes, nas pessoas certas para as funções certas, no presente e no planejamento de sucessões futuras.

- **Catalisadores** *da mudança*: Buscam constantemente novas possibilidades, desafiando a empresa a pensar de modo diferente, a ser mais inovadora e eficiente, rápida e impactante. Isso pode assumir a forma de ideias provocadoras ou desafios disruptivos. Devem estar preparados para ser o advogado do diabo, não o fazedor de regras.

- **Treinadores** *para o alto desempenho*: Trabalham ao lado de todos os níveis hierárquicos da organização, dando suporte a eles e até mesmo a colegas em outras empresas. O líder agrega suas próprias habilidades ao negócio – sua inteligência, seu conhecimento técnico, suas experiências prévias, seus insights e instintos.

- **Consciência** *da empresa*: Decidem o que é certo e o que é errado, considerando a empresa como um todo e como ela pode ajudar a criar um mundo melhor. Eles defendem a ética e a responsabilidade corporativa, a diversidade cultural e a igualdade de oportunidades, permanecendo fiéis à finalidade da empresa e aos valores da marca.

Observe como Richard Branson acende a chama de seus funcionários, encorajando-os a desafiarem o *status quo*, a se divertirem um pouco mais e a melhorarem a vida de todas as pessoas que trabalham para ele e que compram seus produtos. Veja o modo como Jeff Immelt se dedica às reuniões da GE, não importa se o tema é uma meta futura, a inovação tecnológica ou a colaboração com clientes em soluções específicas – assim como um malabarista, ele vê as coisas de um ponto de vista diferente e tem confiança o bastante para poder sonhar.

Insight 43: PROCTER & GAMBLE

A.G. Lafley se encontra no meio de uma impressionante reviravolta em engenharia. Em 2000, a primeira coisa que ele disse a seus gerentes quando, inesperadamente, assumiu o cargo de CEO da Procter & Gamble foi exatamente o que eles estavam querendo ouvir: que deveriam se concentrar no que faziam de melhor – vender as principais marcas da empresa, como a Crest, a Tide e a Pampers – em lugar de tentar desenvolver a próxima grande inovação.

Hoje, os produtos da P&G têm desempenho tão bom que, mais uma vez, despertam a inveja no setor. O mesmo é visto com as cotações de suas ações, que cresceram 52%, atingindo o valor de US$92 por ação nos últimos seis anos, desde que Lafley assumiu, enquanto o mercado de ações registrou quedas de 32%. Os lucros do grupo estão em quase US$6 bilhões, obtidos com vendas que chegam a US$44 bilhões, mostrando que a P&G deixou suas concorrentes para trás.

É possível que Lafley, um sujeito de fala mansa, tenha sido o remédio que a empresa precisava após os 18 meses de administração de Dirk Jager, o ex-CEO que havia voado da Holanda para Cincinatti com a meta de reformular a P&G. Jager fixou pôsteres com os dizeres "Velho Mundo, Novo Mundo" nas paredes, e saiu perguntando a seus funcionários em qual desses dois mundos eles viviam. A cotação das ações despencou. Ele forçou a adoção de um plano de mudanças e, embora estivesse absolutamente certo em defender que a empresa precisava de uma cultura nova e mais focada no lado externo do negócio, acabou destruindo todo o alicerce sobre o qual se erguia a cultura insular do grupo, e conquistou a antipatia de quase todas as pessoas. Em lugar de levar a P&G à excelência, sua torrente de slogans e iniciativas quase fez a companhia ruir.

Lafley, em seu vigésimo terceiro ano de trabalho na empresa, recebeu a missão de trazer de volta um pouco de estabilidade a sua estrutura. Depois de ter administrado a Tide e de passar uma década à frente dos negócios da corporação no Japão, ele agora estava de volta para chefiar as operações nos EUA. Lafley reconheceu a necessidade de mudança, de mais velocidade e agilidade, de uma compreensão mais completa do cliente e de uma abordagem mais radical para as inovações. Contudo, ele também sabia que os gerentes, alguns dos mais bem treinados e brilhantes de todo o mundo, adotariam essas mudanças, mas apenas de acordo com o modo P&G de fazer negócios.

Lafley impôs o plano de Jager com ainda mais rapidez e radicalismo do que seu predecessor sequer imaginara. Entretanto, ele o fez de modo a cativar as pessoas, com base no que haviam feito em suas carreiras e oferecendo a esperança e o ganho pessoal, em vez de gerar sofrimento e desespero. Durante o curto período em que comandou a companhia, a P&G não apenas passou por uma transformação interna, como também absorveu algumas de suas maiores concorrentes, como a Clairol (por US$5 bilhões), em 2001, a Wella (US$7 bilhões) e a Gilette (US$54 bilhões), em 2005. Ele substituiu pelo menos metade de seus gerentes mais antigos e eliminou 10 mil postos de trabalho. Mas isso é só o começo – se acreditarmos em um memorando que vazou, outros 25 mil empregos estão com os dias contados, com base na ideia de transformar a P&G em uma empresa virtual, proprietária de marcas, que teria como negócio principal o marketing e algumas outras atividades, da inovação até a produção, executadas em parcerias com outras empresas.

A vocação de Lafley para disputas é incrivelmente simples, quase constrangedora, como se vê reunião após reunião, em que afirma que "o cliente é o chefe". Com essa frase, ele está virando a P&G pelo avesso – ou melhor, de fora para dentro.

Ele simbolicamente removeu as paredes das salas dos executivos, inclusive as de seu escritório. Ele mudou as pessoas de lugar, sentando funcionários de marketing e de finanças lado a lado, por exemplo, para desencadear modos de trabalhar mais rápidos e colaborativos, mais focados em aspectos comerciais e do cliente. Ele passou horas conversando com clientes reais em suas casas, em todo o mundo – sobre como levam suas vidas, como preparam suas refeições e limpam suas casas. Sempre que algum de seus gerentes se aproximava dele para apresentar alguma nova ideia, Lafley estava pronto para reagir, de acordo com os pontos de vista dos clientes.

Lafley escuta e absorve a tudo como uma esponja e, quando se comunica, o faz de forma simples, como se estivesse em um programa infantil de televisão – mas as pessoas gostam dele por acreditarem que ele está tentando fazer a coisa certa. Seus memorandos sempre têm uma só página, e a maior parte das reuniões que organiza duram entre 20 e 30 minutos apenas, em vez de se estender pelo período convencionalmente aceito de uma hora. Ele contratou Meg Whitman, CEO do eBay, para o cargo de diretora não executiva, e mantém contatos com o novo CEO da GE, Jeff Immelt, além de fazer parte do conselho administrativo dessa corporação.

É a inovação, em particular, que está sob os holofotes. Apesar de seus batalhões de cientistas e engenheiros, a P&G não apresentava uma inovação há décadas (apesar dos milhões de dólares investidos em empreendimentos internos). Quando tentavam inovar, era sempre com base em uma oferta de produto tecnicamente avançado, e não em que os clientes de fato desejavam.

Lafley insistiu que pelo menos 50% dos novos produtos deveriam vir de fora para dentro, em comparação com os 10% da época. Isso exigiria um abalo sísmico na cultura, e seria muito arriscado, já que colocava o futuro nas mãos de outras pessoas. A nova abordagem, "conecte e desenvolva", trata da colaboração com parceiros que têm habilidades especializadas que a P&G não possui e com os clientes.

Os olhos de Lafley se abriram para a necessidade de mudança quando ele trabalhou na Ásia. A P&G era um peixe pequeno comparada ao poder da Unilever e da Nestlé naquele mercado. Nomes de marca essencialmente baseados na cultura norte-americana e sem grandes diferenças palpáveis simplesmente não vendiam. Na verdade, os produtos mais vendidos no mercado dos EUA não empolgavam os consumidores indianos, e até mesmo marcas consagradas, como a Coca-Cola, sentiam essa dificuldade. A P&G não tinha insight, relevância, diferenciação ou criatividade. Seu desempenho inspirava respeito, mas não era sustentável.

Implementar mudanças em uma empresa de atuação global não é tarefa fácil. Lafley reconheceu que não poderia fazer tudo. Ele rapidamente concentrou seu plano de mudanças no negócio "principal": a seleção de novos mercados, categorias, marcas e capacitações que redefiniriam os negócios. "Principal" significava se tornar uma líder mundial, à frente na economia, com altas taxas de crescimento e fluxos de caixa. Outras áreas teriam de esperar, e Lafley pediu que "continuassem fazendo um bom trabalho".

Ele foi claro e direto com as pessoas: "Estes são nossos principais ramos de atuação – produtos para roupas, para o bebê, para a mulher e para cabelos"; e "Nada é principal". Ele queria desempoeirar o pensamento da empresa.

Sua postura inicial era muito prática, mas, com o tempo, ele passou a assumir o papel de orientador e facilitador. Ele quer que seus gerentes aprendam a fazer suas próprias escolhas e a adotar a paixão e o foco dele à maneira de cada um, já que ele simplesmente não pode administrar tudo. Entretanto, ele exige que suas equipes tenham estratégia – que inclui uma lista do que deve e do que não deve ser feito. Outro aspecto diz respeito à tomada de decisão, que precisa ser fundamentada nos insights mais sólidos dos clientes, não em uma projeção financeira manipulada.

Ele regularmente lembra as pessoas de seu objetivo permanente: "Melhorar o cotidiano das pessoas em todo o mundo com as marcas e os produtos da P&G de maior desempenho, qualidade e valor". Ele observa que nem essa proposta, nem os valores e princípios da empresa mudaram.

Uma das coisas que Lafley teve o cuidado de evitar é a definição de uma declaração de visão. Ele não acredita que isso seja necessário – a proposta da empresa é clara o bastante e diz respeito ao cliente, não à companhia propriamente dita. Ele chama essa abordagem de gestão de "volta do futuro" – olhos e ouvidos estão voltados para o mundo do presente e com costas voltadas para o futuro, acreditando que o cliente é o melhor piloto para esse tipo de estratégia.

Hoje, 42% dos produtos da P&G têm algum componente fabricado por outra empresa. As receitas cresceram 8% em 2007, alcançando a marca de US$78 bilhões, ao passo que os lucros da empresa cresceram a uma taxa duas vezes maior, atingindo a marca dos US$11 bilhões. Parece que a P&G, tendo o cliente como seu líder, está se saindo muito bem.

6.3 OS DEFENSORES DO CLIENTE

Quem é o "diretor para o cliente" de uma empresa?

Essa é uma tarefa do setor de vendas e de marketing, ou de serviço ao cliente? Deveria ser uma função nova, para gerenciar um recurso fundamental que se desloca horizontalmente na estrutura do negócio? Ou deveria ser um desafio de todos, do mesmo modo que a inovação e a responsabilidade corporativas são parte de todas as descrições de cargo?

Todo mundo deveria ser um defensor do cliente. Os clientes são o motivo pelo qual estamos no negócio, eles são o ponto em redor do qual orbitam os processos e estruturas do negócio e, emocionalmente, é a necessidade de atendê-los que envolve e energiza os funcionários.

Um "defensor do cliente" é um líder que:

- Mergulha profundamente e pessoalmente no mundo do cliente.

- Coleta e dissemina insights do cliente por toda empresa.

- Concentra o negócio nas proposições de valor corretas e atraentes.

- Procura, constantemente, inovar de maneiras que aperfeiçoem as soluções para o cliente.

- Encoraja as pessoas a trabalharem em grupo para gerar uma experiência unificada.

- É flexível e responde às necessidades e aspirações dos indivíduos.

- Trata funcionários com imparcialidade e individualidade, da mesma forma que o faz com clientes.

- Concentra suas atenções na atração, na retenção e no desenvolvimento dos melhores clientes.

- Mensura seu desempenho com métricas financeiras e do cliente.

- Inspira suas equipes, colegas e superiores a fazer o mesmo.

Um defensor do cliente pensa, trabalha e obtém sucesso de fora para dentro. Ele luta pelos interesses do cliente na sala de reuniões do conselho ou em reuniões de equipes, enquanto todos os outros discutem números ou processos. Ele dá voz ao cliente e discute calorosamente em nome dele.

O CEO precisa ser um defensor do cliente. Se uma empresa centrada no cliente tem departamentos e gerentes com uma mentalidade de cliente, mas os líderes em posições mais altas têm suas cabeças curvadas sobre planilhas, ela não terá sucesso. Se algumas pessoas se alinharem aos clientes e outras o fizerem em torno de produtos, tecnologias ou finanças, então haverá conflito – ou, no mínimo, uma experiência menos boa para o cliente.

O CEO é a pessoa certa para dar vida a uma visão do cliente. Não apenas internamente, como também no âmbito externo – para clientes, parceiros, mídia, analistas e investidores.

É o CEO, mais do que qualquer outra pessoa, que reflete a personalidade da marca, a atitude da organização, a consciência de seus funcionários. Ele fala com a mídia, apresenta brochuras e demonstrações e é chamado na hora de seduzir as melhores contas.

Um CEO iluminado pode ser a locomotiva da revolução do cliente.

Imagine se estas fossem as maneiras com que você faz negócios – encorajado, ou às vezes forçado, por um CEO focado no cliente:

- Os relatórios anuais começam com uma análise das atividades e do desempenho dos clientes.

- Os relatórios de desempenho começam descrevendo o impacto do cliente e depois o impacto financeiro.

- As reuniões de relacionamento com investidores começam discutindo o cliente, depois as novidades financeiras.

- As reuniões da diretoria discutem a fonte de recursos, não apenas a quantia que entra.

- Os representantes do cliente estão presentes no comitê de governança ou no comitê executivo.

- As metas de desempenho são definidas com base tanto no cliente quanto no sucesso financeiro.

- Os investidores baseiam as avaliações de mercado em fluxos de lucros futuros gerados pelo cliente.

- A rentabilidade é mensurada por segmento do cliente, não por categoria de produto.

- O recrutamento está baseado nas atitudes focadas no cliente. Outras características são secundárias.

- As pessoas são lembradas de que devem pensar a partir de uma perspectiva do cliente.

- É necessário ter um argumento sobre o cliente, não apenas sobre a empresa, para implementar inovações.

- O tempo disponibilizado para reuniões de gerência é pequeno – a maior parte das reuniões é feita com clientes.

Claro que não é apenas o CEO que deve adotar essa filosofia – as revoluções geralmente começam com diversas pessoas, não apenas com um só indivíduo. Porém, se esse líder for bom e capaz de inspirar os outros a segui-lo, já está no caminho certo para começar a transformar o negócio em torno do cliente.

Os líderes de empresas se tornam líderes de clientes.

Insight 44: MAC COSMETICS

Essa é uma história de dois Franks, parceiros na vida e nos negócios. Frank Toskan era fotógrafo de moda e maquiador. Frank Angelo era cabeleireiro das celebridades e empresário.

O extravagante Frank Angelo tinha uma bem-sucedida rede de salões de beleza em Toronto quando conheceu Toskan, no começo da década de 1970. O interesse mútuo da dupla era a busca por uma maquiagem de melhor qualidade, que resistisse aos rigores das seções de fotos de moda. Eles começaram a desenvolver a sua própria linha de batons, pós compactos e delineadores, que continha pigmentos mais densos, acabamento não oleoso e uma ampla paleta de cores.

Eles começaram vendendo seus produtos de nicho a amigos da indústria da moda, mas a novidade logo se espalhou entre as celebridades e delas para as revistas em que apareciam. Em 1984, eles venderam esse primeiro negócio e fundaram a Makeup Artist Cosmetics (MAC), que teve Toskan como diretor de criação e Angelo como diretor de marketing. Eles mudaram as atividades de sua cozinha para a escala industrial.

A MAC construiu sua reputação em desfiles de moda e maquiando estrelas como Madonna para eventos especiais. A marca virou febre – se as celebridades a adoravam, então todas as garotas também queriam. A marca dizia estar voltada para todos – "todos os sexos, todas as etnias, todas as idades" –, mas sua imagem descolada e sexy se concentrou no mercado de jovens ricas e sofisticadas, que poderiam pagar o preço que fosse para terem o visual perfeito.

Angelo estava convencido de que havia uma maneira alternativa de vender cosméticos, e odiava a imagem da "loirinha de 19 anos" utilizada por todas as outras marcas, a publicidade que só mostrava imagens positivas e os brindes que pareciam vir em todo e qualquer produto. Ele adotou o marketing boca a boca, focando nos clientes "extremos" (os maquiadores) e confiando na reputação que se espalharia sem a necessidade de truques baratos – uma estratégia de produção "puxada", não "empurrada". Em entrevista à rede de TV CNN, Toskan disse: "Eu sempre acreditei em conquistar uma cliente, não em comprá-la".

A MAC tinha uma aparência diferente. Calças e camisetas pretas diferenciavam os maquiadores da marca dos vendedores de outras marcas de cosméticos, que pareciam ter uma preferência por jalecos brancos. As lojas da MAC tocavam hip hop, o estilo musical favorito de Toskan, pois colocava as modelos no estado de espírito ideal para uma sessão de fotos, diferente da tranquilidade enfadonha das lojas de outras marcas. Os funcionários da MAC recebiam salários, não comissão, o que reduzia a pressão por vender e deixava as clientes mais à vontade para retornarem.

Os dois Franks tiveram dificuldades para atender à demanda e satisfazer o mercado internacional. Eles reconheceram que eram artistas e, tendo sido bem-sucedidos na criação de uma marca cultuada, perceberam que precisavam de ajuda profissional para iniciar operações globais. Em 1994, a Estée Lauder adquiriu uma cota de 51% das ações da MAC por US$38 milhões; seus proprietários insistiram em manter a transação sob sigilo, preocupados com a reação dos clientes ao fato de a MAC pertencer a uma marca tão grande. Em princípio, a parceria funcionou, até a morte de Angelo, em 1997. Toskan ficou inconsolável e se sentia inútil sem sua cara-metade. No ano seguinte, ele vendeu o restante da empresa à gigante dos cosméticos por uma quantia divulgada de US$60 milhões.

A Estée Lauder continua empenhada no crescimento da MAC, retendo sua imagem e cultura únicas e continuando a doar todos os lucros da linha Viva Glam para a pesquisa da AIDS.

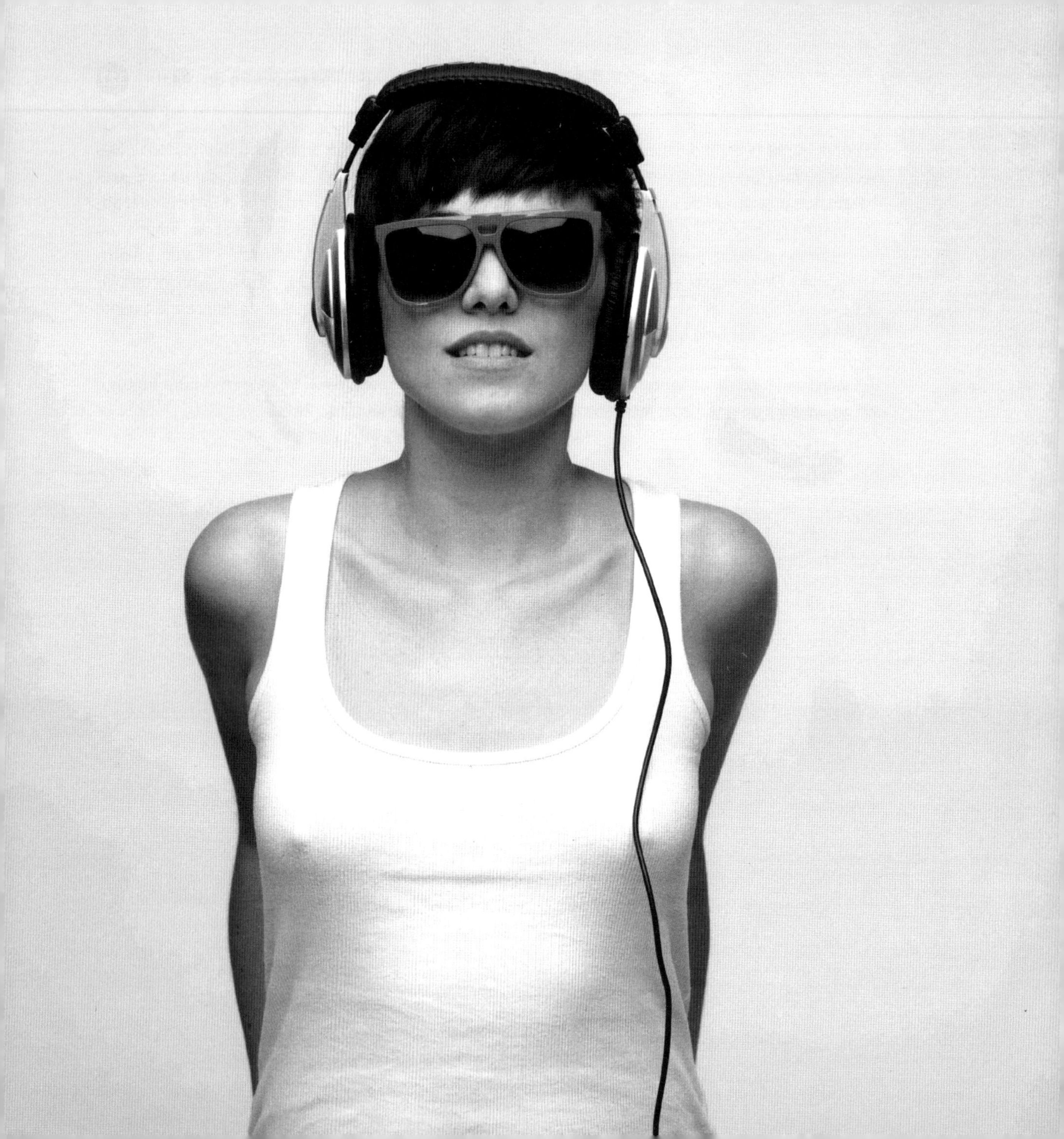

Faixa 07

A cultura... gerando paixão nas pessoas

> Não é preciso muito para descobrir se sua empresa está mesmo focada no cliente.
>
> Não se trata de atender a meus telefonemas em três toques (posso esperar um pouco mais) ou sorrir para mim mesmo quando você se sente triste (isso é falso). Não se trata de declarações de missão ou de slogans colocados acima da porta de entrada (qualquer um pode escrever essas mensagens). Certamente, não se trata de bancos de dados de clientes, cartões de fidelidade ou do envio de montanhas de correspondências personalizadas (não me provoque!). Bons produtos, ótimos serviços e excelente valor também não são a questão. Você pode fazer tudo isso por mim e ainda assim se preocupar mais com ganhar dinheiro. Quando me sinto assim, percebo que não passo de uma estatística para você, e que você não é nada mais do que um preço para mim.
>
> Trata-se do momento em que me encontro com seu pessoal – o atendente, a tripulação, o técnico de serviço – e percebo que ele se preocupa comigo de verdade, com aquilo que quero, com o modo como desejo resolver meu problema e com o que ele pode fazer a mais por mim. Essas pessoas são reais, estão fazendo seu trabalho e, sem dúvida, gostam do que fazem, fazem o que foram treinadas para fazer, mas de um modo que seja especial para mim. Eles param para me escutar, entender meu problema e ver tudo do modo como vejo, e tomam uma atitude. Eles se tornam meus defensores, meus amigos e confidentes. Eles têm a capacidade de me fazer sorrir ou cair na gargalhada, até mesmo nas situações mais difíceis. São essas pessoas, individual e coletivamente, que tornam uma empresa especial para mim.

Cultura é "o modo como fazemos as coisas".

Embora as pessoas tendam a focar nos aspectos mais amenos do desenvolvimento de uma cultura, esse processo tem trechos fáceis e difíceis.

Uma "cultura do cliente" precisa ter os valores certos, alinhar os objetivos da empresa e do cliente, demonstrar um desejo coletivo por fazer mais pelo cliente e uma disposição de trabalhar em grupo nesse sentido, além de propiciar a adoção de uma atitude pessoal que nunca questiona se é preciso ou não "ir mais longe".

Mas essa cultura precisa também dos componentes de cunho gerencial, que apoiem essas atitudes e comportamentos, como a estrutura organizacional e os processos operacionais, as informações e os recursos disponibilizados às equipes de funcionários, os indicadores de desempenho e os sistemas de recompensa.

7.1 COMO ENVOLVER SEUS FUNCIONÁRIOS

Obter o máximo das pessoas – utilizando seus talentos e reconhecendo e aumentando seus potenciais – é uma arte sutil. Envolve emoções e influências, não processos e instruções. Implica a necessidade de considerar cada um dos funcionários como um ser único, um ser humano emocional e complexo.

Mas isso não acontece no vácuo; funciona melhor "de fora para dentro". Atrair, atender e reter os melhores clientes se torna possível apenas quando você atrai, atende e retém os melhores funcionários.

Como líderes, nosso desafio é envolver, capacitar e incentivar pessoas com ideias e talentos únicos, que construam reputações e relacionamentos e compartilhem sua paixão e energia com os outros. Uma empresa motivada e dinamizada tem um imenso poder. Walt Disney certa vez disse, "Em minha organização, há respeito por todas as pessoas. Tudo o que fazemos é consequência da combinação de esforços. Sinto que não há uma só porta que, com os talentos que temos, não possa ser aberta, e que seja possível continuar a romper essas barreiras".

O engajamento dos funcionários pode, às vezes, ser dado como garantido por aqueles líderes que vivem e respiram a organização, que têm intimidade com seus desafios e objetivos. Mas isso não ocorre em níveis hierárquicos mais elementares. À medida que as tarefas se tornam mais específicas e regulares, parece diminuir a necessidade de uma "razão" para os negócios – parece menor a necessidade de mudança, de melhoria do desempenho.

Nos EUA, uma pesquisa feita pelo Instituto Gallup descobriu que apenas 29% dos funcionários das empresas do país se sentiam ativamente engajados e comprometidos com o trabalho que faziam. E, de acordo com uma pesquisa feita pelo Corporate Leadership Council, se as pessoas estiverem comprometidas com a organização para a qual trabalham, seus esforços serão 57% maiores, seus desempenhos 20% mais altos e suas chances de deixar a companhia 87% menores. Por outro lado, os funcionários com menores níveis de envolvimento estão quatro vezes mais propensos a deixar seus empregos, de acordo com o Corporate Executive Board.

O impacto financeiro do envolvimento dos funcionários e do desempenho da empresa pode ser mensurado com a análise de condutores de valor, que articula o impacto causa-efeito das atitudes das pessoas sobre comportamentos, serviço e satisfação do cliente, retenção e indicação, lucros e taxas de crescimento. Embora o efeito seja diferente para cada empresa, dependendo dos mercados em que atuam e de suas estruturas, há um fluxo de variáveis em comum, que pode ser descrito como a cadeia "pessoas-serviço-lucro".

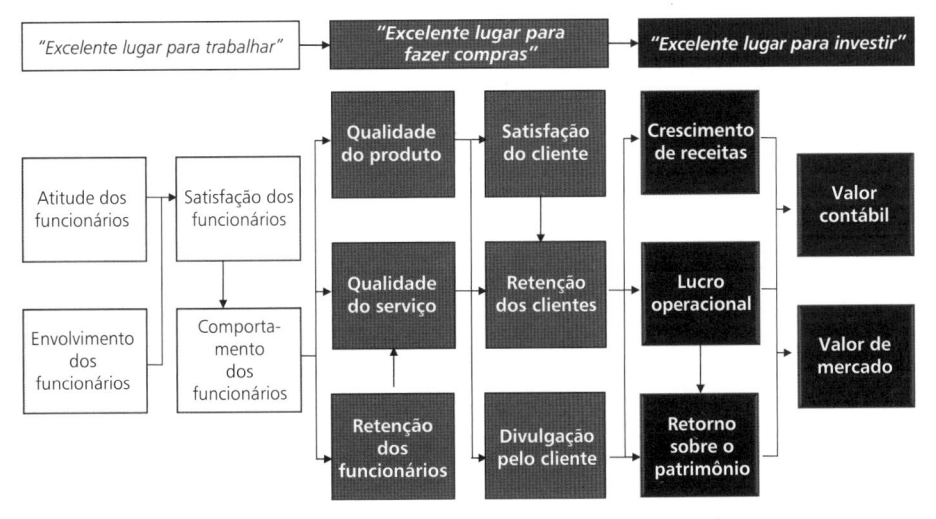

CONDUTORES DE VALOR DOS FUNCIONÁRIOS: O IMPACTO DAS PESSOAS SOBRE CLIENTES E NEGÓCIOS

A Sears Roebuck, varejista de atuação internacional, foi uma das primeiras a avaliar esse impacto, e articulou a cadeia "pessoas-serviço-lucro" a sua própria maneira: "um lugar atraente para trabalhar" gera um "lugar atraente para fazer compras", e cria um "lugar atraente para investir". De acordo com uma pesquisa feita por Rucci, Kirn e Quinn e publicada na *Harvard Business Review*, a Sears percebeu que uma melhoria de 5% na atitude dos funcionários gerou uma elevação de 1,3% na percepção do cliente, o que, por sua vez, fez subir as receitas em 0,5%.

Um pequeno aumento na satisfação e no engajamento de seus funcionários – com um sorriso a mais a cada dia, com um trabalho feito com energia, com alguns poucos pontos percentuais no índice de satisfação do funcionário – podem representar um aumento de US$100 milhões nos lucros finais de empresas de grande porte.

Na esfera estrutural, são muitas as maneiras possíveis de melhorar a vida de seus funcionários – com melhores ambientes de trabalho, melhores condições de desenvolvimento pessoal e sistemas mais eficientes de recompensa –, mas a melhor e mais simples maneira de fazer a diferença está no aperfeiçoamento da liderança. Um estudo publicado em 2006 pelo Hay Group descobriu que um relacionamento melhor fundamentado com os líderes de uma organização gera um aumento de 30% em seus índices de produtividade.

Insight 45: PRET A MANGER

A Pret A Manger é uma sanduicheria – embora seu interior em alumínio, visto através de uma porta que anuncia "apaixonados por comida", deixe claro que não se trata de uma sanduicheria qualquer.

Os amigos de faculdade Sinclair Beechan e Julian Metcalfe fundaram a Pret A Manger em 1986, com uma calamitosamente pequena experiência no mundo dos negócios. Os dois criaram o tipo de refeição que ansiavam consumir, mas não encontravam em lugar algum. E também tiveram sucesso. Desde a sua fundação, a rede cresceu, e hoje conta com 4 mil lojas que atendem a mais de um milhão de clientes e geram uma receita anual de mais de £200 milhões.

"É importante que nossos sanduíches e vendas sejam os mais saborosos" – para alcançar isso, a Pret tem cozinha completa em todas suas lojas. Os fornecedores entregam os ingredientes frescos todas as noites; logo cedo na manhã seguinte, os chefs passam a se ocupar com o preparo dos melhores sanduíches, *wraps*, empadas e bolos. Não há data de validade para os sanduíches, já que todos são feitos para serem vendidos no mesmo dia.

"A Pret prepara alimentos naturais, caseiros, sem os produtos químicos, aditivos e conservantes obscuros comuns em tantas das refeições 'prontas' ou do tipo *fast food* oferecidas no mercado hoje em dia", diz uma etiqueta em todos os sanduíches de ovos e broto de feijão, do baguete de pitus com salada, ou dos mini *cheesecakes* de limão.

Essa paixão está no coração da marca: paixão pelas refeições que prepara e pelas pessoas que emprega. Entre no site da empresa; em "Passion Facts" há a descrição desse sentimento por alimentos naturais de qualidade, livres de aditivos e conservantes, pelo viço dos alimentos, que garante que todos são preparados frescos na própria loja, sempre em busca de um sanduíche melhor, com a ajuda dos clientes.

O *brownie* de chocolate da Pret A Manger, por exemplo, foi alterado 34 vezes, sempre com mudanças pequenas, mas significativas em termos de sabor. A massa dos bolos de aveia e frutas é batida à mão, em vez de por uma batedeira elétrica (o que é bastante incomum hoje em dia), que tende a macerar os ingredientes, que perdem sua textura firme.

Apesar dos pequenos investimentos no negócio feitos pelo McDonald's, a Pret rejeita as convenções da maioria das redes de *fast food*. Ela não só não oferece os sanduíches "com fritas", como rechaça os conceitos de marketing de massa como publicidade, franquias e até mesmo a consulta a grupos de foco. A experiência ensinou à Pret que o processo de tentativa e erro funciona melhor. Por exemplo, nos EUA, a rede descobriu que não havia demanda por seu sanduíche All Day Breakfast, e teve de substituir a manteiga por requeijão e salmão defumado. Por outro lado, o sanduíche Coronation Chicken (inspirado em uma receita muito popular no Reino Unido) com manga foi um sucesso total em Nova York.

A Pret oferece bons empregos a pessoas de talento que desejam preparar e vender sanduíches fabulosos. A empresa investe em seus funcionários com treinamento, programas de incentivo e recompensas, e paga a eles salários acima da média do setor. Trabalhar na Pret é prazeroso. As pessoas trabalham em equipe, divertindo-se com tudo o que fazem, ao som de músicas alegres tocadas durante todo o dia, usam suas próprias calças *jeans* e adoram o produto que vendem. A empresa oferece estrelas de prata, confeccionadas pela joalheria Tiffany's & Co., como prêmio aos funcionários que executam o melhor serviço.

A paixão da Pret pelo serviço está consolidada em uma cultura que trata e recompensa funcionários como iguais. Entre em uma loja da rede às 8h da manhã de uma segunda-feira e você perceberá que a música tocada representa o estado de espírito dos funcionários. O serviço é frenético, mas amigável e personalizado. Os funcionários atendem aos pedidos, fazem o café e tiram uma fornada de empadas e pães fresquinhos, tudo ao mesmo tempo. A agitação é geral e contagiante, inclusive para os clientes, e perdura ao longo de toda a semana, até as famosas noitadas de sexta-feira dos funcionários (para as quais os clientes não são convidados).

A cultura da Pret A Manger não é roteirizada nem projetada. Ela é real, humana, frenética e divertida.

7.2 COMO ALINHAR FUNCIONÁRIOS E CLIENTES

As empresas hoje dispõem de uma variedade de estruturas já desenvolvidas, de recursos de capacitação e tecnologias para cativar as pessoas. Mas como esses aspectos são alocados principalmente para atrair clientes para o negócio, para a marca e seus produtos, os gerentes esquecem que esse rigor e essa abordagem podem ser aplicados no interior da própria empresa.

Muito já foi escrito sobre a criação de uma "marca dos funcionários". A verdade é que há apenas uma marca corporativa, e é muito mais fácil desenvolver uma marca única de modo relevante a todos os *stakeholders*, inclusive funcionários e acionistas, em vez de focar esforços exclusivamente no cliente.

Uma ideia central de marca que defina a organização e represente sua proposta e sua personalidade pode ser concretizada de modos diferentes e relevantes para cada público, dentro e fora da empresa, exatamente como pode também ser adaptada a diferentes segmentos de clientes. Se a ideia for "humanizar a tecnologia", como faz a Apple, engajar os funcionários nessa meta significa que eles estarão muito mais motivados e focados em conquistar os clientes que atendem.

Uma marca atua efetivamente como um "ímã", que atrai cada público com base em uma ideia central – a marca facilita um relacionamento com e entre cada *stakeholder*. Em relação aos funcionários, isso significa que as pessoas fazem um trabalho excelente em troca de uma série de benefícios, atendem aos clientes com uma causa em comum em mente e também entendem o papel dos acionistas.

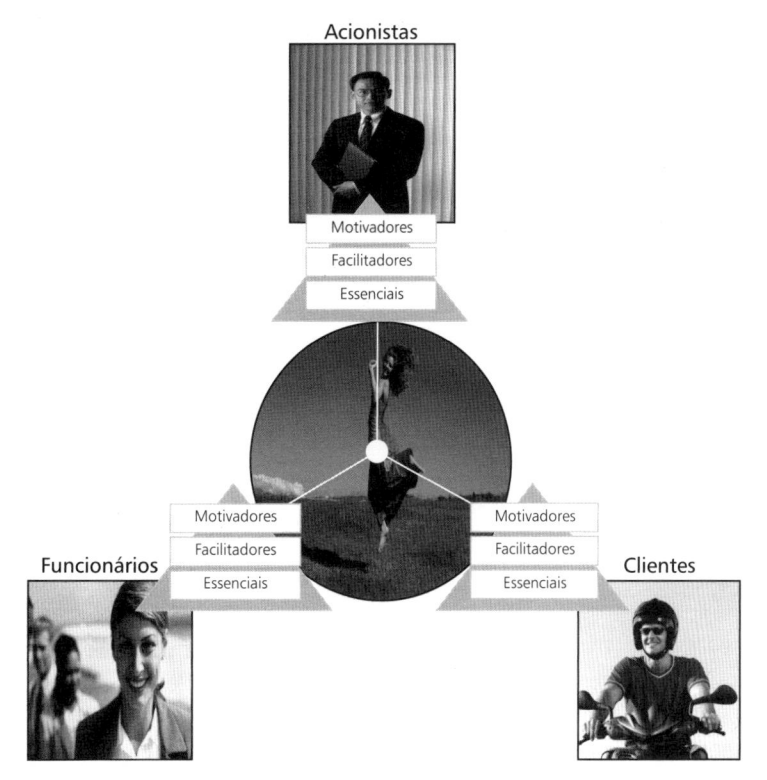

FAIXA 07   A cultura... gerando paixão nas pessoas   **335**

CONECTANDO PESSOAS: ALINHANDO FUNCIONÁRIOS E CLIENTES

Esse magnetismo se baseia em uma ideia que motiva todos os tipos de público. Anteriormente, exploramos como conquistar os clientes por meio da "pirâmide energizadora". Essa pirâmide pode também ser utilizada com funcionários – quais suas necessidades e desejos mais fundamentais a respeito do trabalho? O que os capacita, os ajuda a atingir suas metas? O que os energiza?

Claro que, assim como os clientes, os funcionários também são diferentes uns dos outros. Eles têm importâncias diferentes (o que nem sempre é fácil de dizer), assim como há clientes bons e razoáveis. Logo, a segmentação de funcionários fundamentada em aspectos físicos (função, nível, geografia), em motivação (necessidades, anseios, ambições) e valor (suas habilidades, potenciais e desempenhos específicos) nos ajuda a direcionar e adaptar nossas abordagens da maneira mais adequada.

Cada segmento de pessoas pode então ser tratado de modo distinto, com o desenvolvimento de "proposições de valor para o funcionário", que assumem formato idêntico ao das proposições de valor para o cliente. Elas identificam o que é mais importante para o grupo específico a que se destinam e descrevem as vantagens mais relevantes em se trabalhar para a empresa em questão, atendendo a um público-alvo definido.

A proposição condiciona toda a abordagem para um segmento. Ela se torna realidade por meio de "produtos e serviços": o papel e as atividades, os contratos e os salários, as metas e as recompensas, o ambiente de trabalho e o relacionamento com a gestão que, no âmbito coletivo, geram a "experiência do funcionário", a opinião que ele forma sobre como é trabalhar nessa empresa. Esses processos e estruturas geram uma experiência personalizada, envolvente e memorável para o cliente.

A comunicação interna passa a ser um diálogo constante com seus funcionários, fundamentado em seus próprios problemas e focado nas vantagens que podem obter. Assim como ocorre com a comunicação externa, a comunicação interna precisa adotar a mídia mais apropriada (como canal de TV interno, revistas, sites, blogs, comunidades online e outros tipos de evento). Isso possibilita que as pessoas iniciem um diálogo com rapidez e total abertura. A comunicação interna deve promover a sinceridade entre gerentes e funcionários – e também entre os próprios funcionários.

As necessidades de uma equipe de trabalho heterogênea podem ser tratadas de modos muito satisfatórios e diferentes. A personalização de contratos, os benefícios aos funcionários e o aprimoramento da experiência com o trabalho podem, assim, ser possibilitados por relacionamentos eficientes entre funcionários e gerentes.

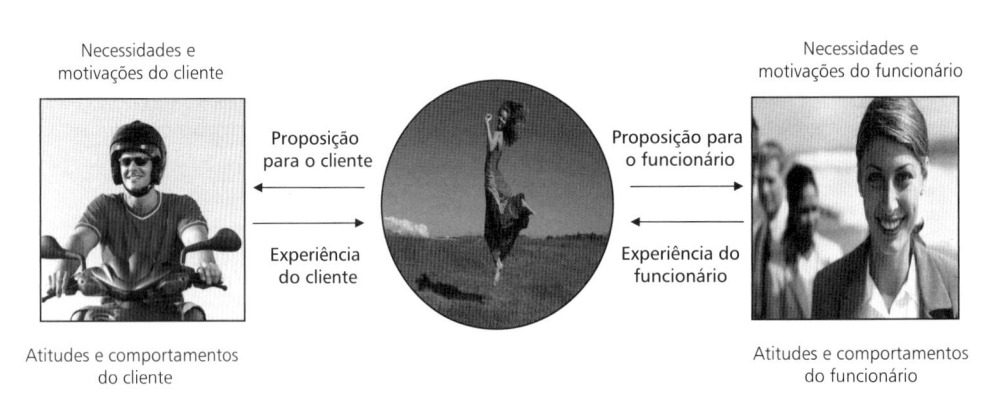

ENVOLVENDO AS PESSOAS: PROPOSIÇÕES E EXPERIÊNCIAS DO FUNCIONÁRIO

Insight 46: INNOCENT

No verão de 1998, três amigos tiveram a ideia de preparar *smoothies* para vender em um festival de rock. Armados com £500 em frutas frescas, uma prensa de cozinha e um par de botas de borracha, Richard Reed, Adam Balon e Jon Wright saíram em busca de um pouco de diversão.

Em sua tenda, eles colocaram um cartaz que dizia: "Você acha que deveríamos largar nossos empregos para fazer estes *smoothies*?". A urna do "Sim" encheu muito mais rapidamente do que a do "Não", e eles pediram demissão do trabalho na área de publicidade no dia seguinte.

A Innocent, empresa de Londres que fabrica "bebidinhas saborosas", cresceu rapidamente e, passada uma década, virou um negócio de £100 milhões, com mais de 200 funcionários que espremem frutas e se divertem em oito escritórios espalhados pela Europa. Ela tem 68% da fatia do mercado de *smoothies* do Reino Unido e atende a, aproximadamente, 12 mil varejistas em toda Europa.

Uma vez que o coração do negócio da Innocent são as frutas *in natura*, ser natural e com os pés no chão – ou ser "inocente" – informa todos os aspectos a que ela se dedica: da escolha do material de escritório aos seus escritórios, na sede chamada Fruit Towers, e ao funcionário alegre que o cumprimenta quando você liga para o Banana Phone. Todo cliente é encorajado a telefonar se tiver algo a dizer sobre os *smoothies* ou se simplesmente estiver entediado.

Mesmo com o crescimento dos negócios, a Innocent continua focada nos detalhes. Os prazos de validade nas tampas das garrafas foram substituídos pela mensagem "Aproveite até", seguida de uma data. Outro aspecto é que os ingredientes na garrafa são também uma oportunidade de dar uma boa risada – o *smoothie* de banana e manga aparentemente é preparado com uma banana grande, duas mangas suculentas e um patinho de borracha. Claro que, em um mundo de padrões escrupulosos de mercado, esse tipo de brincadeira nem sempre tem muita graça. Depois de fazer chiste com um *smoothie* que incluiria duas freiras gordas, a Innocent foi chamada pelas autoridades reguladoras de práticas comerciais a dar explicações sobre o rótulo. Fornecidos esses detalhes, foi indicado que a Innocent tirasse esse detalhe referente às duas freiras, ou que passasse a utilizá-las como ingrediente de fato na fabricação dessa bebida!

Além de fazer experiências constantes com novos sabores, a Innocent também diversificou suas linhas de bebidas. Hoje você as encontra em supermercados, em embalagens tetrapak de dois litros e em pacotes com embalagens pequenas, muito úteis em piqueniques. Outro lançamento foi os "Thickies", uma combinação de iogurte e sucos de frutas, e o "Juicy Water", água mineral aromatizada com frutas. A empresa tem uma linha de *smoothies* para crianças, vendida em várias escolas a preços subsidiados, o que encoraja as crianças a consumir mais frutas.

As semelhanças entre a Innocent e a Ben and Jerry's, os pioneiros do sorvete, naturais do estado de Vermont, são muitas – vans de entrega decoradas com vacas em pastagens, uma fundação de caridade para que são destinados 10% de todos seus lucros, um festival de jazz chamado "Fruitstock" e uma celebração chamada "Village Fete", no Regent's Park de Londres.

A Innocent deu grandes passos nos últimos 10 anos. Ela resistiu às investidas para que vendesse o negócio, pois está ciente de que tem uma grande proposta (e talvez outros negócios mais valiosos a explorar). Mesmo assim, a cultura da empresa mudou muito pouco desde sua fundação. Os mesmos rapazes divertidos e pés no chão continuam à frente do negócio. Apesar do sucesso, eles não esqueceram seu senso de humor, e descrevem a sua década de crescimento assim:

	1999	2008
Número de funcionários	3	275
Número de produtos à venda	3	30
Fatia de mercado	0%	72%
Número de varejistas	1 (no primeiro dia)	Mais de 10.000
Estoquista mais distante	Wimbledon	Ilhas Shetland, Paris, Amsterdã, Salzburgo e Copenhague
Número de *smoothies* vendidos	20 (no primeiro dia)	2 milhões por semana
Número dos calçados (Richard)	42	43
Número de camisetas da Innocent (Jon)	1	4
Medida da cintura (Adam)	Imprópria para divulgar	Uma medida maior

7.3 ESTRUTURAS, SÍMBOLOS E HISTÓRIAS

As culturas "de fora para dentro" são obcecadas por clientes e soluções, não por negócios e processos, e agradam aos clientes, não aos chefes. As estruturas organizacionais tradicionais redirecionam a energia e a atenção que os funcionários deveriam dar aos clientes para produtos e hierarquias. As pessoas trabalham mais para agradar a seus chefes do que encantar seus clientes, "fazem sua melhor apresentação" para impressionar um gerente sênior em visita, em vez de fazer isso todos os dias para cliente.

A rede de hotéis Ritz-Carlton, por exemplo, inverteu a pirâmide para poder resolver esse problema. O escritório central atua como centro de serviços, e o principal papel do gerente de um hotel é dar apoio aos funcionários da linha de frente, em vez de adotar uma atitude de comandante elitista e controlador.

Algumas das dificuldades em fazer com que a empresa centrada no cliente funcione incluem:

- **O "foco" no cliente**: Fazer de conta que o cliente é importante em épocas de prosperidade e cortar custos de atendimento e suporte assim que a situação fica difícil não é nada bom – parece ser a coisa certa, mas não garante a sobrevivência.

- **Os clientes "internos"**: Um dos legados deixados pela gestão de qualidade e seus processos padronizados e eficientes consiste em manter as pessoas focadas em seus clientes imediatos internamente, o que tirava o cliente externo de seus campos de visão.

- **A "satisfação" do cliente**: Há a tendência de se acreditar que um escore de médio a bom é suficiente, o que sabemos que não é. A satisfação é um fator básico – os clientes precisam mais do que isso para que permaneçam com você.

- **Fatia de "mercado"**: Envolve a crença de que todos os clientes são bons para sua empresa, que quanto mais clientes ela tiver, melhor. Porém, hoje sabemos que há clientes rentáveis e não rentáveis. É melhor ter um número menor de clientes bons do que um grande número de clientes que não trazem lucro.

- **A obsessão com o "cliente"**: O cliente não manda, ao contrário do que se pensa. Trabalhar com os clientes para customizar soluções para cada um deles é o caminho certo para a falência, principalmente se eles não perceberem o valor agregado e não pagarem mais. É uma questão de equilíbrio.

- **As pessoas "em primeiro lugar"**: Colocar os clientes em primeiro lugar, por definição, coloca todas as outras pessoas em segundo – o que não é o melhor fator de motivação para seus funcionários. Ao contrário, é preciso adotar uma abordagem mais madura, cuidadosa e atenciosa a clientes e funcionários, em busca do sucesso conjunto.

- **"Treinamento geral"**: Você não cria uma empresa focada no cliente com treinamentos de um dia compostos por slogans, pôsteres e um programa de cinco etapas mágicas. É preciso tempo, trabalho árduo, estruturas e processos, liderança e um sistema de recompensa.

Um dos pontos de discórdia mais comuns em uma organização está entre as equipes de operações e as de serviço ao cliente. Exemplos são vistos entre a tripulação e o pessoal de terra de uma companhia aérea, entre a recepcionista e os mecânicos em uma oficina, entre os funcionários encarregados de suprir as prateleiras e o pessoal do balcão de informações em um supermercado. Para o cliente, todas essas pessoas são representantes de uma marca. Porém, na condução do trabalho, essas pessoas percebem grandes diferenças nos papéis que desempenham.

A Virgin Atlantic adota o serviço "holístico" ao cliente, em que todos os funcionários são treinados em técnicas de serviço e avaliados por indicadores de desempenho. O CEO Steve Ridgeway explica: "Passamos um tempo com os engenheiros, por exemplo, para mostrar como uma tela de televisão que para de funcionar durante o voo pode levar a uma queda nos índices de satisfação, independentemente de o restante do serviço estar bom."

A cultura não é feita apenas de delicadezas e gentilezas – ela precisa também de atitudes concretas.

A estrutura organizacional e os indicadores de desempenho de uma empresa que adote a abordagem "de fora para dentro" são, provavelmente, os dois fatores que melhor a capacitam para implementar o foco no cliente. Acerte na dose e você provavelmente colherá os frutos do próprio trabalho – a cultura será uma consequência natural. Se você errar, até mesmo seus funcionários mais dedicados fracassarão.

Como regra geral, as estruturas estão alinhadas ao modo como o desempenho é mensurado. As organizações tradicionais fabricavam produtos, e lucros ou prejuízos eram facilmente vinculados às unidades individuais. A organização tinha seu foco no produto, e os gerentes de produto se reportavam ao CEO.

Entretanto, a adoção de uma estrutura centrada no cliente não é um processo instantâneo, definido por regras claras.

Assim como acontece quando sua empresa entra em um novo mercado ou setor, ela sempre põe o dedo na água antes de mergulhar, para sentir a temperatura. Esse cuidado é visto na adoção de uma estrutura experimental, na formação de uma equipe especial dedicada a atender os melhores clientes (como a equipe de gestão de conta, que reúne funcionários do setor de vendas, marketing, financeiro, serviço e suporte ao cliente, no caso de um cliente particularmente importante), ou na introdução de um cargo interdepartamental (o gerente da "experiência do cliente"), que trabalha em uma empresa centrada no cliente, mas começa a promover novos modos de pensar e trabalhar, compondo um mapa para a adoção formal dessas estratégias no futuro.

A empresa centrada no cliente é projetada para orbitar em torno dele, de segmentos e de mercados. Lucros e prejuízos são, portanto, calculados para cada segmento, e os líderes de segmentos se reportam ao CEO. Os produtos, geralmente de caráter interdepartamental, desempenham um papel de apoio, assim como outras funções compartilhadas ou corporativas.

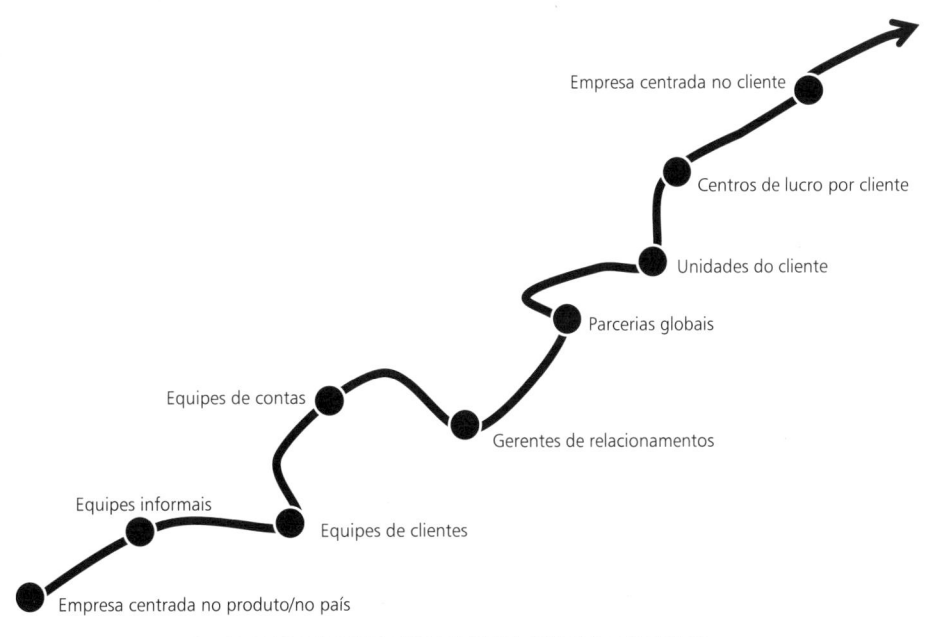

MUDANDO A ESTRUTURA: A JORNADA PARA SE TORNAR UMA EMPRESA CENTRADA NO CLIENTE

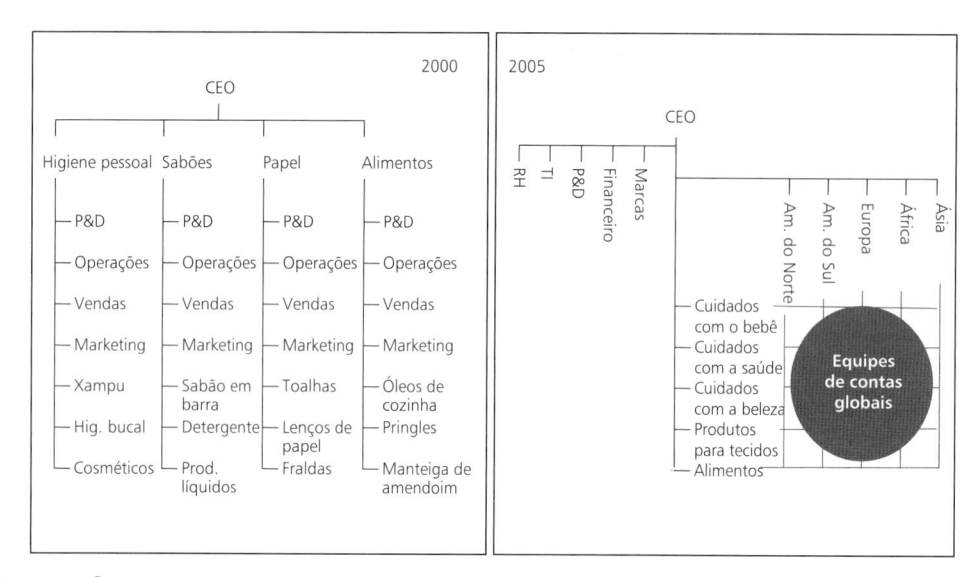

A ORGANIZAÇÃO CENTRADA NO CLIENTE: EXEMPLO DE MUDANÇA ESTRUTURAL NA P&G

2000 — CEO com divisões: Higiene pessoal (P&D, Operações, Vendas, Marketing, Xampu, Hig. bucal, Cosméticos), Sabões (P&D, Operações, Vendas, Marketing, Sabão em barra, Detergente, Prod. líquidos), Papel (P&D, Operações, Vendas, Marketing, Toalhas, Lenços de papel, Fraldas), Alimentos (P&D, Operações, Vendas, Marketing, Óleos de cozinha, Pringles, Manteiga de amendoim).

2005 — CEO com áreas: RH, TI, P&D, Financeiro, Marcas (Cuidados com o bebê, Cuidados com a saúde, Cuidados com a beleza, Produtos para tecidos, Alimentos), Am. do Norte, Am. do Sul, Europa, África, Ásia. Equipes de contas globais.

Uma vez que as estruturas estão instaladas, a cultura ganha vida própria – por meio da liderança e das equipes, de novos papéis e processos, de novos indicadores e incentivos. Contudo, o mais importante é a conexão emocional – assim como ocorre com os clientes, os funcionários se envolvem em objetivos mais elevados de ordem emocional, que sejam relevantes e memoráveis. A presença de uma finalidade maior, de histórias e símbolos dá vida a essa estrutura no interior da empresa.

Assim como nos lembramos dos personagens e das lições dos contos infantis que já ouvimos, toda história é uma forma excelente de representar "a maneira como fazemos negócios por aqui", com o envolvimento de parceiros e de novos recrutas em uma nova cultura. Um exemplo disso é dado pela história da Xerox e seu *snowmobile*, um veículo motorizado para andar na neve.

Há alguns anos, a Xerox Scandinavia iniciou uma promoção que prometia que, se você encomendasse uma de suas copiadoras de dentro do distrito postal de Estocolmo, receberia um *snowmobile* em 24 horas. E se não fosse entregue no prazo, você não pagaria pelo equipamento – exatamente como faz a Domino's Pizza.

Um pedido chegou de um código de postal de Estocolmo, mas – por uma falha do sistema de codificação – a casa ficava perdida nas montanhas, no meio da floresta. Além disso, nevava muito no momento.

O responsável pela expedição da Xerox sabia que a copiadora levaria vários dias para chegar a seu destino por vias comuns, então ele e um colega saíram em busca de um *snowmobile* para locar e efetuar a entrega.

Enquanto dirigiam pela floresta, a estrada foi ficando mais e mais estreita, e a camada de neve cada vez mais espessa. Já era noite quando, cansados e com frio, os dois chegaram à casa. Eles haviam excedido o prazo de entrega em 15 minutos. O cliente atendeu à porta, perplexo em receber sua nova copiadora e em ouvir que não teria de pagar por ela. Os funcionários se desculparam por não terem efetuado a entrega no tempo prometido e foram embora, no meio da noite. Decepcionados com o fracasso, eles devolveram o *snowmobile* e foram para um bar.

Uma semana depois, um grande pedido de copiadoras chegou por fax da mesma casa nas montanhas. Como CEO de uma grande empresa sueca, o cliente estava tão impressionado com a dedicação dos funcionários que decidiu substituir todas as copiadoras de sua empresa por equipamentos Xerox.

Insight 47: Toyota

"Yoi kangae, yoi shina!" significa "Uma boa filosofia leva a bons produtos!". Os dizeres estão escritos em um enorme banner na imensa unidade da Toyota próxima a Nagoya, no Japão. A unidade fabrica seis modelos diferentes de automóveis, da primeira à última operação de montagem, em 20 horas. A combinação de velocidade e flexibilidade é repetida em mais de 30 outras fábricas em todo o mundo.

Hoje, a Toyota é a montadora líder de mercado no mundo. No centro de seu sucesso está o relacionamento que mantém com seus funcionários e clientes. Sem a escala e os recursos de capital de outras montadoras, a Toyota buscou vantagens dentro de si – o foco na melhoria do valor para o cliente por meio de insights mais profundos, no aprimoramento contínuo e em uma filosofia mais criativa foi possível graças a funcionários altamente engajados.

Yoshio Ishizaka, vice-presidente executivo, descreve a cultura da Toyota:

> "Aprendi, com minha própria experiência, que tudo é dominado pelo mercado. Assim, sempre que somos paralisados por algum obstáculo ou dificuldade, digo a mim mesmo: "Ouça o mercado, ouça a voz do cliente". Essa é a essência fundamental do marketing. Sempre temos de nos voltar para o mercado, para o cliente. Esse é o modelo Toyota."

A "filosofia enxuta" da Toyota trata menos da eficiência operacional e mais da adoção de um modo de pensar que sirva e agregue valor ao cliente. Ela está focada no cliente, não no acionista, como primeiro objetivo, e trabalha considerando todos os aspectos do negócio para se concentrar implacavelmente apenas no que agrega valor ao cliente e no que o elimina. Isso aumenta o fluxo no interior da organização, promove a solução de problemas criteriosa e melhora a experiência do cliente e o desempenho da empresa.

No nível mais fundamental, a Toyota vê a si como uma companhia que acrescenta valor para clientes, para a sociedade, para comunidades e também para seus parceiros. Essa mentalidade tem suas raízes no desejo do fundador, Kiichiro Toyoda, de inventar teares motorizados que simplificassem a vida das mulheres na comunidade rural em que crescera. Com base nisso, a empresa desenvolveu uma maneira de trabalhar rigorosa e cheia de princípios, relacionada com os quatro Ps (*philosophy, processes, people, problem-solving*):

Filosofia é a base de tudo.

Processos adequados e bem administrados determinam os resultados.

Pessoas e parceiros agregam valor ao negócio.

Solução de problemas orienta uma empresa que busca aprender e melhorar.

Masoe Inoue é um dos engenheiros-chefes da Toyota e um dos cérebros por trás da tecnologia do motor híbrido que ajudou a empresa a desenvolver um diferencial verdadeiro em relação à concorrência e a conquistar um novo nível de confiança de seus clientes. Embora a Toyota esteja vinculada à noção de eficiência em processos, de disciplina em gestão e mensuração, ela, na verdade, é uma empresa humana para quem a fabricação de um automóvel é uma arte:

> "A percepção de um carro geralmente se resume às pequenas coisas, como a sensação de tocar o couro ou a madeira. Esse é um novo modo de pensar, de refletir sobre as sensações despertadas no cliente. Para tomar minha decisão de compra, preciso entrar em um carro e dirigir. Há muitas coisas que números e dados não mostram, e que você somente descobre dentro de um automóvel. Não há máquina ou qualquer outra coisa capaz de substituir o corpo humano. Ele é o melhor sensor que existe.

Quando você gira o volante, às vezes sente um som. Ele é tão suave que você mal o percebe, mas ele desperta uma sensação concreta. Outros itens, como o porta-luvas ou o suporte para copos, geram sensações. Quando você os abre ou fecha, eles emitem seus sons característicos. E muitos desses sons suaves são capazes de irritar o motorista, de verdade. A meta é gerar uma tranquilidade que você não consiga mensurar, mas que possa ser sentida. Isso se consegue sentindo e tocando."

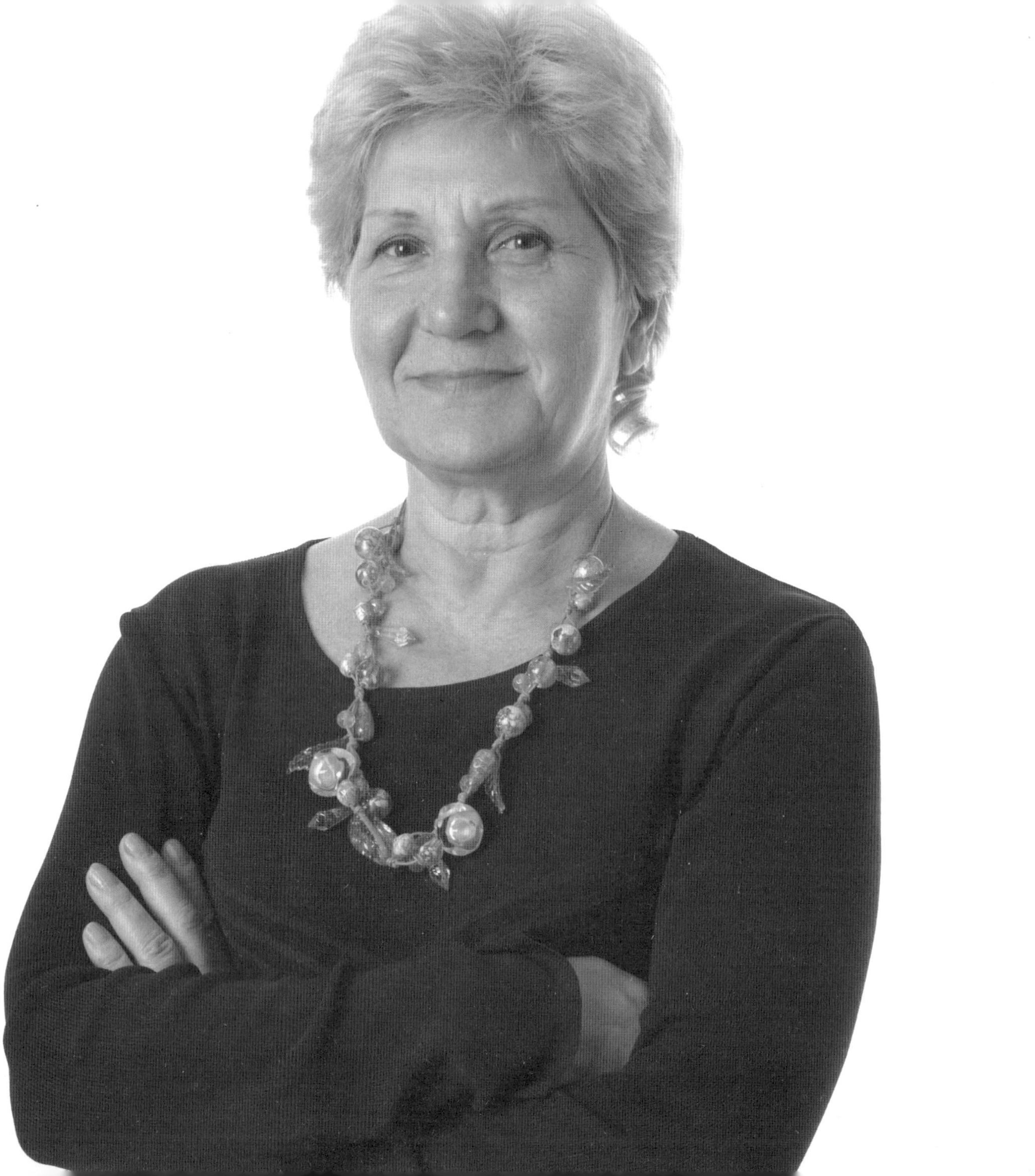

FAIXA 08

A transformação... a jornada para se tornar uma empresa centrada no cliente

> *Eu não espero que você se torne uma empresa diferente do dia para a noite. Entendo que é preciso tempo para isso.*
>
> *Na verdade, não quero soluções rápidas nem mudanças superficiais. Quero trabalhar com você com a meta de criar uma organização que deixe a todos nós felizes, que gere valor e desperte orgulho. Entendo que você não consiga mudar sua organização, seus processos e estruturas do dia para a noite. O mais importante é tomar a direção certa.*
>
> *Como ponto de partida, por que você não pede a seus melhores funcionários que tenham uma conversa com clientes como eu? Não apenas para falar de amenidades, mas para realmente tentar compreender o meu mundo. Vamos tomar um café, ou me acompanhe às compras, fique um tempo em minha casa, veja como minha vida é de verdade. Se você adotar uma atitude como essa, tenho certeza de que não vai demorar para que seus funcionários também comecem a mudar. Eles compreenderão por que eu represento mais do que um simples volume de vendas, por que eles vão para o trabalho todos os dias. Mas isso tem de acontecer em toda a empresa – em todas as suas diferentes áreas, com todos os seus funcionários, atividades e tecnologias. E quando tiver concluído esse processo, será incrível para mim e para você.*

8.1 COMO CRIAR UMA REVOLUÇÃO DO CLIENTE

Em japonês, a mudança envolve muito mais o "kaikaku" (reforma radical com finalidade específica), do que o "kaizen" (melhoria contínua porque ela é boa para você). A mudança começa de "fora para dentro", e responde aos mercados em renovação e a um mundo que também muda.

Andy Grove, presidente da Intel, chama a mudança significativa nos mercados, como o advento da Internet, da tecnologia sem fio e das redes sociais, de "pontos estratégicos de inflexão" que ocorrem quando "forças da ordem de dois dígitos alteram o mercado com um impacto de três dígitos". Ele lembra como a Intel quase ignorou a Internet e o aparecimento dos fabricantes japoneses de microprocessadores.

Hoje, ele entende como a reação a uma mudança externa não é o bastante, e defende que as organizações terão de escolher uma entre estas três alternativas, mais cedo ou mais tarde:

- Não mudar.

- Mudar apenas quando não tiver alternativa.

- Tomar as rédeas do próprio destino e tentar mudar antes, e de modo diferente, dos outros.

Assim, os líderes de negócios precisam se transformar em agentes da mudança, percebendo a necessidade de mudar, depois de galvanizar, liderar e administrar o processo de mudança em suas organizações como sendo essenciais para o crescimento futuro e antes de se tornarem essenciais para sua sobrevivência.

Os líderes têm de persuadir, inspirar, apoiar e administrar suas empresas com a mente focada na jornada dessa mudança. Ela precisa ser conduzida de acordo com uma estratégia de mercado e de negócios, em sincronia com a finalidade e a direção da empresa, e reconhecendo que são poucos os aspectos que têm de ficar intactos.

A mudança exige liderança decidida e ações rápidas. Toda a organização precisa estar aberta a desafios e, se necessário, mudar seu modo de ser. Ela requer inovação; porém, o mais importante é decidir o que tem de deixar de ser feito. Pode ser demorada e dolorosa, e por isso precisa ser executada com rapidez.

Também precisa ser conduzida e administrada com finalidades e ações claras e com diálogo constante com todos os *stakeholders*.

O resultado dessa mudança, sair do "velho mundo" e entrar no "novo mundo", raramente é o fim da linha. As vantagens precisam ser percebidas, o que significa que a mudança precisa ser adotada por completo. Seria fácil regredir às velhas maneiras ou até mesmo ficar preso entre dois mundos. Com isso, a mudança se torna um aspecto regular na empresa e pode até mesmo ser contínua, como ocorre no mundo da Intel, em que o mercado é conduzido por inovações implacáveis.

Hoje, todo o negócio está, em essência, focado no cliente – pesquisando necessidades, articulando vantagens, executando serviço e mensurando a satisfação. Não há nada de especial nisso; é um fator básico.

Entretanto, você pode fazer tudo isso do alto de sua torre de marfim, de dentro para fora, com os produtos ainda comandando o negócio, com as finanças definindo as decisões e com os gerentes sabendo mais do que os clientes.

Tornar-se uma empresa centrada no cliente requer mudanças mais expressivas: no propósito e na estratégia, nas prioridades e nas métricas da empresa, em suas estruturas e processos, nas atividades que executa diretamente para o cliente em termos de marketing e vendas, de operações e serviço ao cliente.

Assim, como você inicia uma revolução para o cliente?

"O fator emocional mais arrebatador e aterrorizante" em qualquer mudança organizacional é fazer com que as pessoas se deem conta de que essa mudança é essencial. O professor Noel Tichy é o autor do livro *Control Your Destiny or Someone Else Will*, a história da jornada transformadora que a GE vem trilhando em anos recentes. O insight mais importante é que a GE nunca parou de lutar para fazer as pessoas despertarem para a necessidade de mudar.

Todos gostam do *status quo* – ele representa uma situação conhecida e sempre encontramos uma maneira de ter êxito com ele. Mas a mudança chega e puxa o tapete sob nossos pés, ameaçando nossos empregos, projetos, bônus e carreiras. Não gostamos de mudanças.

Defender a noção de mudança fica muito mais fácil em situações de crise. Mas, nessa hora, já é tarde.

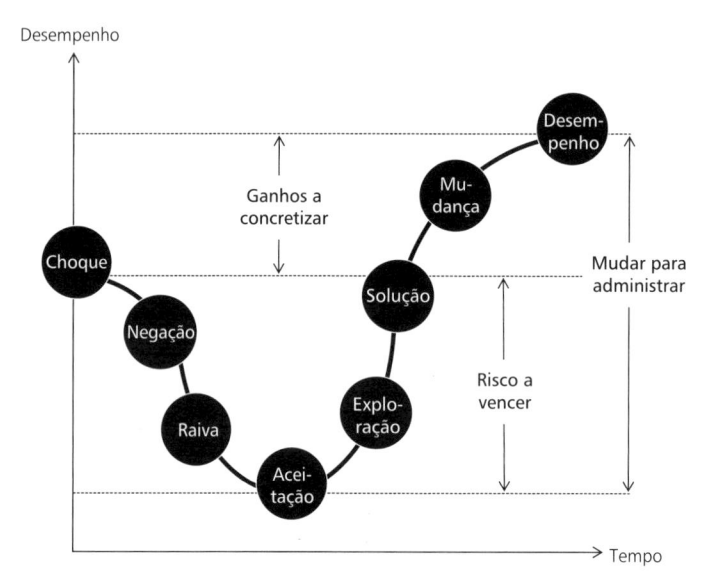

A CURVA DA MUDANÇA: MUDANDO DO MEDO PARA O DESEJO DE MUDAR

Charles Handy diz que uma rã que salta para dentro de uma panela com água fervente pula fora imediatamente, mas a rã que está em uma panela com água fria que é aquecida lentamente, até ferver, não pressente o perigo até que seja tarde demais. Há muitas organizações e executivos que se sentem bem em ficar em uma panela com água fria, torcendo para que as coisas não esquentem – pelo menos até saírem em busca de um novo emprego.

Logo, a mudança precisa de líderes e gerentes. Os líderes precisam inspirar as pessoas a dar o passo audacioso rumo ao desconhecido, definir uma visão inspiradora e orientá-las durante o percurso. Os gerentes precisam coordenar e controlar o que, muitas vezes, pode ser um incrivelmente complicado processo de transformar uma empresa multibilionária.

A "mudança" diz respeito à transformação do modo como a empresa funciona, tanto em termos de estruturas e processos tangíveis quanto de suas atitudes e comportamentos intangíveis. Esse processo pode ser complexo e difícil, e pode facilmente dar errado – "Por que arriscar se não temos problemas?", é a pergunta que muitos fazem, sobretudo quando é preciso sustentar e elevar receitas ao mesmo tempo em que a mudança é implementada.

A "gestão da mudança" é o processo para implementar tudo isso com sucesso. A mudança costumava ter um foco essencialmente interno, que consistia em melhorar a qualidade e a eficiência de tudo o que a empresa fazia. Hoje, o principal componente da mudança é externo, geralmente com fatores que ultrapassam o campo de controle da empresa e que conduzem à necessidade de mudança e com uma clareza de propósitos e prioridades que define a direção da mudança.

Uma maneira simples, mas eficiente, de defender a noção de mudança utiliza a fórmula a seguir, que demonstra o que é necessário para vencer a resistência natural das pessoas:

A mudança ocorrerá se $A \times B \times C > D$

Em que:

A = uma visão inspiradora do futuro da organização.

B = as razões pelas quais a organização não pode continuar como está.

C = as primeiras etapas práticas na direção da organização futura.

D = a resistência das pessoas à mudança e a preferência por deixar tudo como está.

A tese da mudança deve ser defendida de modo simples e eficiente. A visão precisa ser envolvente, do ponto de vista pessoal, para que as pessoas não demorem a reconhecer as vantagens do processo para si. Os porquês da falta de sustentabilidade no presente talvez sejam de ordem financeira ou lógica (queda na cotação das ações, aumento nos custos básicos, novos concorrentes). Além disso, é preciso explicar que as condições presentes, caso se estendam ao futuro, poderão pôr em risco a sobrevivência da empresa.

Em seu livro *Liderando Mudança*, John Kotter apresenta algumas táticas ainda mais diretas para vencer a resistência à mudança, que incluem:

- Limpar o balancete para ter um prejuízo significativo no trimestre seguinte.

- Transferir o escritório central para romper com velhos hábitos, simbolizando um novo começo.

- Informar às unidades da empresa que têm 24 meses para chegar ao primeiro lugar em vendas em um ou dois de seus mercados, ou então se preparar para ser desativadas.

- Endurecer as metas de desempenho de gerentes seniores para desencadear discussões "honestas".

Insight 48: AVON

Você acharia mais fácil confiar em uma campanha publicitária esplendorosa ou em uma pessoa de verdade, como você? Você preferiria pensar em sua própria beleza e comprar os produtos que são importantes para você em uma loja apinhada de pessoas com vendedores lhe cercando por todos os lados, ou na sua própria casa, com a empresa vindo até você representada por um rosto amigável e familiar?

A Avon conquistou o poder das redes muito antes de Tim Berners-Lee desenvolver a rede mundial de computadores. A empresa de cosméticos – com operações em 135 países e vendas de US$9,9 bilhões em 2007 – não envolve muita tecnologia, mas tem tudo a ver com pessoas.

A Avon foi fundada em 1886 por David McConnell, e batizada por ele com o nome do rio que corta a cidade natal de seu dramaturgo favorito, William Shakespeare. O jovem de 28 anos era vendedor de livros a domicílio; nesse trabalho, ele teve a ideia de oferecer um frasco de perfume de rosas como brinde às mulheres que comprassem seus livros. McConnell percebeu que suas clientes estavam muito mais interessadas no perfume do que nos livros que vendia, e por isso fundou a California Perfume Company, em Nova York.

Ele então contratou a sua primeira representante, a Sra. P.F.E. Albee, da cidade de Winchester, New Hampshire, que vendeu alguns perfumes à sua vizinha e, com isso, tornou-se a primeira "revendedora Avon". Foi um passo pioneiro, sobretudo se considerarmos que ocorreu 34 anos antes de as mulheres ganharem o direito ao voto nos EUA.

O nome Avon foi adotado pela empresa em 1939, em uma época em que as vendas atingiam US$2 milhões. Em 1954, com a campanha "Avon Chama", que ganhou popularidade em todo o mundo, as vendas subiram a impressionantes US$55 milhões, demonstrando o poder exponencial da venda em rede. Em

Faixa 08 A transformação... a jornada para se tornar uma empresa centrada no cliente

1979, ano em que Grete Waitz atravessou o Central Park de Nova York e venceu a popular corrida feminina dos 10 mil metros patrocinada pela Avon, a empresa celebrava a marca de US$3 bilhões em vendas.

Hoje, a Avon sustenta seu modelo concentrando suas proposições nos dois grupos que chama de clientes: as milhões de revendedoras e o número maior ainda de pessoas que compram delas os produtos que fabrica, normalmente vizinhos e amigos. Para suas revendedoras, a empresa oferece a possibilidade de montar um negócio próprio, com recompensas potencialmente ilimitadas. Para as pessoas que adquirem os produtos, ela oferece uma variedade de artigos de beleza trazidos à porta de casa ou entregues em uma reunião entre amigas.

Em 1990, a empresa começou a ter dificuldades. A revendedora da Avon e seu catálogo precisavam de uma renovação geral. As vendas estavam em baixa, havia ameaças de compra forçada e a empresa tinha graves problemas de imagem junto às mulheres mais modernas.

Andrea Jung, nascida no Canadá, juntou-se à equipe de marketing da Avon em 1994, depois de aprender tudo sobre varejo quando trabalhou para a loja de departamentos Bloomingdale's. Ela se apaixonou pelo conceito da Avon, pela cultura interna da empresa e pelas oportunidades que vislumbrava para o futuro. No intervalo de cinco anos, ela alcançou o posto de CEO.

Sua estratégia de renovação englobou toda a empresa, da cadeia de suprimentos aos canais de distribuição, portfólios de produtos e estruturas de precificação. Jung exigiu o lançamento de novos produtos e programas mais glamorosos e elegantes – e o fim do "Ding-dong! Avon chama!"

Na reunião de CEOs "Women's Wear Daily Beauty", Jung disse: "É preciso ser ousado, criterioso e meticuloso para manter a calma dos mercados financeiros. Mas acho que é preciso também conduzir o nível de mudança certo, se a meta é gerar taxas de crescimento de dois dígitos. Qualquer outra coisa não funciona". Ela fixou, para si própria, o prazo de três anos para implementar essa mudança, mas seus objetivos foram concretizados em 18 meses, e ela passou a ser conhecida como a "senhora da mudança".

A Avon continua a progredir. Na Rússia, a empresa se definiu como marca glamorosa, com um toque personalizado. Elena Degtyareva, diretora de marketing da Avon para aquele país, diz: "Hoje, não existe mercado mais empolgante ou competitivo no setor de cosméticos do que a Rússia, em que a Avon entrou com uma abordagem inédita e customizada". Na China, com a proibição de vendas a domicílio em 1998, a Avon passou a vender seus produtos em salões de beleza. A rede se expandiu com rapidez, e hoje conta com 10 mil pontos de venda e com um conceito de franquia com o correio chinês.

Além disso, a marca se diversificou em novas áreas. A marca "Mark" tem como público-alvo as mulheres universitárias que desejam deixar sua marca no mundo. Ela tem um premiado "magalog", publicação que combina revista e catálogo, para se comunicar com o público jovem e recrutar jovens revendedoras que desejam ganhar dinheiro e ser seus próprios chefes. A Avon também lançou a sua primeira marca para o público masculino, a "M", com produtos de cuidado pessoal e acessórios, e uma linha de sabonetes e de brinquedos para crianças.

A Avon se mantém como um ícone poderoso para a mulher moderna. As edições da competição de corrida Avon Running têm um enorme sucesso em fazer com que as mulheres saiam às ruas para melhorar o próprio condicionamento físico e angariar somas para instituições de caridade voltadas para a prevenção do câncer de mama. A marca também encoraja a discussão sobre uma série de questões sociais, como a violência doméstica.

Entretanto, é a rede – a rede humana de pessoas com ideias sintonizadas – que tornou a Avon uma das marcas de cosméticos mais bem-sucedidas do mundo.

8.2 COMO FAZER A MUDANÇA ACONTECER

O desenvolvimento de uma empresa centrada no cliente requer um processo de mudança estruturado e bem administrado. Ele não ocorre da noite para o dia, e é muito mais do que uma afirmação de intenção. A mudança precisa ser conduzida por líderes empresariais, minimizar riscos, liberar a energia mobilizadora das pessoas, fazer a diferença para os clientes, gerar resultados rapidamente para despertar a confiança e, no longo prazo, levar a uma grande transformação nos índices de desempenho. Esse processo tem quatro fases:

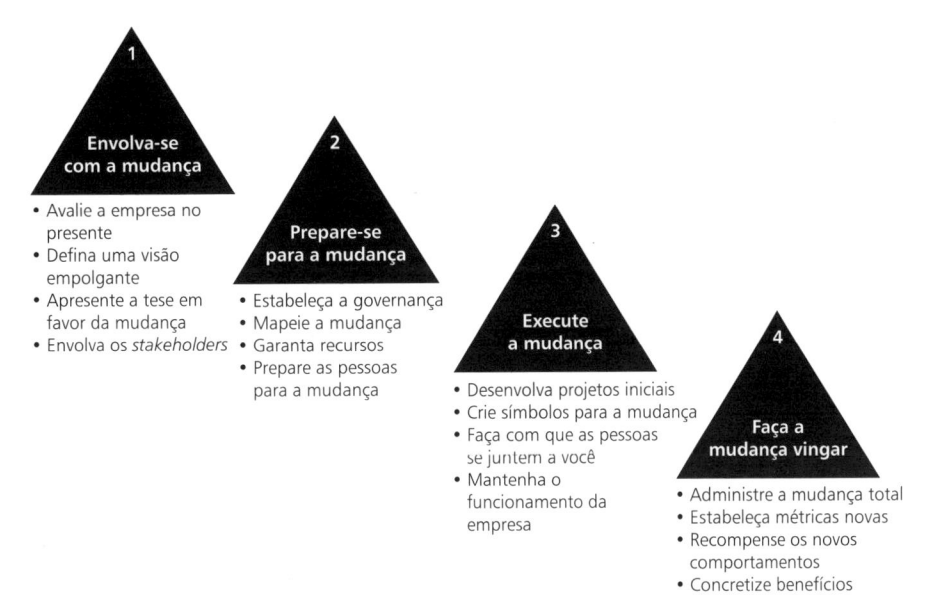

FAIXA 08 A transformação... a jornada para se tornar uma empresa centrada no cliente

1. Envolva-se com a mudança
- Avalie a empresa no presente
- Defina uma visão empolgante
- Apresente a tese em favor da mudança
- Envolva os *stakeholders*

2. Prepare-se para a mudança
- Estabeleça a governança
- Mapeie a mudança
- Garanta recursos
- Prepare as pessoas para a mudança

3. Execute a mudança
- Desenvolva projetos iniciais
- Crie símbolos para a mudança
- Faça com que as pessoas se juntem a você
- Mantenha o funcionamento da empresa

4. Faça a mudança vingar
- Administre a mudança total
- Estabeleça métricas novas
- Recompense os novos comportamentos
- Concretize benefícios

GESTÃO DA MUDANÇA: AS QUATRO FASES DA MUDANÇA PARA UMA EMPRESA CENTRADA NO CLIENTE

Fase 1: Envolva-se com a mudança. Todos os *stakeholders* precisam entender e apoiar a mudança – por que ela é necessária, o que ela envolve e como ela acontece.

- Avalie a empresa no presente – qual sua eficiência, como ela se compara com a concorrência em termos de boas práticas e também em aspectos mais amplos? Quais são seus pontos fortes e seus pontos fracos? O que precisa ser conservado, mudado ou eliminado? *Benchmarks*, alinhamento estratégico e análises de lacunas são importantes nesse sentido.

- Defina uma visão empolgante do futuro – essa visão talvez já exista no processo da estratégia, mas talvez seja preciso expressá-la em termos mais simples e claros. De que modo ela apoia o objetivo central da empresa? O que será diferente? Haverá melhorias? As equipes de funcionários podem ajudar a caracterizar as condições presente e futura da empresa de maneiras práticas.

- Apresente a tese em favor da mudança – expresse as razões pelas quais a situação presente não é sustentável e as consequências de se negar a mudança em comparação com os benefícios que ela trará – as portas que ela abrirá e o modo como será boa também para os funcionários. Esse tipo de comunicação precisa de tempo, cuidado, diálogos frequentes e reforços constantes.

- Envolva os *stakeholders* – esse passo precisa ser dado pelos líderes, que têm de projetá-lo, pôr fé nele e desejar sua concretização. Esse engajamento precisa ter dois sentidos – tem de ser ascendente, para ser prático e relevante, e descendente, para ter consistência. Patrocinadores, acionistas, fornecedores, agências reguladoras e sindicatos precisam ser envolvidos também. Esse passo pode representar uma oportunidade de sinalizar sua intenção junto aos clientes.

Fase 2: Prepare-se para a mudança. Envolve o mapeamento de um programa de mudança de horizontes – como a empresa alcançará a mudança por um caminho prático, com que ações e recursos, e qual a hora certa de começar?

- Estabeleça uma estrutura de governança – quem defenderá a mudança? Na situação ideal, essa pessoa seria o CEO. A sondagem dos *stakeholders* permite formar uma equipe de linha de frente que supervisione o projeto, ofereça apoio e mantenha todos engajados. É preciso indicar um líder e um gerente de projetos e recrutar uma equipe de projetos formada por representantes de todos os departamentos da empresa. Papéis e responsabilidades precisam ser definidos.

- Mapeie a mudança – é preciso encontrar o equilíbrio entre os imperativos financeiros e os aspectos que fazem mais sentido para os funcionários. Existe também a necessidade de abrir os horizontes da mudança, para que ela se torne menos assustadora, mais administrável e possa ser expressa com simplicidade. O "plano de mudança" deve incluir pontos de referência, linhas do tempo e sucessos de concretização rápida, resultados que criam confiança.

- Reúna os recursos necessários para a mudança – obtenha os fundos, as pessoas e outros recursos para apoiar a mudança. Você precisará da ajuda de um especialista – que ofereça suporte técnico e uma visão nova e independente. Considere as implicações legais da mudança, inclusive os direitos trabalhistas dos funcionários. Isso exige argumentação e aprovação.

- Continue preparando as pessoas para a mudança, com comunicação ininterrupta – não se limite a dizer que haverá uma reestruturação, com novos cargos e novas cadeias hierárquicas. É preciso envolver os funcionários nas razões e oportunidades mais amplas trazidas pela mudança, talvez permitindo que eles próprios definam novos processos e comportamentos, depois as opções e alterações são discutidas.

Fase 3: Execute a mudança. Fazer a mudança acontecer converge para as pessoas e para a gestão eficiente, conservando o ritmo da mudança e superando as barreiras da resistência.

- Desenvolva projetos iniciais que apresentem a mudança em áreas predefinidas. Será necessário explorar esses projetos como exemplos, com a transferência de capacitações de uma área para outra, mostrando às pessoas o que pode ser esperado na prática. Utilize esses projetos-piloto para aprender a implementar a mudança com maior rapidez e eficiência. Com isso, a mudança evolui, ganhando concretude e simplicidade.

- Crie símbolos para a mudança. Identifique as partes do programa, pequenas e significativas, que representem a ideia geral da mudança. Mesmo sendo CEO, você terá de abrir mão de seu escritório espaçoso e se mudar para uma área sem paredes, terá de gerar um novo serviço para os clientes, considerar a renovação da marca da empresa, tudo ao mesmo tempo. Além disso, lance novos programas de aprendizado e desenvolvimento que deixem claro que seus funcionários são importantes.

- Faça com que as pessoas se juntem a você. Não é fácil deixar de lado as velhas práticas administrativas e vencer o medo do novo. Concentre seus esforços em corações e mentes, efetuando a mudança na cultura e nos processos da empresa ao mesmo tempo, pois assim as pessoas terão em mãos as ferramentas necessárias para fazer o que julgam certo. Mantenha o diálogo com seus funcionários, encorajando a comunicação, lidando com as preocupações deles e compartilhando as suas – seja o treinador de suas equipes.

- Mantenha o funcionamento da empresa. A paralisação da empresa pode se tornar o pior aspecto da mudança. Incertos acerca de seus futuros, os funcionários param de trabalhar ou, no mínimo, diminuem a velocidade do trabalho. Isso pode significar a morte da companhia. Os gerentes de seus departamentos precisam manter o foco no presente, incorporando novos processos e comportamentos assim que o momento certo chegar.

Fase 4: Faça a mudança vingar. A mudança precisa ser acompanhada até o fim, mantendo compromissos com ela e garantindo que ela se torne o novo "os negócios de sempre" o mais rápido possível.

- Administre a mudança com uma equipe dedicada a isso a seu lado, formada sem vínculos com os modos antigos de gestão. Esse programa, composto por diversos projetos paralelos, precisa ser ativamente coordenado e executado, levando em conta ações e recursos, verbas e riscos. Os grupos de comando não podem deixar de avaliar o progresso a intervalos regulares, fazendo as adaptações necessárias.

- Conserve o ritmo da mudança com o desenvolvimento de mecanismos de sustentabilidade que reforcem as novas práticas de trabalho. Introduza uma nova abordagem para a estratégia e a tomada de decisão. Defina com clareza as novas prioridades e indicadores do sucesso. Encoraje a adoção de novos hábitos e rituais. Conte a história de como a organização saiu de sua condição passada e encontre razões para celebrar o sucesso.

- Recompense os novos comportamentos com a reestruturação dos principais índices de desempenho, com planejamento de carreiras, estruturas de capacitação, pacotes de vantagens, programas de incentivos e recompensas que representem e encorajem novos comportamentos. Tudo o que é medido é feito, mas são os fatores que geram os bônus dos funcionários que rapidamente se tornam a nova prioridade.

- Garanta que a mudança gere um impacto no negócio, uma mudança radical no desempenho dos negócios, modos mais eficientes e efetivos de trabalhar, dando vida a uma nova marca ou a uma nova posição competitiva, além de aperfeiçoar a experiência do cliente. Divulgue o sucesso, reforce as mensagens do mundo melhor que vem pela frente, e mantenha os ajustes e as melhorias.

Com isso, a nova empresa se torna um lugar incrível para se trabalhar. Ela cria um novo começo para a construção de uma reputação inédita no mundo real, conduzindo a inovação e permitindo novos níveis de serviço, influenciando as opiniões de analistas e de investidores e criando o potencial para uma pessoa brilhar como líder.

Insight 49: SKODA

Em 1894, Václav Klement era um jovem vendedor de livros na cidade tcheca de Mlada Boleslav, que na época pertencia ao Império Austro-Húngaro. Porém, sua principal paixão era o ciclismo. Depois de um acidente enquanto pedalava em sua adorada bicicleta Seidel and Naumann, ele não conseguiu mais encontrar as peças necessárias para fazer o conserto e escreveu uma carta (em tcheco) aos fabricantes alemães pedindo ajuda. Eles responderam que, se a carta não fosse escrita em alemão, não poderiam ajudá-lo. Indignado, ele decidiu fabricar as peças ele mesmo.

Com o final da Primeira Guerra Mundial, Klement e seu parceiro Václav Laurin passaram a fabricar caminhões. Mais recursos eram necessários para o negócio e, por isso, eles fizeram uma fusão com a Skoda Works, a maior indústria da Tchecoslováquia na época. A empresa adotou a marca Skoda e teve seu primeiro grande sucesso de vendas com o modelo Popular, no final da década de 1930, um nome que seria visto com frequência nas décadas seguintes. A Skoda continuou a evoluir no regime comunista do final da década de 1940 e na década de 1950: os veículos eram robustos e confiáveis, embora o design e o conforto não fossem sua principal preocupação.

Nas décadas de 1960 e 1970, os modelos com tração traseira eram motivo de chacota por seu visual ultrapassado e feio. Mesmo assim, eles venceram o Rally RAC em sua classe por 17 anos consecutivos. O modelo conversível chamado Skoda Rapid ganhou o apelido de "Porsche dos pobres", e ficou popular em toda a Europa na década de 1980. Mais importante foi o lançamento, em 1987, do modelo Favorit, desenvolvido em parceria com a empresa italiana de design Bertone.

Mas os carros da Skoda ainda eram motivo de piada. "Por que você precisa de um para-brisa com aquecimento em um Skoda?", perguntava uma piada, "Para manter suas mãos quentes enquanto o empurra", era a resposta quase cômica.

A "Revolução de Veludo", que levou à queda do comunismo na antiga Tchecoslováquia, trouxe grandes mudanças, e o governo passou a procurar um parceiro no exterior para investir na montadora. A empresa escolhida foi a Volkswagen, por sua disposição em fabricar veículos no próprio país. A empresa alemã reconheceu que a Skoda tinha sido uma fantástica montadora de automóveis e que poderia voltar a ser grande. Ela acrescentou experiência e investimento – sobretudo nos quesitos estilo e engenharia – sem deixar de reconhecer a qualidade dos carros que a empresa tcheca fabricava. A Skoda conservou a independência da marca, desenvolvendo novos modelos que, por vezes, partilhavam as mesmas plataformas utilizadas pelo Golf e pelo Passat e que, contudo, eram projetados de modo totalmente individualizado.

A marca adotou lemas publicitários icônicos, como "É um Skoda, pode acreditar", e imagens da linha de produção em que os trabalhadores não estavam certos se colocariam ou não a chapinha identificadora da marca Skoda nos carros, que de tão bonitos – "certamente não poderiam ser da Skoda". A mensagem abordou a questão da imagem de forma direta e foi bem-sucedida, mas não unânime. Nenhuma marca tem de agradar a todos, porém. Para o público que buscava a combinação de preço baixo e qualidade, a Skoda oferecia valor para o dinheiro do cliente e simbolizava a "Nova Europa", voltada para o futuro.

A marca chegou a ficar em segundo lugar, atrás do Lexus, na pesquisa de satisfação do cliente da JD Power. Ela era diferente, pois inspirava forte fidelidade em seus clientes. Ela continuou lançando novos modelos, inclusive um utilitário e um modelo de três portas para circulação em ambientes urbanos. Com o crescimento da demanda, a empresa abriu novas unidades de fabricação e linhas de montagem na Bósnia, para atender aos mercados da Europa meridional e da Índia, de olho também no crescente mercado de automotivos da Ásia. Em 2006, a Skoda ultrapassou a marca de meio milhão de veículos.

Theodora, uma romena defensora da Skoda, descreveu seu "amor pela marca" com as seguintes palavras: "Eu amo a Skoda. O primeiro carro da família foi um Skoda... Mesmo levando um dia inteiro para chegar ao litoral, nada me divertiu tanto quanto as aventuras que tivemos com nosso Skoda".

Talvez o mais importante seja o desempenho da empresa no relacionamento com o bem-sucedido Grupo Volkswagen, que inclui marcas como a Seat, Audi, Bentley e Bugatti. Após 16 anos como parte da Volks, e com a ajuda de um investimento de US$14 bilhões, em 2007 as vendas da Skoda chegaram a US$5,6 bilhões e os lucros a US$492 milhões – que representam 8,3% das receitas totais do grupo e 15,4% de seu lucro operacional.

8.3 A INSPIRAÇÃO DA VIRGIN

Ele é um dos empreendedores mais famosos do mundo: o defensor dos clientes, sempre gerando negócios que façam mais por eles.

Richard Branson é uma da mentes empresariais mais bem-sucedidas de nossa geração. Ninguém duvida de seus instintos de sobrevivência. Em meio a crises financeiras em seus negócios e voos em balões a 290 quilômetros por hora na rota dos aviões e sem combustível suficiente, Branson diz que "defino objetivos gigantescos e aparentemente impossíveis para mim, sempre tentando superá-los."

Na escola, Branson tinha excelentes desempenhos em esportes, embora uma leve dislexia implicasse algumas dificuldades de aprendizado. Suas primeiras ideias sobre negócios foram concebidas na biblioteca da escola e envolviam árvores de Natal, papagaios australianos e escrever histórias de suas conquistas sexuais. Essas iniciativas não decolaram, mas em 1967, sua ideia de criar uma revista chamada *Student* teve sucesso. Ele vendia os espaços publicitários da publicação pelo telefone público em frente à escola, na hora do recreio, e não tardou em conseguir publicar sua primeira edição. Ele costumava pedir à telefonista da companhia telefônica que completasse a ligação com clientes em potencial se passando por sua secretária. Com a ajuda da telefonista e de entrevistas com astros como Mick Jagger, a revista virou um sucesso.

Branson deixou a Escola Stowe aos 15 anos, com seu diretor prevendo que ou ele se tornaria um milionário ou iria parar na cadeia. Branson conseguiu as duas coisas.

Ele se tornou um empreendedor para conseguir manter a *Student* de pé. Fazia tempo que utilizara o "investimento" de £7 feito por sua mãe, e agora concebia seu novo plano de negócios na casa que ocupava, precária e ilegalmente, em Londres. Naquela fase, ele vendia discos com desconto pela revista, um conceito novo na época. Ele chamou o serviço de "Virgin Mail Order", porque era administrado por "um bando de virgens no mundo dos negócios". Foi assim que nasceu a marca. Os pedidos de discos não paravam de chegar, mesmo tendo sido preso por um breve período, aos 21 anos, por importar discos sem pagar as taxas certas. Ele fez um acordo com as autoridades aduaneiras e foi solto.

A Virgin inaugurou sua primeira loja de discos em 1971, na Oxford Street de Londres. Em seguida, Branson construiu um estúdio fonográfico no condado de Oxfordshire e abriu sua própria gravadora. Mike Oldfield (responsável pelo primeiro milhão de cópias vendidas pela gravadora com o disco *Tubular Bells*) e os Sex Pistols (que fizeram Branson passar alguns dias na cadeia novamente, devido à linguagem obscena usada nos discos) foram os primeiros contratados pela gravadora. Outros artistas, como Phil Collins, Boy George e Janet Jackson vieram na sequência.

Quando, em 1984, um advogado norte-americano procurou Branson com a ideia de fundar uma nova companhia aérea, ele ficou superempolgado. A Virgin Atlantic foi seu empreendimento mais arriscado, e também o mais lucrativo. "Meu momento de maior orgulho", diz ele, "foi quando enfrentei as principais companhias aéreas do mundo com um Jumbo sem ter noção exata do que fazer depois".

Hoje, existem cerca de 450 empresas com a marca Virgin, a maioria das quais *joint ventures*, que operam de forma independente sob o comando de seus próprios conselhos de administração. Juntas, essas empresas geram mais de £10 bilhões em receitas anuais, e são parte da "maior empresa privada da Europa", conforme acrescenta Branson, orgulhoso.

Em 2008, entrevistei Branson diante de uma plateia de 2.500 pessoas no Fórum de Negócios de Londres. Na ocasião, perguntei como ele conseguia administrar tantas empresas e, mesmo assim, manter a proximidade com todos seus clientes.

> "É importante refletir sobre o que a empresa realmente faz. As pessoas pensam em balancetes, lucros e prejuízos. Mas, na verdade, a questão toda é criar coisas, ter uma visão, criar algo extremamente especial e, então, fazer todas as coisas do jeito certo, nos mínimos detalhes – algo que seja motivo de grande orgulho para você e também para outras pessoas. A empresa em si e seus aspectos financeiros são adaptados no final do processo. Se você criou algo especial de verdade, as pessoas vêm até você, pagam pelo que compram e isso dá os recursos para pagar salários e investir na criação de negócios ainda melhores.
>
> Se você se limitar à opinião de contadores, ouvirá de alguns que sua empresa renderá um bom dinheiro e de outros que ela é simplesmente uma péssima ideia. Basicamente, eles não têm a menor ideia do que dizem. Cabe a você e à sua equipe criar algo especial de verdade, que as pessoas

realmente vão querer. Não permita a entrada dos contadores nesse processo antes de ele estar totalmente definido."

O Virgin Group é bem mais do que uma empresa de capital de risco que emprega fundos de empresas existentes para abrir novas empresas, que utiliza ativos e recursos disponíveis. Branson tem sete "braços direitos", que sentam a seu lado nas reuniões de cada negócio da Virgin e dividem ideias, nutrem a marca e garantem que o grupo não deixe nenhum detalhe passar.

Os 50 mil funcionários do Virgin Group adoram seu líder, e muitos têm a chance de se juntarem a ele em um final de semana ou na Ilha Necker, propriedade particular de Branson. Ele, por sua vez, adora passar um tempo com seus funcionários, no trabalho ou em uma festa. Embora seja um sujeito calmo, informal e sempre pronto para se divertir, ele também tem uma incrível disposição para ouvir as pessoas – ouvir ideias, sugestões ou assuntos para sua próxima aventura.

Mais tarde, perguntei a ele qual era o seu segredo. Ele respondeu sem hesitar: "Eu amo as pessoas. Eu adoro ouvir as pessoas, estar com elas e concretizar coisas ao lado delas".

Hoje, Branson passa apenas um terço de seu tempo em suas empresas. Esse tempo é dividido entre o raciocínio criativo – qual será o próximo passo, por que não fazer algo – e ser o rosto público da sua marca. No mais recente anúncio da Virgin Media, Branson interpreta um cirurgião plástico que oferece seus préstimos para melhorar a aparência da ex-Spice Girl Mel B. Inesquecível é o comercial de uma de suas empresas australianas, em que ele fingia estar recebendo sexo oral em uma *jacuzzi* (o lema era Just think "down under"[*], ou pense nas coisas lá embaixo).

Branson é inspirador e excepcional. É um modelo para todo o empreendedor que ousa realizar o extraordinário. Ele nunca para de defender a causa dos clientes e de tentar melhorar a vida de cada um deles.

---

[*] N. de T.: Designação informal e popular para a Austrália, Nova Zelândia e outras ex-colônias britânicas do Pacífico Sul.

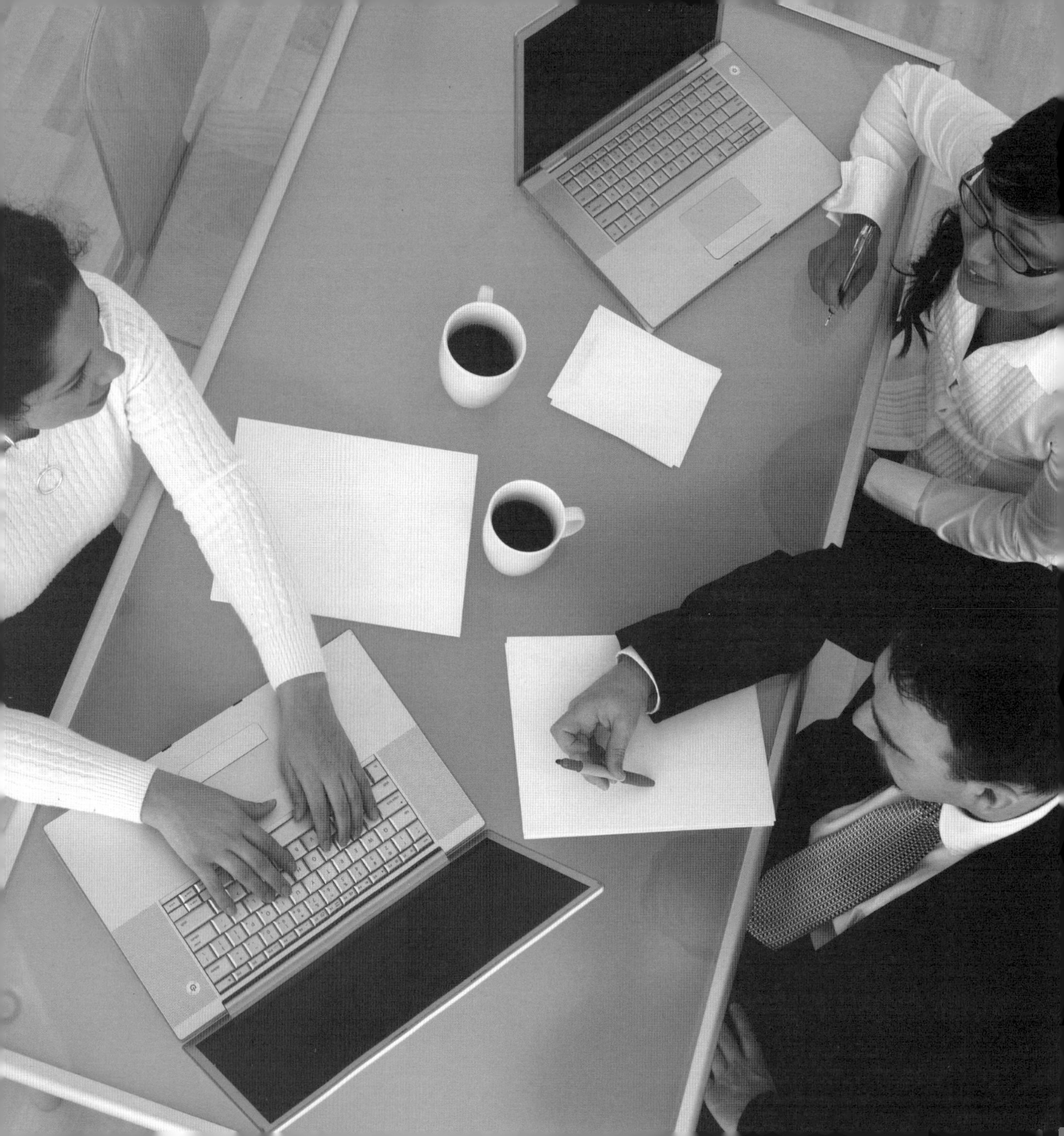

Apêndice

O laboratório do gênio

O laboratório do gênio

As ferramentas do gênio

Os livros do gênio

O gênio ao vivo

Os trabalhos do gênio

A busca pelo alto desempenho envolve uma diversidade de desafios, não importa se você é o líder de uma empresa grande ou pequena. Se considerarmos que um "gênio" é a pessoa que tem a habilidade de manter duas ideias conflitantes em seu cérebro ao mesmo tempo, você provavelmente sentirá que muitas vezes precisa ser um gênio.

Do empreendedorismo ao crescimento, da estratégia à inovação, dos clientes às proposições, da mudança ao desempenho, exploramos os principais desafios que uma empresa tem de enfrentar.

Acredito que uma empresa de pequeno porte é capaz de levar adiante o mesmo número de ideias que uma empresa de grande porte. Embora essas noções pareçam ser típicas "ideias para empresas grandes", organizações menores geralmente as tornam realidade com maior rapidez e eficiência, com grande vantagem sobre gigantes desajeitadas que lutam para se mover.

Para mais informações e atualizações regulares, visite o site www.customergeniuslive.com.

O MAPA PARA A EMPRESA CENTRADA NO CLIENTE

Existem 10 dimensões com 30 ferramentas e 150 ações a serem implementadas em sua empresa centrada no cliente.

- Jogo de ferramentas do cliente 1: A visão do cliente
- Jogo de ferramentas do cliente 2: A estratégia do cliente
- Jogo de ferramentas do cliente 3: Os insights do cliente
- Jogo de ferramentas do cliente 4: As proposições para o cliente
- Jogo de ferramentas do cliente 5: As soluções para o cliente
- Jogo de ferramentas do cliente 6: As conexões com o cliente
- Jogo de ferramentas do cliente 7: As experiências do cliente
- Jogo de ferramentas do cliente 8: O serviço ao cliente
- Jogo de ferramentas do cliente 9: Os relacionamentos com o cliente
- Jogo de ferramentas do cliente 10: O desempenho do cliente

Jogo de ferramentas do cliente 1: A visão do cliente

A visão do cliente → A estratégia do cliente / Os insights do cliente → As proposições para o cliente / As conexões com o cliente → As soluções para o cliente / As experiências do cliente → O serviço ao cliente / Os relacionamentos com o cliente → O desempenho do cliente

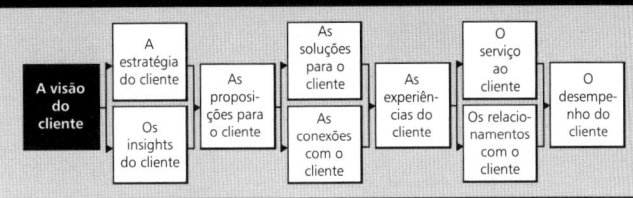

A proposta para o cliente
Como definir uma razão mais envolvente para fazer negócios que agreguem valor à sociedade.

1. Considere o que a missão, a visão ou a estratégia atuais de sua empresa fazem pelo cliente, e os benefícios que trazem a ele.
2. Envolva os líderes da empresa e os clientes em uma "conversa séria" sobre suas aspirações.
3. Crie uma visão semelhante a um "mosaico" sobre como a empresa pode melhorar a sociedade e a vida das pessoas.
4. Avalie as implicações, as oportunidades e os sacrifícios que a visão exigirá.
5. Defina e expresse essa avaliação como uma "proposta para o cliente", que descreva como a empresa consegue melhorar a vida das pessoas.

A marca do cliente
Como articular a marca com base nas aspirações do cliente e no que você lhe possibilita fazer.

1. Defina o público-alvo da marca, que pode ser uma marca corporativa, uma marca de produto ou uma marca subsidiária.
2. Explore o que as pessoas buscam atingir por intermédio da marca, e o que ela lhes possibilita fazer.
3. Considere as alternativas para os clientes e o modo como a marca lhes permite fazer mais.
4. Expresse o modo como os clientes se sentiriam sobre a marca, e a "palavra certa" que represente essas emoções.
5. Recorra à criatividade para desenvolver um mapa da marca que defina como pôr em prática a "grande ideia".

O alinhamento com o cliente
Como reunir todos os *stakeholders*, transformando a proposta em algo relevante e empolgante.

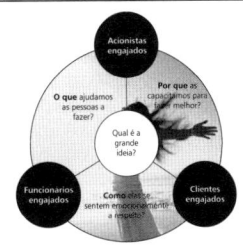

1. Considere todos os *stakeholders*, interna e externamente – os clientes, funcionários e acionistas.
2. Considere as aspirações e prioridades de cada grupo, e os segmentos no interior de cada um.
3. Desenvolva comunicações relevantes com base no modo como a proposta se vincula às motivações desses grupos.
4. Garanta a coerência entre todos os *stakeholders* e o modo como oferecem suporte mútuo uns aos outros.
5. Dê vida à proposta por meio de uma liderança simbólica e de aspectos concretizáveis para o cliente.

A VISÃO DO CLIENTE: FERRAMENTAS E AÇÕES PRÁTICAS

Jogo de ferramentas do cliente 2: A estratégia do cliente

A visão do cliente → **A estratégia do cliente** / Os insights do cliente → As proposições para o cliente → As soluções para o cliente / As conexões com o cliente → As experiências do cliente → O serviço ao cliente / Os relacionamentos com o cliente → O desempenho do cliente

---

A rentabilidade do cliente
Como identificar os lucros atuais (e futuros) gerados pelos clientes; geradores e destruidores de valor.

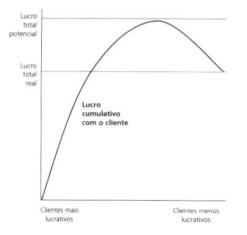

(Gráfico: Lucro total potencial, Lucro total real, Lucro cumulativo com o cliente — Clientes mais lucrativos / Clientes menos lucrativos)

1. Comece desenvolvendo um banco de dados com uma "visão unificada" dos clientes, alocando receitas a cada um.
2. Defina os diversos custos associados a transações e relacionamentos existentes.
3. Aloque esses custos, quando for possível, a clientes individuais, ou prepare estimativas razoáveis.
4. Considere a rentabilidade existente dos clientes, e talvez o comportamento futuro dessa rentabilidade.
5. Avalie a curva de lucro, identificando como um nível de lucro ótimo pode ser concretizado.

A segmentação dos clientes
Como segmentar os clientes fisicamente, por valor e motivações para visar ao "melhor grupo".

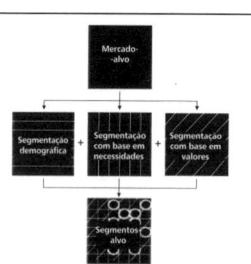

(Diagrama: Mercado-alvo → Segmentação demográfica + Segmentação com base em necessidades + Segmentação com base em valores → Segmentos-alvo)

1. Desenvolva um modelo demográfico dos clientes, utilizando dados existentes e comparando perfis externos.
2. Acrescente dados de rentabilidade, começando com as receitas, e complete com custos que podem ser alocados de forma adequada.
3. Identifique os segmentos mais rentáveis (atuais e futuros) e acrescente atitudes e dados para fins de motivação.
4. Agrupe os clientes por suas principais motivações. Então, avalie o quanto vale cada um e as características que têm em comum.
5. Vise aos melhores segmentos em termos de valor, identificando com clareza quem são e o que desejam.

A gestão do cliente
Como tratar cada cliente com uma abordagem individualizada para suas necessidades e potenciais.

(Matriz: Comportamento futuro × Comportamento atual, Não rentável / Rentável — Estratégia para futuras estrelas: Incentivar e mudar comportamentos; Estratégia para campeões: Recompensar e crescer de modo lucrativo; Estratégia para retardatários: Reduzir os custos ou eliminar; Estratégia para estrelas em queda: Sustentar com maior eficiência)

1. Desenvolva uma estratégia para os clientes – quais deles visar, o que desejam e como envolvê-los.
2. Desenvolva diferentes subestratégias para cada segmento-alvo, com objetivos específicos.
3. Especifique como você vai atrair, atender, reter e desenvolver cada segmento pelos caminhos mais apropriados.
4. Desenvolva proposições, soluções e experiências relevantes para dar suporte a cada estratégia.
5. Administre e coordene essas diferentes estratégias, para equilibrar o desempenho de curto e de longo prazo.

A ESTRATÉGIA DO CLIENTE: FERRAMENTAS E AÇÕES PRÁTICAS

Jogo de ferramentas do cliente 3: Os insights do cliente

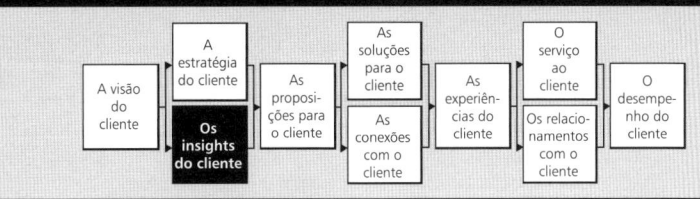

A inteligência do cliente
Como reunir todo o quebra-cabeças de seus clientes em um só local, dando sentido à visão mais ampla.

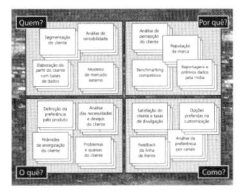

1. Identifique e colete todas as diferentes fontes de informações sobre o cliente, tanto dentro quanto fora da empresa.
2. Desenvolva um quadro em branco do tamanho de uma parede, parecido com uma "tela" dividida em quatro partes: quem, por que, o que e como.
3. Afixe os principais dados e insights de documentos nas partes adequadas.
4. Envolva a equipe de projeto na descoberta de conexões entre os diferentes itens de dados.
5. Solicite à equipe que desenvolva uma imagem mais detalhada e ampla do cliente, que possa ser atualizada com regularidade.

A imersão no mundo do cliente
Como mergulhar fundo no mundo dos clientes, em suas vidas, seus sonhos, seus reais objetivos e necessidades.

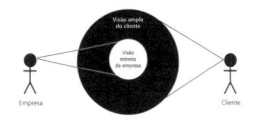

1. Sugira as principais questões e ideias (utilizando a tela do cliente) para investigar os clientes em mais detalhes.
2. Envolva a equipe de projeto (inclusive os líderes da empresa), para que passem mais tempo conversando sobre clientes individuais.
3. Discuta suas vidas em âmbitos mais amplos, sobre o que desejam concretizar, o que é mais importante e o que os influencia.
4. Examine cada uma dessas áreas de questões e ideias em detalhe, buscando paralelos e práticas comuns entre setores.
5. Resuma sua experiência direta com clientes por escrito, compartilhe-a com a equipe, dê vida a ela e narre sua história.

Os insights do cliente
Como descobrir o que realmente motiva os clientes, racional e, sobretudo, emocionalmente.

1. Interprete as informações existentes e inéditas sobre os clientes por meio da imersão e outras técnicas de pesquisa.
2. Identifique os fatores mais importantes para o indivíduo ou segmento de clientes.
3. Defina os itens essenciais, os que são pré-requisitos para enfrentar esse desafio.
4. Defina os itens de capacitação, as coisas que os clientes não conseguem realizar no momento, mas que buscam racionalmente conseguir.
5. Defina os itens energizantes, os fatores mais emocionais, ainda que pequenos, mas que realmente empolguem os clientes.

OS INSIGHTS DO CLIENTE: FERRAMENTAS E AÇÕES PRÁTICAS

Jogo de ferramentas do cliente 4: As proposições para o cliente

A visão do cliente → A estratégia do cliente / Os insights do cliente → **As proposições para o cliente** → As soluções para o cliente / As conexões com o cliente → As experiências do cliente → O serviço ao cliente / Os relacionamentos com o cliente → O desempenho do cliente

O contexto do cliente
Como definir o contexto mais amplo em que o cliente percebe os desafios que tem pela frente e as soluções em potencial.

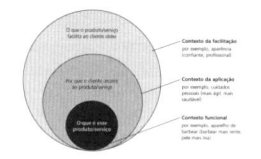

1. Considere um segmento-alvo por vez, utilizando a imersão e outras técnicas de pesquisa.
2. Identifique as questões específicas, e também as mais amplas, de cada cliente, além dos problemas, objetivos e oportunidades.
3. Utilize as "árvores de associação" para explorar criativamente os conceitos adjacentes, à medida que se ramificam.
4. Aumente a "árvore" em diferentes direções, considerando, principalmente, as aplicações do produto e o que ele permite fazer.
5. Agrupe os fatores em três círculos aninhados, cada um com um contexto de cliente mais amplo.

A proposição para o cliente
Como expressar o valor e os benefícios para um cliente ou segmento-alvo específico.

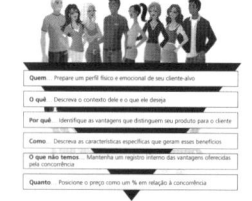

1. Mais uma vez, considere cada segmento-alvo em separado, e os insights e contextos relevantes.
2. Defina os objetivos do cliente, o que ele está tentando realizar – necessidades/desejos, questões/objetivos.
3. Descreva como você pode ajudá-lo a atingir esses objetivos da melhor maneira possível – com os benefícios exclusivos que você oferece.
4. Identifique uma posição de preço adequada em relação à concorrência/alternativas, considerando esses benefícios.
5. Utilize a proposição para se focar no negócio, para informar as agências e expressar mensagens externamente.

A narrativa do cliente
Como estabelecer um diálogo com os clientes sobre eles mesmos, seus problemas e soluções que procuram.

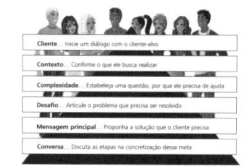

1. Transforme uma proposição em uma narrativa – uma história, uma publicidade, uma apresentação, algumas cartas ou conversas.
2. Comece pela situação do cliente, mostrando que você entende exatamente o que ele está tentando atingir.
3. Apresente uma razão por que esse percurso será difícil – mencione pesquisas novas, ou algo que eles não haviam considerado.
4. Apresente, com grandiloquência, a principal questão para o cliente e então revele a resposta, sua proposição para ele.
5. Apoie essa mensagem com argumentos e passos para atingi-la.

AS PROPOSIÇÕES PARA O CLIENTE: FERRAMENTAS E AÇÕES PRÁTICAS

APÊNDICE 371

Jogo de ferramentas do cliente 5: As soluções para o cliente

A visão do cliente → A estratégia do cliente / Os insights do cliente → As proposições para o cliente / As conexões com o cliente → **As soluções para o cliente** → As experiências do cliente / Os relacionamentos com o cliente → O serviço ao cliente → O desempenho do cliente

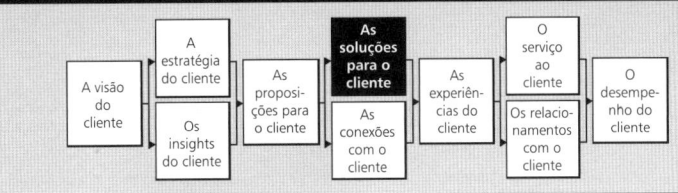

A colaboração do cliente
Como colaborar com os clientes para desenvolver melhores soluções para indivíduos e comunidades.

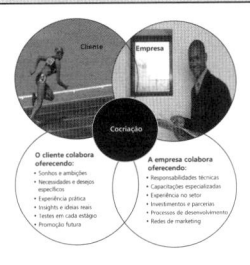

1. Convide e encoraje os clientes a tomarem parte do projeto ou da melhoria de produtos e serviços.
2. Explore suas prioridades e preferências, trabalhando em conjunto para conceber as soluções certas.
3. Desenvolva a solução prática rapidamente, avaliando-a e modificando-a com a ajuda do cliente durante o processo.
4. Implemente a solução com o cliente, ajudando-o a aplicá-la com eficiência e a tirar o melhor proveito dela.
5. Capture o que foi aprendido com as colaborações de indivíduos para transformar esse novo conhecimento em soluções padronizadas.

A inovação do cliente
Como inovar em todos os aspectos do negócio e aperfeiçoar a rentabilidade da experiência do cliente.

1. Defina com clareza o objetivo da inovação, o problema ou a oportunidade que devem ser tratados.
2. Explore criativamente o modo de concretizar esse objetivo, utilizando os insights do cliente, as rupturas e os paralelos.
3. Combine as melhores ideias na forma de conceitos distintos, visualizando-os e aprimorando-os.
4. Concentre-se nos melhores conceitos, avaliados em exames rápidos e intuitivos pela equipe de projeto.
5. Acelere a implementação das melhores ideias, inovando também as maneiras com que são concretizadas e postas em prática pelos clientes.

As soluções do cliente
Como construir soluções moleculares que tratem dos reais desafios do cliente de modo distinto.

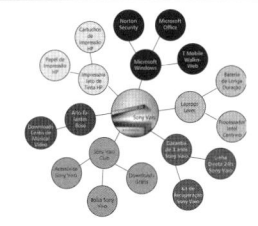

1. Encoraje a mentalidade da solução focada no cliente – assim, todos atuam como solucionadores de problemas.
2. Reconheça os diversos componentes que entram na composição das soluções – serviços e produtos multimarcas.
3. Expresse esses grupos de soluções como "moléculas", e defina o conceito que refletem com maior abrangência.
4. Concentre seus esforços nas soluções moleculares mais diferentes e enriquecedoras, em suas operações de comunicação e de vendas.
5. Ofereça suporte ao cliente na implementação e na aplicação de soluções totais, não apenas em seus próprios produtos.

AS SOLUÇÕES PARA O CLIENTE: FERRAMENTAS E AÇÕES PRÁTICAS

Jogo de ferramentas do cliente 6: As conexões com o cliente

A visão do cliente → A estratégia do cliente / Os insights do cliente → As proposições para o cliente → **As soluções para o cliente / As conexões com o cliente** → As experiências do cliente → O serviço ao cliente / Os relacionamentos com o cliente → O desempenho do cliente

---

A reversão do cliente
Como aprender a executar todos os aspectos do negócio quando, onde e como o cliente deseja.

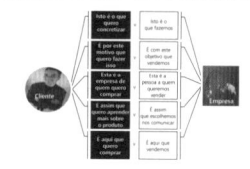

1. Explore, ao lado do cliente, os modos como ele deseja aprender a respeito de sua empresa, comprar dela e receber suporte.
2. Considere todas as atividades que relacionam você a seus clientes, e como elas podem ser "revertidas".
3. Redefina o branding, a comunicação, as vendas, o serviço, o suporte etc., nos termos do cliente.
4. Identifique as principais alterações nos processos que reflitam essa abordagem de "reversão" e priorize sua implementação.
5. Reflita sobre como transformar essas alterações em aspectos diferenciadores e representativos da experiência de seu cliente.

As mídias em rede
Como se comunicar por meio de novas mídias interativas, virais, não roteirizadas e que não estão sob seu controle.

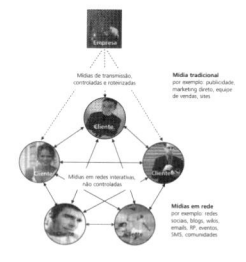

1. Mapeie todas as formas administradas e não administradas de comunicação que existem em seu mercado.
2. Avalie a eficiência de cada uma delas em termos de custos e receitas, velocidade, confiança e impacto.
3. Identifique os aspectos da atividade de comunicação, para deixar as mídias de transmissão e adotar as mídias de rede.
4. Reflita como você pode utilizar, com mais eficiência, os conteúdos gerados pelos usuários dessas mídias, como blogs, avaliações e classificações.
5. Dê prioridade às maneiras de estimular e dar suporte à comunicação boca a boca de natureza pessoal e viral.

Os portais do cliente
Como executar sua distribuição por meio de portais, não de canais que atuem em nome do cliente.

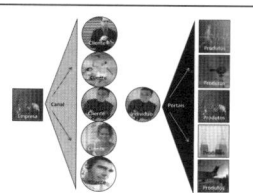

1. Reconsidere o papel de seus intermediários – como eles acrescentam valor para seu consumidor final.
2. Avalie todos os canais de distribuição em termos da disponibilização de consultoria e soluções customizadas a seu cliente.
3. Reflita sobre as possibilidades de canais tipo "portais" em seu mercado e sobre o papel que sua empresa desempenha neles.
4. Decida se sua empresa está mais inclinada a ser um portal ou se é um elemento que pode ser acessado por intermédio dele.
5. Redesenvolva sua estratégia de distribuição com base nessa escolha, trabalhando na forma de novos portais ou ao lado deles.

AS CONEXÕES COM O CLIENTE: FERRAMENTAS E AÇÕES PRÁTICAS

Jogo de ferramentas do cliente 7: As experiências do cliente

A visão do cliente → A estratégia do cliente / Os insights do cliente → As proposições para o cliente → As soluções para o cliente / As conexões com o cliente → **As experiências do cliente** → O serviço ao cliente / Os relacionamentos com o cliente → O desempenho do cliente

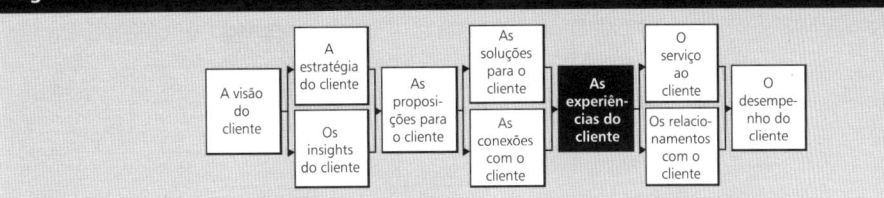

O mapeamento da experiência
Como mapear a experiência total que os clientes têm de sua marca.

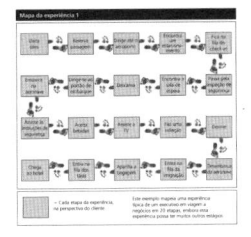

1. Forme uma pequena equipe interdepartamental que defina a experiência total de alguns clientes específicos.
2. Mapeie cada passo da jornada – desde a compreensão inicial da necessidade até a concretização dos objetivos do cliente.
3. Redija cada uma dessas etapas na linguagem do cliente, em folhas de papel individuais e com um adesivo no verso, para poder organizá-las visualmente.
4. Avalie a eficiência de cada etapa para o cliente utilizando o "batimento cardíaco do cliente", por exemplo.
5. Identifique as etapas positivas e negativas do ponto de vista do cliente.

A inovação na experiência
Como identificar as oportunidades para melhorar a experiência do cliente.

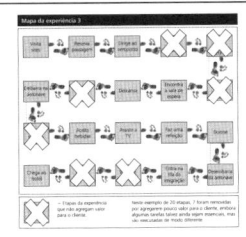

1. Elimine todas as etapas que, no presente, não acrescentam valor para o cliente (por exemplo, pagar a conta).
2. Reflita sobre como as atividades essenciais (por exemplo, receber um pagamento) podem ser executadas de maneira mais positiva.
3. Identifique os caminhos para "racionalizar" as etapas necessárias, para que sejam mais rápidas e mais fáceis para o cliente.
4. Identifique os modos de "aprimorar" as outras etapas, para que acrescentem mais valor ao cliente.
5. Identifique os caminhos para "inovar" a experiência (por exemplo, com a combinação ou o reordenamento das etapas do cliente).

A ativação da experiência
Como fazer mais pelos clientes e dar vida à marca para cada um deles.

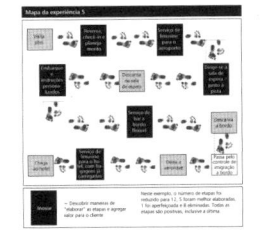

1. Mapeie a experiência reformulada que seja a melhor para o cliente (e provavelmente também para a empresa).
2. Reflita sobre como as etapas reformuladas podem ser concretizadas com maior personalidade.
3. Considere como as etapas reformuladas podem ser aperfeiçoadas por intermédio da "dramatização para o cliente".
4. Pense sobre como marcar a experiência total e dar vida à marca, em todas as etapas.
5. Desenvolva um plano de implementação pelo qual as equipes interdepartamentais possam concretizar a experiência, em trabalho conjunto.

AS EXPERIÊNCIAS DO CLIENTE: FERRAMENTAS E AÇÕES PRÁTICAS

Jogo de ferramentas do cliente 8: O serviço ao cliente

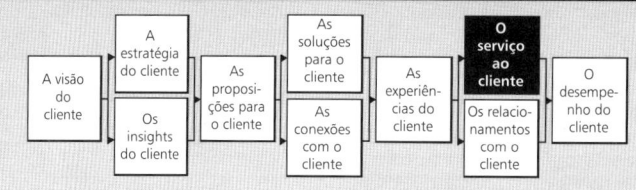

O serviço ao cliente
Como cumprir a promessa do serviço de modo eficiente, confiável e apropriado.

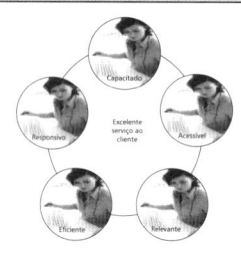

1. Considere os principais momentos para atender em toda a experiência do cliente.
2. Desenvolva uma estratégia de serviço com base em todos os pontos e canais de serviço (por exemplo, pessoas, telefone, Internet etc.).
3. Defina os valores do serviço em linguagem simples e clara, os três aspectos que tornam o seu serviço especial.
4. Organize as principais atividades do serviço em cada um dos pontos de execução, que podem ser definidos pelos próprios funcionários encarregados da execução.
5. Execute o serviço com base em princípios, no trabalho em equipe e na liderança, não em processos roteirizados.

O serviço individualizado
Como atender aos clientes com base em sua intuição natural e julgamento pessoal.

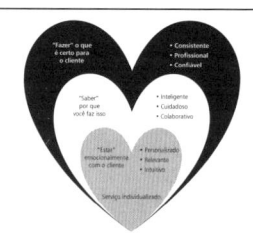

1. Ao lado de sua equipe, examine o que a torna especial e a melhor maneira como que se relaciona com as pessoas.
2. Encoraje sua equipe a utilizar sua personalidade própria, tratando os clientes como indivíduos.
3. Considere também como combinar esses aspectos com a melhor utilização de dados pessoais e ferramentas de customização.
4. Dê mais espaço a seus funcionários para que utilizem a própria capacidade de julgamento e expressem seus estilos pessoais.
5. Seja mais intuitivo em seus julgamentos sobre como atender a cada um de seus clientes de modo individualizado e inspirador.

A recuperação do serviço
Como transformar desastres em uma experiência positiva, mostrando o que você consegue fazer quando algo dá errado.

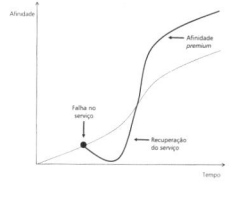

1. Reconheça os problemas como oportunidades de fazer mais, e as reclamações como oportunidades de aprender mais.
2. Estabeleça processos rápidos e personalizados para lidar com (e antecipar) ocasionais falhas no serviço.
3. Defina a recuperação do serviço como sua principal habilidade e esteja sempre pronto nas situações em que algo dá errado.
4. Concentre-se no cliente em primeiro lugar, resolvendo o problema dele, oferecendo uma compensação quando necessário, com pensamento voltado para a eficiência futura.
5. Utilize a situação para estimular um relacionamento melhor ou gerar novos insights para fins de inovação.

O SERVIÇO AO CLIENTE: FERRAMENTAS E AÇÕES PRÁTICAS

Jogo de ferramentas do cliente 9: Os relacionamentos com o cliente

A visão do cliente → A estratégia do cliente / Os insights do cliente → As proposições para o cliente → As soluções para o cliente / As conexões com o cliente → As experiências do cliente → O serviço ao cliente / **Os relacionamentos com o cliente** → O desempenho do cliente

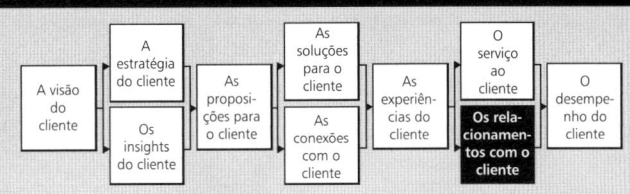

O relacionamento com o cliente
Como construir relacionamentos de compromisso e valor mútuos.

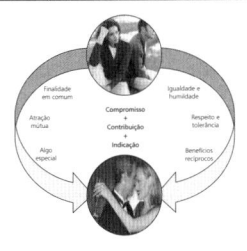

1. Identifique os clientes que você gostaria de reter e desenvolver rentabilidade ao longo do tempo.
2. Descubra, com a ajuda deles, o que querem de sua empresa, de seus produtos e serviços.
3. Reflita sobre como os relacionamentos pessoais são construídos em outros locais, em outras atividades ou empresas.
4. Desenvolva um plano de relacionamentos com base no compromisso, na contribuição e na indicação entre cliente e empresa.
5. Encoraje um diálogo mais informal com os clientes, para aprender o que você pode fazer (e vender) por eles além do que faz hoje.

As comunidades de clientes
Como controlar redes como comunidades de clientes com uma paixão ou objetivo em comum.

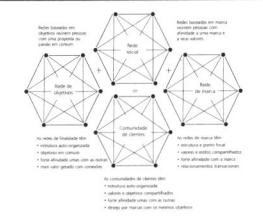

1. Identifique as redes sociais (físicas e virtuais) em que seus clientes têm maior probabilidade de participar.
2. Entenda a proposta em comum e as motivações que igualam seus clientes-alvo.
3. Explore como você pode capacitar essas redes para que trabalhem melhor e concretizem suas propostas com maior eficiência.
4. Estabeleça uma afinidade entre a marca e as comunidades relevantes, encontrando maneiras de agregar valor.
5. Colabore com as comunidades, envolvendo-as em novas ideias e inovações que façam mais por elas.

A fidelidade do cliente
Como reter os clientes, vender mais, ter custos menores e motivar a indicação de sua empresa.

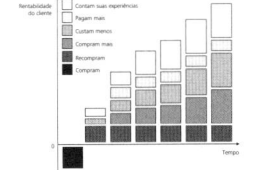

1. Identifique seus portfólios de relacionamentos diretos (empresa-cliente) e indiretos (cliente-cliente).
2. Organize suas estratégias para o cliente de modo a aumentar a rentabilidade de cada um adequadamente.
3. Concentre-se em ações específicas que encorajem a retenção, as compras cruzadas, os custos menores e a indicação pelo cliente.
4. Ofereça incentivos e recompensas integrados ao relacionamento, como vantagens exclusivas, por exemplo.
5. Mensure o impacto de cada fator na rentabilidade do cliente, ou "valor do ciclo de vida do cliente".

OS RELACIONAMENTOS COM O CLIENTE: FERRAMENTAS E AÇÕES PRÁTICAS

Jogo de ferramentas do cliente 10: O desempenho do cliente

A visão do cliente → A estratégia do cliente / Os insights do cliente → As proposições para o cliente → As soluções para o cliente / As conexões com o cliente → As experiências do cliente → O serviço ao cliente / Os relacionamentos com o cliente → **O desempenho do cliente**

Os "net promoters"
Como mensurar a indicação pelo cliente como um dos mais importantes condutores do desempenho.

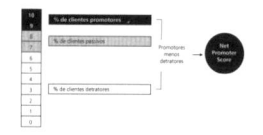

1. Estabeleça a questão "você nos recomendaria a seus amigos?" como pergunta principal em suas pesquisas.
2. Insira as respostas em uma escala de 0 a 10, em que apenas 9 e 10 são positivos e os outros são negativos.
3. Calcule o "net promoter score" (NPS) para cada segmento, mercado ou unidade de negócio todos os meses.
4. Avalie o impacto do NPS como condutor de valor do negócio e, se for confiável, utilize-o como indicador principal.
5. Não dependa do NPS como único indicador, mas como parte do *scorecard* da empresa.

As métricas do cliente
Como formar o portfólio de clientes certo e encontrar as métricas financeiras adequadas para administrar a empresa.

1. Avalie em mais detalhe os principais condutores do desempenho da empresa, no curto e no longo prazos.
2. Em especial, considere os condutores de valor da perspectiva do cliente, como na comparação entre percepção *vs.* realidade, por exemplo.
3. Enfatize esses fatores como os principais indicadores de desempenho, que devem ser utilizados em toda a empresa.
4. Prepare um *scorecard*, preferencialmente mostrando os clientes e indicadores financeiros como sendo de igual importância.
5. Ofereça as recompensas pelo desempenho e melhorias com base em indicadores, considerando a avaliação do progresso da empresa.

O capital do cliente
Como capturar o valor econômico real dos clientes e o impacto nos lucros da empresa.

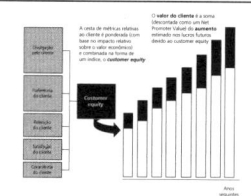

1. Reúna as métricas do cliente mais importantes, para mostrar o impacto que exercem nos lucros da empresa.
2. Realize isso por meio de um índice ponderado, chamado "Customer equity", calculado utilizando os indicadores principais.
3. Demonstre, com enfoque econômico, como esse valor tem um impacto no valor da empresa, ao causar um aumento nos lucros.
4. Insira o "capital do cliente" em avaliações mais importantes, como primeiro item de discussão em reuniões com o CEO ou com o conselho de administração da empresa.
5. Estabeleça o capital do cliente como parte essencial dos relatórios da empresa, briefings para analistas e avaliações anuais.

O DESEMPENHO DO CLIENTE: FERRAMENTAS E AÇÕES PRÁTICAS

O gênio COMPLETO

Ideias e ações inspiradoras, todos os dias

Um livro é apenas o começo. Espera-se que ele apresente novas ideais, que faça você pensar diferente e que o inspire a pôr essas ideias em prática de maneiras extraordinárias. Diversos outros recursos do "gênio" estão disponíveis para você.

O gênio AO VIVO

Atualizações das melhores ideias do mundo inteiro

Da Amazon à Baidu, as empresas são feitas de histórias vivas e que mudam a todo instante. Deixe-se inspirar pelo novo gênio: as novas ideias, à medida que aparecem, as boas práticas, à medida que evoluem, as pessoas e as histórias que infundem a noção de "pensar diferente". Visite www.thegeniusworks.com para atualizações diárias.

O blog do gênio

As melhores narrativas sobre o "yin-yang", vindas dos quatro cantos do mundo. Um diário em tempo real de novas experiências de lugares inusitados para negócios. Lembre-se de que as ideias são encontradas nas margens, não nas tendências predominantes. Aprenda como as empresas, de pequeno ou de grande porte, estão competindo e vencendo por caminhos extraordinários.

Os eventos do gênio

Um programa de palestras, workshops e refúgios inspiradores em companhias e países de todo o mundo. Eles exploram os planos de negócios em constante mudança e como implementar o pensamento "de fora para dentro" como fonte de inovação e inspiração, de sobrevivência e sucesso, e também como se tornar uma empresa centrada no cliente.

Os downloads do gênio

Mais de 250 downloads grátis, que incluem as mais recentes pesquisas e tendências, estudos de caso e relatórios, tudo em um só lugar – uma das melhores coleções de estudos inovadores sobre estratégia e liderança, clientes e marketing, crescimento e inovação, pessoas e desempenho.

O gênio no TRABALHO

Suporte prático para fazer suas ideias virarem realidade

Não é fácil exigir da mente, pensar em caminhos novos ou desafiar suas próprias convenções. Você precisa do ambiente, dos processos e do apoio adequados para realizar essa façanha. Existem várias abordagens "de gênio" que podem ajudá-lo a tratar dos problemas dos negócios e das oportunidades por caminhos mais poderosos. Consulte www.thegeniusoworks.com para obter mais informações.

O Laboratório do Gênio

Evento criativo de 1 a 3 dias de duração que inspira seu pessoal a pensar com mais criatividade – a desafiar e reformular, a inovar e concentrar as estratégias de negócio e proposições para o cliente. O Laboratório é construído em um ambiente interativo altamente dinâmico, em que as pessoas trabalham rapidamente e em colaboração para ultrapassar as fronteiras da normalidade.

The Fast Track

Explore as mais recentes ideias e as mais novas boas práticas nas áreas de estratégia e liderança, clientes e inovação – uma série de workshops com 1 a 2 dias de duração, que combinam o pensamento inspirador às aplicações práticas.

Zoom Ventures

Trabalha em parceria com as principais marcas, investidores e empreendedores para tornar as melhores ideias realidade, com foco especial no "empreendedorismo social". Apresentamos, com exclusividade, uma abordagem focada no cliente para empreendimentos de risco, contemplando a alocação de recursos, o desenvolvimento de conceitos e o desenvolvimento acelerado.

O gênio e seus LIVROS

Mais insights e ideias para ajudá-lo a pensar diferente

Você pode explorar outras ideias e insights "do gênio" de Peter Fisk. Cada livro reúne uma abordagem mais inteligente e imaginativa a aspectos específicos dos negócios, e examina as ideias novas e boas práticas nos quatro cantos do mundo.

O gênio dos negócios – como sobreviver e progredir em um cenário de renovação de mercados

Mercados acelerados e interconectados precisam de novas abordagens para os negócios. Eles demandam estratégias e líderes empresariais mais inovadores, soluções focadas no conceito de redes e pessoas cheias de energia e disposição. A empresa inspirada utiliza o hemisfério direito do cérebro mais do que o esquerdo, e orienta suas ações atuais com base em uma visão retrospectiva a partir do futuro, não em uma contemplação previsível gerada no presente. Ela trabalha de fora para dentro, não de dentro para fora, e se esforça para que ideias radicais se tornem realidade. O livro explica como a partir de exemplos como os da Diesel, da Red Bull, da Shangai Tang e da Natura.

www.businessgeniuslive.com

O gênio do marketing – como competir usando os hemisférios esquerdo e direito do cérebro

Hoje, o marketing é a atividade mais interessante e importante de uma empresa. Marcas e relacionamentos são os ativos mais valiosos, pois envolvem clientes e geram diferenciação. Examinando empresas diferentes, da Apple à Coca-Cola, da Jones Soda à Virgin, exploramos como você pode definir novos mercados de acordo com sua visão e construir marcas e soluções para seus clientes que gerem resultados extraordinários.

www.marketinggeniuslive.com

O gênio criativo – como inovar do futuro para o presente

A inovação estratégica transforma empresas e mercados com o domínio do poder da criatividade e do design. Exploramos as quatro zonas criativas de uma empresa e como você pode combinar a inteligência da Procter & Gamble e a imaginação da Dolce & Gabbana, a cultura criativa do Google e as práticas inovadoras da Zara para suas melhores ideias virarem realidade.

www.creativegeniuslive.com

Créditos

Na vida, no trabalho, nada é possível sem a inspiração, os conselhos e o apoio das pessoas que você tem a seu redor. É por isso que as empresas precisam aprender a trabalhar em maior colaboração com seus clientes. Isso vale também para quando você escreve um livro.

É exatamente isso que acontece quando você tenta fazer algo diferente: reúne diferentes questões e ideias, junto a diferentes elementos do negócio – estratégia do cliente e insights, proposições para o cliente e inovação, serviço ao cliente e relacionamentos; e examina empresas dos quatro cantos do mundo – China e Índia, Japão e Cingapura, Turquia e México, República Tcheca e Letônia, Dinamarca e Suécia, França e Espanha, Reino Unido e EUA.

Eu gostaria de agradecer a contribuição dada por minha família e meus amigos, por colegas e seus contatos, por autores e especialistas do marketing. Obrigado a todos, particularmente a:

- Minha esposa, Alison, e minhas filhas, Anna e Clara.
- Simon Benham, da Mayer Benham.
- Brendan Barns, da Speakers for Business.
- Holly Bennion e Iain Campbell, da Wiley Capstone.
- David Cook e Mark Thomas, da PA Consulting Group.
- Os autores Phil Dourado, Elen Lewis, Andy Milligan e Shaun Smith.
- Reinier Evers, da Trendwatching, e Magnus Lindkvist, da Pattern Recognition.
- Carl Sharples e David Newman, da Co-operative Financial Services.

- Hugh Burkitt, da Marketing Society, e David Haigh, da Brand Finance.

- Urmas Kõiv, Hando Sinisalu e Alina Lisina, nos Países Bálticos.

- Alper Utku e Tanyer Sonmezer, da Management Centre Turkey.

- Deniz Uzuncarsilioglu e Bilge Gunes Cetin, da Eczacibasi.

Alguns dos recursos que considero úteis e inspiradores são:

- *Autenticidade: Tudo o Que os Consumidores Realmente Querem*, de James Gilmore e Joe Pine.

- *Blink – A Decisão Num Piscar de Olhos*, de Malcolm Gladwell.

- *Chief Customer Officer*, de Jeanne Bliss.

- *O Manifesto da Economia Digital*, de Rick Levine e coautores.

- *Complicated Lives*, de Michael Willmot e William Nelson.

- *Converting Customer Value*, de John Murphy e coautores.

- *Creating a Company for Customers*, de Malcolm McDonald e coautores.

- *Customer Experience Management*, de Bernd Schmidt.

- *Designing the Customer-Centric Organization*, de Jay Galbraith.

- *The Disney Way Fieldbook*, de Bill Capodagli e Lynn Jackson.

- *Empresa 1:1*, de Don Peppers e Martha Rogers.

- *The Experience Economy*, de Joe Pine e James Gilmore.

- *Leading for Growth*, de Ray Davis e Alan Shrader.

- *A Cauda Longa*, de Chris Anderson.
- *The Loyalty Effect*, de Frederick Reicheld.
- *Lovemarks: O Futuro Além das Marcas*, de Kevin Roberts.
- *Moments of Truth*, de Jan Carlzon.
- *A Vaca Roxa – Como Transformar Sua Empresa*, de Seth Godin.
- *Relationship Marketing for Competitive Advantage*, de Adrian Payne.
- *Right Side Up*, de Alan Mitchell.
- *See, Feel, Think, Do*, de Andy Milligan e Shaun Smith.
- *O Modelo Toyota – 14 Princípios de Gestão*, de Jeffrey Liker e David Meier.
- *Uncommon Practice*, de Shaun Smith e Andy Milligan.
- *Nós Somos Mais Inteligentes do Que Eu*, de Barry Libert e Jon Spector.

Contudo, a maior inspiração de todas é ter contato com pessoas de verdade, as pessoas maravilhosas que chamamos de clientes. Observe como elas se comportam, converse com elas sobre suas ambições e comece a pensar do jeito que elas pensam.

Índice

abordagem "de fora para dentro" 74–77, 122, 174, 190, 206, 266, 288, 320–322, 338–343
acionistas 91–92
acrescentar valor para o cliente 234–237
AIDA 210
Air Asia 28–29
aldeia global 26–28
alinhamento 114–117
alvos 129–131, 291–292
Amazon 84–89
American Express 234
Anderson, Brad 91–95
Anderson, Chris, *A Cauda Longa* 215–216
Angelo, Frank 325–327
Apple Computer 105–106
Armstrong, Lance 66–68
Arnold Communications 210–211
árvores de associação 170
Aveda 113–115
Avon 351–354

Baidu 43–44
Bain & Co. 281–282
Balon, Adam 336–337
Banyan Tree Hotels and Resorts 35–37
bate-papos/narrativas 182–185
    complexidade 183
    contexto 183
    desafio 183
    mensagem central 183–184
batimento cardíaco do cliente 229–231
Beecham, Sinclair 332
Bell, David 164–165
Berners-Lee, Tim 47–48
Berzina, Zane 50, 52–53
Berzins, Janis 50, 52–53
Best Buy 91–95
Bezos, Jeff 84, 87–89
Blitz, Gerard 132
Boeing 787, 48, 202
    Dreamliner 48–49, 202–203
Bosch, Margareta van den 156–158
Bowerman, Bill 127

Branson, Richard 29, 318–319, 360–363
British Airways 197–198
Buckingham, Marcus, *First Break All The Rules!* 317–318
Build a Bear Workshop 240–243

cadeia "pessoas-serviço-lucro" 331–332
caleidoscópios do cliente 44–49
Camper (marca) 58–61
canais de distribuição 218–221
capital do cliente 300–303
    cesta 301
        indicações do cliente 301
        preferências do cliente 301
        retenção do cliente 301
        volume de clientes 301
    equity 301
    valor 301
CARER 246–247
Carlson, Jan 226
Cemex 117–119

Chase, Robin 78
chief executive officer (CEO) 323–326
Choo, Jimmy 185–187
Clark, Maxine 241–243
Club Med 132–133
Coca-Cola 159–160
cocriação 189–193
    codefinição 191
    codesenvolvimento 191–192
    codesign 191
    coexecução 191–192
comportamento do cliente 47–48
comunicação 20, 206–211
comunidades 272–277 Ver também redes
    aplicação 275–276
    características 275–276
    conector 276–277
    especialista 276–277
    participantes 275–276
        devotados 275–276
        insiders 276–277
        turistas 276–277
        unidos 276–277
comunidades virtuais 23–26
condutores da mudança 46–49
condutores de valor 288–290, 292–293
    elementos finais 292–293
    elementos iniciais 292–293
    elementos intermediários 292–293
conexões 205–223
    mídias em rede 213–218, 372

    portais 218–223, 372
    reversão 206–212, 372
conhecimento sobre o cliente 15–17, 22
consumidores 23–24
conta bancária 248–250
contexto 168–172
Co-operative Group 277–280
Covey, Stephen 248–249
cultura 87, 329–345
    alinhar funcionários e clientes 333–337
    como engajar seus funcionários 330–332
    de fora para dentro 338–343
        a "satisfação do cliente" 339–340
        a obsessão "com o cliente" 339–340
        as pessoas "em primeiro lugar"339–340
        fatia de "mercado" 339–340
        o "foco" no cliente 339–340
        os clientes "internos" 339–340
        "treinamento geral" 340–341
    estruturas 338–343
    quatro Ps (filosofia, processos, pessoas, solução de problemas) 343–345
    símbolos e histórias 342–343
Current TV 48–49
Customer Power Profile 75–77
customização 22

D'Estaing, Henri Giscard 132–133
Damasio, Anthony, *The Feeling of What Happens: Body and Emotion in the Making of Conscience* 40–41
Danielson, Antie 78
Davidson, Arthur 270–271
Davis, Jim 283–285
Davis, Ray, *Leading for Growth: How Umpqua Bank Got Cool and Created a Culture of Greatness* 311–314
Dawkins, Richard 183–184
declarações de missão 52, 104–108, 118–119, 241–242, 290–291
defensor do cliente 322–326
Degtyareva, Elena 353–354
Desafio da Pepsi 146
desempenho 287–305
    capital 297–305, 376
    eficiência
        clientes 288
        condutores 288
        valor 288
    métricas 291–297, 376
    "net promoters" 288–292, 376
diagrama de Kano 160–161
Disney, Walt 250–252
Disney Corporation 107
Disneylândia 240–241, 250–252
disponibilidade do produto 16
divulgadores 279–284
Dove 151–154
Drucker, Peter 81

Eczacibasi, Dr Nejat 315
Eczacibasi 315–317
EFQM (European Foundation for Quality Management), Modelo de Excelência 96–97
Elliot, Ben 221–223
emoção 40–41, 64
empresa com foco no cliente 83–89, 93–95
    construção 94–99, 341–343, 347–352
    dificuldades 340–342
empresas
    consolidação 47
    intangíveis 47
    investimentos 47–48
    recursos 47–48
    transparência 47, 87–89
"empurrados" e "puxados", negócios 68–71, 74, 314
Enterprise locadora de veículos 289–292
envolvimento dos funcionários 330–332, 335–336
Espiral Positiva 249–250
Estée Lauder 326–327
estratégia 122–141, 368
    cliente 133–139
    de mercado 133
    de negócios 133
    gestão da 133–141, 368

    rentabilidade 122–129, 368
    segmentos 129–132, 368
estruturas de mercado 47
    competição 47
    corporações 47
    fragmentação 47
    globalização 47
    regulamentação 47
Evers, Reiner 46
excelência 72
experiências 225–243
    ativação 238–243, 373
    de entretenimento 236–237
    de treinamento 236–237
    educacionais 236–237
    elaboração das interações 234
    extraordinárias 238–241
    inovação 231–238, 373
    mapeamento 226–232, 373
    orientadoras 236–237
    racionalização das interações 234

Facebook.com 23–26, 272–273
Fader, Peter 25–26
Fernandez, Tony 28–29
fidelidade 16, 64, 69–70, 279–284
    comprar mais 281–282
    contar suas experiências a outras pessoas 281–282
    custar menos 281–282
    pagar mais 281–282

    permanecer mais tempo como cliente da empresa 281–282
    programas 279–281
First Direct 253–255, 295–297
Fluxa, Antonio 60
foco no cliente 83, 339–340
Fohboh 272–273
fontes de informação
    bases de dados de terceiros 149–150
    bases de dados de transações 149–150
    colaborações anteriores 149–150
    compras-fantasma 149
    cool hunting 44, 148
    exames cerebrais 148
    feedback do cliente 148
    grupos de foco 149
    histórias contadas por funcionários 149–150
    imersão no cliente 148
    informações demográficas 148
    intuição pessoal 149–150
    painéis de clientes 149
    pesquisas com o cliente 149
    pesquisas gerais 149
    reclamações do cliente 148
    relatórios externos 149
    vox pops 149–150
Friedman, Thomas, *O Mundo é Plano* 48–49

Índice

GE (General Electric) 283–284, 302–305, 318–319, 348
   At the Customer, for the Customer 304–305
   CECOR Marketing Framework 302–303
   Customer Dreaming Sessions 304–305
   Execute for Growth 303–304
   Growth Playbook 304–305
   Growth Traits 304–305
   Imagination Breakthroughs 304–305
   Innovation Labs 304–305
Geek Squad 93–94
gerentes 309, 314
gestão baseada no valor 315–316
gestão da mudança 347–352
   como fazer a mudança acontecer 353–358
   envolva-se com a mudança 355–356
   execute a mudança 356–357
   faça a mudança vingar 358
   prepare-se para a mudança 356–357
gestão de contas especiais 269–270
gestão do cliente 133–139
   atender 133–135
   atrair 133–135
   defender e crescer de modo lucrativo 136, 137
   desenvolver 133–134

identificar 133–134
incentivar e mudar comportamentos 136, 137
mercados 138
nichos 138
reduzir custos ou eliminar 136, 137
reter, mas com maior eficiência 136, 137
segmentos 138
todos a um 138–139
um a um 138
um e um 138–139
gestão do relacionamento com o cliente (CRM) 137, 266, 269–270
Gladwell, Malcolm 153–154
   O Ponto da Virada 276–277
Grazia, Sebastian de, Of Time, Work and Leisure 61
Green, Jack 70–71
Griffith, Scott 79
Grove, Andy 348

H&M 156–159
Handy, Charles 349
Harley, William 270–271
Harley-Davidson 226, 270–273, 276–277
Harrah's Casinos 162–165
Hayek, Nicolas 197–199
Hayon, Jaime 60
Heinz, Henry 192–193
Heinz 159–160
Heinz Tomato Ketchup 192–194

Ho Kwon Ping 35, 37
Humanicity 248–250

identificação de tendências 44–46
imersão no cliente 148, 153–157, 161–163
   mergulhos em profundidade 155–157
   pente fino 153–154
Immelt, Jeff 283–284, 302–305, 318–321
impacto no negócio 297–303
Innocent 336–339
Inoue, Masoe 343–345
inovação 72–73, 83, 194–198
   descoberta 195–196
   desenvolvimento 197
   projeto 196–197
insights 143–165, 369
   distinção com insight 158–160
   energizadores 158–165, 369
   geração de hipóteses 159–160
   imersão 153–159, 369
   obstáculos 161–162
   técnicas 159–161
   tela do cliente 150–152, 369
   transparência 87
integridade 72
Intel 348
inteligência (informação) 144–152
   fontes 146–151
   pesquisas 144–146
   tomada de decisão 145–146

Internet 47–49
Ishiazaka, Yoshio 343–344

Jiangzhong, Wu 212
Jimmy Choo 185–187
Jobs, Steve 310
John Lewis 115–116
Jung, Andrea 352–353

Karamercan, Dr Erdai 315–317
Kederlen, Johannes 237–238
Kelleher, Herb 261
Klement, Vaclac 359
Knight, Phil 127, 183–184
Koch, Christof 280–281
Kotter, John, *Liderando Mudança* 351–352
Kristiansen, Kjeld Kirk 108
Kristiansen, Ole Kirk 108

laboratório do gênio 365–366
    atualizações 377
    blog 377
    books 378–380
    downloads 377–378
    eventos 377–378
    fast track 377–378
    ideias e ações inspiradoras 377
    mapa para a empresa focada no cliente 367–376
    suporte 377
    zoom ventures 378–379

lacuna do serviço 66
Lafley, A.G. 154–155, 319–323
Lance Armstrong, Fundação 66–68
Lawson, Rene 173
Lego 108–110
Lewis, Joe 70–71
Li, Robin 43–44
Libert, Barry, *Nós Somos Mais Inteligentes que Eu* 48–49
liderança
    bem-sucedida 317–318
    catalisadores da mudança 318–319
    comunicadores da visão 318–319
    conectores de pessoas 318–319
    consciência da empresa 318–319
    treinadores para o alto desempenho 318–319
    características corporativas das organizações 312–313
    de mercado 115–117
    inspiradora 310–314
    nova 317–320
liderança de mercado 115–116
    excelência operacional 116–117
    intimidade com o cliente 115–116
    produto 115–116
Lindkvist, Magnus 45
Lindstrom, Martin, *Brand Sense – A Marca Multissensorial* 280–281
lucro 72–73, 104, 122–127, 136, 282

MAC (Makeup Artist Cosmetics) 325–327
Mackay, John 173–174
mapa do cliente 96–97
marca do funcionário 333–335
marcas 109–113, 226, 239–241, 273–274, 280–281
    central 333–335
    comparativa 113
    emocional 113
    ingrediente 220–221
    portas de passagem 220–221
    racional 112
    tatuagens 280–281
marketing 67–71
    de afinidade 209
    de interrupção 68–70
    direto 138
    permissão 69–70
Maslow, Abraham 46
Mason, Tim 155–156
McConnell, David 351–352
Mellon, Tamara 185–187
meme 183–185
Metcalfe, Julian 332
Metcalfe, Robert 25–26
métricas 291–294, 340–341
    ações de curto e de longo prazos 292–294, 302–303
    "business performance scorecard" 294–295
    capital do cliente 300–303

retorno sobre o cliente (Return on Customer, ROC) 293–294
  valor 293–294
mídias em rede 213–218, 372
mídias tradicionais 215–216
Midland Bank 295
modelo empurrado-puxado 179
multidões 48–49
Myamoto, Shigeru 230–231

negócio focado no cliente 96–97
Net Promoter Score (NPS) 281–284
neurociência 148
New Balance 283–285
Nike 127–129, 194–195
Nike Women 127–129
Nintendo Wii 230–232

O'Neill, Heidi 128
objetivos 72
Oldenburg, Ray 273–274
Oxfam Unwrapped 179–182

padronização 22
paixão 19, 333
parcerias 265–270
  compromisso 266–267, 269
  conexão 267
  formação de parcerias 268
  indicação 267
Parker, Mike 127–128
pauta do cliente 53–60

Peppers, Don, *Retorno Sobre Clientes* 293–294
Persson, Erling 156–157
pesquisa 240–241
pesquisa de mercado 146–151
pessoas de cabeça baixa 309, 311–312, 314
pessoas de cabeça erguida 309–312
pessoas maravilhosas 20–24
Pilling, Chris 296–297
pirâmide energizadora 161–163, 335–336
  essenciais 161–162
  facilitadores 161–162
  motivadores 161–162
plano pessoal 39
poder 64–67
pontos de contato 226–231
pontos de inflexão estratégicos 348
portais 218–221
portfólios de negócios 29
Pralahad, C.K. 26–27
Pret A Manger 107, 332–334
Proctor & Gamble (P&G) 154–155, 319–323
Progressive Insurance 70–73
promessa 105–108
proposições 168–187, 174–180, 226, 370
  contexto 168–174, 370
  narrativa 182–187, 370
  o quê? 177–178
  por que não? 177–178

  por quê? 177–178
  quanto? 177–178
  quem? 177–178
proposições de valor para o funcionário 335–336
proposta 104–108
  declaração 105–106

Quintessentially 221–223

Rechelsbacher, Horst 113–115
reclamações 148, 257–261
recompensas 291–292
Red Bull 209
redes 24–26, 48–49, 213–217 *Ver também* comunidades
  colecionadores 214
  comentaristas 214
  conectores 214
  criadores 214
  curiosos 214
  não participantes 214
redes sociais *Ver* comunidades, redes
Reed, Richard 336–337
regra de ouro 72
Reichheld, Fred 296
  The Loyalty Effect 281–282
relacionamentos 266–285
  como construir 15–17, 266–273, 375
  comunidades 272–280, 375
  fidelidade 279–285, 375

Índice

relacionamentos *business-to-business* 268–269
Ridderstrale, Jonas, *Funky Business* 64
Riley, William 283–284
Rin Li 44
Ritz-Carlton Hotel Company 107, 169, 239–240, 259, 261–263, 317–318, 339–340
Roberts, Kevin 280–281
Rogers, Martha, *Returno Sobre Clientes* 293–294

Saatchi & Saatchi (agência) 280–281
satisfação do cliente 64, 339–340
Scandinavian Airlines 226
Schulze, Horst 169, 317–318
Sears Roebuck 332
segmentação 92–93, 129–131
    atração de clientes 129
    posicionamento competitivo 129
    priorização estratégica 129
serviço 246–263, 290–292
    ao cliente 88–89
    execução 246–250, 374
    holístico 340–341
    individual 252–257, 374
    processos repetitivos 88–89
    recuperação 257–261, 374
        aperfeiçoe o produto ou serviço 258
        peça desculpas ao cliente 258-296
        recompense o cliente 258

        reconheça que o problema ocorreu 258
        solucione o problema 258
    redução de defeitos 88–89
Simpson, Aaron 221–223
Singapore Airlines 28, 238–240, 254–257
sites de busca 43–44
Skoda 359–360
Smart car 197–199
soluções 190–223, 200–203, 371
    aceite 191–192
    analise 191–192
    cocriação 190–194, 371
    explore 191–192
    identifique 191–192
    implemente 192–193
    inovação 194–199, 371
    molecular 200–201
    projete 191–192
    revise tudo 192–193
Sony 115–116
Southwest Airlines 260–261
Specter, Jon, *Nós Somos Mais Inteligentes que Eu* 48–49
St Lukes' (agência) 269–270
Starbucks 246, 274–275
Stenders Soap Factory 50–53
Stephens, Robert 93–94
Surowiecki, James, *A Sabedoria das Multidões* 48–49

TAG ("talk, act, grow", fale, aja, cresça) 260
Tapscott, Don, *Wikinomics: Como a Colaboração em Massa Pode Mudar o Seu Negócio* 48–49
Tata, Ratan 138–140
Tata Motors 138–141
Taylor, Jack 289–290
teatro 231–237
tecnologia 20, 46
    convergência 46
    digitalização 46
    redes 46
    robótica 46
    velocidade 47
tela do cliente 150–152
tendências 53–54, 67–68
    eu 53–54
        autenticidade 54–55
        desejo 54–55
        indivíduo 54–55
    meu mundo
        âncoras 56
        expressão 56–57
        participação 56
    o mundo
        conexão 57
        responsabilidade 58
        simplicidade 57
terceiro lar 273–275
Tesco 155–156, 272–273
TGI Friday's 107, 227

Tichy, Noel, *Control Your Destiny or Someone Else Will* 349
Toskan, Frank 325–327
Toyota 116–117, 342–345
tribos 29–34
    amantes do luxo 34
    boomers ativos 32
    chineses sonhadores 32
    consumidores verdes 33
    empreendedores indianos 33
    exploradores intrépidos 33
    fiéis fervorosos 32
    gays de grife 33
    idosos ativos 34
    jovens talentosos 34
    massas da pirâmide 34
    migrantes da economia 33
    mulheres decididas 32
    novos europeus 34
    solteiros em série 34
    sul em crescimento 33
Trigano, Gilbert 132

Umpqua Bank 311–314
valor da empresa 88–92, 297–303
    intangível 299–300
        capital do cliente 300–303
        capital estrutural 300
        capital humano 300
    tangível 299

valor do ciclo de vida do cliente (CLV) 125–127
valor do cliente 88–92
valor para o acionista 297–298
valor percebido 170–171
valores centrais
Virgin Atlantic 340–341, 362
Virgin Group 115–116, 234, 360–363
visão 103–119, 367
    alinhamento 114–119, 367
    finalidade 104–108, 367
    marca 109–115, 367
    workshop 104–106
Vodafone 159–160
Volkswagen 210–211
Vom Fass 237–238

Wal-Mart 107
Wenzhong, Dr Zhang 212
Whitman, Meg 320–321
Whole Foods Markets 171–174
WINet 163–165
World Wide Web 47–48
Wright, Jon 336–337
Wu, John 43–44
Wumart 211–212

Xerox Scandinavia 342–343
Xu, Eric 43–44

Zambrano, Lorenzo 117–119
Ziemer, James 270–271
Zipcars 78–79
zona de indiferença 160–161
Zopa 48–49, 216–218
Zuckerberg, Mark 23–26